형사법 쟁점 연구 [Ⅱ]

대검찰청 형사법연구회

傳 英 社

대검찰청 형사법연구회는 2006년 12월 발족하였으며, 2007년 1월부터 2010년 1월까지 총 28회에 걸쳐 발표회를 개최하였습니다. 그 중 인신구속에 관한 발표논문을 묶어 2007년 12월『인신구속제도와 영장항고』(법문사, 대한민국학술원 우수도서 선정)를 출간하였습니다.

본 책자는 첫 번째 출간물인『인신구속제도와 영장항고』에 이어, 형사법연구회를 통해 이미 발표되었으나 아직 공간되지 않은 논문 9편을 모아『형사법 쟁점 연구[Ⅱ]』라는 제목으로 발간한 것입니다.

형사법연구회는 앞으로도 학계와 실무의 관심사를 발굴하고 연구해 나갈 것이며, 발표결과물은『형사법 쟁점 연구』시리즈로 연속 간행할 예정입니다.

형사법연구회를 통해 학계와 실무의 균형 잡힌 견해가 도출되고, 그러한 논의가 우리 형사사법의 발전에 조그마한 보탬이 될 수 있기를 기대합니다.

바쁜 가운데에서도 열과 성의를 다해 논문을 작성하고 발표해 주신 분들과 형사법연구회에 큰 관심을 가지고 참여해 주신 모든 분들께 진심으로 감사를 드립니다.

목 차

긴급체포제도의 운용에 대한 검토[1)]

이 상 민
전주지방검찰청 검사

Ⅰ. 들어가며

수사란 범죄의 혐의가 있다고 사료되는 경우에 공소제기 여부를 결정하거나 공소를 제기하고 이를 유지하기 위한 준비로서 범죄사실을 조사하고 범인 및 증거를 발견·수집·보전하는 수사기관의 활동을 말한다.[2)]

체포제도는 초동수사단계에서 죄를 범하였다고 의심할 만한 상당한 이유가 있는 피의자를 구속에 선행하여 수사관서 등 일정한 장소에 引致하여 단기간의 신체의 자유를 제한하는 제도이다. 1995. 3. 31. 개정된 형사소송법(법률 제7427호)은 임의동행과 보호실 유치 등의 탈법적 수사관행을 근절하고 초동수사의 긴급성을 고려하여 수사초기에 단기간에 걸친 피의자의 간편한 신병확보를 위하여 헌법에 규정된 체포제도를 도입하는 한편(헌법 제12조), 기존의 긴급구속제도는 폐지하고 대신에 긴급체포제도를 신설하였다.[3)] 긴

1) 2007. 5. 발표.

2) 수사절차론(2003), 사법연수원, 3면.

급체포는 이러한 강제처분 중에서도 특히 현행범인체포와 함께 사전영장주의의 중요한 예외(헌법 제12조 제3항 단서)라는 점에서 인권침해의 위험성을 둘러싸고 그 사법적 통제에 대한 관심이 높다.

이하에서는 긴급체포제도 규정전반을 개관하고, 현행 긴급체포제도의 운영에 대한 비판과 개선방안을 검토하고, 유사제도에 대한 외국입법례와 긴급체포의 적법성에 관련된 우리나라 대법원 판례를 살펴보고, 2007. 4. 30. 국회 본회의 의결된 개정 형사소송법상에서 정비된 긴급체포제도에 대하여 평가하고자 한다.

Ⅱ. 현행법상의 긴급체포제도 개관

1. 긴급체포제도의 내용

가. 긴급체포의 의의 및 요건

긴급체포란 사형·무기 또는 장기 3년 이상의 징역이나 금고에 해당하는 죄를 범하였다고 의심할 만한 상당한 이유가 있고 또 체포의 필요성과 긴급성이 인정되는 경우에 수사기관이 법관의 체포영장을 발부받지 않고 피의자를 체포하는 제도이다. 1995년 형사소송법 개정 이전의 긴급구속제도가 개정 이후 체포제도

3) 이재석, 체포제도의 운용과 현실, 비교형사법연구(창간호), 1999, 211면. 이재석 교수에 의하면 이전 형사소송법상에 피의자의 신병을 확보할 수 있는 제도로는 임의수사의 일종인 임의동행과 강제처분인 긴급구속(제206조), 현행범의 체포(제212조)제도가 있었으나, 긴급구속의 경우에는 요건의 엄격함과 함께 원칙적으로 사전에 검사의 지휘를 받아야 하는 점, 구속 후 48시간 내에 구속영장을 발부받아야 하는 시간적 제약 등 절차가 복잡하여 현실적으로 그 이용률이 저조하였으며 따라서 그동안 수사기관에서는 관행적으로 임의동행의 편법운영으로 인권침해의 가능성이 상존하였으며, 신병확보제도의 미비 등 현실적 어려움 때문에 탈법적인 임의동행에 대한 통제가 곤란하였다고 한다.

의 도입과 함께 대체된 것으로, 현행범인 이외의 경우에도 체포영장의 청구절차를 밟는 사이에 피의자가 도망하는 등 그 후에 있어서는 체포가 매우 곤란한 경우가 발생하는바, 체포영장을 발부받기 위해서는 검사가 법원에 영장을 청구하여 발부받는데도 보통 4-5시간이 걸린다는 현실을 고려하여 일정한 중대범죄를 범하였다고 의심할 만한 상당한 이유가 있는 피의자에 있어서는 엄격한 규제하에 체포영장 없이도 체포하는 것을 인정하는 것이다. 요컨대 긴급체포를 인정하는 이유는 영장주의의 원칙을 관철함에 의하여 중대한 범죄를 범한 범인을 놓치는 결과를 방지하여[4] 수사기관으로 하여금 효율적으로 초동수사에 대처하도록 하기 위해서 예외적으로 인정하는 권한이라고 할 수 있다.[5]

나. 긴급체포의 요건

긴급체포는 현행범 체포와 함께 영장에 의하지 않는 체포이나, 현행범의 체포가 범죄실행 중이거나 범죄의 실행 직후에 이루어져 罪證이 확실하며 眞犯을 체포한다는 고도의 개연성이 존재하여 부당한 인권침해의 염려가 없는 데 반하여, 긴급체포는 그러하지 아니하므로 당연히 그 요건의 엄격성이 요구된다.

형사소송법은 긴급체포의 요건으로서 ① 일정한 중대범죄의 경우(피의자가 사형, 무기 또는 3년 이상의 징역이나 금고에 해당하는 죄를 범하였다고 의심할 만한 상당한 이유가 있을 것), ② 체포의 필요성(도주 또는 증거인멸의 우려, 즉 구속사유)이 있을 것, ③ 긴급성이 인정될 것(긴급을 요하여 판사의 체포영장을 받을 수 없을 것)을 규정하고 있다(형사소송법 제200조의3 제1항).[6]

---

4) 이재석, 앞의 글, 227면.

5) 이은모, 피의자 인신구속제도의 정비방안, 형사법연구 제19호(2003), 한국형사법학회, 112면.

형사소송법이 일정한 중대범죄의 경우에만 영장에 의하지 아니한 체포를 허용하겠다는 것은 헌법에 근거한 비례성의 원칙의 한 표현이라고 할 수 있다. 범죄의 혐의와 관련하여 형사소송법은 긴급체포에 있어서도 통상체포와 동일하게 '범죄혐의의 상당성'을 요구하고 있는바, 이는 일본의 형사소송법이 통상체포의 경우에 '피의자가 죄를 범하였다고 의심할 만한 상당한 이유(법 제199조 제2항)'를 그 요건으로 하고, 긴급체포의 경우에는 '죄를 범하였다고 의심할 만한 충분한 이유(법 제210조 제1항)'라고 규정하여 한층 혐의의 정도가 높을 것을 요구하고 있는 것과 대비된다.[7]

또한, 체포의 필요성과 관련하여 긴급체포를 하기 위해서는 拘束事由가 존재할 것을 요하는바, 이것은 긴급체포가 영장에 의한 체포가 아닌 점을 고려하여 그 요건을 엄격하게 요구한 것이라고 할 수 있다고 설명된다.

체포의 긴급성과 관련하여 긴급을 요한다 함은 피의자를 우연히 발견한 경우 등과 같이 체포영장을 받을 시간적 여유가 없는 때를 말한다(법 제200조의3 제1항 後段). 즉, 체포영장을 받기 위해 시간을 지체하면 피의자에게 수사기관에의 출석요구를 기대할 수 없어 체포가 불가능하게 되거나 현저히 곤란하게 되는 상황임을 요한다.

다. 긴급체포의 절차

(1) 긴급체포의 방법

검사 또는 사법경찰관은 피의자에게 긴급체포의 사유를 알리

---

6) 위 요건들은 강학상 각 범죄의 객관적 혐의 및 중대성, 체포의 필요성 및 체포의 긴급성이라고 칭해지고 있다.

7) 松本時夫・土本武司, 條解刑事訴訟法, 弘文堂, 1993, 333면, 이재석, 앞의 글, 228면에서 재인용. 이재석 교수는 긴급체포가 영장주의의 예외이고 일선수사기관의 남용의 우려 등을 감안할 때 범죄혐의의 정도가 통상체포의 경우보다 높을 것(犯罪嫌疑의 충분성)을 요구하여 그 요건을 강화한 일본의 입법례가 보다 타당하다고 주장한다.

고 영장 없이 피의자를 체포할 수 있다(법 제200조의3 제1항). 사법경찰관이 피의자를 긴급체포한 경우에는 즉시 검사의 승인을 얻도록 하고 있으며(동조 제2항), 구체적으로는 사후에 긴급체포서를 작성하여 12시간 내에 관할청의 검사에게 사후승인을 받도록 하고 있다(사법경찰관리집무규칙 제27조 제3항). 형사소송법은 사법경찰관이 긴급체포하는 경우에 이전의 형사소송법이 긴급구속에 관하여 미리 검사의 지휘를 받을 것을 요구하던 것과 달리 검사의 사후승인을 받도록 하였다.[8]

이는 사법경찰관의 긴급체포에 대하여는 초동수사단계의 긴급을 요하는 상황에서 검사의 사전지휘를 받도록 하는 것은 논리적 모순이고 현실적으로도 불가능하므로 사후승인만 받도록 하고, 다만 적법한 절차로 긴급체포를 한 것인가의 여부를 감독하기 위하여 긴급체포장 발부대장, 긴급체포 사후승인대장 등을 비치하여 긴급체포상황을 명확하게 하자는 취지이다.[9][10]

8) 제8차 개정 이전의 형사소송법 제206조 제2항은 "사법경찰관이 긴급구속을 하는 경우에는 미리 검사의 지휘를 받아야 한다. 다만 특히 급속을 요하여 미리 지휘를 받을 수 없는 사유가 있을 때에는 사후에 즉시 승인을 받아야 한다"고 하였다. 이에 대하여 이은모 교수는 검사의 사후승인제도의 통제력도 부인할 수는 없으나, 수사기관 내부에서의 통제수단이 가지는 현실적인 한계와 검사의 지휘에 의해 석방된다고 하더라도 12시간의 불법체포가 가능하다는 점이 여전히 문제라고 지적한다. 이은모, 긴급체포 및 긴급체포시의 압수·수색·검증제도의 문제점에 관한 검토, 법학논총 제22집 1호(2005. 6.), 한양대학교 출판부, 35면.

9) 1995년 형사소송법 개정 당시 정부가 제출한 개정안 원안에는 검사의 사전지휘가 원칙으로 되어 있었으나, 동 법률안의 국회 법제사법위원회 심의과정에서 사법경찰관의 긴급체포시 검사의 사전지휘는 현실적으로 어려우므로 긴급체포후 즉시 검사의 승인을 받는 사후승인의 원칙으로 변경되어 통과되었다고 한다. 이재석, 위의 글, 229면.

10) 이에 대하여 이재석 교수는 형사소송법상 긴급체포의 경우에 사후 체포영장에 의한 통제가 없다는 점에서, 사법경찰관이 긴급체포하는 경우에는 범죄수사정보가 경찰에 독점되는 상황이 발생할 수 있고 그 결과 검사의 사후승인을 받거나 구속영장 청구를 위하여 수사기록이 송부될 때까지 검찰의 수사지휘권에 공백이 발생할 가능성 및 그 남용으로 인한 인권침해의 우려가 상존하므로 서면뿐만 아니라 팩스나 통신 등을 이용하여 준사법기관인 검사의 사전지휘를 받도

검사 또는 사법경찰관이 피의자를 긴급체포한 경우에는 즉시 긴급체포서를 작성하여야 하며(동조 제3항), 긴급체포서에는 범죄사실의 요지, 긴급체포의 사유 등을 기재하여야 한다(동조 제4항, 규칙 제95조 제2항).

(2) 체포 후의 조치

검사 또는 사법경찰관이 피의자를 긴급체포한 경우에 피의자를 구속하고자 할 때에는 체포한 때부터 48시간 이내에 검사는 관할 지방법원판사에게 구속영장을 청구하여야 하고, 사법경찰관은 검사에게 신청하여 검사의 청구로 관할지방법원판사에게 구속영장을 청구하여야 한다. 검사가 구속영장을 청구하거나, 사법경찰관이 구속영장을 신청할 때에는 긴급체포서를 첨부하여야 한다(법 제200조의4 제1항). 긴급체포 후 48시간 이내에 구속영장을 청구하지 아니하거나 영장청구를 하였지만 발부받지 못한 때에는 피의자를 즉시 석방하여야 한다(동조 제2항). 긴급체포 후 구속영장을 청구하지 아니하거나 영장을 발부받지 못하여 석방된 자는 영장 없이는 동일한 범죄사실에 관하여 체포하지 못한다(동조 제3항). 따라서 수사기관은 동일한 범죄사실에 관하여는 재차 긴급체포할 수 없고 체포영장에 의한 체포만이 가능하다.

2. 긴급체포제도의 문제점과 개선방안

가. 긴급체포 후 사후체포영장의 배제와 영장주의의 문제

헌법 제12조 제3항은 "逮捕·拘束·押收 또는 搜索을 할 때에는 適法한 節次에 따라 檢事의 申請에 의하여 法官이 발부한 令狀을 제시하여야 한다. 다만, 現行犯人인 경우와 長期 3年 이상

록 하고, 특히 급속을 요하는 예외적 경우에 사후승인을 가능하도록 하는 것이 바람직하다고 주장한다. 이재석, 위의 글, 229면.

의 刑에 해당하는 罪를 범하고 逃避 또는 證據湮滅의 염려가 있을 때에는 事後에 令狀을 청구할 수 있다"라고 규정하고 있다. 형사소송법은 검사나 사법경찰관이 피의자를 긴급체포한 경우 피의자를 구속하고자 할 때에는 체포시부터 48시간 내에 검사는 관할지방법원판사에게 구속영장을 청구하여야 하고, 사법경찰관은 검사에게 신청하여 검사의 청구로 판사에게 구속영장을 청구하여야 하는데, 만약 검사 등이 구속영장을 청구·신청하지 않은 경우나 범죄혐의가 없어 석방하는 경우 등에는 최장 48시간 동안 無令狀 상태에서 신체의 자유가 침해되는 현상이 발생하는바, 이러한 무영장체포의 결과가 헌법의 영장주의 취지에 반하는 것이 아닌가라는 문제가 제기된다.

합헌론에 따르면 "ⅰ) 긴급체포 후 구속의 필요가 없어 석방한 경우에 사후체포영장을 청구하도록 하는 것은 48시간 내에 무용한 절차의 반복이 될 뿐만 아니라 오히려 구속기간이 장기화될 우려가 있고, ⅱ) 계속 구금의 필요가 있어 구속영장을 청구하는 경우에 구속요건이 체포의 요건보다 엄격하므로 보다 신중한 사법심사를 받게 되는 결과가 되어 따로 사후체포영장을 청구하는 것이 불필요하며, 나아가 ⅲ) 사후체포영장을 요구한다면 절차의 번잡성, 수사상 기밀유지 곤란 등을 이유로 수사기관이 긴급체포를 기피하고 탈법적인 수사관행을 계속할 우려가 있음을 감안한 것이다"라고 한다.[11] "체포는 구속에 비하여 비록 증명의 정도 및

---

11) 국회 법제사법위원회, 형사소송법 중 개정법률안(1995) 심사보고서, 12면. [김상호, 체포제도의 문제점과 개선방안, 저스티스(통권 제89호), 한국법학원, 2006. 129면에서 재인용]; 형사소송법 제정·개정 자료집, 799 및 704면. "우리의 수사현실을 감안한다면 이 경우 수사기관은 2건의 영장청구에 48시간을 모두 소비하게 되어 수사의 효율성을 저해할 뿐만 아니라 수사의 장기화로 실질적으로 피의자에게 불리한 결과를 초래하는 등의 문제가 있다"(국회법제사법위원회 형사소송법중개정법률안 공청회 중 정동기 검사 발언). [이재석, 앞의 글, 233면에서 재인용].

구속기간에 있어 차이가 있으나 이는 양자의 법적 성질을 달리 볼 만한 질적 차이라고 할 수 없고, 오히려 기능적으로 고찰할 때 양자는 피의자의 신병확보라는 목적을 위하여 수행되는 수사기관의 강제처분절차라는 점에서 동일한 성질을 지닌 단일의 절차로 파악되어야 하기 때문에 체포와 구속을 준별하는 입장은 이론적으로도 타당하지 아니하며, 헌법 제12조 제3항 단서규정은 계속 구금의 필요가 있는 경우에 한하여 적용된다고 해석하여야 한다. 그리고 헌법상 긴급체포를 영장주의의 예외로 규정하고 있으므로 긴급체포 후 바로 체포영장을 청구하지 아니하여도 위헌의 소지는 전혀 없다"는 주장[12]도 같은 취지이다.[13] 그 외에도 영장의 청구가 대부분 사법경찰관에 의하여 신청되어 검사와 판사의 심사를 받아야 하는 수사구조와 경찰관서와 검찰청 간의 거리가 교통편으로 4시간이나 소요되는 원격지 경찰서가 있는 우리 실정에서 현실성이 없고, 사후체포영장을 받도록 요구하면 석방하여야 할 피의자에 대하여 면책적으로 구속영장을 청구하는 사례가 발생하여 오

---

12) 검찰21세기연구기획단, 구속제도정비방안연구, 대검찰청, 1995, 162-164면. 검찰21세기연구기획단은 긴급체포 후 체포영장의 발부 여부에 대하여 "범인의 신병확보는 단순하고 간편하게 하여 적법절차의 범위 내로 수용하고 그 대신 구속심사를 강화하여 불법 또는 부당한 체포를 방지하는 방향으로 나가야 하므로 긴급체포 후 계속 구금할 필요가 있는 경우 拘禁令狀을 발부받고, 계속 구금할 필요가 없는 경우는 事後逮捕令狀을 발부받지 아니하고 즉시 석방하도록 하여야 한다"라고 주장하여 종전의 긴급구속에 대한 통제와 같이 검사의 긴급체포에 대하여는 내부결재를 통하여 적정히 운영되도록 하고, 사법경찰관의 긴급체포에 대하여는 원칙적으로 검사의 사전지휘를 받도록 하는 방안이 타당하다고 하고 있다.

13) 정진수, 인신구속제도와 구속심사제도의 개선방안, 형사정책연구 제9권 제3호, 1998, 167면은 긴급성과 구속사유만을 요건으로 하고 있는 독일의 긴급체포도 사후체포영장을 발부받지 않고 있으며, 긴급체포 후 구속할 필요가 있는 경우 체포영장과 구속영장을 이중으로 발부받을 필요가 있는지 의문이며, 구속영장 심사시 긴급체포의 적법성도 심사의 대상이 되며, 헌법에서 긴급체포 후 사후영장을 받도록 하는 것은 계속 구금할 필요가 있을 때 구속영장을 발부받아야 한다는 취지로 해석할 수 있다고 한다.

히려 체포기간이 장기화될 우려가 있다고 설명하기도 한다.[14)]

이에 반하여 학계의 주류적 입장인 위헌론[15)]은 헌법 제12조 제3항은 본문에서 체포·구속의 경우에 (事前)令狀主義의 원칙을 규정하면서 단서에서 일정한 요건하에 법관에 의한 사후통제를 예외적으로 인정한 것이므로[16)] 이 조항은 '영장주의의 예외'를 허용한 것이 아니고 단지 '사전영장주의의 예외'를 인정하는 것이며, 또한 헌법은 체포와 구속을 명백히 구분하고 있으므로 긴급체포 후에는 반드시 체포영장을 청구하여 이를 발부받아야 하는 것을 당연히 전제로 하여 다만 계속 구금의 필요가 있는 경우에는 별도의 구속영장을 요하는 것으로 해석해야 하며,[17)] 신체의 자유를 속박하는 것을 본질로 하는 긴급체포에 대하여 아무런 사법적

---

14) 신동운, 형사소송법, 법문사, 1997, 163면.

15) 배종대·이상돈, 형사소송법, 홍문사, 2004. 238면 이하; 이재상, 형사소송법상 체포와 구속제도의 문제점, 법학논집, 제2권, 제1회, 이화여대 법학연구소, 1997, 75면; 차용석, 개정형사소송법상의 체포와 구속, 고시계, 1996, 85면; 이재석, 앞의 글, 231면. 이재석 교수는 현행법상 만일 수사기관이 일반국민을 긴급체포하여 48시간 동안 감금·조사한 후, 범죄혐의가 확인되지 않더라도 48시간 이내에 석방해 버리면 문제되지 아니하는바, 이 경우는 요건에 합치하지 않는 자의적인 긴급체포로서 형법상 不法逮捕監禁罪(형법 제124조)에 해당하나, 수사의 실제에 있어서는 피의자가 문제제기를 하지 않는 한 합법화되어 버린다고 비판한다. 이재석, 앞의 글, 230면.

16) 종래 긴급구속의 경우에 있어서도 이 원칙은 관철되었다. 즉, 긴급구속에 관한 사후영장은 헌법상의 요청으로(헌법 제12조 제3항 단서) 법관에게 사후구속영장을 청구하게 함으로써 긴급구속에 대한 적법성과 구속의 필요성에 대한 사법적 판단을 요하게 하였다. 따라서 사후영장은 긴급구속의 적법성에 관한 승인장인 동시에 구속의 계속에 대한 허가장의 성질을 가졌다.

17) 형사소송법에 있어서의 구속은 사전에 발부된 구속영장에 의한 구속만 인정된다는 점에서 영장에 의하지 아니한 체포도 인정되는 체포와 구별된다. 배종대·이상돈, 앞의 글, 238면 이하. 배종대·이상돈 교수는 형사소송법 제200조의4 제1항의 피의자를 긴급체포한 경우 '피의자를 구속하고자 할 때'라는 문언은 개정 전의 형사소송법 제207조의 '피의자를 긴급구속한 경우에 구속을 계속할 필요가 있다고 인정하는 때'라는 문언과 비교할 때 긴급체포를 사후영장에 의한 구속이 아니라 구속과는 별개의 체포제도라고 이해할 수 있는 단서를 제공해 준다고 설명하고 있다.

통제를 하지 아니하는 것은 영장주의 원칙의 본질적 침해로 위헌의 소지가 있으므로 긴급체포 후 즉시 사후체포영장을 청구하도록 하는 것이 타당하다는 것이다.[18] 실무현실상 형사소송법이 사법경찰관에 의한 긴급체포에 대하여 검사의 사전지휘를 받지 않고 독자적 판단에 의하여 체포할 수 있도록 한 점에서도 더욱 그러하다고 한다.[19][20]

---

18) 이 견해에 의하면 현행범인 체포에 대하여도 사전영장주의의 예외로서 사후체포영장 발부가 원칙적으로 타당하며, 특히 수사기관이 직접 현행범인을 체포하거나 사인으로부터 인계받은 경우에는 법원의 사후체포영장을 받도록 하는 것이 가장 바람직하다고 한다. 이은모, 앞의 글(각주 7), 36면.

19) 일본 형사소송법의 경우에도 긴급체포한 경우에는 "즉시 재판관의 체포장을 구하는 절차를 취하여야 한다"고 규정하고 있다고 한다(일본 형사소송법 제210조 제1항). 이 경우 실무에서는 그 시간적 한계를 10시간 전후로 보고 있고(令狀事務, 裁判所書記官硏修所 敎材, 第125號, 法曹會, 1991, 52면), 긴급체포 후 유치의 필요가 없는 경우 등 피의자를 석방한 경우에도 긴급체포를 한 이상 체포장 청구절차는 취하여야 한다고 한다. 이재석, 앞의 글, 232면에서 재인용.
이재석 교수는 이외에도 영장에 의하지 않는 체포를 인정하는 입법례의 경우에 남용의 우려가 상존하므로 이것을 통제하는 제도적 장치를 마련하고 있다고 주장하며, 그 근거로서 미국의 경우 무영장체포를 허용하면서 "체포된 피의자는 지체없이 연방치안판사에게 인치되어야 한다"(연방형사소송법 제5조)고 하고 있고, 독일의 경우에도 긴급체포된 피의자는 "늦어도 체포된 다음날까지 관할구역 내의 영장담당법관에게 인치되어야 한다"(독일 형사소송법 제127조 제2항, 제128조)고 하고 있다고 한다. 또한, 대법원도 입법과정에서 형사소송법의 긴급체포제도는 위헌의 소지가 있고 수사기관의 자의적인 긴급체포의 운용으로 인하여 남용의 우려가 있다는 이유를 들어 사후에 바로 법관의 체포영장을 받도록 입법화할 것을 주장한 바 있다고 한다.

20) 위헌설에 따르면 긴급체포 남용의 통제방안으로 형사소송법 제200조의4 제1항에 따라 구속영장의 청구를 받은 판사가 긴급체포가 위법한 경우에 이것을 이유로 하여 구속영장의 청구를 기각하여야 한다는 논의를 전개하며, 따라서 긴급체포된 자에 대하여 구속영장이 청구되었을 경우에 법원이 긴급체포의 적법성을 심사하고 이를 구속영장을 발부하는 데 고려하여야 한다고 제안한다(이재석, 앞의 글, 236면). 이재석 교수는 긴급체포의 요건을 갖추지 아니하는 경우에는 구속사유에 관계없이 이러한 사유를 들어 구속영장을 기각하여야 하며 특히, 예컨대 피의자가 수사기관에 자수하거나 자진출석한 때, 피의자의 주거가 일정한 등 체포영장을 받을 시간적인 여유가 충분히 있다고 인정되어지는 경우에도 사안이 중하다는 이유로 피의자를 긴급체포하고 검사의 사후승인을 받아 구속영장을 청구하는 경우에는 '긴급을 요하는 경우'에 해당하지 아니하다고 판단하여 구속영장을 기각하여 긴급체포의 남용을 방지하여야 한다고 주장한다. 법원도 송무예

긴급체포의 사후통제방법과 관련해서는 합헌설의 입장에서 현행의 긴급체포제도를 지지하는 견해와 함께, 위헌설의 입장에서도 긴급체포 후 즉시 법관에게 대동하여 체포의 적법성과 구속의 필요성을 실질심사하는 방향으로 입법화하는 것이 바람직하다는 견해[21]와 긴급체포 후 구속영장을 청구하지 않고 석방하는 경우에 한해서 사후체포영장을 받도록 하자는 견해[22] 그리고 의무적으로 체포영장을 청구하도록 하거나 또는 구속영장과 체포영장 중 선택적인 청구를 허용하는 것이 좋다는 견해[23]가 있다.

검토하건대, 형사소송법이 피의자의 체포에 관하여 체포영장에 의한 체포를 원칙으로 한다면 긴급체포는 사전영장주의의 예외로서 사후에 영장을 요하는 체포로서 즉시 체포영장을 받도록 하는 것이 타당하다고 할 것이다.[24] 현재의 형사소송법과 같이 긴급체포에 대해 사후의 체포영장을 요구하지 않는 것은 그 자체가 헌법의 규정에 위배되는 것으로 볼 수 있게 된다.[25]

규에서 긴급체포나 현행범체포의 요건을 엄격히 심사하여 체포가 위법한 경우에는 구속영장의 청구를 기각하도록 하였다. 즉, 구속영장 청구를 기각하는 경우로서 '현행범체포나 긴급체포 등 체포가 위법한 경우'를 명시하고 있다[인신구속사무의 처리요령(송형 96-3), Ⅲ.18.가.(4)].

21) 차용석, 형사소송법, 1997, 293면.

22) 황정근, 구속영장실질심사제도의 개선방안, 형사정책연구 제8권 제4호, 1997, 50면.

23) 손동권, 현행 피의자 체포·구속제도에 관한 연구, 현대형사법의 쟁점과 과제(동암 이형국 교수화갑기념논문집), 1998, 572면.

24) 배종대 · 이상돈, 앞의 글, 239면; 신동운, 앞의 글, 163면; 이재상, 앞의 논문, 76면; 우리나라가 가입한 '시민적 및 정치적 권리에 관한 국제규약선택의정서' 제9조 제3항에서도 "범죄혐의로 체포되거나 구금된 자는 법관 또는 법률에 의하여 사법권을 행사할 권한을 부여받은 기타 관헌에게 신속히 인치되어야 하고"라고 규정하고 있고, 국가인권위원회의 국가인권정책 기본계획 권고안에도 긴급체포 후 즉시 체포영장을 발부받도록 규정을 개선하여야 한다고 건의하고 있다. 동아일보 2005. 12. 19, A3 참조.

25) 현행범인 체포와 관련해서도 같은 문제가 제기될 수 있으나, 현행범인 체포는 사인에게도 체포권을 부여하고 있을 뿐만 아니라 범죄와 범인의 명백성이 인정

따라서 긴급체포의 경우에는 집행 후 지체없이 체포영장을 청구하도록 하는 것이 타당하다고 생각한다.[26] 따라서 형사소송법 제200조의3 후단에 "… 이 경우에는 즉시 지방법원판사에게 체포영장을 청구하여야 하며, 체포영장이 발부되지 않으면 즉시 피의자를 석방하여야 한다"는 규정을 추가하는 것이 타당하다.[27]

이때 사후 체포영장의 청구시기 및 방식에 관하여는, 모든 영장의 청구가 검사에 의해 이루어지는 우리의 제도에 있어서는 구태여 체포영장과 구속영장의 청구가 별개로 이루어질 필요는 없고, 검사는 사후체포영장과 함께 구속영장을 동시에 청구하는 방법이 가능하고 또 효율적일 것이다.[28] 물론 긴급체포 후 피의자를 이미 석방하였다든지 구속할 의사가 없는 경우에는 사후영장으로서의 체포영장만을 청구하면 될 것이다.

긴급체포에 대해서 사후의 체포영장을 요구하게 되면 이러한 영장의 발부는 체포시에 긴급체포의 요건이 구비되어 있었음을 확인하는 의미를 가질 뿐만 아니라 또한 청구의 허부를 판단하는 시점에 있어서도 통상체포의 요건이 구비되어 있음을 확인하는

되어 오인체포의 우려가 적다는 점을 고려하여 특별히 문제로 삼고 있지 않는 것이 현재의 일반적인 분위기인 것으로 보인다.

26) 신양균, 형사소송법, 법문사, 2000, 148면; 이재상, 형사소송법, 박영사, 2003, 222면. 그 밖에도 긴급체포 후 즉시 법관에게 대동하여 체포의 적법성과 구속의 계속 필요 여부를 실질심사하는 방향으로 입법화하는 것이 바람직하다는 견해[차용석, 앞의 글(각주 20), 293면]와 긴급체포 후 구속영장을 청구하지 않고 석방하는 경우에 한해서 사후체포영장을 받도록 하자는 견해(황정근, 앞의 글, 50쪽) 그리고 의무적으로 체포영장을 청구하도록 하거나 또는 구속영장과 체포영장 중 선택적인 청구를 허용하는 것이 좋다는 견해(손동권, 앞의 글, 572면) 등이 있다.

27) 이은모, 앞의 글, 130면.

28) 이은모, 앞의 글(각주 7), 40면에 의하면 절차를 보다 간편하게 하기 위하여 압수·수색영장의 방식에 준하는 체포·구속영장이라는 결합형태의 영장을 발부하는 것이 가능하다는 견해도 있으나, 체포영장과 구속영장을 별개로 발부하는 형식이 체포의 요건과 구속의 요건에 대한 별도의 판단을 표시할 수 있어 보다 명확한 방식이라고 설명한다.

것이라고 할 수 있다. 긴급체포의 요건은 긴급체포시에 존재하면 족하나 통상체포의 요건은 체포영장을 발부하는 시점까지 존속하지 않으면 안 되므로, 만일 체포영장의 발부시에 통상체포의 요건이 없음에도 불구하고 체포영장을 발부하는 것은 영장주의 원칙에 반하는 것이 되기 때문이다. 따라서 사후에 체포영장을 기각하는 경우에는 그 이유를 밝혀서 기각이 부적법한 긴급체포였기 때문인지 아니면 긴급체포의 적법성은 인정되나 현재 체포계속의 필요성이 존재하지 않기 때문인지를 명확히 할 필요가 있을 것이다. 그리고 이러한 법원의 심사결과 긴급체포의 사유가 존재하지 않음에도 불구하고 수사기관이 긴급체포권을 남용한 것이라고 판단되는 경우에는 형법상의 불법체포·감금죄의 성립이 가능할 뿐만 아니라 긴급체포 중의 피의자신문이 행하여진 경우 그 조서는 증거로 사용할 수 없게 될 것이다. 또한, 긴급체포 후 체포영장과 구속영장을 동시에 청구하는 경우에는 구속의 요건이 통상체포의 요건보다 엄격할 뿐만 아니라 피의자심문제도도 두고 있으므로, 이때는 체포시에 긴급체포의 요건이 존재했는지의 여부와 현재 구속의 요건에 해당하는지 여부만 판단하면 될 것이다.[29]

나. 무영장체포기간의 장기화

현행 긴급체포제도에 대하여 또 한 가지 지적할 것은 피의자의 체포기간이 지나치게 길다는 것이다. 48시간 이내에 구속영장을 발부받는 것이 아니라 청구하도록 함으로써 사실상 영장 없이 체포할 수 있는 기간이 1995년 형사소송법 개정 전보다 늘어난 것이 되었다. 이는 1995년 개정법에서 새로 도입한 영장실질심사제도의 영향이라고 보더라도, 체포는 수사기관의 피의자신문을 위한 기간이 아니라 구속을 위한 사전적 임시조치로서의 의미를

29) 이은모, 앞의 글(각주 7), 41면.

가질 뿐이라는 점과 특히 긴급체포의 경우에는 영장 없이 피의자의 신체를 구속하고 있다는 점을 고려한다면 이 기간은 너무 길고, 따라서 최소한 개정 전과 같이 구속영장을 48시간 이내에 발부받도록 하는 것이 좋다는 지적이 있다.[30] 따라서, 형사소송법 제200조의4 제1항도 "검사 또는 사법경찰관이 제200조의3의 규정에 의하여 피의자를 체포한 경우 피의자를 구속하고자 할 때에는 체포한 때부터 48시간 이내에 검사는 관할 지방법원판사로부터 구속영장을 발부받아야 하고, 사법경찰관은 검사에게 신청하여 검사의 청구로 관할 지방법원판사로부터 구속영장을 발부받아야 한다"고 규정하는 것이 타당하다는 지적이다.

다. 긴급체포와 체포적부심사제도의 문제

형사소송법은 체포·구속적부심사의 청구권자로서 체포영장 또는 구속영장에 의하여 체포 또는 구속된 피의자에 한하여 체포·구속적부심사에 의한 법원의 사법적 통제를 허용하면서(법 제214조의2 제1항), 법관의 사법적 판단이 배제된 긴급체포 및 현행범으로 체포된 피의자 또는 위법하게 체포된 피의자에 대해서는 문언상 체포적부심사를 허용하고 있지 않았는바, 이에 대하여 헌법 제12조 제3항이 구속뿐만 아니라 체포에 대해서도 적법절차의 준수 및 법관의 영장을 요구하고 있는 점과 체포적부심사청구권을 기본권으로 규정하고 있는 헌법 제12조 제6항에 반하는 것으로 위헌의 소지가 있다는 주장이 제기된 바 있고, 학설이 대립되고 있었다. 그러나 대법원은 "헌법 제12조 제6항은 누구든지 체포 또는 구속을 당한 때에는 적부의 심사를 법원에 청구할 권리를 가진다고 규정하고 있고, 형사소송법 제214조의2 제1항은 체포영장 또는 구속영장에 의하여 체포 또는 구속된 피의자 등이

30) 배종대·이상돈, 앞의 글, 253면; 신양균, 앞의 글, 148면 참조.

체포 또는 구속의 적부심사를 청구할 수 있다고 규정하고 있는바, 형사소송법의 위 규정이 체포영장에 의하지 아니하고 체포된 피의자의 적부심사청구권을 제한한 취지라고 볼 것은 아니므로 긴급체포 등 체포영장에 의하지 아니하고 체포된 피의자의 경우에도 헌법과 형사소송법의 위 규정에 따라 그 적부심사를 청구할 권리를 가진다고 봄이 상당하다(대법원 1997. 8. 27. 97모21 결정)" 고 판시하고, 송무예규에서 "긴급체포되거나 현행범으로 체포된 피의자 또는 위법하게 체포된 피의자도 체포적부심사를 청구할 수 있다"는 규정을 두어 해석상의 의문을 제거하여 실무상의 혼선을 방지하였다[인신구속사무의 처리요령(송형 96-3), Ⅵ.1.다].

라. 긴급체포의 대상범죄의 광범위성 문제

현행 형사소송법 제200조의3은 1995년 형사소송법 개정 전의 긴급구속에 관한 규정을 그대로 옮겨놓았다고 볼 수 있는바, 긴급구속 대상범죄의 폭이 너무 넓었다는 비판이 현행 긴급체포의 규정에 대하서도 마찬가지로 적용된다.

긴급체포의 대상범죄에서 제외되는 경우는 특별법은 거의 없을 뿐만 아니라, 형법각칙에도 아주 소수의 범죄만 해당된다.31) 따라서 이 견해에 의하면 형법각칙에 규정하고 있는 대부분의 범죄에 대하여 긴급체포가 가능하게 되어 예외적인 현상인 긴급체포를 왜곡하게 하는 큰 요인이 될 수 있으며, 현행법상 긴급체포

31) 형법각칙에서 국가적 법익을 침해하는 범죄 중에는 다중불해산죄, 직무유기죄, 비밀누설죄, 집합명령위반죄, 사회적 법익을 침해하는 범죄 중에서 사체 등의 오욕죄, 변사자검시방해죄, 실화죄, 과실일수죄, 과실교통방해죄, 음용수사용방해죄, 수도불통예비·음모죄, 아편등소지죄, 위조통화취득후지정행사죄, 소인말소등죄, 사문서등부정행사죄, 간통죄, 공연음란죄, 음란문서판매죄 등, 단순도박죄, 복표발행중개죄 등의 죄, 개인적 법익을 침해하는 범죄 중에서 단순폭행죄, 과실치사상죄, 의사등의낙태죄, 단순학대나 영아유기죄, 단순명예훼손 및 사자명예훼손과 모욕죄, 경매·입찰방해죄, 음화제조죄, 점유이탈물횡령죄, 업무상과실장물취득죄가 3년 미만의 징역 등에 해당하는 죄로서 여기에 해당한다.

가 사후영장을 요하지 아니하므로 그 범죄의 중대성 요건을 더욱 엄격하게[32] 운용해야 형사사법의 최후수단성의 원칙에도 부합하게 된다고 한다.[33]

마. 자진출석한 피의자에 대한 긴급체포 허용 여부

피의자가 수사기관에 자진출석하여 조사를 받던 도중 귀가를 요구하는 경우 긴급성이 인정될 수 있는가 여부가 문제된다. 형사소송법 제200조의3 제1항에 의한다면 피의자가 수사기관에 자진출석하여 조사하는 경우에는 피의자가 도망할 염려가 없으므로 또는 사전에 체포영장을 발부받을 시간적 여유가 있었으므로 긴급체포가 부적합하다. 즉, 수사기관에 자진출석한 피의자의 경우는 출석 전에 또는 출석 직후에 체포영장을 발부받을 시간적 여유가 충분하므로 긴급성이 인정되지 않는다. 그러나 체포영장을 발부받기 위해서는 ① 죄를 범하였다고 의심할 만한 상당한 이유, ② 출석불응 또는 불응의 우려 등의 체포요건이 구비되어 있어야 하는데, 피의자를 조사하기 전에는 범죄혐의가 불분명할 뿐만 아니라 출석에 응하였으므로 체포영장을 받는 것도 불가능하다. 결국 피의자의 임의출석시에는 체포요건이 갖추어지지 않았으므로

---

32) 영국은 5년 이상의 징역에 해당하는 범죄만 긴급체포할 수 있을 정도로 그 요건을 엄격히 제한하고 있다고 한다. 정진수, 구속영장심사와 피의자심문, 한국형사정책연구원, 1997, 156면.

33) 정진수, 앞의 글(각주 31), 156쪽; 김상호, 앞의 글, 127면. 이에 반하여 긴급체포의 대상범죄를 1년 이상 징역 등으로 완화하자는 주장으로는 송주환, 구속영장신중처리방안(검사세미나 연수자료집 5), 1989, 114면; 전용득, 피의자구속론, 법문사(2000), 앞의 글, 240면 등. 외국의 입법례를 보면 미국은 1년 이상의 징역에 해당하는 죄, 일본은 우리와 마찬가지로 장기 3년 이상의 징역에 해당하는 죄라고 규정하고 있고, 독일의 경우는 체포사유와 긴급성만을 요건으로 한다. 김경락, 긴급체포의 문제점과 개선방안, 법학논총 제38권 통권 52집, 중앙대학교 법과대학, 2003, 102면; 전용득, 긴급체포제도에 관한 고찰, 동의법정 제19호, 동의대 법정연구소, 2003, 60면.

영장에 의하여 피의자를 체포하는 것은 현행법상 불가능하다는 결론이 된다.

하지만 긴급체포의 적법 여부는 긴급체포 당시에 긴급체포의 요건이 갖추어져 있었느냐는 것이므로 자진출석 여부를 불문하고 긴급체포 당시에 긴급체포의 요건이 구비되어 있으면, 수사기관에 자진출석한 피의자에 대하여도 긴급체포가 가능할 수 있다고 보아야 한다. 즉, 수사기관에 자진출석하여 조사를 받는 자의 경우 조사착수시에는 범죄혐의 유무에 관한 판단이 어렵거나, 장기 3년 이상의 범죄에 해당하는지 여부가 불투명하거나, 도주우려가 있다고 하기 어려운 경우가 많고, 통상의 경우에는 긴급체포의 요건에 해당하지 않는다고 할 수 있다. 그러나 조사가 진행되면서 또는 조사 후 장기 3년 이상의 범죄에 해당하고, 죄를 범하였다고 볼 상당한 이유가 밝혀져 수사기관이 영장을 청구할 경우에는 피의자가 도주하거나 증거를 인멸할 우려가 생긴다고 볼 수 있고, 이때 긴급체포의 요건이 모두 구비되는 것으로 보아야 할 것이다. 영장을 발부받는 동안 도주하려는 피의자를 체포할 수 없다면 체포영장이 발부된 후에는 피의자는 이미 도주해 버리고 없는 것이다. 만약 이러한 자를 영장이 발부될 때까지 체포할 수 없어 제 발로 도주하는 것을 보고도 이를 방임해야 한다면 범죄진압 및 사회방위는 불가능하게 될 것이다. 따라서 자진출석한 피의자도 긴급체포의 요건이 구비되면 긴급체포가 가능하다고 해야 할 것이다.

3. 긴급체포시의 압수·수색·검증에 대한 문제점과 개선방안

가. 긴급체포시의 압수·수색·검증에 있어서의 문제점

우리 형소법에 의하면 검사 또는 사법경찰관은 긴급체포의 규정에 의하여 체포할 수 있는 자가 소유·소지 또는 보관하는 물건에 대하여는 48시간 이내에 한하여 영장없이 압수·수색·검증을 할 수 있다(제217조 제1항). 긴급체포의 경우에는 체포현장에서 압수·수색 또는 검증을 할 수 있을 뿐만 아니라(제216조 제1항 제2문), 체포현장이 아니더라도 구속영장을 청구할 때까지는 영장없이 압수·수색·검증을 할 수 있도록 하여 영장 없는 대물적 강제수사를 폭넓게 인정하고 있다.

그러나 긴급체포에 부수하여 장소적 제한을 받지 않는 포괄적인 대물적 강제처분을 인정하는 것이 실질적인 점에서 영장주의 원칙에 반하는 것은 아닌가 하는 의문이 있게 된다.[34)]

나. 형사소송법 제217조에 대한 검토 및 개선방안

긴급체포시의 대물적 강제처분제도에 대해서는 우선 그 존재의 필요성을 인정하면서 영장주의에 충실한 방향으로 개정하는 정도로 족하다는 견해가 있다. 주로 실무가들을 중심으로 주장되는 견해로서, '제200조의3의 규정에 의하여 체포할 수 있는 자'로 되어 있는 부분은 단지 긴급체포의 요건에 해당하기만 하면 긴급체포를 하지 않고도 영장 없이 압수·수색·검증이 가능한 것으로 오해할 소지가 있으므로, 이를 '제200조의3의 규정에 의하여 체포된 자'로 개정하고, 또한 제217조 제2항이 계속 압수하는 경우 별도의 압수·수색영장을 받지 않고 구속영장으로 대체하도록 되어 있는 것은 압수·수색영장의 독자적 기능을 무시한 것이므로 이에 대해서는 별도의 압수·수색영장을 받도록 개정하자는 견해이다. 다만 압수를 계속할 필요가 없어 압수한 물건을 환부한 경우에는 수사기관의 업무부담 등을 고려하여 사법심사의 대상에서 제외시키자고 한다.[35)]

---

34) 이은모, 앞의 글(각주 7), 44면.

그러나 대물적 강제처분인 압수·수색·검증의 경우에도 영장주의가 적용되며, 다만 모든 경우에 이러한 요구를 엄격하게 관철할 때에는 현실적인 요구에 부응할 수 없는 경우가 있으므로 일정한 경우에 그 예외를 인정하고 있으며, 그 대표적인 경우가 형사소송법 제216조라고 할 수 있을 것이다.[36] 그러나, 제217조의 긴급강제처분은 '체포에 수반하여 체포현장'에서 이루어지는 제216조의 강제처분과는 달리 그 시간적(48시간 이내이기만 하면 되고 체포행위와 압수 등과의 엄격한 시간적 접착성은 요구되지 않는다), 장소적 제한을 받지 않는 점 등에서 포괄적 압수·수색·검증제도를 인정하는 결과가 된다.[37] 따라서 현행 형사소송법 제217조의 긴급체포시의 압수·수색·검증제도는 이를 폐지하고, 긴급체포의 경우에도 제216조 제1항 제2호의 규정에 의한 긴급체포현장에서의 압수·수색·검증만이 영장 없이 허용될 수 있도록 하는 것이 타당하고, 그 밖의 경우에는 사전영장에 의한 압수·수색·검증만이 가능하다고 한다.

35) 이완규, 긴급체포 및 긴급압수·수색논의에 관한 의견, 사법개혁위원회 제17차 회의자료, 2004. 7, 19면.

36) 우선 체포현장에서의 무영장 압수·수색·검증제도(제216조 제1항 제2호)는 체포현장이라는 특성을 감안하여 체포 및 증거수집의 효율성 확보차원에서 법이 인정하고 있는 영장주의의 예외인 것이다. 또한, 범죄현장에서의 압수·수색·검증제도(동조 제3항) 역시 현행범체포가 이루어지지 않은 범죄현장에서의 긴급한 필요에 대처하기 위한 규정이나, 현실로 체포가 이루어진 것은 아니라는 점에서 사후영장을 요구하는 방법으로 이를 보완하고 있다. 이은모, 위의 글, 42면.

37) 이은모, 위의 글, 43면에 의하면 이 규정에 의하면 수사기관은 48시간 이내에는 긴급체포한 피의자를 데리고 피의자의 주거지 등에 가서 압수·수색·검증하는 것이 허용되게 되는바, 영장도 없이 행하는 긴급체포에 수반하여 장소적·시간적 제한을 받지 않는 무영장의 포괄적 압수·수색·검증을 인정하는 것은 수사실무상의 편의만을 고려한 것으로서 영장주의원칙에 실질적으로 반하는 결과를 초래한다고 비판한다.

Ⅲ. 비교법적 검토 - 외국의 입법례

1. 미 국

미국에서도 수사기관이 피의자를 체포하기 전에 부판사(副判事, Magistrate)[38]로부터 영장을 발부받아야 하는 것이 원칙이다. 특히 피의자의 주거지 안에서 피의자를 체포하기 위하여는 사전체포영장을 발부받아야 하고, 사전체포영장을 발부받더라도 체포영장에 의하여 체포된 피의자는 통상 48시간 이내에 부판사 면전에 인치되어 계속 구금 여부를 결정하는 최초출석절차(Initial Appearance)를 거쳐야 한다.[39]

그러나 다음과 같은 경우 수사관은 피의자를 영장 없이 체포할 수 있는데, 즉 ① 수사관의 면전에서 연방법 위반범죄가 저질러지고 있는 경우, ② 그렇지 않다고 하더라도 연방 중범죄(felony)가 저질러졌다고 믿을 만한 합리적 이유가 있는 경우,[40]

---

38) 오기두, 미국의 인신구속제도(A research on the system of searches and Seizures of persons in USA), 인권과 정의 제351호(2005년), 76면에 따르면 지방법원 판사와 업무를 분장하는 사법부 구성원으로서 영장발부, 예비심문절차진행, 경죄사건처리 등을 담당하고 심지어 민사재판, 조정업무 등을 담당하며 판사에 준하는 실질적인 판사라고 한다.

39) 오기두, 앞의 글, 81-82면. 오기두 판사에 의하면 미국 연방대법원은 사전에 발부받은 체포영장에 의한 체포를 대단히 선호한다고 한다. 그 이유는 체포를 정당화하는 상당한 이유(Probable cause)가 존재하는가에 대한 판단을 공평하고 편견이 없는 사법기관이 함으로써 한편으로는 수사기관의 수사에 대한 열정으로 인해 혹여 있을지도 모르는 권한남용을 방지하여 시민의 자유를 보장하고, 또 다른 한편으로는 잘못된 판단에 대한 책임으로부터 수사기관을 면책시켜 줄 수 있기 때문이라고 한다. 즉, 체포된 피의자가 잘못된 체포로 인하여 자신의 헌법상 보장된 권리를 침해받았다고 주장하며 자신을 체포한 경찰관 개인을 상대로 손해배상청구소송을 제기한다고 하더라도 당해 경찰관은 면책되는 이점을 누릴 수 있다는 것이다. 부판사에 의하여 이미 선서진술서나 고발장이 심사된 후 체포영장이 발부되었으므로 '상당한 이유'가 존재하는 것으로 일응 추정되어, 피의자가 그것을 다투기 위하여는 명백하고 확신을 주는 증거(clear and convincing evidence)에 의해 반대사실을 입증하여야 한다고 한다.

③ 공공장소에서 체포하는 경우,[41] ④ 무장강도혐의자가 주택으로 들어가는 것을 막 보고 그 주택에 급히 따라들어가 위 혐의자를 체포하는 경우[42]와 같이 긴급한 사정이 있는 경우, ⑤ 체포하려는 경찰관이나 타인 등의 생명, 신체에 심각한 위험을 초래할 우려가 있는 경우 등이 그에 해당한다고 한다.[43] 영장 없이 피의자를 체포하고자 하는 수사기관은 체포에 필요한 상당한 이유(Probable Cause)가 있다고 판단하고, 그러한 판단의 근거를 선서에 의한 고발장(sworn complaint)이나 진술서(affidavit)에 의해 소명해야 하며, 실무상으로는 영장 없는 체포의 요건이 매우 완화되어 운영되고 있는 관계로 거의 대부분의 피의자들이 영장 없이 체포되고 있다고 한다.[44]

영장 없이 체포한 경우 우리나라와 같은 개념의 사후영장을 발부받는 것이 아니라 최초출석(Initial Appearance) 절차에서 그 영장 없는 체포의 정당성을 부판사로부터 인정받아야 한다. 영장 없는 체포의 정당성을 소명하기 위해 피해자나 수사관이 작성한 고발장(complaint)이 최초출석절차에서 부판사에게 제출된다.

미국의 경찰은 영장 없이 피의자를 체포한다고 하더라도 지체없이 최초출석절차에 피의자를 부판사 앞에 인치하거나 또는 최초출석절차기일 실시 이전에 일단 경찰 스스로 피의자를 석방

40) 18 U.S.C. 3052, 3053, 3056. 오기두, 위 글에서 재인용.

41) United States v. Watson, 423 U.S. 411[1976], 오기두, 위 글에서 재인용.

42) Waden v. Hayden, 387 U.S. 294[1967], 오기두, 위 글에서 재인용.

43) Del Carmen, Rolando v. Ibid, pp.149-151, 오기두, 위 글에서 재인용.

44) Inns of Court School of Law, Criminal Litigation & Sentencing, 2001/2002, pp.9-10. 오기두, 위 글에서 재인용. 위 글에 의하면 체포사건의 95%가 영장 없이 행해지고 있다고 설명하는 저자도 있다고 한다("As many as 95% percent of all arrests are made without warrant. This rate is significant because it implies that the officer must be convicted of the presence of probable cause before making the arrest.").

한 후 출석통지서(citation)를 발부하는 방법으로 최초출석기일에 피의자를 소환하는 것을 원칙으로 할 것을 권고받고 있으며, 특히 경찰이 경미한 범죄로 체포한 피의자에 대해서는 일단 석방하고 출석통지서(citation)에 의해 법정에 소환하는 방법을 원칙적으로 채택하여야 한다고 한다.

미국은 체포전치주의를 채택하여 체포와 구속을 별개의 개념으로 규정하지 않고 있고, 체포(Arrest)의 요건으로 범죄를 범하였다고 믿을 '상당한 이유'만 필요하며, 체포된 피의자를 신속하게 심문하여 사후적으로 그 적법성과 상당성을 필요적으로 심사한 다음 보석으로 석방하는 구조를 가지고 있다. 따라서 피의자가 체포될 경우 체포 즉시 부판사로 인치되어 석방조건이 결정되고, 석방조건이 충족되지 못할 경우 계속 구금되므로, 결국 보석의 제한 내지 예외사유가 곧 구속사유가 되며, 우리법상의 긴급체포와 비교해 보면 미국법상의 체포는 ① 피의자가 도주하였거나 증거를 인멸할 염려가 있어야 한다는 요건을 필요로 하지 않고, ② 판사로부터 체포영장을 발부받지 못하는 경우 등의 긴급성이 인정될 필요가 없으며, ③ 체포의 대상이 되는 범죄를 중한 범죄로 한정하고 있지도 않다. 또한 영장 없이 체포한 이후에 사후적으로 판사로부터 우리 법의 구속영장과 같은 별도의 영장을 발부받아야 하는 요건도 없다. 이에 따라 범죄를 범하였다고 믿을 만한 상당한 이유가 있을 경우 수사기관은 비록 그 범행이 경미한 것이고, 그 범행이 오래 전에 범해진 것일 뿐 아니라, 체포영장을 발부받을 충분한 시간적 여유가 있다 할지라도 원칙적으로 영장 없이 피의자를 체포할 수 있게 된다.[45]

---

45) 대신 미국 형사사법체계에는 기소 전 인부절차(first arraignment)에서의 석방여부 결정절차와 같이 우리법상 구속영장 심사와 유사한 역할을 하는 제도가 있다고 한다. 한동훈, 미국 형사사법상 주요제도의 실무운용에 대한 검토 - 우리 실무와의 비교를 중심으로, 해외연수검사연구논문집(Ⅰ), 법무연수원, 2006.

2. 일　　본

일본의 인신구속제도는 체포·구류·구인의 3종류가 있지만, 그 중 체포는 단기간의 신체구속이고, 구류는 비교적 장기간의 구속으로서 우리의 구금에 해당하고, 구인은 증인 등을 일정한 장소에 인치하는 강제작용으로서 우리의 구인에 해당한다.[46] 일본 형사소송법상 체포에는 통상체포와 긴급체포와 현행범체포가 있다. 일본은 체포전치주의를 채택하여 피의자에 대해 구류(우리나라의 구속)를 하기 위해서는 먼저 반드시 체포절차를 거쳐야 한다.[47]

검찰관, 검찰사무관 또는 사법경찰관(일본은 사법경찰원)은 피의자가 사형, 무기 또는 장기 3년 이상의 징역이나 금고에 해당하는 범죄를 범하였다고 의심하기에 족한 충분한 이유가 있고 또 급속을 요하여 재판장의 체포장을 구할 수 없는 때에 그 이유를 고지하고 영장 없이 피의자를 체포할 수 있다.[48] 여기서 혐의에 관하여 '상당한 이유'를 요구하는 통상체포와 달리 긴급체포에서는 '충분한 이유'가 있음을 요함으로써 통상체포보다 높은 혐의를 요구한다. 현행범체포와는 달리 긴급체포에서는 체포 후 즉시 재판관에게 사후체포장을 청구하는 절차를 거쳐야 하고,[49]

제22편, 11면.

46) 김상호, 앞의 글, 118면.

47) 미츠이 마코트·사카다미 타다시(신동운 역), 일본형사수속법, 법문사(2003), 32면. 체포를 구속의 필요적 전제로 하므로 기본적으로 경찰체포, 검찰구류(구속)라는 방식이 정립되어 있고, 체포영장청구권이 사법경찰관에게 부여되어 있다고 한다. 김상호, 앞의 글, 118면에서 재인용.

48) 일본 헌법에는 긴급체포에 대한 명문규정은 없지만 판례와 학설은 대체로 합헌으로 보고 있다고 한다. 김상호, 앞의 글, 120면.

49) 우리 현행법에서는 이와 같은 규정이 없어 영장주의의 취지에 반한다고 한다. 배종대·이상돈, 앞의 글, 258면; 신양균, 앞의 글, 148면; 이재상, 전게서(각주 25), 22면.

설령 체포 후 피의자를 석방한 경우라 하더라도 체포장청구절차가 면제되지 않는다.[50] 다만 일본은 체포 후 상당히 긴 시간을 구속영장청구 전에 인정하고 있는데, 피의자를 체포한 경우에는 사법경찰관은 유치의 필요가 없다고 생각하여 석방하는 경우를 제외하고는 체포한 때로부터 48시간 이내에 서류·증거물과 함께 피의자를 검사에게 송치하도록 하고(일본 형사소송법 제203조 제1항), 검사는 석방하든지 아니면 인계받은 때로부터 24시간 이내에 그리고 처음 신체구속이 이루어진 때로부터 72시간 내에 법관에게 구속영장을 청구하든지 또는 법원에 공소를 제기하도록 하고 있다(동법 제205조 제1항, 제2항). 이때 체포된 피의자에 대하여 공소제기가 있는 때에는 법원이 직권으로 피의자의 진술을 들은 후에 구속 여부를 결정하게 하고 있으며(동법 제280조 제2항 참조), 단 검사가 피의자를 체포한 경우에는 48시간 내에 구속영장을 청구하든지 공소를 제기하도록 요구하고 있다(동법 제204조 제1항). 그리고 이러한 규정이 긴급체포에도 그대로 적용된다(동법 제211조 참고).

3. 독　　일

독일의 인신구속제도는 우리나라와 달리 체포와 구속을 구분하지 아니하고 구속(Untersuchungshaft)으로 일원화되어 있다.[51] 독일의 구속제도도 우리나라와 같이 영장주의 원칙을 채택하고 있으나, 다만 현행범이나 지연의 위험이 있는 긴급한 경우 우리나라의 현행범체포나 긴급체포를 포괄하는 일시적 체포(Vorl ufige Festnahme)제도가 영장주의 원칙의 예외로서 인정되고 있다. 피의

50) 이은모, 앞의 글(각주 7), 37면.

51) 김경선, 독일의 구속제도, 인권과 정의. 1997. 9(제253호), 76면.

자의 구속은 영장에 의한 구속과 영장에 의하지 아니한 구속으로 양분할 수 있다. 영장에 의한 피의자의 구속은 검사의 청구에 의하여 법관이 발부한 사전영장에 의하여 피의자를 구속하는 제도를 말한다. 영장에 의하지 아니한 구속은 현행범체포와 긴급구속이 있는데, 이는 수사의 합목적성에 입각하여 영장주의의 예외로 인정된 제도이다.[52]

검사나 사법경찰관은 지연의 위험이 있고 피의자에게 구속요건이 존재하면 일시적으로 구속할 권한이 있다(독일 형사소송법 제127조 제2항). '지연의 위험'이라 함은 피의자를 즉시 구속하지 않고 시간이 경과하면 신병을 확보하기 어렵거나 현저히 곤란하게 되는 긴급한 경우를 말한다. 지연의 위험이 인정되더라도 구속요건[53]이 존재하지 않으면 긴급구속할 수 없으나, 우리나라와 달리 자유형 3년 이상의 중범죄 피의자만을 긴급구속의 대상으로 국한하지 않고 모든 범죄의 피의자를 그 대상으로 하고 있다. 구속된 피의자는 지체없이, 늦어도 당일까지 담당법관에게 인치되어야 한다. 여기서 '지체없이'란 정당화될 수 있는 지연없이 또는 사건의 상황과 관련기관의 업무관계를 고려하여 최대한 신속

---

52) 참고로 독일의 수사실무 관행상 사전영장에 의한 피의자의 구속보다 영장에 의하지 아니한 긴급구속이 널리 활용되고 있다고 한다. 김하중, 독일의 구속제도 연구, 1997.

53) 독일 형사소송법상 구속사유(Haftgrund)는 ① 도망 또는 도망의 위험 ② 증거인멸의 위험과, 그 밖에 특정 범죄에 관하여 ③ 범죄의 중대성 ④ 재범의 위험성이고(독일 형사소송법 제112조 제2항, 제112조의a), 구속의 요건은 ① 범죄행위에 대한 현저한 혐의 ② 구속사유의 존재 ③ 구속의 상당성 내지 비례성의 원칙이다. 범죄행위에 대한 현저한 혐의란 피의자에 대한 무죄 추정을 깨뜨릴 수 있을 정도의 '고도의 개연성'을 의미하고, 구속의 상당성 내지 비례성의 원칙이란 구속이 사안의 중대성 및 예상되는 형벌이나 보안처분과 상당 또는 비례관계에 있지 아니할 때에는 구속이 허용되어서는 안 된다는 것이다.
위와 같은 구속요건이 구비된 경우 검사가 법관에게 구속영장을 청구하고, 법관은 서면심사를 통해 영장 발부 여부를 결정한다. 법관은 구속영장 기각시 반드시 그 이유를 구체적으로 적시하여야 하고, 검사는 이에 대하여 항고할 수 있다. 김하중, 위의 글에 의하면 실무상 구속영장 기각 사례는 많지 않다고 한다.

하게를 의미한다.[54] 또한, 검사는 주거가 부정하여 도망의 위험이 있다는 이유로 긴급구속된 피의자에게 자유형이 선고될 것으로는 기대되지 않고 피의자가 예상되는 벌금 및 소송비용을 위한 적정한 담보를 제공하여 도망의 위험을 해소할 만한 조치를 강구하면 구속영장을 청구하지 않고 곧바로 석방할 수 있다(독일 형사소송법 제127조의a).[55] 수사기관에서 석방하는 경우에는 별도의 사법심사를 요구하지 않고 있으나, 영장 없는 체포시간은 24시간에 그쳐 48시간인 우리나라의 경우보다 상대적으로 짧고 남용의 우려도 그만큼 적다고 할 수 있다.[56] 법관은 신문을 마친 뒤 긴급구속되어 인치된 피의자에 대하여는 체포가 정당하지 아니하거나 체포사유가 해소되었다고 안정되는 경우에는 피의자의 석방을 명하고 그렇지 아니한 경우에는 검사의 청구에 의하거나 직권에 의하여 구속영장의 발부와 더불어 구금의 유지를 명한다.[57]

Ⅳ. 우리나라 판례의 태도

긴급체포 요건의 판단에 대하여 판례는 “긴급체포의 요건을 갖추었는지 여부는 사후에 밝혀진 사정을 기초로 판단하는 것이 아니라 체포 당시의 상황을 기초로 판단하여야 하고, 이에 관한

54) 김하중, 앞의 글, 297면. 긴급구속의 경우 담당법관이라 함은 체포지역을 관할하는 구법원의 영장전담 법관을 말한다고 한다(독일 형사소송법 제115조, 제128조).

55) 김하중, 위의 글, 295면.

56) 이은모, 앞의 글(각주 7), 37면.

57) 독일의 실무관행상 구속 직후의 신문단계에서 피의자가 석방되는 사례는 극히 드물고 피의자가 구속된 이후 새로운 사정이 발생하여 계속 구금하는 것이 부적법하거나 극히 부당하다고 판단되는 이례적인 경우에 국한하고 있다고 한다. 김하중, 앞의 글, 300면.

검사나 사법경찰관 등 수사주체의 판단에는 상당한 재량의 여지가 있다고 할 것"이라고 원칙을 표방하면서도, "긴급체포 당시의 상황으로 보아서도 그 요건의 충족 여부에 관한 검사나 사법경찰관의 판단이 경험칙에 비추어 현저히 합리성을 잃은 경우에는 그 체포는 위법한 체포라 할 것"[58]이라고 하여 재량의 한계를 긍정하고 있어 엄격한 사법심사의 여지를 두고 있으며, 최근 이와 같은 엄격한 심사를 강화하는 추세로 보인다.

1. 판례상 긴급체포의 요건구비가 긍정된 사례

가. 대법원 2005. 12. 9. 선고 2005도7569 판결【사기 · 특정범죄가중처벌등에관한법률위반(도주차량) · 도로교통법위반】[공보불게재]

피고인에 대한 고소사건을 담당하던 경찰관이 피고인의 소재파악을 위해 피고인의 거주지와 피고인이 경영하던 공장 등을 찾아가 보았으나, 피고인이 공장경영을 그만둔 채 거주지에도 귀가하지 않는 등 소재를 감추자 법원의 압수수색영장에 의한 휴대전화 위치추적 등의 방법으로 피고인의 소재를 파악하려고 하던 중, 2004. 10. 14. 23:00경 주거지로 귀가하던 피고인을 발견하고 피고인이 계속 소재를 감추려는 의도가 다분하고 증거인멸 및 도망의 염려가 있다는 이유로 피고인을 사기혐의로 긴급체포한 것은 위법한 체포라 보기 어렵다.

58) 대법원 2006. 9. 8. 선고 2006도148 판결【폭력행위등처벌에관한법률위반(인정된 죄명: 상해) · 공무집행방해 · 위증교사 · 위증】[공2006. 10. 1.(259),1699]; 대법원 2003. 3. 27.자 2002모81 결정; 대법원 2002. 6. 11. 선고 2000도5701 판결; 대법원 1994. 10. 25. 선고 94도2283 판결, 2000. 7. 4. 선고 99도4341 판결 등 참조.

나. 대법원 2005.11. 10. 선고 2004도42 판결【수뢰후부정처사(인정된 죄명: 알선뇌물수수)·부정처사후수뢰(일부인정된 죄명: 알선뇌물수수)·강요·뇌물수수·알선뇌물수수】[공보불게재]

검찰관은 피고인으로부터 주식회사 삼진건설과 관련하여 공사지 편의제공 등을 부탁받은 제11전투비행단 시설대대장 공소외 2의 진술을 먼저 확보한 다음, 2003. 5. 17. 군검찰의 소환에 응하여 자진출석한 피고인으로부터 자술서를 제출받고 제1회 피의자신문조서를 작성하였고, 그 후 피고인으로부터 장병신체검사 지정병원 선정과 관련한 부탁을 받은 제11전투비행단 인사처장 공소외 3 및 의무전대장 공소외 4의 진술을 확보한 후, 2003. 5. 18. 03:50경 피고인을 긴급체포하였는데, 피고인은 인사처장 공소외 3에게 2002년 장병신체검사 지정병원으로 성서병원이 선정될 수 있도록 검토해 달라는 부탁을 한 사실은 인정하면서도 성서병원으로부터 그 대가를 수수하거나 약속한 사실을 부인하고, 공사 편의제공과 관련하여 시설대대장 공소외 2에게 사실상의 영향력을 행사한 사실도 부인하였던 사건에서, 피고인이 담당 부대장교들에 대한 동향관찰보고를 통하여 진급, 인사 등에 영향력을 행사할 수 있는 기무부대장으로 근무하고 있었던 점을 감안하면, 피고인이 관련자들과의 접촉을 통하여 증거를 인멸할 염려가 있다고 보이므로, 피고인을 긴급체포할 당시 그 요건의 충족 여부에 관한 검찰관의 판단이 경험칙에 비추어 현저히 합리성을 잃었다고 보기는 어렵다고 할 것이고, 긴급체포 당시 피고인이 범죄사실의 요지, 긴급체포의 이유와 변호인을 선임할 수 있음을 고지받았고 변명의 기회가 주어진 사실도 인정되므로, 피고인에 대한 긴급체포가 적법하게 이루어졌다라고 판단하였다.

다. 대법원 2003. 4. 8. 선고 2003다6668 판결【손해배상(기)】[공2003. 5. 15. (178),1086]

형사소송법 제200조의3 제1항에 정하여진 긴급체포의 요건인 긴급성은 피의자를 긴급체포할 당시에 그때까지 수집된 자료 등을 종합하여 객관적으로 판단하여야 하고, 그 결과 사회통념에 비추어 체포영장을 청구할 시간적 여유가 있었으므로 긴급체포할 합리적 근거를 갖추지 못한 것이 밝혀졌음에도 불구하고 체포영장에 의한 체포절차를 밟지 아니하고 굳이 긴급체포를 하였다고 인정할 수 있는 사정이 있어야 그와 같은 긴급체포가 위법하게 된다.

수사기관에서 2000. 6. 10. 병의원의 마약류 및 향정신성의약품을 단속하던 중 원고가 동업으로 운영하던 위 약국에서 위조된 한약사면허증이 발견되어 위 약국을 동업하던 원고에게 약사법위반과 공문서위조의 범죄혐의가 있다고 의심할 만한 상당한 이유가 있었고, 그에 관한 내사를 진행하였으나 그 범죄혐의에 관하여 확실한 증거자료를 수집하지 못한 수사기관으로서는 원고를 긴급체포한 2000. 6. 21. 당시에 원고의 출석을 요구하여 수사를 진행하여도 증거를 인멸할 우려가 없었다고 단정하기는 어려웠던 것으로 인정되므로, 원고를 긴급체포함에 있어서 긴급성이 없는 것이 객관적으로 밝혀졌다고 할 수 없고, 따라서 수사관들이 당시에 수집된 자료 등을 종합하여 긴급성이 있다고 판단하여 원고를 긴급체포한 행위에 대하여는 객관적으로 합리적 근거를 갖추지 못하였음에도 불구하고 굳이 긴급체포를 하였다고 인정할 수 있는 사정이 있었다고 보기 어렵다.[59]

---

59) 원고에 대한 긴급체포가 위법하다고 보고 피고의 손해배상책임을 인정한 원심(전주지법 2002. 12. 26. 선고 2002나3405 판결)을 파기하였다.

원심은, 원고가 1998. 11.경부터 김경주 및 약사 이기택과 공동으로 군산에서 약국을 운영하면서 1999. 9.경 김제에 같은 상호의 약국을 추가로 개설하였는데,

2. 판례상 긴급체포가 부적법하다고 본 사례

가. 대법원 2006. 9. 8. 선고 2006도148 판결【폭력행위등처벌에 관한법률위반(인정된죄명: 상해)·공무집행방해·위증교사·위증】[공2006. 10. 1. (259),1699]

2002. 11. 25. 인천지방법원 부천지원 (사건번호 생략) 사건에서 위증교사, 위조증거사용죄로 기소된 피고인 1에 대하여 무죄가 선고되자, 당시 공판검사이던 공소외 1은 이에 불복하여 항소한 후 위 무죄가 선고된 공소사실에 대한 보완수사를 한다며 피고인 1의 변호사사무실 사무장이던 피고인 2에게 2003. 1. 3. 검사실로 출석하라고 요구한 후, 2003. 1. 3. 피고인 1의 위증교사 사건과 관련하여 공소외 3과 피고인 2를 대질조사하기 위하여 공소외 3을 소환한 상태에서 자진출석한 피고인 2에 대하여 참고인 조사

그 무렵 원고와 김경주, 이기택 사이에 분쟁이 생겨 원고가 2000. 2.경 전종진과 약사인 소외 1의 투자를 받아들여 그들과 동업으로 김제 소재 약국을 운영하기로 하고, 소외 1이 한약사자격이 있는 약사를 고용하여 영업을 하던 중 소외 1이 한약사가 아님에도 한약사면허증을 위조하여 소지하고 있다가 2000. 6. 10. 병의원 및 대형약국의 마약류 유통과정을 단속하던 전주지방검찰청 소속 수사관들에게 적발되자, 이에 검찰수사관들이 내사를 하여 약사가 아닌 원고와 김경주가 김제에서 위 약국을 개설하고 소외 1을 고용하여 약국을 운영하고 있으며, 또 소외 1이 한약사면허증을 위조하여 한약을 판매한 혐의를 인지하고, 검사의 지휘에 따라 마약수사관이 2000. 6. 21. 11:30경 군산시 소재 식당에서 원고를 긴급체포하여 전주지방검찰청으로 인치하여 원고와 김경주, 소외 1등에 대하여 위와 같은 범죄혐의에 관한 조사를 하였으나, 원고에 대한 범죄혐의가 인정되지 아니하여 원고를 석방한 사안에서, 원고에 대한 체포영장을 발부받을 동안 원고가 도망할 염려가 있다고 볼 정황이나 징후가 있었다고 볼 아무런 자료가 없고, 원고에 대한 위 범죄혐의에 관하여 내사를 하여 왔던 점, 원고를 체포한 곳은 원고가 식당 영업을 하며 평소 거주하는 곳이었던 점 등에 비추어 보면, 원고를 체포할 당시 긴급한 필요가 있었던 것으로는 보이지 아니하고, 원고에 대한 위 범죄혐의의 수사 및 이를 위한 체포의 필요성이 있다고 하더라도 원고에 대하여 먼저 출석을 요구하거나 혹은 출석을 요구할 경우 이에 응하지 않고 도주할 우려가 있다면 체포영장을 발부받아 체포하였어야 할 것임에도 이러한 조치는 취하지 아니한 채 바로 긴급체포를 하였으므로, 이는 그 요건을 갖추지 못한 위법한 체포라고 하여 원고의 국가배상법에 의한 손해배상청구를 일부 인용하였다.

를 하지 아니한 채 곧바로 위증 및 위증교사 혐의로 피의자신문조서를 받기 시작하였고, 이에 피고인 2는 인적사항만을 진술한 후 공소외 1검사의 승낙하에 피고인 1에게 전화를 하여 “검사가 자신에 대하여 위증 및 위증교사 혐의로 피의자신문조서를 받고 있으니 여기서 데리고 나가달라”고 하였으며, 더이상의 조사가 이루어지지 아니하는 사이 피고인 1이 위 408호 검사실로 찾아와서 공소외 1검사에게 “참고인 조사만을 한다고 하여 임의수사에 응한 것인데 피고인 2를 피의자로 조사하는 데 대해서는 협조를 하지 않겠다”는 취지로 말하며 피고인 2에게 여기서 나가라고 지시하고, 이에 피고인 2가 검사실을 나가려 하자 공소외 1검사는 피고인 2에게 “지금부터 긴급체포하겠다”고 말하면서 피고인 2의 퇴거를 제지하려 하고, 피고인 1은 피고인 2에게 계속 나가라고 지시하면서 피고인 2를 붙잡으려는 공소외 1검사를 몸으로 밀어 이를 제지하던 과정에서 공소외 1검사에게 상해를 가한 공소사실에서, “피고인 2는 참고인 조사를 받는 줄 알고 검찰청에 자진출석하였는데 예상과는 달리 갑자기 피의자로 조사한다고 하므로 임의수사에 의한 협조를 거부하면서 그에 대한 위증 및 위증교사 혐의에 대하여 조사를 시작하기도 전에 귀가를 요구한 것이므로, 공소외 1검사가 피고인 2를 긴급체포하려고 할 당시 피고인 2가 위증 및 위증교사의 범행을 범하였다고 의심할 만한 상당한 이유가 있었다고 볼 수 없고, 피고인 2의 소환 경위, 피고인 2의 직업 및 혐의사실의 정도, 피고인 1의 위증교사죄에 대한 무죄선고, 피고인 1의 위증교사 사건과 관련한 피고인 2의 종전 진술 등에 비추어 보면 피고인 2가 임의수사에 대한 협조를 거부하고 자신의 혐의사실에 대한 조사가 이루어지기 전에 검사의 제지에도 불구하고 퇴거하였다고 하여 도망할 우려가 있다거나 증거를 인멸할 우려가 있다고 보기도 어려우므로, 위와 같이 긴급체포를 하려고

한 것은 그 당시 상황에 비추어 보아 형사소송법 제200조의3 제1항의 요건을 갖추지 못한 것으로 쉽게 보여 이를 실행한 검사 등의 판단이 현저히 합리성을 잃었다고 할 것이다. 따라서 검사가 위와 같이 검찰청에 자진출석한 피고인 2를 체포하려고 한 행위를 적법한 공무집행이라고 할 수 없다"라고 판시한 바 있다.

나. 대법원 2002. 6. 11. 선고 2000도5701 판결【특정범죄가중처벌등에관한법률위반(뇌물)(일부인정된 죄명: 뇌물수수)·뇌물공여】[집50(1)형,922; 공2002. 8. 1. (159),1720]

수사검사가 1999. 11. 29. 피고인 1에게 뇌물을 주었다는 피고인 3 및 관련 참고인들의 진술을 먼저 확보한 다음, 현직 군수인 피고인 1을 소환·조사하기 위하여 검찰수사관이 1999. 12. 8. 16:40경 경기 광주군청 군수실에 도착하였으나 위 피고인 1이 군수실에 없어 도시행정계장인 박종인에게 군수의 행방을 확인하였더니, 위 피고인 1이 검사가 자신을 소환하려 한다는 사실을 미리 알고 자택 옆에 있는 초야농장 농막에서 기다리고 있을 것이니 수사관이 오거든 그곳으로 오라고 하였다고 하므로, 같은 날 17:30경 검찰수사관이 위 박종인과 같이 위 초야농장으로 가서 그곳에서 수사관을 기다리고 있던 위 피고인 1을 긴급체포하고, 그 후 같은 달 11. 구속영장을 발부받을 때까지 위 피고인 1을 유치하면서 검사가 같은 달 9.과 10.에 이 사건 각 피의자신문조서를 작성한 사안에서, "피고인 1은 현직 군수직에 종사하고 있어 검사로서도 위 피고인 1의 소재를 쉽게 알 수 있었고, 1999. 11. 29. 피고인 3의 위 진술 이후 시간적 여유도 있었으며, 위 피고인 1도 도망이나 증거인멸의 의도가 없었음은 물론, 언제든지 검사의 소환조사에 응할 태세를 갖추고 있었고, 그 사정을 위 검찰수사관으로서도 충분히 알 수 있었다 할 것이어서, 위 긴급체포는 그 당시로 보아서도 형사소송법 제200조의3 제1항의 요건을 갖추지 못한 것으로 쉽게 보여 이를 실행한 검사 등의 판단이 현저히 합리성을 잃었다고 할 것이므로, 이러한 위법한 긴급체포에 의한 유치중에 작성된 이 사건 각 피의자신문조서는 이를 유죄의 증거로 하지 못한다"고 판단한 바 있다.

다. 서울중앙지법 2006. 10. 31. 선고 2006노2113 판결【절도·업무방해】: 상고 [각공2006. 12. 10. (40),2714]

피고인은 공소외 1로부터 양도받은 건물이 무허가 건물로 강제철거를 당하게 되어 공소외 1에게 앙심을 품고 있던 중 2005. 10. 28. 10:00경 서울 동대문구 소재 공소외 1의 상가신축공사 현장사무실에 찾아가 인부들을 상대로 "일을 하더라도 사기꾼인 공소외 1로부터 임금을 받지 못할 것이다. 일을 그만하고 나가라"고 시비를 걸고 이에 공소외 1의 112신고를 받고 출동한 경찰관으로부터 제지를 당하고도 다시 공사현장으로 찾아와 인부들에게 욕설을 하고 건축자재를 발로 차는 등 약 5시간 동안 공소외 1의 상가신축공사업무를 방해하던 중, 현장에서 작업하던 성명불상자가 손을 다쳐 공소외 1이 그를 병원에 데리고 간 틈을 이용하여 책상 서랍에 있던 공소외 1 소유의 현금 76만원을 가지고 가 이를 절취하였다는 공소사실에 대하여, 공소외 1이 같은 날 14:30경 현장사무실로 사용하던 컨테이너 박스에서 인부들에게 줄 임금을 세고 있는데 피고인이 들어와 이에 공소외 1은 돈을 세는 것을 멈추고 책상 서랍에 넣은 다음 피고인에게 퇴거를 요구하였으나 피고인은 계속 시비를 걸면서 나가지 않고 있던 중 공소외 1이 손을 다친 성명불상의 작업인부를 데리고 병원에 갔다가 다시 현장사무실에 돌아오자 피고인이 현장사무실에서 나갔고, 이에 공소외 1이 현장사무실 책상 서랍을 열어 보고 돈이 없어진 것을 알게 되자 피고인의 소행임을 의심하여 경찰에 신고하였는데, 서울동대문경찰서 용남지구대 소속 공소외 2경사 등은 공소외 1로부터 도난신고를 받고 공소외 1과 함께 피고인의 집으로 출동하였는데 피고인의 집 주방입구에서 지갑 옆에 흩어져 있던 19만원을 발견하였으나 공소외 1이 분실하였다는 76만원과는 차이가 있고 피고인이 절취사실을 부인하면서 수색영장과 구속영장의 제시를 요구하여 일단 임의동행 형식으로 피고인을 지구대로 데리고 갔고, 지구대에서 공소외 3경장은 피고인에게 차량 열쇠를 요구하였으나 거절당하자 피고인의 주거를 함부로 수색하여 피고인 소유의 차량열쇠를 발견하고 그 열쇠로 인근에 주차되어 있던 피고인의 트럭 문을 열어 보았는데, 조수석 아래에 있던 종이박스 밑에 40만원이 깔려 있는 것을 보고 사진을 촬영하고 공소외 2경사에게 연락한 사실, 공소외 2경사는 2005. 10. 28. 18:30경 피고인과 함께 피고인의 집에 가서 위 19만원 및 40만원을 피고인으로부터 압수하고, 피고인을 다시 지구대로 연행하여 압수조서를 작성한 후 현행범인으로 체포하자, 피고인은 검찰 이래 피고인의 집에서 발견된 19만원은 피고인의 돈이고, 차에서 발견된 40만원은 피고인이 숨겨 둔 것이 아니라 공소외 1이 피고인을 범인으로 만들기 위한 자작극이라고 변소하며 절도 범행을 극구 부인하였는바, 대법원은 피고인의 차량에 있던 40만원을 촬영한 사진의 영상과 피고인으로부터 59만원을 압수하였다는 취지의 압수조서의 기재의 증거능력에 대하여 형사소송법 제216조 제1항은 "수사기관이 현행범인을 체포하는 경우에 필요한 때에는 영장 없이 체포현장에서 압수·수색을 할 수 있다"고 규정하고, 형사소송법 제217조 제1항은 "수사기관은 긴급체포할 수 있는 자의 소유, 소지 또는 보관하는 물건에 대하여는 체포한 때부터 48시간 이내에 영장 없이 압수·수색을 할 수 있다"고 규정하고 있으나, 이는 영장주의 자체에 대한 예외규정이므로, 현행범 체포행위에 선행하는 압수·수색은 허용되지 아니하고, 현행범으로 체포된 자가 압수·수색의 현장에 있음을 요하며, 또한 '긴급체포할 수 있는 자'란 현실적으로 '긴급체포된 자'로 해석하여야 할 것인바, 피고인이 이미 지구대에 임의동행되어 있었던 이상 그 후 피고인을 현행범인으로 체포할 당시 피고인이 범죄의 실행 중이거나 범죄의 실행직후에 있었다고 할 수 없어 피고인을 현행범인이라고 볼 수 없을 뿐만 아니라 형사소송법 제211조 제2항 각 호의 준현행범인에 해당하지 아니하고, 피고인을 지구대에 남겨두고 다시 피고인의 집으로 가서 피고인의 집과 차량을 수색한 것을 체포현장에서의 수색이라고 할 수 없으며, 또한 피고인이 긴급체포된 자에 해당한다고 볼 수도 없다.

나아가 형사소송법 제216조 제3항은 "범행중 또는 범행 직후의 범죄장소에서 긴급을 요하여 법원판사의 영장을 받을 수 없는 때에는 영장 없이 압수·수색을 할 수 있다. 이 경우에는 사후에 지체없이 영장을 받아야 한다"고 규정하고 있으나, 사후에 지체없이 영장을 받지 아니한 이 사건에서 위 압수·수색이 적법하다고 할 수 없다. 따라서 이 사건 사진 및 압수조서는 위와 같은 위법한 수색에 계속되고 이것을 직접 이용해서 촬영되거나 작성된 것으로서, 이러한 수색 등 절차에는 헌법 제12조 제3항 및 이를 이어받은 형사소송법 제215조 등에서 기대되는 영장주의의 정신을 무시한 중대한 위법이 있다고 할 것이고, 이들을 증거로 허용하는 것은 장래 위법한 수사의 억지의 관점에서 볼 때 상당하지 않다고 보여지므로, 비록 위법한 압수·수색으로 인하여 그 압수물의 사진이나 압수조서 자체의 성질·형상에 변경을 가져오는 것은 아니어서 그 형태 등에 관한 증거가치에는 변함이 없다고 하더라도, 그 증거능력을 부정하여야 할 것이다. 또한, 검사는 피고인이 이들을 증거로 함에 동의하였으므로 유죄의 증거로 할 수 있다고 주장하나, 위법하게 수집된 증거는 형사소송법 제318조 제1항에 의한 증거동의의 대상이 될 수 없어(대법원 1997. 9. 30. 선고 97도1230 판결 참조)[60] 동의가 있다 하더라도 증거능력이 인정되지 않는다.

---

60) 제3자가 공갈목적을 숨기고 피고인의 동의하에 나체사진을 찍은 경우, 피고인에 대한 간통죄에 있어 위법수집증거로서 증거능력이 배제되는지 여부(소극)
"모든 국민의 인간으로서의 존엄과 가치를 보장하는 것은 국가기관의 기본적인 의무에 속하는 것이고, 이는 형사절차에서도 당연히 구현되어야 하는 것이기는 하나 그렇다고 하여 국민의 사생활 영역에 관계된 모든 증거의 제출이 곧바로 금지되는 것으로 볼 수는 없고, 법원으로서는 효과적인 형사소추 및 형사소송에서의 진실발견이라는 공익과 개인의 사생활의 보호이익을 비교형량하여 그 허용여부를 결정하고, 적절한 증거조사의 방법을 선택함으로써 국민의 인간으로서의 존엄성에 대한 침해를 피할 수 있다고 보아야 할 것인바, 돌이켜 이 사건에 관하여 보건대 이 사건 사진은 피고인의 동의에 의하여 촬영된 것임을 쉽게 알 수 있어 사진의 존재만으로 피고인의 인격권과 초상권을 침해하는 것으로 볼 수 없고, 가사 이 사건 사진을 촬영한 공소외인이 이 사건 사진을 이용하여 피고인을 공갈할 의도였다고 하더라도 이 사건 사진의 촬영이 임의성이 배제된 상태에서 이루어진 것이라고 할 수는 없으며, 이 사건 사진은 범죄현장의 사진으로서 피고인에 대한 형사소추를 위하여 반드시 필요한 증거로 보이므로, 공익의 실현을 위하여는 이 사건 사진을 범죄의 증거로 제출하는 것이 허용되어야 하고, 이로 말미암아 피고인의 사생활의 비밀을 침해하는 결과를 초래한다 하더라도 이는 피고인이 수인하여야 할 기본권의 제한에 해당된다고 보아야 할 것이다.
그리고 앞서 본 바와 같이 이 사건 사진이 위법하게 수집된 증거로 볼 수 없는 이상 형사소송법 제318조 제1항에 의한 증거동의의 대상이 될 수 있다 할 것인바, 피고인은 제1심 제2회 공판기일에 이 사건 사진을 증거로 함에 동의한다는 의사표시를 한 것으로 기재되어 있고, 위 증거조사가 완료되기 전까지 위 의사표시를 철회 또는 취소하였다고 볼 흔적을 찾아볼 수 없으므로, 특별한 사정이 없는 한 증거동의는 있었다고 보아야 할 것이고 증거동의는 작성자 또는 진술자에 대한 반대신문권을 포기한다는 의사표시인 반면, 피고인이 이 사건 범행을 부인한다거나 위 공소외인이 다른 범죄에 제공하기 위하여 사진을 촬영하였고 사진 촬영 당시 피고인이 무의식 상태에 있었다고 다투는 것은 사진의 증명력을 다투는 취지에 불과하여 의사표시의 효력과는 무관하며, 피고인이 이 사건 사진의 촬영일자 부분에 대하여 조작된 것이라고 다툰다고 하더라도 이 부분은 전문증거에 해당되어 별도로 증거능력이 있는지를 살펴보면 족한 것이므로, 원심과 같이 피고인의 변소에 비추어 위 증거동의의 의사표시가 단순히 사진 속의 인물이 피고인이 맞다는 취지의 진술에 불과하다고 단정할 수는 없다 할 것이고, 피고인이 원심에 이르러 증거동의를 철회하였다고 하더라도 증거조사를 마친 후의 증거에 대하여는 동의의 철회로 인하여 적법하게 부여된 증거능력이 상실되는 것이 아니므로, 이 사건 사진이 진정한 것으로 인정되는 한 이로써 이 사건 사진은 증거능력을 취득한 것이라 할 것이다."

라. 대법원 2003. 3. 27. 200모81결정 【재정신청기각결정에 대한 재항고】 [공2003,1117][61]

버스 운전기사 J가 "1996. 6. 15. 22:25경 서울 서대문구 소재 도로에서 시내버스를 운전하여 진행하던 중 승용차 운전자 V의 차량을 충격하여 손괴하고도 그대로 도주한 혐의"로 입건된 사안에서, 1996. 7. 23. 서울서부지방검찰청에서 기소유예 처분(96형제22801호)을 받았으나, 약 1년 6월 후인 1998. 2. 9. J는 위 검찰청에 "담당경찰관이 공권력을 남용하여 자신을 가해자로 입건하였다"는 취지의 진정(98진정제38호)을 하였으나, 같은 해 2. 18. "원결정을 뒤집을 이유를 발견할 수 없다"는 이유로 사건이 종결되었고, J는 다시 1998. 7. 13. 같은 취지의 진정(98진정제258호)을 하였으나, 같은 해 9. 8. 역시 사건이 종결되자 9. 16. 이의신청을 하였다. 이에 위 진정사건을 담당하게 된 A검사가 참고인 V에게 1998. 12. 2. 출석을 요구하였으나 당일 위 V가 출석하지 아니하자, 다시 위 V와 J에게 1998. 12. 16. 출석을 요구하여 위 일자에 V는 출석하지 아니하고 J는 출석하였으나, A검사는 "대질조사를 하지 못한다"는 이유로 J에 대하여 진술조서를 작성하지 아니한 다음, 이미 기소유예 처분으로 종결되어 있던 J에 대한 위 도로교통법 위반 피의사건을 1998. 12. 24.자로 재기(98형제48965호)하였다. 그 후 J는 1999. 1. 4. A검사의 사무실에 전화를 걸어 "다른 검사가 위 사건을 담당하게 하여 달라"는 취지의 말을 한 다음, 1999. 2. 18. 11:00경 A검사의 사무실에 다시 전화를 걸어 "당신으로부터는 조사를 받을 수 없다"고 하고, 같은 날 16:30경 위 지청 형사제2부장검사 부속실에서 담당검사의 교체를 요구하거나 부장검

61) 위 판결에 대한 평석으로는 심희기, 검사의 위법한 긴급체포와 체포감금죄의 성부, 고시연구 제30권 제8호(2003년), 고시연구사; 백용하, 검사의 위법한 긴급체포와 체포감금죄의 성부, 재판실무연구 제3권(2006년) 참고.

사와의 면담을 기다리고 있던 중 담당검사인 A검사에 의하여 위 도로교통법위반 피의사실에 기초하여 긴급체포된 후 마포경찰서 유치장에 감금되기에 이르렀다. J에 대한 기소유예 처분 당시 수사기록에는 실황조사서, J에 대한 경찰 피의자신문조서, V의 진술서, 목격자 길창우의 명함, 합의서 및 반성문 등이 첨부되어 있으며, 그 후 담당검사인 A검사는 1999. 2. 3. V를 상대로 진술조서를 작성하였는데, 당시 V는 종전과 마찬가지로 'J의 잘못으로 위 교통사고가 발생한 것'이라는 취지의 진술을 하였다. 그 후 담당검사인 A는 위 긴급체포 다음날인 1999. 2. 19. J에 대한 피의자신문을 한 다음 17:25경 J를 석방하였고, 같은 해 3. 22. 위 도로교통법위반 피의사실을 공소사실로 하여 J를 벌금 100만원에 약식기소하였는데, 위 약식기소사건은 정식재판에 회부된 후 무죄로 확정되었다. J는 A검사를 "직권남용하여 긴급체포한 후 그 다음날 17:25경까지 마포경찰서 유치장에 불법구금하였다"는 혐의(형법 제124조 불법체포감금죄)로 고소하였고, 사건을 배당받은 검사가 불기소처분하자 J는 서울 고등법원에 재정신청하였다.

서울고등법원(원심)은 A검사가 "J에 대하여 수사중이던 도로교통법위반의 점은 장기 3년 이상의 징역형에 해당하는 죄로서, J의 출석불응 및 조사거부행위, J에 대한 체포 · 구금의 경위 등을 종합하여 볼 때, J에 대한 긴급체포 · 감금이 형사소송법 제1항 제2호, 제3호 소정의 증거를 인멸할 염려 및 도망의 염려나 긴급체포 사유를 결여하였다고 보기 어렵고 달리 이를 인정할 자료도 없어 검사의 불기소처분은 정당하다"는 이유로 J의 재정신청을 기각하였고, J는 대법원에 재항고한 사안에서,

"이 사건 긴급체포 당시 J는 담당검사인 피의자(A검사)가 위와 같이 종결된 도로교통법위반 피의사건을 재기함으로써 다시 수사의 대상자인 입장에 놓이게 되었지만, 그것은 어디까지나 J

가 무혐의라는 취지의 주장과 함께 수사담당 경찰관을 상대로 진정을 제기함에 따라 이루어진 것이었던 점, 검찰은 J에 대한 위 도로교통법위반 피의사건에 관하여 나름대로의 증거수집이 마쳐졌다고 판단하고 제반정상을 참작하여 J에 대하여 기소유예의 종국처분을 한 다음, J의 진정에 따라 이를 재기하여 그 피해자인 V에 대한 확인조사까지 마쳤던 점, 또한 J는 이 사건 긴급체포 당시 수사대상자인 동시에 진정인의 지위도 아울러 가지고 있었는데, 위와 같은 일련의 수사과정에서 수사대상자로서 경찰과 검찰의 출석요구에 순순히 응하였을 뿐만 아니라, 진정인의 지위에서 철저한 수사를 요구하는 능동적인 입장에 있었고, 다만 최초 진정일인 1998. 2. 9.부터 1년 가까이 지난 1999. 1. 14. 이후에야 비로소 담당검사의 교체를 요구하는 태도를 취하였을 뿐인 점, 특히 이 사건 긴급체포 당시 J는 진정인의 입장에서 담당검사인 피의자(A검사)의 상관인 형사 제2부장검사를 면담하기 위하여 스스로 검찰청을 방문하여 대기하고 있었던 점 등의 여러 사정을 종합하여 볼 때, 이 사건 긴급체포는 체포영장을 발부받을 수 없을 정도로 긴급을 요하는 경우에 해당한다고 도저히 볼 수 없어 긴급성의 요건을 갖추지 못하였을 뿐만 아니라, 위와 같은 입장의 J가 도망할 염려나 증거를 인멸할 염려가 있다고 볼 수도 없는 만큼 형사소송법 제70조 제1항 제2호나 제3호의 요건 또한 갖추지 못한 것으로서, 이를 실행한 피의자(A검사)의 판단은 당시의 상황과 경험칙에 비추어 현저히 합리성을 잃은 경우에 해당하므로, 이 사건 긴급체포는 위법한 체포에 해당한다고 보아야 할 것이다. 그리고 위와 같은 사실관계에 비추어 보면, 피의자(A검사)에게는 직권을 남용하여 J를 체포·감금한다는 점에 대한 고의도 있었다고 봄이 상당하다."

V. 개정 형사소송법상 긴급체포 규정의 검토

1. 긴급체포 후 불구속시 법원에 대한 사후통지제 신설

개정 형사소송법(2007. 4. 30. 국회본회의 의결)은 제200조의3 제1항에서 긴급체포의 사유에 대하여는 예전 규정 그대로를 존치하면서 다만, 제200조의4 제1항 이하에서 ① "검사 또는 사법경찰관이 긴급체포한 피의자를 구속하고자 할 때에는 검사는 불필요한 지체없이 관할지방법원판사에게 구속영장을 청구하여야 하고, 구속영장청구기간은 피의자를 체포한 때부터 48시간을 넘을 수 없다"라고 하여 지체없는 구속영장의 청구의무를 법정하고, 제4항 이하를 신설하여, ④ "검사는 제1항의 규정에 의하여 구속영장을 청구하지 아니하고 피의자를 석방한 경우 석방한 날부터 30일 이내에 서면으로 1. 긴급체포 후 석방된 자의 인적사항, 2. 긴급체포의 일시·장소와 체포영장을 청구하지 못하고 긴급체포하게 된 구체적 이유, 3. 석방의 일시·장소·사유, 4. 긴급체포 및 석방한 검사 또는 사법경찰관의 성명을 법원에 통지하여야 한다", ⑤ "제4항에 의하여 통지하는 때에는 긴급체포서의 사본을 첨부하여야 한다", ⑥ "긴급체포 후 석방된 자 또는 그 변호인·법정대리인·배우자·직계친족·형제자매는 통지서 및 관련 서류를 열람하거나 등사할 수 있다", ⑦ "사법경찰관은 긴급체포한 피의자에 대하여 구속영장을 신청하지 아니하고 피의자를 석방한 경우에는 즉시 검사에게 보고하여야 한다"라고 하여 긴급체포에 대한 사후통지제도를 신설하였다.

이와 같은 사후통지제도는 사법개혁위원회의 건의안 중 다수의견[62]이 반영된 것으로서, 비록 긴급체포시 사후체포영장의 부재에 대한 위헌설의 주된 주장인 사후영장제에는 비록 미치지 못하였으나, 긴급체포 후 석방의 경우 30일 내 법원에 긴급체포의 구체적 정당성 및 담당수사관의 실명을 법원에 통지하도록 하고, 아울러 이러한 통지서를 긴급체포된 피의자 및 그 보조자 등이 열람·등사할 수 있게 함으로써 수사기관으로 하여금 긴급체포의 절차적 정당성 확보에 더욱 유의하도록 하게 하며, 피의자로 하여금 불법긴급체포 여부를 다툴 수 있는 서면적 근거를 남기게 하였다는 점에서 인권의 측면에 진일보하였다고 보인다.

관련된 문제로서, 일본과 달리 사법경찰관이 직접 체포영장 청구권이 없는 우리나라에서 사법경찰관리에 대한 수사지휘권을 갖는 검사가 사법경찰관의 긴급체포가 적법하지 않다고 판단하여 사후승인을 하지 않는 경우에도 사후통지서를 작성하여야 하는가의 의문이 있을 수 있으나, 현행법상 영장청구권은 검사에게만 주어져 있을 뿐만 아니라, 이 경우에 사법경찰관의 긴급체포행위가 그 대상이 되는 것이므로, 검사가 피의자를 긴급체포한 경우와 마찬가지로 법원에 사후통지서를 보낼 의무가 있다고 보아야 하며, 위 사후통지서의 작성과정에서 사법경찰관이 검사에게 자신의 긴급체포의 정당성을 소명하게 될 것으로 예상된다. 개정 형사소송법 제200조의3 제7항에서도 긴급체포한 피의자의 석방시 사법경찰관이 즉시 검사에게 보고할 의무를 법정하여 이러한 통제를 효율성있게 보장하려는 것으로 보인다.

62) 긴급체포한 피의자에 대하여는 48시간 이내에 구속영장을 청구하도록 하면서 다만, 긴급체포한 피의자를 구속영장청구 없이 석방하는 경우에는 검찰은 단기간(예: 1주일) 내에 정기적으로 법원에 체포서, 체포한 사유 및 석방사유 등을 통지하도록 하는 안. 이은모, 앞의 글(각주 7), 39면 참조.

2. 긴급체포시 압수·수색·검증대상 및 요건의 엄격화, 사후압수영장의 청구의무 및 시한규정

현행 형사소송법은 긴급압수수색검증의 대상을 긴급체포할 수 있는 자가 소지·보관·소유하는 물건으로 규정하였으나, 개정 형사소송법 제217조는 긴급압수·수색·검증 대상을 축소하여 "검사 또는 사법경찰관은 제200조의3의 규정에 의하여 체포된 자가 소지 또는 보관하는 물건에 대하여 긴급히 압수할 필요가 있는 경우에는 체포한 때부터 12시간 이내에 한하여 영장 없이 압수·수색 또는 검증을 할 수 있다"(동조 제1항)이라고 그 대상을 긴급체포된 자의 소지 또는 보관하는 물건으로 축소하고, 나아가 제217조의 긴급압수수색은 실무상 긴급체포된 사실이 밝혀지면 피의자와 관련된 사람이 증거물을 은닉하는 것을 방지하기 위한 제도이므로, 법관으로부터 영장을 발부받을 시간적 여유가 없는 상태에서 긴급히 압수할 필요가 있는 경우에만 할 수 있도록 긴급성 요건을 추가하였다. 또한, 현행법은 긴급체포 후 영장청구기간 동안 긴급압수수색이 가능하였으나 개정안은 긴급압수수색의 시간제한을 두어 긴급압수수색이 허용되는 시간을 12시간으로 한정하였고, 압수계속시 필요조치도 현행법에 의하면 긴급체포 후 구속영장을 발부받으면 압수를 계속할 수 있고 구속영장을 발부받지 못한 경우에 압수수색영장을 발부받아야 하였으나, 개정안은 체포현장에서의 압수수색과 긴급체포에 부수된 긴급압수수색의 독자성을 인정하여 "제1항 또는 제216조 제1항 제2호의 규정에 의하여 압수한 물건은 압수를 계속할 필요가 있는 경우에는 지체없이 압수수색영장을 청구하여야 한다. 이 경우 영장청구기간은 체포한 때부터 48시간을 넘을 수 없다(동조 제2항). 제2항의 규정에 의하여 영장을 받지 못한 때에는 압수한 물건을 즉시 반환하여야 한다(동조 제3항)"라고 명시하여 압수를 계속할 필요가 있을 경우 구속영장과는 별도로 체포시로부터 48시간 이내에 압수수색영장을 청구하도록 하도록 명시하였다.

3. 긴급체포된 자에 대한 체포적부심사청구권의 명시적 인정

긴급체포된 자의 체포적부심사청구권에 대하여 대법원 1997. 8. 27. 97모21 결정에도 불구하고 입법의 불비에 따른 견해의 대립을 불식시키기 위하여 동규정에 대한 조속한 정비가 필요하다는 지적이 있었는바,[63] 개정 형사소송법은 제214조의2(피의자에 대한 석방심사) 제1항에서 "체포 또는 구속된 피의자 또는 그 변호인·법정대리인·배우자·직계친족·형제자매·가족·동거인·고용주는 관할 법원에 체포 또는 구속의 적부나 그 계속의 상당성에 관하여 석방심사를 청구할 수 있다"라고 하여 긴급체포된 피의자에 대한 구속적부심사청구권을 입법으로 해결하였다.

Ⅵ. 결 론

수사는 형벌법규의 구체적 실현을 목적으로 하는 형사소송절차의 일부를 이루면서도 원칙적으로 공소제기 전 수사기관의 활동으로서 법률적 색채보다는 합목적성의 요소가 강하며, 수사는 범죄에 의하여 침해된 공공의 질서를 조속히 회복하기 위하여 범죄의 진상발견을 당면목표로 하고 있기 때문에 신속하고 능률적으로 행하여져야 할 뿐만 아니라 범인·피해자 등의 명예를 보호

63) 이재석, 앞의 글, 235면.

하고 증거인멸을 예방하기 위하여 비밀스럽게 행하여져야 한다(搜査密行의 原則).[64] 수사방법 중 피의자의 인신구속은 효과적인 형사사법의 기능과 개인의 자유에 대한 기본권의 보호라는 대립되는 이익이 정면으로 충돌하는 가장 예민한 문제영역이라고 할 수 있다. 형사소송법의 개정에 있어서도 인신구속제도의 개선이 항상 핵심적 쟁점이 되고 있는 것은 이 점 때문이다. 따라서 인신구속제도 운용의 기본원칙은 그 요건을 보다 엄격하고 명확하게 운용하여 체포 및 구속에 있어서 적정절차의 원칙을 유지하고, 잠재적 범죄의 피해자이자 잠재적 수사의 객체인 국민들로 하여금 그 각 요건의 해석을 법원의 구체적 판단으로 적법 여부를 확인받게 함이 장기적으로 국민들의 법적 안정성 및 준법의식의 제고에 기여하는 일이 될 것이라고 생각된다.

개정 형사소송법은 현행 형사소송법상의 긴급체포에 대한 기존 비판을 상당수 반영하여 체포 후 법원에 대한 사후서면통지제, 긴급압수수색영장의 발부의무화, 긴급체포된 자의 체포적부심청구권 등 절차적 불비를 상당수 개선하여 인권보호의 측면에 더욱 기여한 것으로 평가된다. 그럼에도 불구하고 긴급체포제의 운용에 대하여 가장 첨예한 비판의 대상이 되었던 사후체포영장제를 받아들이지 않은 것은 수사의 합목적성·밀행성에 비추어보더라도 헌법의 기준에 미치지 못하는 것으로 지적되어야 할 것이다. 개정 형사소송법이 영장발부에 대한 준항고제를 신설한 취지에 비추어보더라도 사후체포영장을 청구하도록 하여 긴급체포의 요건충족에 대하여 사법기관과 수사기관과의 의견교환을 판례를 통하여 형성토록 하는 것이 국민의 법적 안정성 및 수사기관의 효율적 긴급체포제도 운용을 위하여도 바람직할 것이다.

---

64) 사법연수원, 앞의 책, 4면.

참고문헌

검찰21세기연구기획단, 구속제도정비방안연구, 대검찰청, 1995.

김하중, 독일의 구속제도 연구, 1997.

류지영, 긴급체포제도의 문제점과 개선방안, 형사법연구소, 2003, 한국형사법학회.

미츠이 마코트 · 사카다미 타다시(신동운 역), 일본형사수속법, 법문사, 2003, 32면.

배종대 · 이상돈, 형사소송법, 홍문사, 2004, 258면.

송주환, 구속영장신중처리방안(검사세미나 연수자료집 5), 1989, 114면;

수사절차론(2003), 사법연수원, 3면.

신동운, 형사소송법, 법문사, 1997, 163면.

신양균, 형사소송법, 법문사, 2000, 148면.

이완규, 긴급체포 및 긴급압수·수색논의에 관한 의견, 사법개혁위원회 제17차 회의자료, 2004. 7, 19면.

이재상, 형사소송법, 박영사, 2003, 22면.

전용득, 피의자구속론, 법문사, 2000, 앞의 글, 240면 등.

차용석, 형사소송법, 1997, 293면. :20

김경선, 독일의 구속제도, 인권과 정의. 1997. 9.(제253호), 76면.

김경락, 긴급체포의 문제점과 개선방안, 법학논총 제38권 통권 52집, 중앙대학교 법과대학, 2003, 102면; 전용득, 긴급체포제도에 관한 고찰, 동의법정 제19호, 동의대 법정연구소, 2003, 60면.

김상호, 체포제도의 문제점과 개선방안, 저스티스(통권 제89호), 한국법학원, 2006.

백용하, 검사의 위법한 긴급체포와 체포감금죄의 성부, 재판실무연구 제3권, 2006.

손동권, 현행 피의자 체포·구속제도에 관한 연구, 현대형사법의 쟁점과 과제(동암 이형국 교수화갑기념논문집), 1998, 572면.

심희기, 검사의 위법한 긴급체포와 체포감금죄의 성부 - 대상판결: 2003.

3. 27 2002모81 결정(재정신청기각결정에 대한 재항고 공2003, 1117 -, 고시연구, 제30권 제8호, 2003, 고시연구사.

오기두, 미국의 인신구속제도(A research on the system of searches and Seizures of persons in USA), 인권과 정의 제351호, 2005, 76면.

유칠성, 우리나라의 형사소송법상 체포제도의 문제점에 대한 고찰, 한세대 경찰법무대학원, 2005.

유해용, 인신구속제도의 운영방식 개선을 위한 제안, 저스티스, 제83호, 2005. 2, 한국법학원.

이은모, 피의자 인신구속제도의 정비방안, 형사법연구 제19호, 2003, 한국형사법학회, 112면.

이은모, 긴급체포 및 긴급체포시의 압수·수색·검증제도의 문제점에 관한 검토, 법학논총 제22집 1호, 2005. 6, 한양대학교 출판부, 35면.

이재상, 형사소송법상 체포와 구속제도의 문제점, 법학논집, 제2권, 제1회, 이화여대 법학연구소, 1997.

이재석, 체포제도의 운용과 현실, 비교형사법연구 창간호, 1998, 211면.

전용득, 긴급체포제도에 관한 고찰, 동의법정 제19호, 동의대 법정연구소, 2003, 60면.

정진수, 인신구속제도와 구속심사제도의 개선방안, 형사정책연구 제9권 제3호, 1998. :12

정진수, 구속영장심사와 피의자심문, 한국형사정책연구원, 1997, 156면 :31.

차용석, 개정형사소송법상의 체포와 구속, 고시계, 1996,: 14.

최교일, 긴급체포에 관한 고찰 - 자신출석 피의자에 대한 긴급체포를 중심으로, 저스티스 제51호, 1999년, 한국법학원.

한동훈, 미국 형사사법상 주요제도의 실무운용에 대한 검토 - 우리 실무와의 비교를 중심으로, 해외연수검사연구논문집(Ⅰ), 법무연수원, 2006, 제22편, 11면.

황정근, 구속영장실질심사제도의 개선방안, 형사정책연구 제8권 제4호, 1997, 50면.

체포와 구인의 비교[1)]

김 한 수
인천지방검찰청 부부장검사

Ⅰ. 문제의 제기

범죄가 발생한 후 신고나 제보가 접수되는 등 수사기관에 수사 단서가 포착되면 수사기관에서 임의수사와 더불어 필요한 경우 적법한 강제수사 방식을 동원하여 사건의 진상을 파악하게 된다. 이후 소추기관에서 범인이 특정되었고 기소하기에 충분한 증거가 입수되었다는 판단이 내려지면 기소가 이루어진다. 재판기관에서는 법률상 정해진 소송절차와 증거법칙에 따라 피고인에게 유죄를 인정하는데 합리적 의심을 배제할 수 있을 정도로 입증이 이루어졌다고 판단되면 합당한 형을 선고한다.

이와 같은 형사절차는 오늘날 세계 문명국가에 공통된 것으로서 특히 수사기관을 유지하여 범죄를 방지하고, 사회질서를 유지하여 구성원이 평화롭게 공존할 수 있도록 하는 것은 국가라는 공동체가 존립하기 위한 기본 토대나 목적이라고 할 수 있다.

그런데 범죄에 대한 수사는 수사를 받는 사람에게는 권리나

1) 2007. 6. 발표.

이익을 침해받게 되는 행정작용이기도 하다. 강제수사의 경우는 물론 비록 임의수사의 경우라 하더라도 수사기관에서 조사를 받거나 압수물을 임의 제출하는 경우에 피의자나 참고인에게는 시간을 뺏기거나 소유권 행사 등에 지장을 받는 불이익을 초래하게 된다.

효율적인 범죄수사를 통해 범죄진압과 사회질서 유지를 획득하고자 하는 국가 전체적 이익을 얻기 위해 그 수사대상이 될 일부 국민에게 어느 정도의 불이익을 감수하도록 할 것인지, 즉 수사기관에게 어느 정도의 권한을 부여할 것인지 여부는 각국의 정치·경제·사회·문화적 경험과 수준 등을 바탕으로 하여 손익을 형량하여 헌법과 법률로서 결단할 사항이라 할 것이다.

본고에서는 특히 수사기관이 피의자를 상대로 조사를 하고자 하였으나, 피의자가 임의 소환에 응하지 아니할 경우 활용될 수 있는 체포제도와 구인제도 등 수사기관의 피의자 신병확보제도에 대해 해외 여러 나라의 운영실태를 알아보고 위와 같은 이익형량을 어떻게 결단하여 제도를 구성하였는지 살펴봄으로써 우리나라의 제도 구성방식이나 운영에 참고가 되도록 하고자 하며, 다음으로 우리나라의 체포·구인제도에 대해 살펴보고 이에 대한 문제점도 짚어보고자 한다.

Ⅱ. 각국 수사기관의 피의자 신병확보제도

1. 영　　국

가. 개　　요

대부분의 나라가 운영하는 것과 같이 영국의 형사절차에서도 체포는 체포영장에 의해 이루어지는 체포가 있는가 하면 영장 없이도 가능한 체포제도가 운영되고 있다. 영장 없이 가능한 체포제도는 보통법에 의하여 예로부터 인정되어 왔던 것이다. 한편, 체포된 이후 피의자를 계속 구금할 것인가의 문제는 경찰 및 법원에서의 보석의 문제로 돌아가 계속적인 구금은 엄격한 근거가 있는 경우에 한정되고 그렇지 않으면 보석으로 석방되는 것이 보통이다.[2)]

대륙법계의 검사나 수사판사와 같은 사법적 성격의 직권적 조사기관을 두지 않았던 영미법계에서는 경찰제도가 발생함에 따라 경찰이 수사기관으로 등장하기는 하지만 당사자주의와 사적 소추의 전통에 따라 경찰도 사적 소추를 하는 사인과 같은 지위에서 수사를 하였으므로 대륙법계와 같이 경찰이 조사를 위해 피의자 등을 경찰서로 나오라고 하고 이에 불응하면 강제로 데려오는 제도는 생각되지 않았다.[3)]

보통법에 따르면 일반인은 경찰에 대하여 질문에 답하거나, 정보를 제공하거나, 신체·재산·주택에 대해 수색을 허용할 의무가 존재하지 않았다. 체포는 중죄를 저지른 현행범인 경우이거나 혹은 경죄의 경우라도 공중의 평화를 해하는 데 이르렀고 현장에 경찰이 있는 경우라면 허용되었으나, 이는 범죄자를 법원에 데려가기 위한 것이었다. 수사를 진행하기 위한 목적으로 체포하는 것은 아니었으며, 그것은 경찰의 역할도 아니었다. 보통법에서는 경찰의 수사를 위한 유치제도(detention)라는 것을 인정하지 않았으며, 체포는 수사 과정상 후반부에 등장하는 것이었다.[4)]

그러나 곧 체포를 통해서 경찰이 피의자를 일시 유치하게 되는 동안, 추가로 조사와 수사를 벌이는 것이 가능하게 되었고, 이 같은 실무는 대법원에서도 Mohammed-Holgate v. Duke 판결을 통해 승

---

2) 한국형사정책연구원, 각국의 구속제도, 한국형사정책연구원, 1991, 67면.

3) 이완규, 형사소송법특강, 법문사, 2006년, 154면.

4) Steve Uglow, *Criminal Justice*, 2nd(2002), Sweet & Maxell, s. 115.

인되었다. 이 사안에서 대법원은 범죄를 저지른 혐의에 대한 합리적인 근거가 있는 경우에 다른 곳보다도 경찰서에서라야 피의자가 자백을 할 가능성이 높다는 이유로 경찰이 피의자를 체포한 경우 이는 불합리하게 행동한 것으로 볼 수 없다고 판시했다.[5)]

한편, 체포와 관련된 경찰의 권한은 부랑자처벌법 등 개별 법률 제정을 통해 계속 확대되어 오다가 1967년 형사법(Criminal Law Act 1967)을 제정하면서 '체포가능범죄(arrestable offence)'라는 개념을 통해 일정 범위의 범죄에 대한 경찰의 일반적인 체포권을 명시하게 되었고 이는 1984년 경찰 및 형사증거법(Police and Criminal Evidence Act 1984)에서 재정비되었다.

이후 2005년에는 중대조직범죄와 경찰법(Serious Organised Crime and Police Act 2005)이 제정되면서 '체포가능범죄'라는 개념을 폐기하고, 사실상 모든 범죄를 체포가능한 것으로 확대하기에 이르렀다.

나. 영장에 의한 체포

체포영장은 치안법원(Magistrates' Court)이나 형사법원(Crown Court) 판사가 발부한다. 일반적으로 치안법원은 혐의사실이 정식재판에 회부할 수 있는 범죄인 경우나 혐의사실이 징역형에 처할 수 있는 범죄인 경우 또는 면허를 박탈하고자 하는 경우에 피의자가 법정에 출석하지 않는 경우만 발부한다.[6)]

다. 영장 없이 가능한 체포

2005년 중대조직범죄와 경찰법(Serious Organised Crime and

---

5) Steve Uglow, 같은 면.

6) Fraser Sampson, *General Police Duties*, 2003, Oxford University Press, s. 124.

Police Act 2005) 제110조, 제111조에 따라

① 범죄를 저지르려 하거나 혹은 저지르려 한다고 의심할 만한 합리적 근거(resonable ground)가 있는 자,

② 범행중이거나 혹은 범행중이라고 의심할 만한 합리적 근거가 있는 자,

③ 범죄가 발생했다고 의심할 만한 합리적 근거가 있는 경우에, 그 범죄를 저질렀다고 의심할 만한 합리적 근거가 있는 자

에 대하여는 영장 없이도 체포가 가능하게 되었다.

다만, 위의 어느 경우든 1984년 경찰 및 형사증거법(Police and Criminal Evidence Act 1984) 제24조 제5항에 따른 아래와 같은 기준 중 하나를 충족하여야 한다.

① 피의자의 이름을 알기 위하여

② 피의자의 주소를 알기 위하여

③ 상해행위, 재물손실이나 손괴, 공공의 양속에 반하는 범죄행위, 고속도로에서의 불법 교통방해행위를 막기 위하여

④ 어린 아이나 상처받기 쉬운(vulnerable) 사람을 피의자로부터 보호하기 위하여

⑤ 혐의자(person in question)의 범죄나 행동에 대한 신속하고 효과적인 수사를 할 수 있도록 하기 위하여

⑥ 혐의자가 도주함으로써 범죄 소추에 장애를 받는 것을 막기 위하여

합리적 근거에 대한 판단은 합리적인 사람이라면 피의자가 범인이라고 의심할 만한 것을 말하는 것으로서 주관적 기준이 아닌 객관적인 기준이 적용된다. 그러나 무고한 시민을 다른 사람으로 착각해서 체포하게 되더라도 그 이유만으로 체포가 불법이 되는 것은 아니다. 의심에 대한 합리적 근거가 있어야 한다고 할 때의

의심은 '수사를 착수할 무렵의 확실한 증거가 없는 상태에서의 추측'에 해당한다고 Hussien v Chong Fook Kam 사건에서 Devlin 대법관은 묘사했다.[7] '의심스러우나 불확실한' 정도면 적법한 체포에 관한 합리적인 근거가 확보된다.[8]

라. 체포 후 절차

영국에서는 피체포자가 경찰서에 유치되면 통상 24시간 내에 피체포자에 대한 기소 여부를 결정하여 치안판사에게 인치하여야 한다. 기소하여야 할 사안이라고 판단되면 이에 대한 검사의 결정을 받아야 한다.[9] 물론 체포 이후에 수사과정에서 혐의가 없다고 판단되면 석방이 가능하다. 이에 대해 별도로 치안법원에 보고를 하거나 사후 영장 등 허가를 받는 것도 불필요하다.

경찰구금기간은 체포의 원인이 중한 체포가능범죄(Serious Arrestable Offence)에 관한 증거를 확보 내지 보존하기 위하여 또는 신문을 통하여 그러한 증거를 획득하기 위하여 계속적인 구금이 필요하다고 믿을 만한 합리적 근거가 있고, 수사가 현재 성실하고 신속하게 행해지고 있다고 믿을 만한 합리적 근거가 있는 경우, 총경 이상의 경찰관이 12시간의 범위 내(총 36시간)에서 피의자를 계속 구금할 것을 결정하여 연장할 수 있다. 그 이후에는 치안판사의 결정에 의해서 추가로 36시간까지(총 72시간) 연장할 수 있으며, 다시 필요성이 인정되면 24시간을 추가하여(총 96시간) 경찰서에 도착한 이후로 최대 96시간까지 유치가 가능하다.

---

7) John Sprack, *A practical approach to Criminal Procedure*, 2006, Oxford University Press, s. 27.

8) Fraser Sampson, 앞의 책, s. 124.

9) 가벼운 교통범죄로서 피의자가 자백하는 등 간단하고 명백한 사건은 검사의 결정 없이 경찰이 직접 기소할 수 있다.

2. 미 국

가. 개 설

영국법을 계수하여 발전시킨 미국에서도 보통법 상의 영장 없이 가능한 체포제도를 허용하여 왔고, 각주의 제정법에서도 영장 없이 체포가 가능한 범위를 확대하는 추세이다.[10] 즉 일단 수사기관에 대한 광범위한 체포권을 인정하여 범죄에 효율적인 대처를 가능하게 함으로써 사회 공공질서를 유지하게 하고, 다른 한편으로는 체포된 피의자에게 미란다원칙을 엄격하게 적용하게 하고 신속히 체포된 자를 판사에게 데려가 계속 구금 또는 석방 여부를 결정하게 함으로써 인권을 보호하도록 하는 장치를 마련해 두고 있다. 이 같은 미국의 체포제도는 범죄진압이라는 사회적 요청과 개인의 수사절차상 인권보호라는 서로 상대적인 목적에 대한 견제와 균형을 통하여 합리적이고 실용적으로 시행되고 있다고 평가된다.[11]

나. 영장에 의한 체포[12]

치안판사는 경찰관 혹은 목격자(통상 피해자)의 선서진술서(affidavit) 혹은 증언(live testimony)을 기초로 피의자가 죄를 범하였다고 의심할 만한 합리적 믿음(probable cause)이 있으면 체포영장을 발부한다.

피의자의 동의가 있는 경우와 집 밖에 있다가 도주하여 집안

10) 오경식, 한국과 미국의 형사소송절차에서의 체포제도의 비교연구, 비교형사법연구 제5권 제2호(2003), 953면.

11) 오경식, 같은 면.

12) 이하 미국의 체포제도에 관하여는 안성수, 영・미의 체포・구속제도에 비추어 본 우리 제도의 문제점과 보완방안, 형사법의 신동향 제7호(2007. 4.) 112 내지 115면을 기초로 인용.

으로 들어가는 피의자를 체포하는 경우 및 긴급한 사정이 있는 때를 제외하고는 피의자의 주거에 들어가서 피의자를 체포하는 경우에는 영장이 필요하다. 피의자에 대한 체포영장이 있으면 별도의 수색영장 없이 피의자의 주거에 들어가서 피의자를 찾을 수 있다.

긴급한 사정이 없는 한 체포영장을 집행하는 경찰관은 피의자가 제3자의 주거에 있는 경우 피의자가 그 곳에 있음을 소명하여 별도로 그 제3자의 주거에 대한 수색영장을 발부받지 않고서는 그 제3자의 주거에서 피의자를 수색할 수 없다. 피의자의 신체의 자유와 제3자의 사생활 보호라는 두 가지 이익이 동시에 제한되기 때문에 2개의 영장이 필요한 것이다. 피의자가 제3자의 주거에 하룻밤 묵는 경우에도 별도의 수색영장이 필요하다.

체포대상 범죄가 경죄로서 경찰관의 면전에서 행해지지 않은 경우에는 체포영장을 요구하는 것이 보통법이다. 중죄인 경우에는 영장 없이도 신속히 체포하여 사회의 안전을 보호하고, 범인을 격리할 필요가 크므로 체포영장을 요구하지 않지만, 경죄인 경우에는 경찰관의 면전에서 행해지지 않은 때만 체포영장을 받도록 함으로써, 사회의 이익과 개인의 사생활 보호 사이의 균형을 이루고자 한다.

체포를 집행함에 있어서 담당자는 자신의 신분과 영장 발부사실을 피의자에게 알려야 한다. 만일 피의자가 출입을 거부한 경우에는 창문이나 문을 부수고 안으로 들어갈 수 있다. 그러나 신분과 영장 발부사실을 알리면 수사관에게 위험이 발생하게 된다거나 예를 들어 피의자가 증거물을 파괴하는 등 효과적인 수사에 방해가 될 수 있다는 것이 합리적으로 예견되는 경우에는 고지할 필요가 없다.

다. 영장 없이 가능한 체포

사실 미국에서 피의자에 대한 체포는 대부분 영장 없이 이루어지고 있다. 검사나 경찰관은 피의자가 범죄를 저질렀거나, 저지르고 있거나, 저지르려고 한다는 점에 대한 합리적인 믿음(Probable Cause)이 있는 경우에는 체포영장 없이도 직접 피의자를 체포할 수 있다.

피의자가 도주하거나, 다른 범죄를 추가로 저지르거나, 증거를 멸실할 수 있기 때문에 수사기관은 피의자를 구금하여 공공의 이익을 보호할 필요가 있다. 이러한 필요는 사전에 체포 사유에 대한 법원의 심사가 없었더라도 마찬가지다. 반드시 법원의 사전심사를 받아야만 피의자를 체포할 수 있도록 제도화한다면 판사로부터 영장을 받는 절차를 거치는 동안 피의자가 이미 도주하거나, 다른 범죄를 저지르거나, 증거를 멸실하는 것을 방지할 수 없게 된다. 그러나 일단 피의자가 체포되면 이러한 위험은 없어진다. 그 이후에 법원이 신속하게 체포·구속 사유가 있는지를 따져 인신의 자유를 보장한다. 이러한 방법으로 공공의 이익과 개인의 이익보호의 균형점을 모색하는 것이 미국의 체포절차라고 할 수 있다.

미 연방대법원은 오직 벌금형으로 처벌할 수밖에 없는 경죄인 교통법규위반 사건의 경우에 있어서도 영장 없이 체포하는 것은 연방수정헌법 제4조 위반이 아니라고 판결하였다. 이 판결에서는 개개의 사건마다 체포할 수 있는지, 없는지를 사후적으로 심판받도록 하는 것은 연방수정헌법 제4조의 목적에 맞지 않고, 수사기관의 모든 재량적 판단이 헌법적 심사를 받도록 해서도 안된다고 하였다. 그리고 수사기관의 입장에서는 수개월이나 수년이 지난 후 법원의 심사를 받더라도 그 결과를 전망하는 것이 가능할 정도로 명백하고 쉬운 기준이 도출되어야 하고, 법원으로서는 이렇게 쉽게 적용될 수 있는 기준이 마련됨으로써 업무 수행에 도움을 받을 수 있는 수사기관의 입장에 우선을 두어야 한다고 했다.

라. 체포 후의 절차

영장에 의한 체포이든 영장에 의하지 아니한 경우든 경찰은 '불필요한 지체없이' 치안판사에게 피의자를 인치하여야 한다. 대부분의 주에서 위 기간을 체포 후 24시간 이내 혹은 48시간 이내로 규정하고 있다.

체포 이후라 하더라도 수사기관은 범죄의 증거를 찾고, 피의자를 신문하며, 자백을 받을 수도 있다. 때로는 증인과 대면하거나, 라인업(Line-up)을 하기도 한다. 경찰서에서는 피의자의 성명, 죄명 등을 기록하고 사진촬영, 지문채취, 신체 수색, 소지품 영치 등의 입건조치(booking)를 한다.

경죄를 범한 자는 소정의 보증금(security cash)을 납부하고 경찰에서 석방되거나(station house bail), 보증금 납부 없이 치안판사 앞에 출두하겠다는 서약서(own recognizance; OR)만을 제출하고 석방될 수도 있다.

범죄혐의가 없다고 인정하거나 혐의가 있다고 하더라도 충분한 증거를 확보할 수 없다고 판단할 경우에는 피의자를 그대로 석방할 수 있다. 이 경우에도 달리 경찰관이 피의자에 대한 체포사실에 대해 별도로 법원에 보고하거나 석방허가를 요하지 아니한다. 석방되지 못한 자들은 치안판사 앞에 인치될 때까지 구금된다. 기소 전 조사관(pretrial service)은 경찰서에서 피의자를 면접하고, 치안판사가 보석결정을 함에 있어서 참고자료가 될 정보를 작성하여 제출한다.

3. 일 본[13)]

가. 개 요

일본 헌법 제33조는 “누구든지 현행범으로서 체포되는 경우를 제외하고는 권한을 가진 사법관헌이 이유가 되는 범죄를 명시하는 영장에 의하지 아니하고는 체포되지 아니한다”라고 규정하여 체포영장주의를 선언하고 있다. 또한 신병에 관하여 ‘체포장’과 ‘구류장’이라는 두 가지 영장제도를 두고 있으며, 수사기관이 피의자를 구금하기 위하여는 반드시 사전에 체포절차를 선행하여야 한다. 이를 체포전치주의라 한다.

나. 통상체포

일본에서는 영장 없이 이루어지는 긴급체포에 대비하여 체포장에 의해 이루어지는 체포를 통상체포라고 부른다. 일본 형사소송법 제199조 제1항은 “피의자가 죄를 범하였다고 의심하기에 족한 상당한 이유가 있는 때에는 재판관이 미리 발부한 체포장에 의하여 피의자를 체포할 수 있다”고 규정하여 체포 이유로서 “죄를 범하였다고 의심하기에 족한 상당한 이유”만을 제시하고 있다. 상당한 이유는 수사기관의 주관적 의심으로는 충분하지 않고 객관적 합리적 근거에 의한 의심이어야 하나, 유죄의 인정에 이르는 근거를 요하는 것은 아니며, 구류장 또는 긴급체포의 이유보다도 낮은 정도의 의심이어도 가능하다고 설명된다.

한편, 체포의 필요성에 관하여 동법 제199조 제2항 단서에서 “명백하게 체포의 필요가 없다고 인정되는 때에 한하여” 체포영장을 발부하지 아니한다는 취지로 규정하고 있으며, 일본 형사소송

13) 이하 일본의 체포제도에 관하여는 「이경재, 한국·미국·일본의 체포제도 비교연구소고, 해외파견검사논문집 제9집(1993), 법무부」를 기초로 인용.

송규칙 제143조의3은 "피의자의 연령 및 경우에 따라 범죄의 경중 및 태양기타 제반사정에 비추어 피의자가 도망할 우려가 없고 죄증을 인멸할 우려가 없는 등 명백히 체포의 필요가 없다고 인정될 때에는 체포장 청구를 각하하지 아니하면 아니 된다"고 규정하여 체포의 필요성 심사를 명백히 하고 있다. 따라서 체포의 필요성도 체포의 요건이 된다 하겠다. 또한 30만엔 이하의 벌금, 구류 또는 과료에 해당하는 죄에 있어서는 피의자가 일정한 주거가 없거나 수사기관의 출석요구에 불응한 경우에 한하도록 하고 있다(동조 제1항 단서). 우리와 비교할 때 구속 사유는 유사하고[14)]체포사유는 일본이 보다 탄력적이라 할 수 있다.

검사, 사법경찰관은 각각 독립하여 체포장을 청구할 권한이 있고(사법 제199조 제1항) 체포이유와 필요성에 관한 소명자료가 제출되어야 한다. 재판관은 체포장 심사시 필요하면 체포장을 청구한 검찰관, 사법경찰원을 소환, 범죄혐의, 증거관계, 체포의 필요성 등에 관한 진술을 들을 수 있고 서류와 물건의 제시를 요구할 수 있다(형사소송규칙 제143조의2). 실무상 체포장은 보통 청구 접수시로부터 1, 2시간 이내에 발부된다고 한다. 체포영장은 검찰관 또는 사법경찰 직원이 사전에 피의자에게 이를 제시하여 집행하여야 하고(동법 제201조) 체포영장의 집행시 필요한 때에는 타인의 주거 등에 들어가 수색할 수 있고 체포현장에서 압수·수색검증을 할 수도 있다. 체포장 집행시 필요하다고 인정되는 때에는 필요한 최소한의 범위 내에서 어느 정도의 실력행사나 무기사용이 인정된다.

---

14) 일본에서 구류의 실체적 요건은, 1. 죄를 범하였다고 의심할 만한 상당한 이유가 있고(구류의 이유), 2. ① 일정한 주거가 없는 때, ② 죄증을 인멸한다고 의심할 만한 상당한 이유가 있는 때, ③ 도망하거나 도망할 것이라고 의심할 만한 상당한 이유가 있는 때(구류의 필요)로 규정되어 있다(법 제60조 제1항, 제207조 제1항).

다. 통상체포 후의 절차

사법경찰관이 피의자를 체포한 때에는 체포한 때로부터 48시간 이내에 검찰에 송치하지 아니하면 석방하여야 하고, 검찰관은 사법경찰로부터 피의자를 송치받은 경우, 송치시로부터 48시간 이내에 구류청구나 공소제기하지 아니하면 석방하여야 한다. 검찰관이 피의자를 직접 체포한 때에는 48시간 이내에 구류청구나 공소제기하지 아니하면 석방하여야 한다(동법 제203조, 제204조, 제205조). 따라서 수사기관이 피의자를 유치하는 시간은 최단 48시간부터 최장 96시간이다.

라. 긴급체포

긴급체포는 일정한 중대 범죄에 관하여 범죄의 혐의가 충분하고(중대성) 급속을 요하여 체포장을 청구할 수 없는 때(긴급성) 그 이유를 피의자에게 고지하고 체포장 없이 체포한 후 그 직후에 사후체포장을 청구하는 제도를 말한다. 긴급체포한 경우에는 바로 재판관에게 체포장을 청구하는 절차를 취하여야 하며, 체포장이 발부되지 아니한 때에는 바로 피의자를 석방하여야 한다. 한편 긴급체포 후 피의사실이 죄가 되지 아니하거나 범죄혐의 없음이 판명되는 등 체포를 계속할 필요가 없어서 즉시 석방하는 경우에도 사법심사의 차원에서 체포장을 청구하도록 하고 있다(수사규범 제120조 제3항).

긴급체포는 다음의 네 가지 요건을 필요로 한다. 즉 ① 사형, 무기 또는 장기 3년 이상의 징역이나 금고에 해당하는 특정의 죄일 것, ② 죄를 범하였다고 의심할 만한 충분한 이유가 있을 것, ③ 급속을 요하여 재판관의 체포장을 청구할 수 없을 것, ④ 체포의 필요가 있을 것이다.

'충분한 이유'는 통상체포의 '상당한 이유'보다 혐의의 정도가 높은 것으로서, 확실한 증거에 의하여 수사기관으로서는 범인이라는 확신을 가질 수 있는 경우를 말한다. 그러나 초동수사단계에서 하는 것이므로 유죄판결을 할 수 있을 정도 또는 공소제기를 할 수 있을 정도의 확실성은 필요하지 않다. '급속을 요하는 경우'란 체포장을 청구하여 그 발부를 받을 여유가 없고 즉시 체포하지 않으면 피의자가 도망하거나 죄증을 인멸할 염려가 있는 경우를 말하며, 체포의 필요성이 매우 높은 경우이다.

긴급체포한 경우에는 즉시 재판관에게 사후체포장을 청구하는 절차를 밟아야 한다. 청구권자는 검찰관, 검찰사무관 또는 사법경찰직원이다. 검찰사무관, 공안위원회의 지정을 받지 아니한 사법경찰원이나 사법순사도 청구할 수 있다는 점에서 통상체포장 청구권자와 다르다.

사후체포장은 체포행위를 사법적으로 심사하여 이를 승인함과 동시에 그 후의 일정기간의 신병구속의 계속을 허가하는 성질을 가진다. 사후체포장의 청구를 받은 재판관은 ① 그 청구가 적법하고, ② 체포 당시 체포이유와 필요가 인정되고, ③ 영장발부시에 있어서도 체포이유와 필요가 있다고 인정하는 때에는 신속히 사후체포장을 발부한다.

일본 형사소송법 제210조의 요건을 갖추지 아니한 경우, 명백히 체포의 필요성이 없다고 인정되는 경우(긴급체포시 및 발부시), 청구의 방식에 위반한 경우 및 청구가 현저히 지연된 경우에는 청구를 각하한다.

3) 현행범 체포

현행범 체포는 현행범인 또는 준현행범인에 대하여 영장에 의하지 아니하고 체포하는 것을 말한다. 현행범이란 현재 범죄의 실행중이거나 범죄행위를 종료한 직후의 자를 말하며(제212조 제1

항), 준현행범인이란 ① 범인으로 호칭되어 추적되고 있는 자, ② 장물 또는 명백히 범죄에 공용하였다고 생각되는 흉기 또는 기타 물건을 소지하고 있는 자, ③ 신체 또는 의복에 범죄의 현저한 증적이 있는 자, ④ 수하에 도주하려고 하는 자로서 범죄를 종료한 직후로부터 얼마 지나지 않았다고 명백히 인정되는 자를 말한다(동조 제2항).

현행범인은 누구라도 영장 없이 체포할 수 있고(제213조), 일반인이 현행범인을 체포한 경우에는 즉시 검찰관 또는 사법경찰원에게 인도하여야 한다. 체포 후의 절차에 대해서는 통상체포의 절차를 준용한다. 따라서 검찰관이 피의자를 직접 체포한 경우 유치의 필요가 없다고 판단하여 석방할 수 있고, 48시간 이내에 구류장을 청구하거나 공소제기를 함으로써 피의자를 계속 구금할 수 있다(제204조). 사법경찰원으로부터 체포된 피의자와 사건을 송치받은 경우 24시간 이내에 이러한 조치를 취하여야 한다(제205조). 그러나 부득이한 사유가 있어 시간제한을 준수하기 어려운 경우에는 검찰관은 재판관에게 그 사유를 소명하여 구류청구를 할 수 있다(제206조).

4. 독 일[15)]

가. 개 요

독일의 경우는 대륙법계 국가로서 영미법계가 채택한 방식의 체포제도를 가지고 있지 아니하다. 수사기관에서 조사를 위해 피의자의 신병을 확보할 수 있는 방안으로는 구인제도를 가지고 있으며, 체포제도로는 급박한 경우를 위한 현행범 체포제도와 가체

15) 이하 독일의 신병확보제도에 관하여는 「장규원, 체포제도에 관한 연구, 1998, 한국형사정책연구원」을 기초로 인용.

포제도를 운용하고 있다.

나. 구　인

피의자가 소환에 불응하는 경우 구속의 요건이 존재하면 검사는 구인명령을 발하여 피의자를 구인할 수 있다. 사법경찰관은 피의자가 소환에 불응할 때에 검사에 보고하여 검사가 구인여부를 결정하도록 하며, 사법경찰관 단독으로 구인할 수 없다. 검사의 구인은 구인된 날의 익일을 초과할 수 없고 법관으로부터 구속영장을 발부받지 못하면 석방하여야 한다.

다. 현행범 체포

범죄를 행하고 있거나 추적당하고 있는 자에게 도망의 염려가 있고, 신원을 즉시 확인할 수 없는 때에는 누구든지 법관이 발부한 영장 없이 체포할 수 있다(제127조 제1항). 즉 수사기관뿐만 아니라 사인도 할 수 있다. 여기서 도망의 염려는 경험칙상 즉시 체포하지 아니하면 피의자가 도망할 것이라고 인정할 수 있으면 족하다. 신원을 즉시 확인할 수 없는 때란 예컨대 피의자가 신분증을 소지하지 않아서 그의 동일성을 확인할 수 없는 경우가 이에 해당한다.

라. 가체포

검사 및 사법경찰관은 현행범 체포의 요건에 해당하지 않는 때에도 구속요건에 해당하고 구속사유가 있는 경우에 지연의 위험(Gefahr im Verzug)이 있으면 피의자를 체포할 수 있다(제127조 제2항).

체포를 위한 요건으로는 구속요건, 즉 범죄의 현저한 혐의와 구속사유(도망 또는 도망할 염려가 있거나, 증거의 인멸의 우려가 있거나, 재범의 위험성이 있거나 또는 살인 등 법으로 정한 중죄를 저지른 혐의를 받고 있는 때)가 존재하여야 하고, 비례성원칙이 인정되며, 지연의 위험이 있어야 한다. 지연의 위험이란 구속을 즉시 집행하지 아니하고 시간이 지나면 피의자의 확보가 불가능해지거나 또는 현저하게 곤란해지는 것을 말한다.

일반적으로 체포된 자는 검사가 석방하지 않은 한 지체없이 늦어도 다음 날까지 체포장소를 관할하고 있는 구법원(Amtsgericht; AG)의 판사에게 인치하여야 한다(제128조 제1항). 이로써 체포절차는 구속절차로 이행된다. 즉 판사의 심문결과 체포가 부적당하거나 체포요건이 소멸된 경우에는 그를 석방하고, 그렇지 않은 때에는 검사의 청구에 의하여 구속영장을 발부하여 구금토록 한다.

5. 프 랑 스[16)]

가. 개 요

프랑스의 경우 특징적인 것은 과거 우리나라에서 수사기관이 남용한다고 하여 사회문제가 되었던 보호유치를 적극적으로 합법화하는 입장에 섰다는 점이다. 즉, 경찰이 실무상 임의동행이나 보호유치 등을 활용하여 실질적인 강제수사에 해당함에도 임의수사 형식으로 수사해오던 관행을 1957년 형사소송법을 개정하면서 '보호유치'제도 형태로 합법화한 것이다. 비록 명칭은 '보호유치'라는 표현을 쓰지만 본인의 의사에 반하여 사건수사를 위해 수사기관에 유치되는 것이므로 '체포'나 '구인'과 그 효과는 같다고 하겠다. 다른 나라의 사례에 비교해 보면 수사의 효율성을 중시한 형태로 생각된다.[17)]

16) 이하 프랑스의 신병확보제도에 관하여는 「이의권, 피의자 구인제도에 관한 비교법적 고찰, 1987, 검찰 제94호」를 기초로 인용.

나. 사법경찰관의 보호유치제도

프랑스에서 사법경찰관이 행사하는 가장 일반적이고 중요한 강제처분권이 보호유치제도[18]이다. 사법경찰관은 범죄사건이나 증거물에 관한 정보를 제공할 수 있다고 인정되는 모든 사람을 소환하여 그 진술을 들을 수 있으며 소환된 자는 출두 및 진술의 의무가 있고 소환에 불응하는 자에 대하여는 사법경찰관이 검사에게 보고하여 검사의 결정을 받아 경찰력으로 그 출석을 강제할 수 있다(형사소송법 제62조 제1, 2항). 즉 사법경찰관은 수사상 필요하다고 판단되면 피의자, 참고인을 불문하고 경찰관서에 구인할 수 있게 된다. 더구나 사법경찰관은 위 피의자, 참고인을 24시간까지 보호유치(garde à vue)할 수 있다. 보호유치 시한은 범죄혐의를 인정할 만한 중대하고 상당한 증빙이 있는 자에 대하여는 추가로 24시간 연장할 수 있고 이 경우에는 사법경찰관은 피의자를 검사(또는 예심이 개시된 후는 수사판사)에게 인치하여야 하며 검사 또는 수사판사는 신문 후 서면에 의하여 연장을 허가할 수 있다(동법 제63조 제2, 3항).

위 보호유치기간은 특정범죄에 대하여는 더 연장되는바, 국가안전에 대한 범죄에 있어서는 평상시에는 그 기간이 6일, 비

---

17) 프랑스 형법상 범죄는 형벌의 경중에 따라서 위경죄, 경죄 및 중죄의 3종으로 구분되고 있다. 위경죄(contravention)는 법정형이 2월 미만의 징역이나 1만 프랑 이하의 벌금형에 해당하는 범죄이고, 경죄(délit)는 법정형이 2월 이상 5년 미만의 징역 또는 1만 프랑 이상의 벌금형에 해당하는 범죄이며, 중죄(crime)는 법정형이 5년 이상의 유기징역이나 금고, 무기징역, 무기금고, 추방, 공민권박탈에 해당하는 범죄를 말한다. 중죄의 경우에는 반드시 수사판사의 수사절차를 거쳐야 하나, 경죄나 위경죄의 경우에는 예외적으로 검사가 사안이 복잡하거나 중요하다고 판단한 경우 예심수사 개시청구를 하여 수사판사가 수사를 개시한다. 한편, 수사판사는 스스로 범죄를 인지하여 수사에 착수할 수 없고, 검사의 예심수사 개시청구 또는 피해자의 고소에 기해서야 수사를 개시할 수 있다. 김유철, 2004 프랑스 개정 형사소송법 연구, 해외연수검사논문, 법무부(2006), 229면.

18) 프랑스 형사소송법 제63조 이하.

상시에는 12일에 이르며 48시간 이상의 기간연장은 국가안전법원(Cour de sûreté de l'Etat) 검찰관이 이를 허가한다. 또한 마약사범에 있어서는 1차 48시간 기간연장이 가능하며(총 유치기간 72시간), 24시간 예비적 연장도 가능하다(국가보건법 627-1조). 조직범죄사범에 대해서도 연장조치를 통해 96시간까지 보호유치가 가능하다.

유치 후 24시간이 경과한 후에는 피유치자는 의사의 건강진단을 받을 권리가 있으며 사법경찰관은 피유치자에 대한 조서에 신문기간, 신문도중의 휴식시간, 유치, 석방, 관할사법관(검사, 수사판사)에 대한 인치일시를 기재하고 그 조서의 난외에 피유치자 등 관계인이 확인, 서명하며 보호유치의 이유를 기재토록 함으로써 보호유치권의 남용을 억제하고 있다. 앞서 설명한 바와 같이 위 보호유치(garde à vue)제도는 현행 형사소송법(Code de procedure pénale)에서 명문으로 규정되고 있는 데 비해 구 형사소송법(Code d'instruction criminelle) 상에는 이러한 명문규정이 없었다. 그러나 그 당시에도 실무상으로는 경찰수사 단계에서 피의자 또는 참고인을 수사에 필요한 시간 동안 때로는 수일에 이르기까지 유치하는 것이 상례였다고 한다. 이는 피의자의 인권보장 못지않게 범죄로부터의 사회보호, 수사의 합목적성 · 기동성에 큰 비중을 둔 데서 비롯된 것이라 생각된다.[19)]

---

19) 참고로, 프랑스 형사소송법 제63-4조에 따르면, 보호유치가 시작되는 때와 보호유치 후 20시간이 경과되는 때 30분 이내의 범위에서 변호인과의 접견이 허용된다. 또한 보호유치가 연장된 경우에는 12시간이 경과한 후 추가로 접견이 허용된다. 다만, 폭력조직 가입, 조직매춘, 가중재물강취 등 일정한 범죄에 대하여는 보호유치 후 36시간이 경과된 뒤에 변호인의 접견이 허용된다. 초동수사 단계에서의 신속하고 집중적인 수사를 통해 증거인멸을 방지하고, 공범수사 등을 원활하게 하려는 것으로 보인다. 이 같은 보호유치나 접견제한은 우리에게는 피의자의 인권과 관련하여 대단히 이례적인 것으로 생각될 수 있으나, 유럽인권협약에도 위배되지 않는 것으로 평가받고 있는 것으로 알고 있다.

다. 검사의 구인권

중죄를 저지른 현행범의 경우에 예심이 아직 개시되지 아니하였을 때에는 검사는 도주한 피의자에 대하여 구인영장(mandat d'amener)을 발부할 수 있으며 이에 의하여 인치된 자를 즉시 신문하고 피의자가 변호인과 함께 자진출두한 때에는 피의자는 변호인의 입회하에서만 신문받는다.(형사소송법 제70조) 검사는 사법경찰관에 의하여 인치된 피의자의 인적사항을 확인, 피의자에게 피의사실을 알리고 그의 요구가 있으면 그 진술을 들은 후 불구속기소하든가 또는 구속기소(saisine immédiate du tribunal)하여 당일 공판심리를 받도록 하며 만일 기소당일 공판개정이 불가능하면 검사는 피고인을 즉시 법원장 또는 그 대리판사에게 인치하여 사법통제(contrôle judicaire) 또는 구속을 요구한다. 한편, 2004. 3. 9.자 형사소송법 개정을 통해 신종 범죄에 대한 수사기관의 권한 강화가 이루어져서 중죄 또는 징역 3년 이상의 경죄를 범하였다고 의심할 만한 사유가 있는 피의자를 체포하기 위하여 검사로 하여금 직접 수색영장(mandat de recherche)을 발부할 수 있도록 하였다. 이 수색영장에 의하여 발견된 피의자는 보호유치될 수 있고, 이는 피의자를 발견한 장소를 관할하는 사법경찰관도 같은 권한을 가지며, 영장을 발부한 검사에게 그 체포 직후에 즉시 보고해야 하고, 검사는 그 보호유치 기간 중에 그 사건조사를 담당할 지역으로 피의자를 인도하도록 명령할 수 있다(동법 제70조).[20]

---

20) 김유철, 앞의 논문, 240면 참조.

【제70조】 ① 중죄 또는 징역 3년 이상의 경죄를 범한 자를 수사할 필요가 있을 경우, 검사는 제73조 규정과 상관없이, 범죄에 관여한 혐의를 받고 있는 모든 자에 대하여 수색영장을 발부할 수 있다.

② 이 수색영장의 집행에는 제134조를 적용할 수 있다. 이 수색영장에 의하여 검거된 자는 그 검거지 소재 사법경찰관에 의하여 보호유치되고, 그 사법경찰관은 제43조 규정이나 범죄지의 수사담당자가 수사를 진행하기 위해 검거지로

라. 수사판사의 구인권

피의자가 소환장(mandat de comparution)을 받고도 이에 불응하면 수사판사는 구인영장(mandat d'amener)을 발부하여 경찰 등 공권력을 행사하는 공무원으로 하여금 피의자를 강제로 수사판사 앞에 인치하도록 하며 판사는 구인된 피의자를 즉시 신문하거나 또는 구치소에 수감하되 그 기간을 24시간을 넘길 수 없고, 그 기간이 지나면 구치소장은 직권으로 피의자를 검사에게 인치하고 검사는 수사판사 또는 지방법원장이나 그가 지명하는 판사에게 즉시 신문을 하도록 청구하며 이를 할 수 없는 때에는 피의자를 석방한다(법125조). 수사판사는 피의자신문을 한 후 당해 범죄가 경죄 구금형 이상의 형에 해당하는 때에는 피의자를 구금할 수 있다.[21] 위와 같이 프랑스는 구인과 구금을 분리하고 구인의 요건으로서는 단순히 피의자가 수사판사의 소환에 불응하는 것만을 요구하고 있다.

이동하는 것과 상관없이, 제18조를 적용하여 관할의 확장이 필요한지 여부를 판단한 다음, 수사를 진행할 수 있다. 그 보호유치를 개시함에 있어 수색영장을 발부한 검사에게 보고하여야 한다. 그 검사는 그 보호유치 기간 내에 그 자를 범죄지 소재 경찰서에 인도하도록 명령할 수 있다.

③ 수색영장의 대상이 된 자가 검거되지 아니하거나 검사가 그에 대한 예심수사개시청구를 한 경우, 그 수색영장은 수사판사에 의하여 재발부되는 경우를 제외하고는 예심수사기간 동안 효력이 있다.

※ 형사소송법 제73조는 현행범체포에 관한 규정임

※ 형사소송법 제134조는 구인영장·체포구금영장의 집행에 관한 규정임

※ 형사소송법 제43조는 체포된 피의자의 관할에 관한 규정임

※ 형사소송법 제18조는 사법경찰관의 관할에 관한 규정임

21) 위경죄에 대하여는 비례의 원칙상 구속이 허용되지 아니한다. 경죄의 경우 구속은 피의자가 2년 이상의 징역형에 해당하는 범죄를 범하였다는 혐의가 있고, 구속사유가 있는 경우에 한하여 허용된다. 구속은 증거나 죄증을 확보하고, 증인에 대한 강압이나 피의자와 공범 사이의 통모를 방지하고, 범죄로 인한 불안으로부터 공공의 질서를 유지하기 위하여 불가피하고, 피의자를 보호하는 한편 범죄를 종료시키거나 범죄의 재발을 방지하거나, 피의자의 출석을 확보하기 위하여 필요한 경우에 허용된다(프랑스 형사소송법 제144조).

6. 소　　결

영국, 미국, 일본, 독일, 프랑스의 경우를 보면 모두 초동단계에서 어떤 형태로든 수사기관이 피의자의 신병을 확보할 수 있는 절차를 마련하여 두고, 초동수사를 진행할 수 있도록 해둔 점이 공통적으로 드러난다. 체포의 형태든, 구인의 형태든 피의자의 의사에 반하여 법원이 아닌 수사기관에 대한 출두를 담보할 수 있는 제도를 운영하고 있는 것이다. 수사과정에서 발생할 수 있는 피의자의 인권침해가 최소화되도록 하되, 효율적인 수사를 통한 범죄진압이라는 국가의 임무를 외면할 수 없고 양자 간의 적절한 법익균형을 찾아야 한다는 점에서 위와 같은 제도 마련은 당연한 논리적 귀결이라 할 수도 있겠다.

각 나라별로 운영을 달리하는 구인제도와 체포제도의 대표적 특징을 대륙법계와 영미법계로 대별하여 개략적으로 비교한 도표는 아래와 같다.

	구　인	체　포	비 고
출발 배경이 되는 형사절차	대륙법계 직권주의	영미법계 당사자주의	
행사권한자	법관·법관에 준한 자	경찰 (검찰 직수시 검찰)	
최초 목적	조사권한자의 조사	법원에 대한 형사절차 시작 촉구	
허용 한도	24시간 (구인 당일)	24시간을 기본으로 하여 확대 가능	
대상 범죄	구속가능 범죄	범죄 전체	

Ⅲ. 우리나라의 체포·구인제도

1. 체포제도

가. 영장에 의한 체포

현행 형사소송법은 피의자가 죄를 범하였다고 인정할 만한 상당한 이유가 있고 정당한 이유 없이 제200조의 규정에 의한 수사기관의 출석요구에 응하지 아니하거나 응하지 아니할 우려가 있는 경우 사전에 판사로부터 체포영장을 발부받아 체포하고, 48시간 이내에 구속영장을 청구하지 아니하는 경우에는 즉시 석방하도록 규정하고 있다(형사소송법 제200조의2).

다만, 비교적 소액의 벌금형에 해당하는 범죄에 대하여도 위와 같은 사유로 체포를 허용하는 것은 비례의 원칙상 타당하지 않을 것이므로 법정형이 50만원 이하의 벌금, 과료 또는 구류에 해당하는 사건에 관하여는 피의자가 일정한 주거가 없는 경우 또는 정당한 이유 없이 수사기관의 출석요구에 불응한 경우에 한하여 체포영장을 발부하도록 규정하고 있다(제200조의2 제1항 단서).

체포영장의 발부절차는 검사는 관할 지방법원판사에게 청구하여 체포영장을 발부받고, 사법경찰관은 검사에게 신청하여 검사의 청구로 관할 지방법원 판사의 영장을 발부받는다(동조 제1항). 체포영장의 청구를 받은 지방법원 판사는 상당하다고 인정할 때에는 체포영장을 발부한다(동조 제2항). 수사기관이 범죄의 혐의를 확인하고 소환에 불응하거나 그 우려가 있는 등 체포의 사유가 있다고 판단하여 단기간의 신체구속을 위하여 청구한 체포영장에 대하여 법원이 기존의 구속영장의 경우와 마찬가지로 지나치게 엄격한 요건을 요구하는 경우 체포제도는 그 실효성을 상실하고 수사기관은 사법적 통제를 피하여 과거와 같은 임의동행 등의 관행을 재차 활용하게 될 우려도 부인할 수 없다. 이러한 부작용의 여지를 미연에 방지하고 강제수사를 사법적 통제의 틀 속으로 수용하기 위하여 마련된 것이 이 규정이다.

그러나 피의자에 대한 범죄혐의가 명백히 인정되지 않는다든지 또는 장차 구속의 필요도 없을 뿐 아니라 수사기관의 출석요구에도 순순히 응하는 경우와 같이 명백히 체포의 필요가 인정되지 않는 경우에는 체포영장을 기각할 수 있도록 하였다(동항 단서). 다만, 이는 체포의 필요성이 체포의 요건이 되어야 한다는 취지가 아니라, 체포영장의 심사에 있어서는 수사기관의 판단을 존중하여야 한다는 의미를 내포하고 있는 것으로 해석하여야 한다.[22] 즉, 체포의 필요성은 체포의 적극적 요건이 아니라 그 부존재가 명백한 경우에 한하여 체포를 하지 않게 하는 소극적 요건에 불과하고, 따라서 체포의 필요성이 의심스러운 경우에는 체포할 수 있다고 하여야 할 것이다. 지방법원 판사가 체포영장을 발부하지 아니할 때에는 청구서에 그 취지 및 이유를 기재하고 서명 날인하여 청구한 검사에게 교부한다(동조 제3항).

체포영장은 구속영장의 경우와는 달리 피의자에 대한 단기간의 강제수사방법이므로 장기간 수회에 걸쳐 피의자에 대한 조사가 필요한 경우도 있다. 이때 구속영장과 같이 재체포의 제한을 두게 되는 경우 수사기관은 적법절차에 따른 수사를 진행하기가 어렵게 된다. 따라서 체포에 대하여는 재체포의 제한을 두고 있지

---

22) 1997년 형사소송법 개정 당시 국회 법사위의 회의록에 의하면, 체포제도 도입과 관련하여 "수사 초기단계에서 임의적인 수사에 불응하는 피의자에 대한 간단한 인치제도를 도입"하기 위한 것이라는 제안 설명이 있으며, 당시 출석한 이재상 교수도 체포제도를 도입하고자 한 기본 취지가 "근본적으로 수사 초기에 피의자를 간편하게 인치할 수 있는 제도가 필요하다"는 점이었다고 진술하는 부분이 나온다. 국회 법사위회의록 1995. 11. 1.자 참조.

않다. 다만, 검사가 체포영장을 청구함에 있어서는 동일한 범죄사실에 관하여 그 피의자에 대하여 전에 체포영장을 청구하거나 발부받은 사실이 있는 때에는 다시 체포영장을 청구하는 취지 및 이유를 기재하도록 하여(동조 제4항) 이를 법관의 판단에 맡기고 있다.

법관의 영장에 의하여 체포된 자는 최장 48시간 동안 검사 또는 사법경찰관에 의하여 유치된 상태에서 수사를 받게 된다. 검사는 체포한 피의자를 수사한 결과 구속하고자 할 때에는 48시간 이내에 구속영장을 청구하여야 하고, 사법경찰관은 검사에게 신청하여 검사가 동 시간 내에 구속영장을 청구하여야 하며, 그 시간 내에 구속영장을 청구하지 아니하는 때에는 즉시 피의자를 석방하여야 한다(제200조의2 제5항). 48시간 이내에 구속영장을 청구하기만 하면 되므로 구속영장을 청구하였으나 48시간 이내에 발부되지 않더라도 체포상태는 계속된다.

2. 영장에 의하지 아니한 체포

가. 긴급체포

긴급체포의 요건으로 범죄의 중대성, 체포의 필요성, 체포의 긴급성의 세 가지 요건이 필요하다 ① 피의자가 사형・무기 또는 장기 3년 이상의 징역이나 금고에 해당하는 죄를 범하였다고 의심할 만한 상당한 이유가 있고(범죄의 중대성), ② 피의자가 증거를 인멸할 염려가 있거나 도망하거나 도망할 염려가 있는 경우(체포의 필요성), ③ 긴급을 요하여 지방법원 판사의 체포영장을 받을 수 없는 때에는(체포의 긴급성) 그 사유를 알리고 영장 없이 피의자를 체포할 수 있다. 여기서 '긴급을 요한다' 함은 피의자를 우연히 발견한 경우 등과 같이 체포영장을 받을 시간적 여유가 없는 때를 말한다(동조 제3항).

범죄의 중대성은 긴급체포의 요건과 관련하여 형사소송법이 중대한 범죄의 경우에만 영장에 의하지 아니한 체포를 인정하고 있는 것은 헌법에 근거한 비례성의 원칙을 따른 것이라 할 수 있다. 긴급체포의 요건으로 중대한 범죄란 사형·무기 또는 장기 3년 이상의 징역이나 금고에 해당하는 죄이어야 한다. 또한 범죄의 혐의와 관련하여 형사소송법은 영장에 의한 체포, 즉 통상체포와 동일하게 범죄혐의의 상당성을 요구하고 있다.

체포의 필요성 및 긴급성과 관련하여 '피의자를 우연히 발견한 경우 등과 같이'라는 예시를 들은 것은 지나치게 긴급성을 협소하게 규정한 것으로서 이때의 긴급성은 반드시 체포영장에 의한 체포가 객관적으로 불가능한 경우를 가리키는 것이 아니라 수사기관의 판단에 의할 때 체포가 곤란해지거나 어려워질 가능성이 있다고 판단되면 해당하는 것으로 해석하여야 할 것이다.

검사 또는 사법경찰관이 피의자를 긴급체포한 경우 피의자를 구속할 때에는 체포한 때부터 48시간 이내에 검사는 관할 지방법원 판사에게 구속영장을 청구하여야 한다. 사법경찰관의 경우는 검사에게 신청하여 검사의 청구로 관할 지방법원 판사에게 구속영장을 청구하여야 한다.

나. 현행범 체포

현 형사소송법은 현행범 체포에 대하여는 구 형사소송법의 현행범체포 제도를 거의 그대로 유지하고 있다. 따라서 검사 또는 사법경찰관은 현행범인을 체포하거나 인도받고 구속할 필요가 있다고 인정하는 때에는 체포 또는 인도받은 때로부터 48시간 이내에 구속영장을 청구하여야 하고, 그 기간 내에 구속영장을 청구하지 않는 때에는 피의자를 즉시 석방하여야 한다.

2. 구인제도

현행 형사소송법은 구속에 구인과 구금이 포함된다고 규정하면서 법원의 구속에 관한 조항을 수사기관의 구속에 관한 부분에서 준용하고 있다. 따라서 수사기관이 구인영장을 발부받아 피의자를 구인하는 것도 가능하다 할 것이다.[23)]

구인영장을 발부받기 위해서는 피의자가 죄를 범하였다고 의심할 만한 상당한 이유가 있고 일정한 주거가 없을 것, 죄증을 인멸할 염려가 있을 것, 도망 또는 도망할 염려가 있을 것 등을 요건으로 갖추어야 한다. 나아가 50,000원 이하의 벌금, 구류 또는 과료에 해당하는 범죄에 관하여는 피의자가 일정한 주거가 없는 경우에 한하여 구인할 수 있다(법 제210조 제1항).

다만, 원래 구인은 조사의 목적으로 피의자를 수사기관에 강제 출석하게 하는 처분이고 그것으로 목적을 다하는 것이지만, 구금은 피의자를 구금시설에 유치하는 처분으로 상호 별개의 것임에도 요건을 동일하게 규정하고 있어 사실상 활용하기 곤란한 문제가 있다. 만약 피의자가 일정한 주거도 있고 증거를 인멸할 우려도 없고, 도망하거나 도망할 우려도 없으나 다만 수사기관의 출두 요구에 불응하고 있다면 구인영장을 받기 어려울 것이다.[24)]

---

23) 이에 대해 피의자신문은 임의수사이므로 피의자는 수사기관의 출석요구에 응할 의무가 없다는 취지에서 피의자의 출석을 구인에 의해 강제하는 것은 임의수사의 본질에 반한다며 반대하는 견해가 있으나, 법문에 명시적으로 반하는 해석으로서 합리적이라고 보기 어렵다. 이재상, 대한변호사협회지, 제132호(1987. 8), 27면 참조.

24) 이 같은 경우에는 체포영장을 청구하더라도 형사소송규칙 제96조의2에 따라 명백히 체포의 필요가 없다는 이유로 법원에서 체포영장도 기각할 것이 예상된다. 한편, 위와 같은 문제점으로 인해 구인영장이 수사기관에서 활용된 것은 1987년 신민당 국회의원에 대해 구인영장을 발부받은 사례 등 극소수에 불과하다. 이의권, 앞의 논문, 참조.

3. 문제점 및 입법론

현재의 체포영장 제도와 관련하여서는 우선 체포영장이 구인장으로서의 기능을 수행하기에는 그 요건과 절차가 너무 엄격하여 기능을 제대로 수행하기 곤란하다는 지적이 있다.[25]

또한 체포영장을 구인장으로 활용하는 경우 현행 법률에 따르면 외국의 예와 다르게 기본적으로 48시간 동안 구인하는 셈이 되므로 지나치게 기본권 침해의 정도가 높다는 지적도 있다.[26]

현재와 같은 피의자 신병 확보와 관련된 체포·구인제도를 개선하는 입법론으로서 소환이 가능한 경우는 구인제도를 활용할 수 있도록 현재의 구속사유보다는 요건을 완화하는 한편, 출석요구에 불응하거나 불응할 우려가 있는 경우를 구인요건으로 규정하고, 체포에 대해서는 그 요건을 소환이 불가능한 경우, 즉 도주하였거나 소재불명인 경우로 활용할 수 있도록 하고 현재의 요건인 '출석요구에 불응하거나 불응할 우려가 있는 때'는 체포요건에서 삭제하자는 의견이 있다.[27] 위와 같이 구인요건을 완화하는 한편, 계속 구금을 위해서는 24시간 이내에 구금을 위한 구속영장을 청구하도록 제도를 바꿔 인권침해 시비도 막자는 것이다. 앞서 설명한 각국의 체포·구금제도의 발생 연혁과 제도의 특성을 잘 고려한 의견으로 생각된다.

한편, 체포영장 발부 사유를 범죄를 저질렀다고 의심할 만한 상당한 이유만 있으면 발부할 수 있도록 완화하는 것은 물론 나아가서 검사에 의한 구인장 발부가 가능하도록 하자는 의견이나,[28] 현행 체포제도를 그대로 둔 상태에서 3년 이하의 징역이나

25) 정승환, 형사소송법의 체포제도에 대한 재검토, 법조 제586호(2005. 7.). 62면.

26) 정승환, 같은 면; 오경식 앞의 논문 965면 등.

27) 이완규, 앞의 책, 142면 이하.

금고에 해당하는 죄를 범하였다고 의심할 만한 상당한 이유가 있는 경우에 수사기관이 체포시점으로부터 1시간 또는 2시간 동안 현장에서 2-3킬로미터 떨어진 수사관서로 데리고 가서 범죄에 관련된 사실에 대한 간단한 심문을 할 수 있도록 하는 단기 연행제도의 도입을 주장하는 의견도 있다.[29]

현행 체포영장제도의 기능상 문제점을 해결하는 방안은 되겠으나, 헌법 개정을 필요로 하는 주장으로 보여 현실성은 다소 의문이다.

Ⅳ. 결 어

우리나라는 과거 권위주의 정부 시절 수사기관의 권한남용으로 인권침해가 빈발했던 뼈아픈 과거의 경험으로 인해 오늘날 형사절차에서 수사기관의 권한행사에 관한 한 그 어느 나라에도 유사한 입법례를 찾아볼 수 없을 정도로 위축된 형태로 규정되어 있다고 볼 수 있다.

그러나 1990년대 이래로 이제는 과거의 폭압적인 형태의 권력행사와 이에 따른 수사기관의 인권탄압 시비는 사라질 때가 되

28) 정승환, 앞의 논문, 85면; 이의권, 앞의 논문 등.

29) 오경식, 앞의 논문, 968면. 이는 미국 New York, Delaware, Rhode Island 등 일부 주에서 입법화한 주간범죄위원회(The Interstate Commission On Crime)의 1942년 모범체포법안을 염두에 둔 것으로 보인다. 이 안에 따르면 사법경찰관은 범행중이거나 범행을 완료하였거나 범행을 착수하려 한다고 의심할 만한 합리적 근거가 있는 자에 대하여 옥외에서 정지시킬 수 있고, 성명·주소·직업과 행선지에 대해 질문할 수 있으며, 자신을 밝히지 못하거나 자신의 행동을 사법경찰관에게 충분히 설명하지 못한 경우 가까운 곳으로 연행할 수 있으며, 그 기간은 2시간을 초과하지 못하고, 이 연행은 체포가 아니므로 체포로서 기록되지 않는다는 내용 등을 담고 있다. 성광호, 형사소송법상 체포제도, 경기대학교 석사학위논문, 1997. 11면. 참조).

었다고 판단되며, 지난 1996년 형사소송법 개정을 통해 체포제도를 도입한 것도 이와 같은 사회변화에 대한 자신감을 바탕으로 수사기관이 초동단계에서 피의자의 신병을 확보할 수 있도록 하여 효율적인 범죄수사를 통해 사회질서를 유지하고자 하였던 국민을 대표한 입법부의 결단이었다고 본다. 그렇다면 이와 같은 국민의 결단을 토대로 행정부인 수사기관은 수사권 남용 시비에 휘말리지 않도록 하는 가운데 공정하고 신속하게 사건처리에 임해야 할 것이고, 사법부도 이 같은 정책방향을 거스르지 않는 범위 내에서 재판권을 행사하여야 할 것이다. 그러나 실제 제도운영은 그렇지 못하였다.

법원이 초동단계 사건수사에 관련된 수사기관의 판단에 지나치게 개입하여 체포영장 심사를 형사사건 재판에서와 같이 지나치게 엄격하게 시행하거나 엄격한 증명을 요구함으로써 적법한 수사진행에 차질이 초래됨은 물론 재범이 발생하는 등 피해가 확산되도록 하거나, 형사소송법에서 위임된 범위를 넘어선 형사소송규칙을 제정하여 법률이 본래 예정한 정책방향을 바꾸는 것은 국민의 의사에 대한 직접적 대표성이 없는 사법부가 취할 만한 태도가 아닐 것으로 생각된다.[30]

수사단계에서 피의자의 신병을 수사기관이 확보하여 수사를 진행할 수 있도록 하기 위해서는 먼저, 소환이 가능한 상태이지만 피의자가 소환 요구에 불응하는 경우에는 구인제도를 활용하고,

30) 체포영장이나 구속영장 심사시 법원의 역할은 명백히 체포나 구속사유가 인정되지 않는 경우를 걸러내기 위한 사법적 심사기관에 머무르는 것이 올바른 태도라고 생각된다. 유무죄를 판단하는 단계가 아닐 뿐 아니라 구속적부심, 보석 등 인권보호를 위한 장치가 마련되어 있는 상황임에도 수사 초동단계에서의 신병에 대한 판단에 대해 같은 법률가인 검사의 판단에 지나치게 개입하는 것은 자칫 법원을 사법적 심사기관이 아닌 수사 행정기관의 하나로 위치시킬 우려가 있다고 본다. 이는 법률이 의도한 형사사법절차를 뒤트는 결과가 될 수 있으며, 아울러 국가 예산이 투입된 인적 자원(resource)을 효율적으로 활용해야 하는 국가기관의 임무에도 반하는 측면이 있다 할 것이다.

소재가 불명인 경우 등 피의자에 대한 소환 자체가 불가능한 경우에는 체포제도를 활용할 수 있도록 현행 형사소송법을 정비하는 것이 바람직할 것이다.

이 같은 법률개정을 통해서 체포·구인제도에 대해 근본적인 해결책을 마련할 필요도 있겠으나, 그 이전에라도 피의자의 인권보호와 효율적인 범죄수사를 통한 국민 전체의 이익이 균형을 이룰 수 있도록 형사소송규칙 변경이나 부적절한 관행의 시정이 이루어지기를 기대한다.

구속영장의 법적 성질[1)]

노 정 환
수원지방검찰청 부부장검사

Ⅰ. 들어가며

우리나라 헌법은 제12조 제1항에서 "모든 국민은 신체의 자유를 가진다. 누구든지 법률에 의하지 아니하고는 체포·구속·압수·수색 또는 심문을 받지 아니하며, 법률과 적법한 절차에 의하지 아니하고는 처벌·보안처분 또는 강제노역을 받지 아니한다"라고 규정하고, 제3항에서 "체포·구속·압수 또는 수색을 할 때에는 적법한 절차에 따라 검사의 신청에 의하여 법관이 발부한 영장을 제시하여야 한다"라고 규정하여 신체의 자유를 침해하는 경우 법관이 발부한 영장에 의하도록 하는 영장주의를 채택하고 있음을 명백히 하고 있다.

이러한 영장주의의 채택에도 불구하고 신체구속은 구속된 자를 사회생활에서 격리시켜 직업 등 다방면에서 심대한 타격을 줄 뿐만 아니라 정당한 방어권을 침해할 우려가 있고 일반인에게는 유죄의 인상을 심어줄 염려가 있어 최후의 수단으로 사용되어야

1) 2007. 7. 발표.

할 예외적인 것이라고 할 수 있다. "형사소송법의 역사는 강제처분 제한의 역사"라는 문구가 강변하듯이 우리나라 역시 형사소송절차의 발전과정에서 신체구속의 핵심적인 문제로 자리매김하여 왔다. 1997년에 이어 2007년 형사소송법 개정과정에서도 구속제도의 개정과 관련하여 법원과 검찰 사이에 치열한 논쟁이 벌어졌다. 그러나 구속제도의 본질적 문제에 대하여는, 특히 구속제도를 이해하는 전제가 되는 본질적 문제인 '구속영장의 법적 성질'에 대하여는 심도 깊게 논의가 진행되지는 않았다. 이러한 사정은 우리나라 학계에서도 마찬가지이며 각종 교과서에서 약간의 논거를 제시한 후 결론만 짤막하게 소개하고 있는 실정이다.[2]

구속영장의 법적 성질을 법원이 수사기관에 대하여 피의자(또는 피고인)를 구속할 것을 명하는 명령장으로 볼 것인지, 아니면 수사기관의 행위에 대한 일반적 금지를 특정한 경우에 해제하여 수사기관이 적법하게 피의자(또는 피고인)를 구속할 수 있게 하는 허가장으로 볼 것인가는 대체로 수사구조론을 중심으로 논의가 전개되고 있다.[3] 구속영장의 법적 성질을 어떻게 파악하느냐에 따라 구속영장 집행정지, 취소 등의 주체가 달라지는 등 구속제도 운영 전반에 대한 법해석이 달라질 수가 있다. 즉, 구속영장을 법원이 검사 또는 사법경찰관에게 체포·구속의 집행을 명령하는 것으로 볼 것인가 또는 체포 등 강제처분권한을 허가해 준 것인가에 따라 영장에 의한 구체적 법률관계가 달라진다. 그러므로 구속영장의 법적 성질에 대한 논의는 구속제도 운영 전반에 대한 해석을 위한 논의의 전제가 된다 하겠다.

---

2) 이재상, 형사소송법(제6판), 박영사, 2002, 232면; 신양균, 형사소송법(제2판), 법문사, 2004, 166면; 임동규, 형사소송법, 법문사, 2004, 190면; 배종대·이상돈, 형사소송법(제7판), 홍문사, 2006, 245면 등.

3) 신동운, 전게서, 60면; 정진수, 구속영장심사와 피의자심문, 형사정책연구원, 1998, 129면 등.

우리나라 형사소송법상 영장[4]에는 여러 가지가 있지만, 본고에서는 논의의 편의를 위하여 검사의 청구에 의하여 피의자에 대하여 지방법원판사가 발부하는 체포영장(제200조의2) 및 구속영장(제201조)에 대하여 연구범위를 한정하여 논의를 진행하고자 한다.

Ⅱ. 수사구조론

우리나라에서 수사상 구속영장의 법적 성질에 관한 논의가 수사구조론을 중심으로 전개되는 배경에는 일본에서의 수사구조론 관련 논의에 영향을 받은 바가 매우 크다. 수사구조론은 일본의 平野 교수에 의하여 제창된 것으로서, 그에 의하면 수사의 구조에 대하여는 규문적 수사관과 탄핵적 수사관의 대립이 있다고 한다. 수사구조론은 일본의 형사소송법학에서 소송구조를 설명하기 위한 용어인 규문주의와 탄핵주의를 수사구조론에 대입시켜 규문적 수사관과 탄핵적 수사관을 대립시키고, 탄핵적 수사관을 주장한 데서 유래한다. 즉, 공판절차를 직권주의 관점에서 볼 것인가, 당사자주의 관점에서 볼 것인가에 대한 대립이 있는 것과 같이 수사에 있어서도 같은 관찰방법을 적용한 것이다. 쉽게 말하여 형사소송절차가 전체로서 당사자주의화되어 있음을 전제로, 그것이 수사에 있어서도 같은 모양으로 당사자주의화(또는 탄핵화)되어 있다고 할 수 있는 것인가를 연구하는 방법론이다.[5]

4) 피의자에 대한 구속영장 外에, 법원이 피고인에 대하여 발하는 구속영장(제73조), 법원이 증인의 구인을 위하여 발하는 구속영장(제155조), 증인심문을 위하여 판사가 증인을 구인하기 위하여 발부하는 구인영장(제221조의2) 기타 압수수색영장과 검증영장 등도 이에 해당된다.

5) 田宮 裕, 刑事訴訟法(新版), 有斐閣, 2004, 46면.

어떠한 수사관을 택하느냐에 따라 법원, 수사기관 및 피의자의 관계, 영장의 법적 성질, 수사의 필요성에 대한 판단, 신병 구속중에 있는 피의자의 출석의무 및 체류의무, 비밀교통권 등의 해석에 있어서 많은 차이점이 있게 되므로 수사구조론은 수사절차를 이해함에 있어 중핵적 지위를 누리게 된다.

통상 수사구조론이라 함은 수사과정을 전체로서의 형사절차에 어떻게 위치를 시키고 수사절차에서 등장하는 활동주체, 즉 검사와 사법경찰, 법원의 관계를 어떻게 정립시킬 것인가를 규명하기 위한 논의를 말한다. 이하에서는 구속영장의 법적 성질을 이해하기 위한 전제로서 일본에서 전개되고 있는 수사구조론의 내용을 상세히 살펴보기로 하겠다.

1. 규문적 수사관

본래 의미의 규문주의란 법원이 스스로 절차를 개시하여 심리 · 재판하는 주의를 말한다. 규문주의는 심리개시와 재판의 권한이 법관에게 집중되어 있어 소추기관이나 피고인도 없이 오로지 심리 · 재판하는 법관과 그 조사의 대상인 객체만이 있게 된다.

규문적 수사관이란 이러한 규문주의를 수사절차에 대입하여, 수사절차를 수사기관이 법관의 개입 없이 독자적인 판단하에 그 상대방인 피의자를 조사하는 절차로 이해한다. 강제처분이 인정되는 이유도 조사를 위해서이고 단지 남용을 방지하기 위해서 법원에 의하여 억제된다고 한다.

규문적 수사관에 따르면 수사는 본래 수사기관이 실체적 진실을 발견하기 위하여 스스로의 책임으로 피의자를 조사하기 위한 절차로 해석하게 되며, 수사기관과 피의자는 불평등한 수직관계로 파악한다.

따라서 체포 또는 구속 등의 강제처분은 수사기관의 고유권능으로 인정되며 강제처분에 대한 영장은 허가장의 성질을 가지게 된다. 따라서 구속의 청구에 대한 법원의 심사는 심사에 적합한 부분, 즉 형식적 합법성의 유무에 국한되고 구속 등의 필요성이라는 합목적성까지 법원의 심사는 미칠 수 없다고 한다. 또한 피의자의 신체구속은 증거수집의 목적 또는 수사의 필요에 의한 증거인멸의 방지를 위한 것으로 이해한다.

신병 불구속 중의 피의자에 대하여는 조사목적의 출석의무 및 체류의무가 없는 것은 물론이고 신병 구속 중에 있는 피의자에 대하여도 조사목적의 출석의무 및 체류의무를 인정해야 하는 것으로 해석한다. 다만 피의자에게는 묵비권이 있으므로 불이익한 진술을 거부할 수 있지만, 조사의 목적을 위해서는 적어도 소환에 응하여 출석하는 의무가 있고 조사가 진행되는 동안 그 장소에 체류할 의무가 있다고 인정되는 것이다. 즉 피의자에게는 조사수인의무가 있다고 보게 된다.

기타 일본 형사소송법 제39조[6]에 의하면 피의자에게는 비밀교통권이 인정되지만 수사상 필요에 따라 제한되고 있는바, 규문적 수사관에 의하면 보다 넓게 수사의 필요성을 인정하게 된다.

---

6) 일본형사소송법 제39조(피고인·피의자와 변호인·변호인이 되려고 하는 자와의 접견 수수)
① 신체의 구속을 받고 있는 피고인 또는 피의자는 변호인 또는 변호인을 선임할 수 있는 자의 의뢰에 의하여 변호인이 되려고 하는 자와 입회인 없이 접견하거나 또는 서류 혹은 물건의 수수를 할 수 있다.
② 전항의 접견 또는 수수에 있어서는 법령으로 피고인 또는 피의자의 도망, 죄증의 인멸 또는 계호의 지장이 있는 물건의 수수를 방지하기 위하여 필요한 조치를 취할 수 있다.
③ 검찰관, 검찰사무관 또는 사법경찰직원은 수사를 위하여 필요한 때에는 공소제기 전에 한하여 제1항의 접견 또는 수수에 관하여 그 일시, 장소 및 시간을 지정할 수 있다. 단 그 지정은 피의자가 방어의 준비를 할 권리를 부당하게 제한하려고 하는 것이어서는 아니 된다.

종합적으로 살펴보자면, 규문적 수사관에서는 수사와 공판과의 관계에 대하여도 수사의 권위성·종국성을 강조하고, 수사절차를 기소 또는 불기소를 결정하기 위한 사법적인 사전절차가 된다고 위치를 규정할 뿐 아니라 수사에서 수집한 증거의 증거능력을 쉽게 인정하게 된다.[7)]

2. 탄핵적 수사관

본래 의미의 탄핵주의란 직권으로 심판을 개시하는 규문주의에 대립하는 개념으로써 공소를 기다려 심판을 개시하는 절차를 말한다. 이처럼 탄핵주의의 출발점은 심판개시에 관한 원칙이지만 공소가 없는 부분에 관하여는 심판을 행하여서는 안 된다는 의미에서 심판의 범위를 정하게 되고, 공소 즉 당사자의 신청에 법원에 구속된다는 의미에서 당사자주의와 접근하게 된다.[8)]

탄핵적 수사관이란 수사도 형사절차의 일환인 이상 공판의 단계에서 인정되고 있는 탄핵주의와 당사자주의의 구조를 수사의 단계에서도 미치게 하여, 수사절차 역시 법원을 정점으로 피의자와 수사기관이 당사자로서 서로 대립하고 있는 관계라고 본다.

탄핵적 수사관에 따르면 공판 전 절차는 수사기관과 피의자에 의한 각각의 독립한 공판준비활동이라고 보게 된다. 따라서 수사란 수사기관이 단독으로 일방 당사자로서 행하는 공판준비활동에 불과하게 된다. 피의자 역시 장래의 공판에서 독립된 당사자이므로 수사기관과 마찬가지로 공판준비활동을 할 수 있으며, 일방당사자에 불과한 수사기관의 소송준비활동, 특히 피의자

7) 平良木登規男, 捜査法(第2版), 成文堂, 2000, 5면.

8) 平良木登規男, 전게서, 10면.

신문에 협조하여야 할 의무도 인정되지 않는다. 따라서 피의자신문은 소송의 대립당사자 내지 그 예정자인 수사기관과 피의자 사이의 상호 교섭의 장에 불과하며, 피의자신문을 위한 구속은 허용될 수 없다.

다시 말하여 수사는 수사기관이 단독으로 행사하는 공판의 준비단계에 불과하므로, 공판절차 중 강제처분권을 법원이 해사하는 것과 마찬가지로 수사절차 중 강제처분 역시 장래의 재판을 위하여 법원이 행한다고 해석한다. 따라서 수사기관은 필요에 따라서 법원의 강제처분권을 이용하는 것에 불과하게 된다. 즉, 강제처분 내지 구속은 장래 행하여질 재판을 위하여 피의자를 확보하고 증거를 보전하여 장래 공판정에 출석시키기 위한 것이고, 조사 또는 피의자신문을 위한 제도로는 해석되지 않는다. 이러한 탄핵적 수사관에 의하면 구속영장은 허가장이 아니라 법관의 명령장이라고 해석하게 된다. 다만 체포영장의 경우 법관이 수사기관에 대하여 사정이 변경되었다면 피의자를 체포하지 않아도 좋다고 하는 조건부 명령장이라고 한다.

이러한 탄핵적 수사관에 의하면 피의자에게는 묵비권이 있으므로 불이익한 진술을 거부할 수 있음은 물론이고 조사의 목적을 소환에 응하여 출석할 의무를 부과하는 것 자체가 묵비권의 침해에 연결되고 무엇보다도 당사자성과 모순되는 것이므로 허용해서는 안 되는 것이라고 해석하게 된다.

또한 탄핵적 수사관에 따르면 일본 형소법 제39조의 해석과 관련하여 '수사의 필요'를 피의자의 방어의 중요성에 비추어 구체적이고 제한적으로 해석하게 된다.

종합적으로 살펴보자면, 탄핵적 수사관에서는 수사와 공판의 관계에 대하여 수사를 당사자의 공판 준비절차로 보아 수사의 종속성을 강조하게 된다. 또한 적법절차의 원리가 실체적 진실주의

보다 중요한 이념이고, 공판에 있어서 당사자주의가 타당하다면 수사에 있어서도 탄핵방식이 타당하다고 해야 하며, 공판중심주의를 실현하기 위해서는 수사도 기본적으로 탄핵적 구조를 택해야 한다는 것을 논거로 한다.[9]

3. 소송적 수사관

지금까지 살펴본 규문적 수사관, 탄핵적 수사관이라는 두 가지 모델론에 대응하여 수사에도 소송구조를 도입하여야 한다는 독자적인 구조론이 바로 소송적 수사관이다.

규문적 수사관과 탄핵적 수사관은 수사를 공소의 제기 및 수행의 준비라고 하는 전제로 논의하여 왔는데, 소송적 수사관은 이러한 전제에 의문을 제시하고 수사를 기소·불기소를 결정하는 독자적 목적을 가진 공판과는 별개의 절차로 파악한다. 즉, 수사단계는 공판단계와 명확하게 구분되는 완전히 독립된 절차이며 이러한 각각의 절차는 각자 나름대로의 독자적인 목적이 존재한다고 본다. 그리하여 수사의 목적은 공소제기를 위한 준비가 아니라 범죄의 혐의 유무 및 정상을 명확하게 파악하고 기소·불기소를 결정하는 것에 있다고 본다.

수사는 종국적 판단자인 검사를 정점으로 하여 사법경찰과 피의자를 대립당사자로 하는 소송적 구조를 가지며, 피의자는 수사의 객체가 아니라 수사의 주체로 된다. 즉 수사는 기소·불기소를 결정하는 검사를 사이에 두고 수사의 제1차적 기관인 경찰과 피의자(변호인)이 대립하는 3면구조로서 파악한다. 이러한 견해에 따르면 영장은 명령장이 아닌 허가장으로 해석할 수 있다.

소송적 수사관에 의하면, 피의자신문 등 피의자에 대한 수사

---

9) 이재상, 전게서, 173면 참조.

는 증거수집의 수단이 아니라 피의자의 변명과 주장을 수사기관이 청취하기 위한 기회를 주는 것에 불과하게 된다. 또한 수사와 공판의 독립성을 강조함에 따라 수사의 목적을 달성한 후 공판단계에서의 강제수사는 일체 부정하게 된다. 이러한 점들을 종합하면 기본적인 구조는 다르지만 그 지향하는 바는 탄핵적 수사관에 극히 근접하게 된다.10)

이렇듯 소송적 수사관은 수사절차를 소송구조화를 꾀하는 이론으로서 수사절차의 독자성과 중요성을 강조하는 견해로서 가장 큰 장점은 기소·불기소를 결정하는 검찰관에서 수사의 감독기능을 부여한 바에 있다. 이 견해는 검찰관을 사법경찰직원과 분리시켜 準사법관으로서의 성격을 부여하여 독자적 지위를 부여하고, 종래의 구조론이 경시하여 왔던 검찰관과 사법경찰관과의 관계에 초점을 맞춤과 동시에 피의자의 방어활동을 강조하는 장점이 있는 것은 사실이다. 쉽게 말하여 검찰관 및 사법경찰직원의 역할을 분담을 명백히 하고 피의자의 지위를 강화할 수 있다. 하지만, 일본 형소법상 검찰관과 경찰의 관계는 법원과 수사기관 사이와 같은 지위상의 독립성은 없으므로 준사법관으로서의 역할만을 강조하는 것은 수사관으로서의 역할을 기대하고 있는 일본 현행법률과는 모순된다는 비판이 있다. 즉, 검찰관은 상술한 바와 같이 기소·불기소를 결정하는 역할을 수행하고 있다 할지라도 동시에 수사의 일익을 담당하고 있으며 실제에도 적극적인 증거수집 기능을 수행하고 있으므로 수사관으로서의 지위가 불식될 수 없다는 것이다. 게다가 일본과 달리 사법경찰관에게 독자적 수사권이 인정되지 아니하는 우리 형사소송법의 구조하에서는 그 이론적 전제를 결하고 있는 것이라는 비판이 설득력 있다.11)

10) 平良木登規男, 전게서, 15면.

11) 소송적 수사관에 대하여는 피의자를 수사의 주체로 볼 수 없고, 검사가 직접

4. 소 결

수사절차에 있어서 피의자의 인권을 보호하기 위하여 적법절차의 원리(due process)가 유지되지 않으면 안 된다는 점에는 이론이 있을 수 없다. 그러나 due process를 수사에 적용하기 위하여 소송구조에 관한 이론인 탄핵적 수사관, 소송적 수사관을 도입하는 것은 수사는 공판의 전절차이지 공판절차가 아니라는 점을 간과하였다는 비난을 면하기 어렵다.[12] 이런 이유로 수사의 구조론에 대한 대립은 어디까지나 모델론에 지나지 않는다고 비판할 수 있으며, 이것이 바로 탄핵적 수사관이나 소송적 수사관이 일본에서도 확립되지 않고 있는 가장 큰 이유이다.

형사소송법에 수사절차에 있어서 적법절차의 원리를 수용하여 영장주의, 강제수사 법정주의를 채택하고 있고, 피의자에게 진술거부권, 변호인 선임권 등 각종 권리를 보장하고 있는 것은 형사소송법상의 이념이 투영된 것이지 수사절차가 탄핵적·소송적 구조이기 때문인 것은 아닌 것이다. 또한 구속에 영장주의를 채택하고 있는 것은 헌법적 형사소송관에 입각하여 구속에 대한 사법적 통제를 통하여 그 남용을 방지하고 인권을 보장하기 위한 것이다. 그렇다면 구속영장의 성질은 수사의 본질과 국가기관 간의 권한분배, 수사기관에 대한 사법통제의 원리를 살핌으로써 파악할 수 있는 것이지, 수사구조론에 입각하여 파악하려는 견해는 무의미하다고 하겠다. 따라서 구속영장의 법적 성질을 명령장 내지 허가장으로 이해하기 위하여 반드시 규문적 수사관이나 탄핵적 수사관을 취하여야 하는 것도 아니며, 후술하는 바와 같이 오히려

수사를 하는 경우에는 3면관계가 성립하지 않는 점 등의 비판을 면할 수 없다. (이재상, 전게서, 174면 참조).

12) 이재상, 전게서, 174면.

논리적으로는 수사절차와 공판절차와의 관계 내지 독립성에 대한 견해 차이에 따라서 그 입장이 정해지게 된다.

또한 수사구조론을 전개하게 된 근본 이유가 되었던, "특히 탄핵적 수사관이야 말로 수사절차에서도 당사자주의를 관철함으로써 공판중심주의를 보다 철저하게 실행할 수 있다"는 주장도 논리적 필연성이 없어 보인다. 확실히 당사자주의를 기조로 하는 영미에 있어서는 공판중심주의가 보다 철저하게 되어 있는 것은 사실이지만, 공판중심주의를 단순히 당사자주의의 귀결이라고 보는 것은 이론의 여지가 있다. 예를 들어, 독일 형사재판은 직권주의를 기조로 하는 것임에도 불구하고 철저한 공판중심주의가 채용되어 있기 때문이다. 연혁적으로도 공판중심주의의 중핵으로 되는 직접주의·구두주의와 당사자주의의 채부와는 무관한 것으로 논의가 진행되어 왔다. 독일에 있어서는 1877년에 형사소송법이 제정된 이래 현재에 이르기까지 일관되게 직권주의를 형사재판의 기조로 하고 있지만, 철저하게 직접주의·구두주의를 채용한 기본방침에는 변화가 없었다. 반면, 일본에서는 전전(戰前)에는 직권주의를 채택하다가 전후 이래 당사자주의를 채용하고 있지만 그럼에도 불구하고 공판중심주의가 독일만큼 철저하지 않는 것으로 평가되고 있다. 또한 공판중심주의를 철저하게 하는 영미에 있어서도 당사자주의와 함께 배심제도를 채용하고 있고 공판중심주의의 채용 및 유지는 이와 같은 비직업 재판관의 관여가 크게 영향을 주고 있는 것이라고 평가받고 있다. 기본적으로 배심원이나 참심원에 예단을 주는 것은 직업재판관에 대한 것보다 훨씬 위험하다고 생각되기 때문이다. 이러한 까닭으로 독일에서는 제1회 공판절차가 개시되기 전에 직업재판관은 수사기록 등을 읽는 것이 가능하지만, 배심원이나 참심원이 수사기록 등을 읽는 것은 엄격히 금지되어 있고, 참심원 등이 수사기록 등을 열람한 경우에는 원판결을 파기한다고 하는 것이 연방재판소의 확립된 판례이기 때문이다. 이와 같이 공판중심주의를 단순히 당사자주의의 귀결로 하여 공판중심주의를 이유로 수사구조론 특히 탄핵적 수사관을 채택하여야 한다는 견해는 채택하기 어려운 것으로 보인다.[13] 바로 이러한 이유로 일본에서 수사구조론이 아직도 자리잡지 못하고 있으며 우리나라에서도 같은 비판이 가능한 것으로로 보인다.

한편, 우리나라에서는 현행 형사소송법의 수사구조를 규문적 수사관이나 탄핵적 수사관 어느 한 입장에서 일률적으로 설명할 수 없다고 하면서, 수사기관에 의한 물리적 행사를 수반하지 않는 임의수사의 경우에는 검사를 주재자로 하는 수사기관과 피의자만이 수사절차에 등장하고 있어 제3의 기관인 법관은 개입할 여지가 없다는 이유로 규문적 수사관이 타당하고, 강제수사의 경우에는 헌법이 규정한 영장주의의 원칙에 따라서 수사절차에 반드시 법관이 개입하여야 한다는 이유로 법관이 수사절차상 강제처분권한을 보유하고 있는 것으로 보아 탄핵적 수사관으로 타당하다고 보는 이른바 이원설(二元說)이 있다.[14] 그러나 이 견해는 위에서 언급한 수사구조론에 대한 비판이 모두 적용 가능하다. 뿐만 아니라, 하나의 수사절차는 임의수사와 강제수사가 시간의 흐름에 따라 연속되거나 동시에 진행되는 현실을 반영하지 못한 탁상공론으로 보인다. 이 견해에 의하면, 복잡한 사건의 경우 피의자가 불구속 상태에서 수사를 받다가 구속 후 구속이 취소되거나 정지되는 경우 시간의 흐름에 따라 동일한 일련의 수사절차가 처음에는 규문적 수사구조로 시작하여 탄핵적 수사구조로 변경되었다가 다시 규문적 수사구조로 복귀하는 것으로 해석하게 된다. 또한 규문

13) 平良木登規男, 전게서, 24면.

14) 신동운, 전게서, 60면.

적 수사구조와 탄핵적 수사구조가 동시에 병존하는 경우도 있게 된다. 즉, 구속된 피의자에 대한 수사는 탄핵적 수사관에 따라 피의자가 당사자적 지위를 누리고, 불구속된 공범인 피의자에 대한 수사는 그 피의자가 수사객체로서의 지위를 누리게 되는 이상한 결과가 발생하는 것이다. 동일한 헌법과 형사소송법 법률체계하에서 본질이 다른 수사구조가 병존한다고 해석하는 것은 커다란 논리적인 오류로 보인다. 이러한 이상한 논리전개는 모델론으로서의 탄핵적 수사관이 피의자 인권보호에 보다 더 우수하다고 할지라도 그것은 어디까지나 해석의 지침에 그쳐야 할 뿐이고 명문의 해석을 왜곡하거나 이에 배치되면서까지 존재할 수는 없음에도 무리하게 현행 법률을 적용한 까닭으로 보인다.[15)]

Ⅲ. 구속영장의 법적 성질에 대한 기존 학설

1. 허가장설

허가장설은 현행법상 수사의 주체 수사기관, 그 중에서도 검사이며 피의자에 대한 체포 및 구속의 주체도 수사기관(검사)이라는 것을 전제로 한다. 즉, 수사기관이 수사의 필요성 및 구속의 필요성을 결정하며, 단지 인권보장적 측면에서 판사에게 구속 전 피의자심문권과 영장발부권을 부여한 것이라는 견해이다.[16)] 한편 "피고인에 대한 구속영장은 명령장으로서 구속의 주체가 법원이며 판사가 구속의 필요성 여부를 결정하지만, 수사단계에서 행해지는 피의자에 대한 구속영장은 허가장으로서 구속의 주체는 수

15) 배종대 · 이상돈, 전게서, 177면.

16) 백형구(강의), 전게서, 262면.

사기관이고 수사기관이 구속의 필요성을 결정하며, 단지 인권보장적 측면에서 판사에게 영장심사권을 부여한 것이다"라는 견해도 있는 바, 이 또한 기본적으로 허가장설의 입장을 취하고 있는 것으로 보인다.[17]

허가장설의 논거로는 첫째, 수사기관은 체포영장 또는 구속영장의 발부를 받은 후에도 피의자를 체포 또는 구속하지 아니할 수 있고, 구속을 취소할 권리도 있다는 점을 들고 있다.(형소법 제204조)[18] 구속영장을 명령장으로 보게 되면 수사기관은 구속영장이 발부되면 반드시 집행하여야 하므로, 오히려 임의수사의 원칙이 후퇴하게 된다는 것이다. 따라서 구속영장이 발부되었더라도 수사기관이 가능하면 불구속수사를 하는 것이 피의자의 인권을 최대한 보장하는 것이 된다고 한다.

둘째로 긴급체포 또는 현행범체포의 성질을 합리적으로 설명하기 불가능하다고 한다.[19] 긴급체포나 현행범체포 모두 신체구속의 일종인데 수사기관이 독자적으로 판단하여 집행할 뿐 법관의 판단이 개입할 여지가 없기 때문이다.

그 밖에 탄핵적 수사관을 취하면서도 허가장설을 취하는 견해도 있다. 이 견해에 따르면, 법원과 수사기관의 권한분배를 탄핵적 수사구조의 해심내용으로 파악하며, 수사절차에서의 구속권은 수사기관에 부여한 것이고 법관은 영장발부를 통해 구속을 허가함으로써 수사기관의 권한을 통제한 것으로 이해한다.[20]

---

17) 이재상, 전게서, 231면; 최교일, 구속 전 피의자심문제도에 관한 고찰, 법조, 1996. 72면.

18) 백형구(강의), 전게서, 262면; 임동규, 형사소송법(제3판), 2004, 190면.

19) 백형구(강의), 전게서, 262면.

20) 손동권, 구속영장실질심사제의 운용상 문제점과 그 개선책, 법정고시, 1997, 117면.

2. 명령장설

명령장설은 수사기관에서 피의자의 구속권을 인정하는 것은 형사소송에 있어 당사자 무기대등의 원칙에 반하는 것으로 인정할 수 없으며, 피의자에 대한 구속영장 발부는 재판의 일종인 명령으로서 검사가 집행지휘를 해야 할 재판에 해당한다는 것이다. 형소법 제209조, 제81조 제1항 본문은 "구속영장은 검사의 지휘에 의하여 사법경찰관리가 집행한다"고 규정하는바, 이는 수사기관에 구속영장 집행의 의무를 부과한 것으로 해석하여야 한다고 한다.

명령장설은 먼저, 우리나라 헌법 제12조 제3항의 영장주의에 의하여 과거 규문주의가 타파되었으며 수사절차상 강제처분의 주체는 독립한 제3의 기관인 법관으로 확립되었다면서, 헌법재판소 93헌가2 결정[21]을 주된 근거로서 내세우고 있다.[22] 즉, 허가장설은 수사의 주체와 강제처분의 주체를 혼동하고 있다는 것이다.

다음으로 수사기관은 체포영장 또는 구속영장의 발부를 받은 후에도 피의자를 체포 또는 구속하지 아니할 수 있는 형소법 제204조는 무죄추정의 법리에서 유래하는 불구속수사의 원칙을 최대한 실천하기 위하여 영장의 집행기관인 검사에게 영장집행시의

21) 93헌가2는 "보석허가결정(保釋許可決定)에 대하여 검사(檢事)의 즉시항고(卽時抗告)를 허용하여 그 즉시항고(卽時抗告)에 대한 항고심(抗告審)의 재판(裁判)이 확정(確定)될 때까지 그 집행(執行)이 정지되도록 한 형사소송법(刑事訴訟法) 제97조 제3항의 규정은 당해 피고인에 대한 보석허가결정(保釋許可決定)이 부당하다는 검사(檢事)의 불복을 그 피고인에 대한 구속집행(拘束執行)을 계속할 필요가 없다는 법원(法院)의 판단보다 우선시킨 것이어서 구속(拘束)의 여부와 구속(拘束)을 계속시키는 여부에 대한 판단을 사법권(司法權)의 독립이 보장된 법관(法官)의 결정에만 맡기려는 영장주의(令狀主義)에 위반되고, 그 내용에 있어 합리성과 정당성이 없으면서 피고인의 신체의 자유를 제한하는 것이므로 적법절차(適法節次)의 원칙에 반한다"고 설시하였다.

22) 신동운, 전게서, 62면.

재량권을 인정한 것으로 해석해야 한다고 한다. 오히려 형소법 제204조가 체포 또는 구속의 집행기관인 검사가 체포영장 또는 구속영장을 집행하지 아니하거나 석방한 때에는 지체없이 영장을 발부한 법원에 그 사유를 서면으로 통지할 의무를 부과하였다는 점에서 영장의 집행이 수사기관의 의무임을 말해주는 것이라고 한다.

그리고 허가장설에서 논거로 제시하는 현행범체포는 범죄의 죄증이 분명한 자에 대하여 하는 체포로서 남용의 위험이 적을 뿐 아니라 사인에 의한 현행범체포도 가능하므로 수사기관만의 고유권한이 아니라고 한다. 그리고 긴급체포 후 사후에 영장을 청구하지 않아도 되는 현행 제도는 오히려 영장주의에 반하여 위헌의 소지가 있으므로 그 논거로 부적절하다고 지적한다.[23]

또한 대법원 판례가 판사의 영장기각에 대한 검사의 재항고를 기각하면서 "검사의 구속영장 청구를 기각한 지방법원 판사의 재판은 판사가 한 명령에 해당한다"고 판시한 것도 구속영장을 명령장으로 이해한 것으로 본다.[24]

Ⅳ. 결론 - 수사절차의 독립성 이론을 중심으로 -

구속영장의 법적 성질은 위에서 살펴본 바와 같이 당사자주의 내지 공판중심주의와 같은 공판절차의 원칙을 수사절차에 무비판적으로 투영한 수사구조론의 내재적 한계로 인하여 탄핵적 수사관 등으로는 그 논리적 설명이 어렵다. 구속영장의 법적 성

23) 신동운, 전게서, 63면.

24) 오승철, 현행 구속영장심사제도의 헌법적 논점에 관한 연구, 서울대대학원, 석사학위 논문 19면; 최교일, 구속전피의자심문제도에 관한 고찰, 법조 96년 5월, 100면.

질은 구속영장의 주체가 수사기관인가 아니면 법원인가의 문제를 의미하는바, 이 문제는 근본적으로 수사기관과 법원과의 관계, 즉 수사절차가 공판절차에 종속되어 있는지 여부와 밀접한 관계를 갖고 있다. 다시 말하여 수사절차의 독립성에 대한 논의 없이 구속영장의 법적 성질을 이해할 수 없다 하겠다. 아울러 수사절차의 독립성에 대한 입장차이는 수사의 개념에 대한 견해차이와 직접적으로 연결되며 수사절차와 관련된 각종 법규정들에 대한 해석의 차이를 초래한다. 따라서 이하에서는 먼저 수사절차의 독립성에 대하여 심도 깊게 고찰해 보고, 다음으로 우리나라 헌법과 형사소송법의 관련 규정, 당사자주의와의 관계, 관련 판례 등을 차례로 분석한 후 구속영장의 법적 성질에 대해 최종 해답을 찾아보도록 하겠다.

1. 수사절차의 독립성에 대한 고찰

구속영장의 법적 성질에 대한 논의는 근본적으로 구속영장의 발부를 위한 판단의 주체가 법원인가 수사기관인가 하는 문제와 상통한다. 그것은 전술한 바와 같이 우리나라 헌법이 제12조 제3항에서 신체의 자유를 침해하는 경우 검사가 청구하고 법관이 발부한 영장에 의하도록 하는 영장주의를 채택함으로써 촉발된 논쟁으로 보인다. 더 나아가 구속영장의 발부에 대한 판단 주체가 법원인가 수사기관인가 하는 문제는 수사절차가 공판절차에 종속되어 있는가 혹은 독립되어 있는가의 문제, 즉 수사절차의 독립성에 대한 문제와 본질적으로 맞닿아 있다. 또한 수사절차의 독립성에 대한 고찰은 수사의 개념을 정립하고 수사의 목적을 고찰하기 위한 전제가 된다. 수사의 개념은 수사절차가 공소유지 내지 공판준비를 목적으로 하는지를 주된 쟁점으로 하기 때문이다. 그러나 우리나라와 일본에서 수사절차의 독립성과 구속영장의 법적 성질을 논리적으로 연결시켜 이해하여 학설을 전개하는 견해는 찾기 어려우며 산발적으로 각 논점에 대하여 논의가 진행되고 있을 뿐이다.

이하에서는 우리나라에서의 수사절차의 독립성에 대한 각 학자들의 견해를 살펴보기로 한다. 다만 수사절차의 독립성에 대한 본격적인 논의가 없이 수사의 개념에 대한 논의가 활발하게 진행되고 있으므로, 수사의 개념에 대한 논의를 중심으로 수사절차의 독립성 문제를 살펴볼 수밖에 없다.

'수사절차 독립성설'은 수사절차를 공판절차와는 별개의 독립적인 절차로 인정하여, 수사의 개념을 "범죄의 혐의를 명백히 하여 공소제기 여부, 즉 기소·불기소를 결정하는 독자적인 목적을 지닌 일련의 절차"로 이해하는 견해이다.[25] 수사절차의 독립성을 인정할 경우 구속영장의 성질은 허가장으로 이해하게 된다. 그러나 우리나라에서는 이러한 견해를 취하는 학자는 찾기 어렵다. 한편, 수사구조론의 '규문적 수사관'과 '소송적 수사관'이 대체로 수사절차와 공판절차와의 관계에 대하여 '수사절차 독립성설'과 유사한 입장을 취하고 있다고 할 수 있다. 그러나 전술한 바와 같이 수사구조론은 공판절차의 원리를 수사절차에 적용하기 위한 모델론으로서 그 논리의 출발점이 공판절차에 종속되어 있다. 따라서 수사구조론의 입장에서 전개되는 수사절차 독립성 논의는 그 수사절차의 독립성에 대한 올바른 접근방법이라 보기 어렵다.

먼저 우리나라에서 '수사절차의 독립성설'이 지지를 받지 못하고 있는 이유를 살펴본다. 우리나라는 기소법정주의를 채택하고 있는 독일과 달리 기소편의주의를 채택하고 있다. 따라서 수사절차의 독립성을 강조할 경우 범죄혐의를 명백히 밝히고도 기소

25) 井戶田雇, 刑事訴訟法要說1, 日本評論社, 1993, 68면.

유예 처분을 하는 것도 수사의 개념에 무제한적으로 포섭할 수 있게 된다. 이러한 현실하에서는 '수사절차의 독립성'을 강조하는 견해는 수사권 남용에 대한 우려가 불식시키기 어렵다. 즉 공판과 무관한 수사에 대한 정당성 부여를 우려하기 때문으로 보인다. 그리고 '수사절차의 독립성'을 철저하게 강조하는 경우, 수사란 본질적으로 형사소송절차에 있어서 공판과 연결됨으로써 그 존재의의를 가지는 점을 논리적으로 설명하기 어렵다는 점도 그 원인으로 보인다.

한편, 종래의 수사의 개념에 대한 통설은 "수사란 공소를 제기·유지하기 위한 준비로서 범죄사실을 조사하고 범인과 증거를 발견·수집하는 수사기관의 활동"이라고 정의한다.26) 통설에 의한 수사의 개념은 수사절차를 공판을 위한 준비활동으로 보는 점에 비추어 볼 때 공판절차에 종속되어 있다고 보는 수사절차 종속성설에 입각한 것으로 보인다. 그러나 '수사절차의 종속성설'은 수사란 공판을 위한 준비활동에 불과하여 불기소처분에 의하여 수사가 종결되는 경우 수사의 목적을 달성하지 못한 것이 되어 수사의 개념에 포함시키기 어렵다는 비판이 있다. 그것은 불기소처분으로 종결되는 수사는 공소의 제기·유지를 위한 준비행위가 아니기 때문이다.

이러한 까닭으로 우리나라에서는 수사절차가 공판절차에 종속되어 있음을 전제로 수사의 개념에 대하여 다양한 견해가 제시되어 왔다. "수사란 범죄의 혐의유무를 명백히 하기 위하여 공소의 제기와 유지 여부를 결정하기 위하여 범인을 발견·확보하고 증거를 수집·보전하는 수사기관의 활동을 의미한다",27) "수사란 수사기관이 범죄의 혐의가 있다고 사료하는 경우에 범죄의 혐의

26) 김기두, 형사소송법(전정신판), 1985, 193면 등.

27) 이재상, 전게서, 167면.

유무를 밝혀 공소제기 여부를 결정하기 위하여 또는 공소유지를 위한 준비로서 범인을 발견・확보하고 증거를 수집・보전하는 수사기관의 활동을 의미한다"28) 등이 그것이다. 그러나 이러한 견해들은 수사절차의 종속성설을 전제로 공소제기 후의 수사의 개념에 공소의 제기・유지 외에 기소・불기소의 결정을 포함시킬 것인가, 공소제기 후의 수사도 포함시킬 것인가 등 수사의 범위를 중심으로 논의가 전개되어 왔을 뿐, 수사절차와 공판절차의 본질적 관계에 대하여는 별다른 입장표명이 없는 것으로 보인다.

살피건대, 수사절차가 시간적으로 공판절차의 앞에 놓여 있는 것은 부정할 수 없는 사실이다. 우리나라의 형사절차의 진행순서를 살펴보면, 형사절차는 범죄인에 대하여 국가형벌권을 실현시키는 절차로서 수사기관의 수사에 의하여 형사사건의 증거가 어느 정도 확보되면 검사는 법원에 공소를 제기하며, 공소제기 이후에는 범죄의 유무와 형벌에 관하여 법관이 판단을 하게 된다. 이러한 시간적 전치성(前置性)은 사인의 현행범체포, 피의자의 공판준비활동, 금감위・국세청 등 각종 국가기관의 조사활동과 같은 수사와 유사한 각종 활동에도 모두 적용됨에 주의할 필요가 있다. 또한 공소제기 후에 공소유지를 목적으로 하는 수사는 공판절차와 병행적(竝行的)일 수밖에 없다. 이런 까닭으로 시간적 전치성은 수사절차와 공판절차의 본질을 꿰뚫는 의미가 될 수 없다. 결국 사인의 체포, 수사유사활동 등과 수사의 가장 큰 차이는 공소의 제기 내지 유지를 직접적인 목적으로 하는가 여부이다. 수사의 개념은 공소제기 내지 유지를 목적으로 하는 수사기관의 활동에 제한될 수밖에 없다. 그러나 수사의 목적을 공판과 관련시키고 제한한다고 하여 수사절차를 오로지 공판절차에 종속되어 있다고 보거나 더 나아가 재판기관이 수사기관을 명령하는 관계에 있다고 보아야

28) 백형구, 전게서, 262면.

하는 것인가? 그것은 다음과 같은 이유로 부정할 수밖에 없다.

먼저 역사적 배경을 살펴본다. 중세 이래의 규문절차에 의하면 수사절차와 공판절차는 분리되지 않았으며 오로지 규문자인 법관과 그 객체인 범죄자만이 존재하였을 뿐이었다. 법관은 범죄의 혐의를 인정하고 이를 확인하는 절차를 밟음으로써 자신이 처음에 설정한 혐의를 적극적으로 확인하는 방향으로 심리가 진행되는 구조적 모순이 있었고, 이를 타파하기 위하여 수사절차는 공판절차와 분리되었으며 이러한 역사적 사상적 배경을 바탕으로 법관의 규문화 내지 직권주의화를 방지하기 위하여 검찰제도가 탄생하였다. 이러한 역사적 배경을 이해하지 않고 수사절차가 공판절차에 종속되어 있다거나 재판기관이 수사기관을 명령하는 지위에 있다고 이해하게 된다면, 장기적으로는 오히려 수사기관의 법원 종속화를 가져옴으로써 형사소송절차 전반이 규문화하는 계기로 작용할 우려가 있다.

다음으로 우리나라의 헌법상 원리인 삼권분립제도에 대하여 살펴본다. 우리나라 헌법은 입법권은 국회에(헌법 제40조), 집행권을 대통령을 수반으로 하는 행정부에(동법 제66조 4항), 사법권은 법관으로 구성된 법원에 속한다(제101조 제2항)고 각 규정함으로써 권력분립의 원칙을 선언하고 있다. 권력분립의 원칙이란 국민의 자유와 권리를 보장하기 위하여 이들 권력을 각각 분리·독립된 별개의 국가기관에 분산시킴으로써, 특정의 개인이나 집단에게 국가권력이 집중되지 아니하게 함은 물론 권력 상호간에 억제와 균형이 유지되도록 하는 통치구조의 구성원리를 말한다.[29] 국가의 통치작용을 기능적 관점에서 입법·집행·사법작용으로 구분하고, 이들 작용을 각기 분리 독립된 입법부·집행부·사법부에 귀속시킨 것이다. 이들 기관은 자신에게 귀속된 통치작용만을 행

29) 권영성, 헌법학원론, 법문사, 1994, 741면.

사하고 다른 사법기관에 귀속된 통치작용은 행사할 수가 없다. 이러한 헌법상의 권력분립의 원칙을 형사소송절차에서 구현하고 실현하고 있는 법률이 바로 형사소송법이다. 즉, 통치작용의 일부분인 국가형벌권을 적용, 실현하기 위한 법적 절차가 형사소송법이며, 형사소송법은 헌법상 권력분립의 원칙에 따라 국가형벌권 중 수사권 및 집행권은 수사기관에, 재판권은 법원에 분배하고 있다. 형사소송법은 이러한 대원칙 아래 수사권에 속하는 구속권[30]은 수사기관에 부여하고, 법관은 인권보장적 측면에서 영장발부절차를 통하여 구속을 허가함으로써 수사기관의 권한행사를 견제하는 것으로 규정하고 있는 것이다. 즉, 형사절차는 수사절차와 공판절차로 대별되게 되며, 수사절차는 수사기관이 공판절차는 법원이 주도한다.[31]

수사절차는 공판절차의 앞에 놓여 있고, 수사는 공소제기 내지 유지를 목적으로 하고 있음은 부정할 수 없다. 하지만 이를 이유로 수사절차가 공판절차에 종속되었다거나 재판기관이 수사기관을 명령하는 관계에 있다고는 볼 수 없다. 그것은 수사권과 집행권을 수사기관에 부여하고 재판권을 재판기관에 부여한 헌법적 원리에 정면으로 위배되기 때문이다. 이러한 까닭으로 수사절차는 공판절차와는 독립성이 인정되는 수사기관의 독립적인 절차이며, 수사권의 중핵이라 할 수 있는 수사절차상 구속권은 수사기관에 귀속되어 있으며, 구속영장의 법적 성질은 허가장이라 봄이 상당하다. 이러한 헌법적 원리는 아래에서 살펴보는 바와 같이 헌법과 형사소송법의 각 조문의 형식에 대한 분석과 그 해석을 통하여 충분히 파악될 수 있다.

---

30) 수사권에 속하는 구속권이란 후술하는 바와 같이 피의자에 대한 구속권을 의미한다.

31) 수사절차는 수사기관이 주도한다는 점을 인정하면서도 수사는 공판에 종속되어 있다는 취지의 명령장설을 취하여 논리적 모순이 있다(신동운, 전게서, 37면).

2. 헌법의 해석

다음으로 명령장설의 핵심 논거인 헌법 제12조 제3항의 해석에 대하여 살펴본다. 명령장설에서는 헌법 제12조 제3항에서 "법관이 발부한 영장의 제시 없는 체포·구속"을 금하고 있음을 논거로 내세운다. 그러나 헌법 제12조 3항에서는 "체포·구속·압수 또는 수색을 할 때에는 적법한 절차에 따라 검사의 신청에 의하여 법관이 발부한 영장을 제시하여야 한다"고 규정하고 있는바, 위 규정의 의미는 주어인 '수사기관'이 생략된 것으로 보아 "수사기관이 체포·구속·압수 또는 수색을 할 때에는"이라고 새김이 합당하다. 그렇다면 헌법도 수사권 및 피의자에 대한 구속권이 수사기관에 있음을 선언하고 있는 것이다. 위 조문 후반부의 "적법한 절차에 따라 검사의 신청에 의하여 법관이 발부한 영장"의 의미는 영장주의에 의하여 수사권을 법원에 의하여 통제한다는 것을 선언한 것에 불과하지 구속의 주체가 법원임을 선언하였다고는 법문이 해석되지 않는다.

3. 형사소송법의 해석

먼저 형사소송법의 구속관련 규정 형식에 대하여 살펴본다.

형사소송법은 제195조에서 "검사는 범죄의 혐의가 있다고 사료하는 때에는 범인, 범죄사실과 증거를 수사하여야 한다", 제196조에서 "수사관, 경무관, 총경, 경감, 경위는 사법경찰관으로서 검사의 지휘를 받아 수사를 하여야 한다", 제200조에서 "검사 또는 사법경찰관은 수사에 필요한 때에는 피의자의 출석을 요구하여 진술을 들을 수 있다"라고 규정하여 문장의 주어를 수사기관으로 명시함으로써 수사의 주체는 수사기관이며 그 중에서도 검사가 수사의 주재자임을 선언하고 있다.

또한 구속에 관하여는 제201조에서 “피의자가 죄를 범하였다고 의심할 만한 상당한 이유가 있고 제70조 제1항 각호의 1에 해당하는 사유가 있을 때에는 검사는 관할지방법원판사에게 청구하여 구속영장을 받아 피의자를 구속할 수 있고…”라고 규정함으로써 피의자 구속의 주체가 검사임을 규정하고 있다. 피고인의 구속에 관하여 형사소송법은 제70조에서 “법원은 피고인이 죄를 범하였다고 의심할 만한 상당한 이유가 있고 다음 각호의 1에 해당하는 사유가 있는 경우에는 피고인을 구속할 수 있다”라고 규정하여 문장의 주어를 법원으로 명시하고 있는 것과는 대조를 이룬다.

즉, 입법자는 전술한 헌법상 삼권분립의 원칙에 따라 피의자에 대한 구속권은 수사의 주체인 검사가, 피고인에 대한 구속권은 재판권의 주체인 법원에 부여하고 있으며, 형사소송법은 각 규정에서 검사 및 법원을 ‘주어’로 명기함으로써 구속권을 수사단계에서는 검사에게, 재판단계에서는 법원에 권한을 분배하고 있는 것이다. 또한 형사소송법 제201조 제4항에 의하면 “구속영장의 청구를 받은 지방법원판사는 상당하다고 인정할 때에는 구속영장을 발부한다”고 규정하고 있다. 위 규정의 형식을 살펴보더라도 ‘발부할 수 있다’가 아닌 ‘…발부한다’라고 규정하고 있어 범죄혐의 및 구속사유를 갖추었음에 상당한 경우 법원은 구속영장을 발부하여야 할 의무가 있음을 명시하고 있는 것이다.

이러한 헌법상 권력분립의 원칙과 형사소송법의 태도에 비추어 볼 때 수사에 필요한 강제처분권이 수사의 주재자인 검사의 고유권한에 속함은 명백하다 하겠다. 그렇다면 구속영장은 수사상 강제처분의 합법성을 통제하기 위하여 잠정적으로 설정해 놓은 형식상의 제한을 해제하는 허가장의 성질을 가진 것으로 해석된다.

다음으로 체포·구속의 취소 및 집행정지 관련 규정에 대하여 살펴본다.

형사소송법 제200조의5에서 공판단계에서의 구속된 피고인에 대한 법원의 구속취소에 관한 규정 제93조를 준용하고 있으며, 제209조에서 공판단계에서의 구속된 피고인에 대한 법원의 구속집행 정지에 관한 규정 제101조를 준용하고 있다.[32] 이 규정의 해석과 관련하여 명령장설과 허가장설이 상호 대립하고 있다. 허가장설에 의하면 구속취소와 구속집행정지의 권한은 검사 또는 사법경찰관에게만 인정되지만, 명령장설에 의하면 원칙적으로 지방법원판사에게 그 권한이 인정되나 구속의 최소화와 신체자유의 신속한 회복이라는 관점에서 검사도 피의자에 대한 구속취소 및 구속집행정지의 권한이 인정된다고 해석한다.[33] 그러나 허가장에 의한 이러한 해석은 형사소송법과 실무관행과는 전혀 동떨어진 견해로 보인다. 형소법 제204조에 의하면, "체포영장 또는 구속영장의 발부를 받은 후 피의자를 체포 또는 구속하지 아니하거나 체포 또는 구속한 피의자를 석방한 때에는 지체없이 검사는 영장을 발부한 법원에 그 사유를 서면으로 통지하여야 한다"고 규정하여, 검사에게 구속영장 불집행권과 구속피의자의 석방권을 인정하고 있다. 또한 검찰사건사무규칙 제28조에 의하면 "검사가

32) 제93조(구속의 취소)는 "구속의 사유가 없거나 소멸된 때에는 법원은 직권 또는 검사, 피고인, 변호인과 제30조 제2항에 규정한 자의 청구에 의하여 결정으로 구속을 취소하여야 한다", 제101조(보석 구속의 취소와 검사의 의견)는 "법원은 상당한 이유가 있는 때에는 결정으로 구속된 피고인을 친족·보호단체 기타 적당한 자에게 부탁하거나 피고인의 주거를 제한하여 구속의 집행을 정지할 수 있다"라고 각 규정하고 있다.

33) 일부 학자는 명령장설을 취하면서도 검사 또는 사법경찰관을 구속집행정지의 취소와 구속취소의 주체로 인정하여, 논리적 모순을 범하고 있다(배종대·이상돈, 전게서, 294면).

형사소송법 제200조의5 규정에 의하여 준용되는 동법 제93조의 규정에 따라 피의자의 체포를 취소하는 경우에는 체포영장의 상단에 체포취소사유와 일시를 기재하여야 한다. 사법경찰관으로부터 체포취소의 신청을 받아 체포를 취소하는 경우에도 또한 같다"라고 규정하고 있고, 제48조는 "검사가 형사소송법 제209조의 규정에 의하여 준용되는 동법 제101조 제1항의 규정에 의하여 구속 중인 피의자에 대하여 구속집행정지의 결정을 하는 경우에는 구속집행정지결정서에 의하여야 한다"라고 규정하여 구속취소 및 구속집행정지는 검사가 그 주체임을 명백히 하고 있다. 이상을 종합하면 체포 및 구속의 취소에 대한 권한은 수사기관에게만 인정되고 있으며 허가장설에 의한 견해는 그 타당성이 없다고 보여진다.

마지막으로 석방시 법원통지제도에 대하여 살펴본다. 형사소송법 제204조에서 "체포 또는 구속의 집행기관인 검사가 체포영장 또는 구속영장을 집행하지 아니하거나 석방한 때에는 지체없이 영장을 발부한 법원에 그 사유를 서면으로 통지할 의무를 부과"한 것은 구속의 주체가 법원에 있기 때문이 아니라, 수사기관이 구속영장의 청구를 남발하지 않도록 예방적으로 통제하기 위함이라고 해석하여야 한다. 만약 구속의 주체가 법원이고 구속영장의 법적 성질이 명령장이라면 법원의 허가를 얻어 영장을 집행하지 아니하거나 석방을 하여야 하기 때문이다.

4. 당사자주의와의 관계

명령장설은 "수사기관에서 피의자의 구속권을 인정하는 것은 형사소송에 있어 당사자 무기대등의 원칙에 반하는 것으로 인정할 수 없다"고 주장하고 있는바, 이 점 또한 받아들이기 어렵다. 당사자주의란 당사자의 지위와 권한의 평등을 전제로 한 당사자의 대립, 항쟁관계를 내용으로 하며, 공소제기 후의 공판절차는 사건의 실체형성을 목표로 검사와 피고인이 대립·항쟁하는 절차이다. 형사소송법상 소송구조에 관하여는 수사기관과 피고인에게 당사자주의적 요청이 많이 반영된 것은 사실이다.[34] 그러나 수사절차에 있어서 인권보호를 위하여 영장주의와 증거보전청구권, 변호인선임권, 체포구속적부심사청구권, 접견교통권을 보장하고 있을 뿐, 수사절차가 소송구조와 같이 당사자주의를 실현하기 위한 것은 아니다. 수사절차에서 피의자가 인격권의 주체로서 절차의 주체는 될 수 있으나 이를 이유로 수사에 있어 당사자가 되는 것은 아니다.[35] 수사는 고유한 의미에서 소송이 아니라 소송의 준비절차, 전절차에 불과하며, 사법부가 아닌 행정부의 작용으로서 수사기관의 탄력적이고 합목적적인 활동이 요구되기 때문이다.

5. 판례 등 검토

먼저 헌법재판소 92헌가2 결정을 살펴본다. 이 결정은 "보석허가결정에 대한 검사의 즉시항고를 허용하는 것이 헌법상 영장주의와 적법절차의 원칙에 반하고 과잉금지의 원칙에 위반되는지 여부"에 관한 것으로서 "피고인에 대한 보석허가결정이 부당하다는 검사의 불복을 그 피고인에 대한 구속집행을 계속할 필요가 없다는 법원의 판단보다 우선시킨 것"을 강조한 결정이다. 또한 이는 기본적으로 피의자가 아닌 피고인에 대한 구속의 여부와 구

34) 소송구조에 있어 당사자주의를 반영한 규정은 심판범위의 확정, 공소장일본주의(규칙 제118조 2항), 피고인의 공소장부본 송달(제266조), 공판기일변경신청권(270조), 당사자의 출석(제275조), 모두진술(285조), 진술거부권의 보장(289조), 증거조사의 방법에 있어 당사자의 주도권 인정(184조, 145조 등) 등을 들 수 있다.

35) 이재상, 전게서, 175면.

속을 계속시키는 여부에 대한 판단은 법관의 결정에 맡겨져 있음을 강조한 것이며, 피의자에 대한 구속에 대한 판단권까지 법관에게 인정하는 것은 아니라고 보여진다. 가사 결정의 의미를 확대해석하여 “피고인뿐만 아니라 피의자에 대한 구속의 여부와 구속을 계속시키는 여부에 대한 판단까지도 사법권의 독립이 보장된 법관의 결정에만 맡기려는 것이 영장주의”라고 해석하더라도, 이는 검사의 구속영장 청구 없이 법관이 구속 여부를 결정하는 것은 불가능하다는 점을 고려할 때 검사의 구속 여부에 대한 판단을 통제하는 기능을 강조한 것에 불과할 뿐 구속 여부에 대한 판단이 오로지 법관에게 맡겨진 것이라고는 볼 수 없다.

다음으로 명령장설에서 근거로 내세우는 대법원 판례(1997. 9. 9. 97모84결정)를 살펴본다. 위 판결은 “검사의 구속영장 청구를 기각한 지방법원판사의 재판은 법원이 아닌 판사의 명령이므로 형사소송법 제402조, 제403조의 항고로 불복할 수 없다”고 판시하고 있으나, 이는 구속영장 기각에 대한 검사의 불복방법에 대한 재판에 불과하다는 비판이 가능하다.

6. 종합적 검토

통상 허가과 구분되는 명령적 행정행위 내지 명령이라 함은 작위, 부작위, 급부, 수인 등을 명하는 행위를 의미한다.[36] 명령에 의하여 명하여진 의무를 불이행이 있는 경우 이를 강제하거나 처벌하는 등의 효력이 부과된다. 그러나 구속영장과 관련하여 수사기관의 구속영장 불집행 내지 집행정지를 강제하거나 처벌하는 조항은 없을 뿐 아니라 헌법상 삼권분립의 원칙이 존재하는 한 앞으로도 그러한 조항이 생길 가능성이 있다고는 상상조차 하기

---

36) 박윤흔, 행정법강의(상), 국민서관, 1993, 370면.

어렵다. 그것은 수사기관과 재판기관은 엄격히 구분되어 있고 두 기관의 핵심 권한인 수사권과 재판권 역시 엄격히 구분되어 귀속되어 있기 때문이다. 이것이 바로 수사절차의 독립성을 인정하지 않을 수 없는 이유이며 수사권의 중핵이라 할 수 있는 구속의 법적 성질을 허가장이라고 해석할 수밖에 없는 이유이다.

우리나라의 헌법은 재판권을 담당하는 사법부와 국가형벌권을 담당하는 행정부 사이에 삼권분립의 원칙에 입각하여 권한을 분배하고 있으며, 사법부는 견제와 균형의 원리에 입각하여 행정부의 권한 행사를 통제하기 위하여 영장발부권한을 부여받았다. 이러한 헌법정신에 입각하여 법원은 영장발부를 통하여 구속을 허가함으로써 인권보장적 측면에서 수사기관의 구속권한을 통제한다. 구속영장의 법적 성질에 대하여 허가장설을 취한다고 하여 헌법상 영장주의를 훼손하거나 인권보장원칙을 폄훼한다고 볼 수는 없듯이 헌법상 영장주의와 인권보장을 강조하기 위하여 삼권분립에 기원을 두고 있는 수사절차의 독립성 내지 구속권의 귀속주체가 수사기관이라는 원칙마저 부정할 수는 없다 하겠다.

참고문헌

김용득, 피의자구속론, 법문사, 2000.

김종구, 형사사법개혁론, 법문사, 2002.

대검찰청, 구속제도정비방안 연구, 1995.

박윤흔, 행정법강의(상), 국민서관, 1993

배종대 · 이상돈, 형사소송법(제7판), 홍문사, 2006.

백형구, 형사소송법강의, 박영사, 2001.

법무연수원, 각국의 구속제도에 관한 연구, 1998.

손동권, 구속영장실질심사제의 운용상 문제점과 그 개선책, 법정고시, 1997

송광섭, 형사소송법, 유스티니아누스출판사, 2003.

신양균, 형사소송법(제2판), 법문사, 2004.

신동운, 형사소송법(제3판), 법문사, 2006.

신동운 역, 일본형사수속법, 법문사, 2003

이완규, 형사소송법특강, 법문사, 2006.

이재상, 형사소송법(제6판), 박영사, 2002.

임동규, 형사소송법, 법문사, 2004.

차용석 · 최용성, 형사소송법(제2판), 세영사, 2004.

한국형사정책연구원, 각국의 구속제도, 1991.

박영관, 현행 인신구속제도에 대한 비판: 수사구조론의 입장에서, 형사정책연구 통권 32호, 1997.

문성도, 영장의 법적 성질, 경찰대학논문집(제22집), 2002.

정진수, 구속영장심사와 피의자심문, 형사정책연구원, 1998.

오승철, 현행 구속영장심사제도의 헌법적 논점에 관한 연구, 서울대대학원, 석사학위 논문, 1999.

정병섭, 구속의 요건에 관한 연구, 전남대학교 대학원, 박사학위 논문, 1999.

최교일, 구속전피의자심문제도관한고찰, 법조, 1996 등.

平野龍一, 刑事訴訟法(改訂坂), 有斐閣, 1972.
団藤重光, 新刑事訴訟法綱要, 創文社, 1981.
田宮 裕, 刑事訴訟法(新版), 有斐閣, 2004.
平良木登規男, 捜査法(第2版), 成文堂, 2000.
熊谷 弘 외 2명, 捜査法大系(Ⅱ), 日本評論社, 1972.
新關雅夫 등, 增補 令狀基本問題, 一粒社刊, 1997 등.

체포 · 구속영장의 효력범위[1]

전 승 수
서울남부지방검찰청 부부장검사

Ⅰ. 서 론

우리나라 헌법과 형사소송법은 체포 · 구속으로 인한 신체의 자유에 대한 침해의 중대성에 비추어 반드시 법관이 발부한 영장을 필요로 하고, 일정한 요건을 충족하여야 하며, 엄격한 사법심사의 절차를 거쳐야 한다. 그리고 영장이 발부되더라도 그 효력의 범위를 명백히 함으로써 형사절차의 진행과 형벌집행의 확보라는 구속영장의 목적 등 공공의 이익과 영장이 발부된 자의 방어권 등 개인적 이익을 조화시키고 있다.

체포 · 구속영장은 신체의 자유를 제한하는 효력을 가짐과 동시에 일정한 범위 내에서 재체포 · 재구속이 제한되는 효력을 가진다. 그 효력의 범위와 관련하여 사건단위설과 인단위설이 대립되고 있으나, 통설은 구속영장의 효력이 원칙적으로 구속영장에 기재된 피의사실 또는 공소사실에 대하여 미친다는 사건단위설을 취하고 있다. 사건단위설에 의하게 되면 영장의 효력범위와 관련

1) 2008. 1. 발표.

하여 이중 구속과 별건 구속이 문제된다. 특히 별건 구속과 관련하여 (1) 별건 구속에 대하여 구속영장 발부가 허용되는지(별건 구속의 적법성), (2) 별건 구속 중에 본건에 관한 수사가 허용되는지, (3) 별건 또는 그 후의 본건 구속 중에 작성된 본건에 관한 피의자신문조서의 증거능력 등이 문제된다. 이와 달리 수사의 합목적성을 위하여 구속상태에서 별도의 수사를 허용하는 여죄수사가 있다. 별건 구속의 경우 견해에 따라 적법성 여부가 논해질 수 있으나, 여죄수사로 인정될 경우 그 적법성을 인정하는 것이 다수설과 실무이다.

이하에서는 영장의 효력과 효력범위에 관한 인단위설 및 사건단위설을 살펴보고, 이중 구속의 허용 여부, 별건 구속의 적법성, 여죄수사와의 구별 및 자백 획득을 위한 수단으로 구속을 이용하는 경우에 대한 구제방안 등을 검토하기로 한다.

Ⅱ. 영장의 효력

1. 구속영장의 효력

구속이란 피의자 또는 피고인의 신체의 자유를 체포에 비하여 장기간에 걸쳐 제한하는 강제처분이다.[2] 구속에는 구인과 구금이 포함된다.[3] 구인이란 피의자 또는 피고인을 법원, 교도소, 구치소 또는 경찰서 유치장에 인치하는 강제처분[4]을 말하고, 구

2) 이재상, 신형사소송법, 박영사, 2007, 239면.

3) 형사소송법 제69조.

4) 형사소송법 제71조, 제71조의2 참조. 법원이 인치받은 피고인을 교도소, 구치소 또는 경찰서 유치장에 유치할 경우 유치기간은 인치한 때로부터 24시간을 초과할 수 없다(형사소송법 제71조의2 제2문).

금이란 피의자 또는 피고인을 교도소 또는 구치소에 감금하는 강제처분을 말한다.

구속영장의 효력은 신체의 자유를 제한하는 적극적 효력과 재구속이 제한되는 소극적 효력으로 나누어 볼 수 있다.

가. 적극적 효력

구속영장의 적극적 효력에 의하여 구속영장이 발부된 피의자 또는 피고인은 신체의 자유가 제한된다.[5] 구속영장의 대인적 효력에 의하여 구속영장에 기재한 피의자 또는 피고인은 법정 구속기간[6] 동안 구인・구금될 수 있다. 또한 피의자 또는 피고인이 구속된 기간은 후일 형의 선고시에 미결구금일수에 산입된다.[7]

나. 소극적 효력

구속영장의 소극적 효력은 재구속을 제한하는 효력을 말한다. 검사 또는 사법경찰관에 의하여 구속되었다가 석방된 자는 다른 중요한 증거를 발견한 경우를 제외하고는 동일한 범죄사실에 관하여 재차 구속하지 못한다.[8] 이는 수사기관의 피의자에 대한 구속에 한하여 적용되며, 수소법원이 피고인을 구속하는 경우에는 적용되지 않는다.[9] 이 경우 재구속이 제한될 뿐이고, 동일한

5) 형사소송법 제73조, 제75조, 제201조 참조.

6) 2008. 1. 1.부터 시행되는 개정 형사소송법 제92조는 구법과 같이 구속기간을 2개월로 하되, 구법과 달리 공소제기 전의 체포・구인・구금 기간을 1심의 피고인 구속기간에 산입하지 아니하여 1심 구속기간이 늘어나게 되었다. 그리고 개정법은 구법과 같이 원칙적으로 각 심급마다 2개월 단위로 2차에 한하여 구속기간을 갱신할 수 있지만, 2심과 상고심에서 '피고인 또는 변호인이 신청한 증거의 조사, 상소이유를 보충하는 서면의 제출 등으로 추가 심리가 필요한 부득이한 경우'에는 3차에 한하여 구속기간을 갱신할 수 있도록 하였다.

7) 형법 제57조, 형사소송법 제321조 제2항 참조.

8) 형사소송법 제208조 제1항 참조.

9) 대법원 1969. 5. 27. 선고 69도509 판결; 대법원 1985. 7. 23. 선고 85모12 결정.

사건으로 재구속이 되었다고 할지라도 공소제기 자체가 무효로 되는 것은 아니다.[10]

여기서 동일한 범죄사실이라 함은 구속영장에 기재된 범죄사실 및 그 사실의 기초가 되는 사회적 사실관계가 기본적인 점에서 동일한 범죄사실을 말하므로[11] 포괄일죄, 상상적 경합범을 포함한다. 실체적 경합관계에 있는 수개의 범죄행위라고 하더라도 1개의 목적을 위하여 동시 또는 수단·결과의 관계에서 행하여진 행위는 동일한 범죄사실로 간주한다.[12]

2. 체포영장의 효력

체포영장에 의한 체포란 피의자가 죄를 범하였다고 의심할 만한 상당한 이유가 있고, 정당한 이유 없이 수사기관의 출석요구에 응하지 아니하거나 응하지 아니할 우려가 있는 때에 법관이 발부한 영장에 의하여 수사기관이 체포하는 강제처분을 말한다.[13] 체포영장에 의한 체포란 기간이 비교적 단기이고, 피의자에 한하여 인정되며, 그 요건이 다르다는 점에서 구속과 구별된다.

가. 적극적 효력

체포영장의 적극적 효력으로 체포영장이 발부된 피의자 또는 피고인은 신체의 자유가 제한된다. 체포한 피의자를 구속하고자 할 때에는 체포한 때로부터 48시간 이내에 구속영장을 청구하여야 하고, 그 기간 내에 구속영장을 청구하지 아니한 때에는 피의

10) 대법원 2001. 5. 25. 선고 2001모85 판결.

11) 정웅석·백승민, 형사소송법(전정 제2판), 대명출판사, 2008, 574면.

12) 형사소송법 제208조 제2항.

13) 형사소송법 제200조의2.

자를 즉시 석방하여야 한다.[14]

나. 소극적 효력

체포적부심사결정에 의하여 석방된 피의자는 도망하거나 죄증을 인멸하는 경우를 제외하고는 동일한 범죄사실에 관하여 재차 체포하지 못한다.[15] 그리고 보증금 납입을 조건으로 석방된 피의자는 도망한 때, 도망하거나 죄증을 인멸할 염려가 있다고 믿을 만한 충분한 이유가 있는 때, 출석요구를 받고 정당한 이유 없이 출석하지 아니한 때, 주거의 제한 기타 법원이 정한 조건을 위반한 때의 하나에 해당하는 사유가 있는 경우를 제외하고는 동일한 범죄사실에 관하여 재차 체포되지 못한다.[16]

체포영장에 의한 체포의 경우에 석방된 피의자를 재체포할 수 있다.[17] 형사소송법 제200조의2 제4항은 "검사가 체포영장을 청구함에 있어서 동일한 범죄사실에 관하여 그 피의자에 대하여 전에 체포영장을 청구하였거나 발부받은 사실이 있는 때에는 다시 체포영장을 청구하는 취지 및 이유를 기재하여야 한다"라고 규정하고 있고, 이는 체포영장에 의한 재체포를 전제로 하고 있음을 근거로 한다. 체포영장에 의한 체포는 단기간의 강제수사방법이어서 피의자와 피해자의 진술이 엇갈려 그 진위 확인을 위하여 수회에 걸쳐 피의자에 대한 조사가 필요함에도 불구하고 피의자가 차회의 출석에 불응하는 경우 등에 대비할 필요가 있고 구속영장과 같이 엄격한 재체포의 제한을 두게 되는 경우 수사기관의 적법절차에 따른 수사진행이 어렵게 될 수 있으며, 체

14) 형사소송법 제200조의2 제5항.

15) 형사소송법 제214조의3 제1항.

16) 형사소송법 제214조의3 제2항.

17) 신동운, 신형사소송법, 법문사, 2008, 208면.

포영장의 필요성 등에 대하여 법관의 통제하에 두는 것이 구체적 타당성을 확보할 수 있다는 점에서 재체포가 가능하다는 견해가 타당하다.

이에 대하여 긴급체포의 경우에 긴급체포 후 구속영장을 청구하지 아니하거나 발부받지 못하여 석방된 피의자는 영장 없이 동일한 범죄사실에 관하여 체포하지 못한다는 형사소송법 제200조의4 제3항의 취지에 비추어 체포되었다가 석방된 피의자라도 다시 동일한 사건에 대하여 체포의 요건을 충족한 경우에 한하여 재체포가 가능하다고 보는 견해[18]가 있다. 이는 실체적 진실 발견을 위하여 구술 증거가 필요하고, 실무상 체포제도 외에 기소중지자에 대한 신병확보를 위한 적법한 수사방법이 없으며, 형사소송법 제200조의4 제3항도 체포영장에 의한 재체포를 예정하고 있고, 판사가 체포영장의 발부 여부에 대한 판단을 하여 영장주의의 원칙이 관철되고 있는 점에 비추어 타당하지 않다.

3. 영장의 효력범위

가. 학　설

영장의 효력범위에 관한 학설은 먼저 강제처분의 대상을 무엇으로 보느냐에 따라 나누어 볼 수 있다. 일본에서는 학설상 인단위설(人單位說)과 사건단위설(事件單位說)로 나뉘어 있으나, 우리나라 통설은 사건단위설이다. 인단위설과 사건단위설은 아래에서

18) 신양균, 형사소송법(제2판), 법문사, 2004, 148면 참조("체포제도 자체가 구속의 전 단계처분으로서 구속 여부를 판단하는 데 주된 기능이 있다면, 구속영장을 청구하지 않거나 구속영장을 발부받지 못하여 석방된 경우에 원칙적으로 다시 체포하는 것은 허용되지 않는다고 보아야 하고, 구속의 요건이 갖추어진 경우에 한하여 재체포절차 없이 직접 구속영장을 청구하도록 하는 것이 체포제도의 신중한 운용을 위해 바람직하다"고 본다).

살펴보는 바와 같이 이중구속의 문제와 별건구속의 적법성을 논하기 위한 전제로서 의미를 가진다.

(1) 인단위설

인단위설은 강제처분이 특정한 피의자 또는 피고인에 대하여 행해지는 것이지 범죄사실에 대하여 행해지는 것이 아니므로 특정한 범인이 수개의 범죄사실을 범하였다고 하더라도 동일인에 대하여는 한 번만 구속할 수 있을 뿐이고 각 범죄사실에 기하여 중복하여 구속할 수 없다고 보는 견해이다.

이 설에 의하면 구속의 효력은 구속된 피의자 또는 피고인을 기준으로 그에게 혐의가 가해지는 모든 범죄사실에 대하여 미치고 현재 구속중인 특정인은 도주나 증거인멸의 염려가 없어 구속의 요건이 충족되지 않으므로 이중구속은 위법이고 허용되지 않는다고 본다. 또한 수개의 범죄사실 중 그 일부에 대해서만 구속영장이 발부되어 있는 경우에도 그 구속영장의 효력은 구속의 기초가 되지 않은 다른 범죄사실에도 미친다고 하므로 별건구속의 위법성 문제가 발생할 여지가 없다.

(2) 사건단위설

사건단위설은 강제처분의 효력은 영장에 기재된 범죄사실에 대해서만 미치고, 그 이외의 사실에는 미치지 아니한다는 견해로서 우리나라의 통설이다.[19] 그 효력범위는 소송행위의 효력범위에 관한 일반적 기준에 따라 범죄사실의 단일성을 단위로 결정되어야 하므로, 구속영장의 효력이 미치는 피의사실 또는 공소사실의 범위는 공소장 변경의 허용요건인 공소사실의 동일성이나 일사부재리의 효력범위인 동일한 범죄와 같은 개념이다.[20]

---

19) 배종대 · 이상돈 · 정승환, 신형사소송법, 홍문사, 2008, 141면; 백형구, 형사소송법강의(제8전정판), 박영사, 2001, 262면; 신동운, 앞의 책, 244면; 신양균, 앞의 책, 167면; 이재상, 앞의 책, 255면; 정웅석 · 백승민, 앞의 책, 539면.

사건단위설에 의하면 이중구속이 허용되고,[21] 별건 구속의 적법성이 문제된다. 그 근거로 i) 구속영장의 효력에 관하여 인단위설의 입장에 취하게 되면 법원에 의한 구속사유의 심사대상이 되지도 않고 피의자에게 고지되지도 않은 범죄사실에까지 구속의 효력이 미치게 되므로 영장주의에 입각한 사법적 억제의 기능을 해하게 되며, ii) 이중구속에 있어서 각 구속은 상이한 사정하에서의 소송행위이므로 동일한 사정하의 것임을 전제로 하는 소송행위의 일회성의 원칙에 반한다고 할 수는 없다는 점을 들고 있다.

나. 판 례

대법원은 구속의 효력은 원칙적으로 구속영장에 기재된 범죄사실에만 미친다고 보아 기본적으로 사건단위설을 취하고 있다.[22] 다만 미결구금일수의 산입과 관련하여 이를 법원의 재량으로 보면서 구속의 효력이 피고인의 신병에 관한 한 다른 범죄사실에도 미친다고 보아 미결구금일수를 구속영장이 발부되지 아니한 다른 범죄사실에 관한 죄의 형에 산입할 수도 있다고 판결하였다.[23]

다. 검 토

피의자 또는 피고인을 구속하기 위하여는 형사소송법 제70조

---

20) 배종대·이상돈·정승환, 앞의 책, 141면; 신동운, 앞의 책, 244면.

21) 사건단위설을 지지하면서도 이중구속의 허용에 대하여 반대하는 견해는 이재상, 앞의 책, 255면.

22) 대법원 1996. 8. 12. 선고 96모46 결정. 대법원 2001. 5. 25. 선고 2001모85 판결(구속영장의 효력은 구속영장에 기재된 범죄사실 및 그 사실의 기초가 되는 사회적 사실관계가 기본적인 점에서 동일한 공소사실에 미친다).

23) 대법원 1996. 5. 10. 선고 96도800 판결; 대법원 1986. 12. 9. 선고 86도1875 판결.

및 제201조에 의하여 구속의 요건으로 범죄혐의의 상당성이 인정되어야 하고, 형사소송법 제72조, 제209조 및 제200조의5에 의하여 구속시 범죄사실의 요지 등을 고지해야 하며, 형사소송법 제75조 제1항 및 제209조에 의하여 구속영장에 죄명과 공소사실 내지 범죄사실의 요지를 기재하여야 한다. 이는 부당한 구속이나 구속의 남용으로부터 개인의 자유를 보장하고, 영장이 청구된 자로 하여금 변명의 기회를 실질적으로 보장하기 위한 전제이다. 인단위설에 의하는 경우 구속영장에 기재된 범죄사실 이외의 다른 범죄사실에 대해서도 구속영장의 효력이 미친다고 하면 구속의 요건, 구속이유 고지 등의 규정들은 아무런 의의가 없게 되고, 구속영장청구서에 기재된 범죄사실 이외의 다른 범죄사실들을 근거로 하여 구속영장이 발부될 수 있게 되어 사실상 법원에 의한 구속요건의 존부심사가 불가능하게 된다.

그리고 형사소송법 제208조 제1항은 검사 또는 사법경찰관에 의하여 구속되었다가 석방된 자는 다른 중요한 증거를 발견한 경우를 제외하고는 동일한 범죄사실에 관하여 재차 구속하지 못한다고 규정하고 있다. 이는 구속영장에 기재된 범죄사실 이외의 다른 범죄사실에 기한 구속영장의 재구속을 원칙적으로 허용하고 있다는 점에서 사건단위설의 입장을 취하고 있다.

또한 형사소송법 제81조 제3항 및 제209조는 교도소 또는 구치소에 있는 피의자 또는 피고인에 대하여 발부된 구속영장은 검사의 지휘에 의하여 교도관이 집행한다고 규정하고 있어 구속 중인 피의자·피고인 또는 자유형 집행중인 자에 대한 이중구속이 가능함을 전제로 하고 있는데, 인단위설에 의하는 경우 위 규정은 사문화될 것이다.

형사소송법 제95조 제1호의 필요적 보석과 관련하여, 구속영장이 발부된 범죄사실이 필요적 보석 제외사유에 해당하지 않더라도 구속영장이 발부되지 아니한 별개 범죄사실이 필요적 보석 제외사유에 해당하는 경우 인단위설에 의하면 필요적 보석의 혜택을 받을 수 없게 되는 문제가 있다.

그리고 구속영장 청구 내지 구속 여부의 결정을 위한 심사단계에서 강제처분의 대상은 바로 구속 여부의 심사대상인 구속요건의 존부 판단의 대상이다. 구속요건 중 범죄혐의 판단의 대상은 원칙적으로 구속영장에 기재된 범죄사실에 한한다. 피의자 또는 피고인의 여죄는 도주 및 증거인멸의 염려를 판단하기 위한 고려사항에 불과하다. 그러나 인단위설에 의하면 여죄도 범죄혐의 판단의 대상에 포함된다고 보아야 할 것인데, 이는 영장주의와 관련하여 법원에 의한 구속사유의 심사대상이 불분명해지는 문제가 있다.

그러므로 현행 형사소송법의 해석 및 피의자 또는 피고인의 방어권 보장 차원에서 사건단위설이 타당하다.

Ⅲ. 이중구속

1. 의 의

이중구속이란 어느 범죄사실로 이미 구속영장이 발부되어 구속되어 있는 피의자[24] 또는 피고인에 대하여 별개의 다른 범죄사실로 구속영장을 발부받아 구속하는 것을 말한다. 이는 별개의 범

24) 피의자에 대한 구속기간이 짧고, 구속영장에 기재된 범죄사실에 대한 공소를 제기함으로써 피의자에 대한 구속의 효력이 실질적으로 연장되며, 구속 중인 피의자에 대하여 구속영장을 청구하는 경우는 실무상 거의 없으므로, 피의자에 대한 구속영장이 이중으로 발부되는 경우를 예상하기 어렵다. 그러므로 이중구속의 문제는 주로 피고인에 대하여 문제된다.

죄사실에 기한 구속이라는 점에서 검사 또는 사법경찰관에 의하여 구속되었다가 석방된 자에 대하여 동일한 범죄사실로 다시 구속하는 것을 원칙적으로 금지하는 형사소송법 제208조, 제214조의3의 재구속의 제한과는 구별된다.

2. 허용 여부

가. 학 설

앞에서 살펴본 바와 같이 인단위설에 의하면 구속영장이 발부된 피의자·피고인에 대한 모든 범죄사실에 관하여 구속영장의 효력이 미치므로 이중구속이 허용되지 않는다고 본다. 그러나 사건단위설에 따르면 구속영장에 기재된 범죄사실에 한하여 구속영장의 효력이 미치므로 일정한 범죄사실로 구속되어 있는 피의자 또는 피고인에 대하여 이와는 별개의 범죄사실로 구속영장을 발부받아 집행하는 것이 허용된다.

우리나라의 통설은 사건단위설을 취하고 있는데, 이중구속이 허용되는지 여부에 대하여는 긍정설과 부정설이 대립된다.

긍정설은 사건단위설의 입장에서 구속영장에 기재된 범죄사실에 한하여 구속영장의 효력이 미치고, 구속된 피고인 또는 피의자가 석방되는 경우를 대비하여 미리 구속해 둘 필요가 있다는 이유로 이중구속이 허용된다고 해석한다.[25] 피고인구속은 헌법상 신분이 보장되고 직무활동의 독립성이 담보된 법관들로 구성된 수소법원이 행하는 것이기 때문에 특별한 제한을 배제한 것이라는 점을 근거로 "수소법원이 수사기관에 의하여 구속기소되었다가 구속기간이 만료된 피고인을 동일한 범죄사실을 이유로 재구속할 수 있으며(소위 재차구속), 구속기간이 만료된 피고인을 별개

25) 백형구, 앞의 책, 258면; 정웅석·백승민, 앞의 책, 543면.

의 범죄사실을 이유로 재구속할 수도 있다(소위 별건구속)"고 해석하는 견해[26]도 긍정설에 포함된다.

부정설은 이미 구속되어 있는 자에 대하여 구속사유를 인정하기 어렵고, 구속된 피고인 또는 피의자의 석방에 대비하기 위하여는 석방 전에 구속영장을 발부받아 두었다가 이전의 구속기간이 만료될 때 구속된 피고인 또는 피의자의 구속영장의 집행에 관한 규정(형사소송법 제81조 제3항, 제209조)에 의하여 구속영장을 집행하면 족하다는 이유로 이중구속은 허용되지 않는다고 본다.[27] 부정설에 의하면 구속된 자에게 다른 범죄사실로 구속영장을 발부받을 수는 있어도 수개의 구속영장을 동시에 집행할 수는 없다고 본다.[28]

나. 판 례

대법원은 "구속기간이 만료될 무렵에 종전 구속영장에 기재된 범죄사실과 다른 범죄사실로 피고인을 구속하였다는 사정만으로는 피고인에 대한 구속이 위법하다고 할 수 없다"고 판결하였다.[29]

다. 검 토

긍정설이나 부정설 모두 구속된 피의자나 피고인에 대하여 별개의 범죄사실을 이유로 재차 구속영장을 발부받을 수 있다는 점에서 의견이 일치하고, 또한 구속 중인 피의자 또는 피고인에

26) 신동운, 앞의 책, 798면.

27) 배종대·이상돈·정승환, 앞의 책, 142면; 이재상, 앞의 책, 255면; 신양균, 앞의 책, 168면.

28) 배종대·이상돈·정승환, 앞의 책, 142면; 이재상, 앞의 책, 255면; 신양균, 앞의 책, 168면.

29) 대법원 2000. 11. 10. 선고 2000모134 결정.

대하여 후속의 구속영장이 현실적으로 집행되는 시기가 이전 영장의 구속기간이 만료되는 때라는 점에 대하여도 견해의 차이가 없으며, 학설상 관념적인 차이만 존재할 뿐이어서 논쟁의 실익이 없다. 다만 이중구속영장의 발부 필요성을 이론적으로 설명할 수 있다는 점에서 긍정설이 타당하다.

라. 이중체포와 체포영장청구서 기재사항의 문제점

개정 형사소송규칙 제95조(체포영장청구서의 기재사항) 제9호는 체포영장의 청구서에 "현재 수사 중인 다른 범죄사실에 관하여 그 피의자에 대하여 발부된 유효한 체포영장이 있는 경우에는 그 취지 및 그 범죄사실"을 기재하도록 하는 규정을 신설하였다. 이는 이미 체포영장이 발부된 피의자에 대하여 별개의 범죄사실을 이유로 재차 체포영장을 발부받을 수 있다는 점을 전제로 하고 있다는 점에서 사건단위설을 취한 것으로 해석할 수 있다.

그러나 '현재 수사중인 다른 범죄사실'에 관하여 유효한 체포영장이 발부되어 있는 경우 그 취지 및 그 범죄사실을 체포영장청구서의 일반적 기재사항으로 기재하도록 하고 있는데, 이는 법률상 근거가 없고, 실무상 지명수배를 위한 체포영장을 청구하는 경우에 범죄사실에 따라 공소시효가 달라지게 되어 별개의 체포영장을 발부받을 필요성이 있으며, 영장에 기재된 범죄사실 이외의 다른 범죄사실이 체포영장 발부 여부의 판단대상임을 명시적으로 나타내어 인단위설의 요소를 대폭 인정하는 것이어서 실무상 영장주의에 입각한 사법적 심사대상이 불분명해진다는 점에 문제가 있으므로, 이를 체포영장청구서의 일반적 기재사항으로 규정하는 것은 부당하다.

다만, 동일한 수사기관 내에서 다수의 체포영장을 발부받는 경우에 피의자에 대한 과도한 체포기간의 가능성을 제한할 필요성이 인정되므로, 사안의 복잡성 및 중대성, 복수의 지명수배관서의 지리적 거리, 기존 체포영장 유효기간이 새로운 사건의 공소시효 이전에 만료되는 사정, 특히 범죄인인도청구의 대상 여부[30] 등을 종합적으로 고려하여 그 발부 여부를 결정함이 타당하다.

Ⅳ. 별건구속

1. 의 의

별건구속이란 수사기관이 본래 의도하고 있는 사건의 수사를 위하여 다른 사건을 이유로 피의자를 구속하는 것을 말한다.[31] 그리고 이때 본래 수사의 목적이 된 사건을 본건(本件)이라고 하고, 구속의 사유가 된 사건을 별건(別件)이라고 한다.

우리나라 판례상 별건구속의 위법성을 문제삼은 경우는 없으나, 학설상 별건구속은 해결이 어려운 중대 사건의 수사를 위하여 별개의 범죄사실을 이유로 피의자를 구속한 상태에서 피의자의 자백 등을 이끌어 내려는 경우를 말하는 것으로 인식되고 있다. 따라서 별건구속은 다음과 같은 법리상 문제점이 논의되고 있다. 첫째, 표면적으로 별건으로 구속을 하였으나 실질적으로 본건 피의사실에 대하여 수사를 함으로써 영장주의에 비추어 그 위법성이 문제된다. 둘째, 구속영장의 구속사유인 별건 피의사실에 대한

30) 범죄인인도법 제42조의4 및 미국 등의 외국과 체결한 범죄인인도조약에 따라 피의자에 대한 범죄인인도 청구를 하는 경우에 구속영장 또는 체포영장은 범죄인인도 청구의 요건에 해당한다.

31) 신동운, 앞의 책, 225면.

수사과정에서 새로운 피의사실을 수사하는 소위 여죄수사가 허용될 수 있는가와 여죄수사가 허용되는 경우 여죄수사와 별건구속의 관계가 문제된다. 그리고 셋째, 별건구속을 위법하다고 보게 되면 별건구속 중에 수집된 증거의 증거능력을 인정할 것인가 하는 등이 문제된다.

이하에서는 별건구속의 문제는 별건구속의 위법성 여부, 여죄수사와의 관계, 별건구속 중에 수집된 증거의 증거능력에 대하여 검토하기로 한다.

2. 별건구속의 위법성

가. 일본에서의 논의

일본은 제2차 세계대전 후에 형사소송법을 개정하면서 미국을 모델로 하여 수사기관의 체포장에 의한 체포제도를 도입하였다. 그런데 그 체포요건이 범죄혐의의 상당성뿐이어서 수사기관은 체포의 필요성에 대한 사법심사를 받지 아니한 채 체포장을 손쉽게 받을 수 있으므로, 체포의 남용문제가 논의되었다. 즉 중한 범죄를 수사할 목적으로 비교적 사소한 범죄 혐의를 이용하여 체포를 한 후에 그 체포를 이용하여 중한 범죄를 수사하려는 수사기관의 일부 실무에 대해 비판적인 이론이 형성되게 되었다. 따라서 일본의 통설은 본건기준설으로서 본건에 대한 법원의 심사기회를 박탈하여 영장주의에 위반되기 때문에 별건 체포·구속이 위법하다고 본다.

일본 최고재판소는 소위 日本堂사건(사기미수사건)으로 기소 후 구속중인 피고인을 상대로 소위 帝銀사건(강도살인사건)에 대해 조사를 하여 자백을 얻은 사안에서 日本堂사건의 구속 및 기소절차에 위법부당이 인정되지 않은 이상 帝銀사건으로 피고인을 조사하는 것은 위법하지 않다고 판결한 바 있고,[32] 또한 甲사실과 乙사실이 밀접하게 관련 있는 사건인 경우에 甲사실로 체포·구속을 하고 구속중에 수집한 증거 및 그 전의 증거를 함께 제출하여 乙사실로 다시 체포·구속을 한 경우에도 위법하지 않다고 판결하였다.[33]

하급심 판례 중에는 위법한 별건 체포·구속을 인정한 사례들이 있는데,[34] 그 판례들에서 드는 위법성 판단요소를 정리하면, ① 甲사실(별건)과 乙사실(본건)의 죄질·태양의 상위 및 법정형의 경중, ② 甲사실과 乙사실의 관련성 유무 및 정도, ③ 조사시 甲사실에 관한 신체구속의 필요성 정도, ④ 乙사실에 관한 조사시 상황(신체구속상황, 자백상황 등), 피의자의 태도 및 건강상태, ⑤ 甲사실에 관한 수사의 진행상황, ⑥ 乙사실에 관한 증거, 특히 객관적 증거의 수집 정도, ⑦ 수사담당자의 주관적 의도 등이 있다.[35]

이후 일본은 체포의 필요성에 대하여 법원이 판단할 수 있도록 형사소송법을 개정하여 체포장에 대한 사법심사를 강화하였다.[36]

나. 학 설

수사기관이 피의자를 구속하기 위하여는 형사소송법 제201조, 제70조에 의한 구속의 요건을 충족하여야 하는데, 이는 영장

32) 最大判 昭和 20·4·6 刑集 9권 4호 663면.

33) 最大判 昭和 52·8·9 刑集 31권 5호 821면(狹山事件).

34) 金澤地 七尾支判 昭和 44·6·3 刑月 1-6-657; 東京地判 昭45·2·26 刑月 2-2-137; 大阪高判 昭 59·4·19 高刑集 37-1-98; 浦和地判 平 24·10·12 判時 1376-24.

35) 白取祐司, 刑事訴訟法(제5판), 일본평론사, 2008, 172면.

36) 일본 형사소송법 제199조 제2항 단서(단지 분명하게 체포의 필요성이 없다고 인정될 시에는 그러하지 아니한다.)는 체포의 필요성에 관하여 규정하고 있는데 昭和 28년 법률 제172호에 의한 형사소송법의 일부 개정시에 신설된 것이다.

주의와 강제처분법정주의에 따라 인신의 구속에 관하여 법원의 사전 관여를 통한 사법적 억제기능을 보장하기 위한 것이다. 별건구속의 경우 영장주의라는 적법절차의 이념과 수사의 합목적성이라는 관점에서 그 적법 여부가 논의된다.

구속영장의 효력범위에 관한 인단위설에 의하면 수개의 범죄사실 중 그 일부에 대해서만 구속영장이 발부되어 있는 경우에도 그 구속영장의 효력은 구속의 기초가 되지 않은 다른 범죄사실에도 미친다고 하므로 별건구속의 위법성 문제가 발생할 여지가 없다. 그러나 사건단위설에 의하면 강제처분의 효력은 영장에 기재된 범죄사실에 대해서만 미치고, 그 이외의 사실에는 미치지 아니하므로, 법원에 의한 구속사유의 심사대상이 되지도 않고 피의자에게 고지되지도 않은 범죄사실에 대한 수사를 위하여 구속되었다는 것은 영장주의에 비추어 그 적법성이 문제된다.

이에 대하여 학설상 별건기준설과 본건기준설로 나누어 볼 수 있는데, 이는 구속요건의 판단대상을 무엇으로 보느냐에 따라 달라진다.

(1) 본건기준설(위법설)

본건기준설[37]은 구속의 요건을 실질적으로 파악하여, 별건구속은 형식적으로 별건에 의한 구속이지만 실질적으로는 본건에 의한 구속이므로 본건에 구속요건이 없는 이상 영장주의에 반하여 위법하다고 보는 견해로서 우리나라의 통설적 견해이다.

그러나 본건기준설이라고 하여 본건을 기준으로 구속의 적법 여부를 판단한다는 것을 의미하지는 않는다. 별건구속은 본건에 대하여 구속의 요건이 구비되지 않은 경우에 별건으로 구속하려

37) 배종대 · 이상돈 · 정승환, 앞의 책, 142면; 백형구, 앞의 책, 251면; 신동운, 앞의 책, 225면; 신양균, 앞의 책, 168면; 이재상, 앞의 책, 256면; 임동규, 형사소송법, 법문사, 2008, 192면; 정웅석 · 백승민, 앞의 책, 545면; 차용석 · 최용성, 형사소송법(제3판), 21세기사, 2008, 218면.

는 것을 말하고, 본건에 대한 구속요건이 존재하는 경우에는 본건에 대한 구속영장을 발부받을 것이기 때문에 본건에 대한 구속요건의 존부는 사실상 의미가 없다.

이 설의 근거는 먼저 별건구속이 본건에 대한 법관의 사법심사를 거치지 않았다는 의미에서 영장주의에 반하고, 별건구속 후에 본건에 대한 수사를 통하여 본건에 대한 증거를 확보하고 이를 근거로 다시 구속이 가능하게 되면 본건구속에 대한 구속기간이 법정기간을 넘어 연장되는 것이 되며, 구속을 자백 강요나 수사편의를 위한 수단으로 허용하게 되면 구속제도의 본래 취지에 맞지 않고, 피의자를 구속함에 있어 본건에 대한 고지나 청문의 기회가 부여되지 않아 영장주의 및 적법절차조항에 위배된다는 점 등을 들고 있다.[38]

⑵ 별건기준설(적법설)

별건기준설은 구속의 적법 여부는 오로지 구속의 이유가 된 별건 피의사실을 기준으로 범죄혐의, 구속사유 등이 있었는지 여부에 따라 결정해야 한다는 견해이다.[39] 그러므로 당해 구속은 별건에 관한 것이고, 별건에 대하여 구속의 요건이 있으면 구속은 적법하며 수사기관이 본건을 수사할 의도를 갖고 있었다고 하더라도 그것은 구속의 적법성에 영향을 미치지 않는다고 본다.

이 설의 근거로 먼저 실무상 별건으로 구속영장을 청구받은 판사가 본건의 존재를 알기 어렵기 때문에 별건을 기준으로 적법성을 판단할 수밖에 없고, 만일 본건을 기준으로 영장발부 여부를

38) 배종대·이상돈·정승환, 앞의 책, 142면; 백형구, 앞의 책, 251면; 신동운, 앞의 책, 225면; 신양균, 앞의 책, 168면; 이재상, 앞의 책, 256면; 임동규, 앞의 책, 192면; 정웅석·백승민, 앞의 책, 545면; 차용석·최용성, 형사소송법(제3판), 21세기사, 2008, 218면; 임지봉, 별건 체포·구속의 위헌성, 고시연구(2006. 4.), 21면; 오경식, 별건구속의 형사소송법적 의의, 고시연구(2006. 2.), 43면.

39) 안성수, 형사소송법, 박영사, 2009, 75면.

결정하게 된다면 먼저 수사기관의 의도에 대한 조사가 필요하나 이런 조사는 현재 영장발부절차에 관한 법규와 합치되지 않으며, 구속된 피의자에게 조사수인의무가 없는 이상 신문은 임의처분이기 때문에 본건에 대한 신문도 위법한 것이라고 할 수 없고, 따라서 별건에 대하여 구속요건이 구비되어 있는 이상 별건구속도 위법하지 아니하며, 통상적인 여죄수사와 그 구별이 불가능하고, 수사기관의 주관적 의도로 인하여 구속 자체가 소급적으로 위법해져서 그 효력이 없다고 하는 것은 구속기준의 명확성과 수사절차의 안정성을 해친다는 점을 들고 있다.[40]

다. 판 례

우리나라 판례 중 별건구속의 위법성을 직접적으로 다루지는 않았다. 그러나 대법원은 "피고인은 이 사건 사기 등 범행으로 기소되기 전에 기소중지 처분된 신용카드업법위반 등 피의사실로 27일간 구속된 사실을 알 수 있는 바, 결과적으로 위 구속기간이 이 사건 사기 등 범행사실의 수사에 실질상 이용되었다 하더라도 위 구금일수를 이 사건 사기죄의 본형에 산입할 수는 없다"라고 판시[41]함으로써 경미한 별건에 대한 구속기간 중에 중대한 본건 수사를 한 경우를 허용하고 있다.

라. 검 토

우리나라 통설은 별건구속을 위법하다고 보면서도 구속 중인 피의자에 대한 통상적인 여죄 수사는 허용된다고 본다.[42]

---

40) 안성수, 형사소송법, 박영사, 2009, 75면.

41) 대법원 1990. 12. 11. 선고 90도2337 판결.

42) 배종대 · 이상돈 · 정승환, 앞의 책, 142면; 신동운, 앞의 책, 226면; 이재상, 앞의 책, 256면.

오로지 구속을 통하여 본건에 대한 수사를 진행하기 위하여 별건을 이유로 구속을 하는 것이 그 의도상 명백히 나타난 경우에는 본건에 대한 법관의 사법심사를 거치지 않았다는 의미에서 영장주의에 반하고, 구속을 자백 강요나 수사편의를 위한 수단으로 허용하게 되면 구속제도의 본래 취지에 맞지 아니하며, 피의자를 구속함에 있어 헌법과 형사소송법상 인정되는 본건에 대한 고지나 청문의 기회가 부여되지 않아 영장주의 및 적법절차조항에 위배된다는 점에서 본건기준설(위법설)이 타당하다.

이와 관련하여 형사소송법 제208조 제2항이 별건인 수개의 사건을 연속범 또는 견련범의 형태로 묶어서 재구속을 금지하고 있으므로 별건구속은 엄격히 금지된다는 견해가 있다.[43] 그러나 재구속 제한은 동일한 범죄사실에 대한 재구속을 제한하는 것이고, 별건구속은 별개의 범죄사실에 대한 관계에서 문제되는 것이기 때문에 재구속 제한과 별건구속은 별개의 문제이다. 그리고 별건구속의 경우 본건 수사를 위하여 별건구속을 이용하는 것이기는 하지만, 이는 수사기관의 주관적 의도에 불과하고 별건과 본건이 범죄사실의 측면에서 당연히 목적과 수단의 관계에 있다고 볼 수 없으므로 형사소송법상 재구속 제한의 원칙이 별건구속을 금지하는 근거규정이 될 수 없다.

3. 별건구속의 위법성 판단요소

가. 의 의

별건 체포·구속은 법령상의 개념이 아니라 형식적인 합법성을 구비하였으나 탈법적이고 남용적인 체포·구속에 대한 비판적 개념이다. 따라서 이에 관한 추상적이고 일반적인 기준을 정립하

---

43) 신동운, 앞의 책, 225면.

기는 어렵다.

그리고 별건구속은 위법하지만, 구속 중인 피의자에 대한 통상적인 여죄수사는 허용된다. 이와 관련하여 여죄수사와 구별되는 별건구속을 특정하기 위하여는 먼저 여죄수사와 별건구속을 구별하는 기준이 제시되어야 한다.

나. 학 설

(1) 다 수 설

학설상 위법성이 문제되는 별건구속의 요건을 보면, ① 본건에 대한 구속요건이 구비되지 않을 것, ② 별건의 구속을 본건의 수사에 이용할 목적이 있을 것, ③ 별건의 구속요건이 구비되어 있을 것, ④ 별건의 구속기간 중 주로 또는 전적으로 본건에 대한 수사가 이루어질 것, ⑤ 본건이 별건에 비하여 보다 중대한 사건일 것[44] 등을 들고 있는데, 대부분의 학설은 별건구속의 요건으로 ① 내지 ④를 들고 있다.[45]

이와 관련하여 일반적으로 별건구속이라 함은 앞에서 말한 별건구속의 요건을 충족한 경우로서 주관적으로 수사기관이 별건의 구속을 오로지 본건의 수사에 이용하려는 목적을 가지고 있고, 객관적으로 별건의 구속기간 중 주로 또는 전적으로 본건에 대한 수사가 이루어져서 별건은 명목일 뿐이며 실질적으로 본건구속이라고 볼 수 있을 정도인 경우에는 이를 위법한 별건구속으로 보고, 그런 정도에 이르지 않은 경우에는 통상적인 여죄수사라고 본

44) 본건이 별건에 비하여 보다 중대한 범죄일 것을 별건구속의 정의에 포함하는 견해는 백형구, 앞의 책, 251면; 신양균, 앞의 책, 168면. 그리고 기소 전 신체구속의 경우에 신체구속을 계속할 필요성을 체포·구속의 요건의 하나로 보는 견해로 이은모, 별건 체포·구속과 여죄수사의 적법성 한계, 형사법연구(16권), 2001, 201면이 있다.

45) 배종대·이상돈·정승환, 앞의 책, 141면; 신동운, 앞의 책, 225면; 이재상, 앞의 책, 256면; 정웅석·백승민, 앞의 책, 545면; 이은모, 앞의 논문, 195면.

다.[46] 특히 수사기관의 의도를 판단하기 위한 기준으로 범죄의 경중, 양자의 관련성, 본건수사에 필요한 기간, 별건과 본건의 수사가 처음부터 병행되었는지 여부 등을 종합적으로 검토하여 수사기관의 의도를 추론할 수 있다고 본다.[47]

(2) 수사 완료와 구속 계속 필요성에 관한 견해

이에 대하여 형사소송법상 기소 전의 구속기간 제한 규정에 비추어 기소 전의 구속기간을 피의자의 도망 및 증거인멸을 방지한 상태에서 구속이 이유로 된 피의사실에 대하여 기소·불기소의 결정을 위한 수사를 행하기 위한 기간으로 파악하여 구속요건의 하나로서 구속의 이유로 된 피의사실에 대하여 기소 여부를 결정할 수 있는 상태가 아니어서 여전히 수사를 계속할 필요가 있는 상태일 것을, 즉 구속 계속의 필요성을 요구하는 견해가 있다.[48] 이는 숨겨진 수사기관의 의도가 결정적인 것이 아니라 오히려 구속기간 혹은 그 상태가 어떻게 이용되는가라고 하는 것이 위법의 본질이라고 이해한다. 즉 구속이유로 된 명목상의 사실에 대하여 수사가 완료되었음에도 불구하고 별건구속이 계속하여 행하여진 경우와 별건수사가 구속기간이 만료되기까지 계속하고 있었다고 하더라도 그 사이에 본건수사에 시간이 배당되었기 때문에 별건에 의한 구속이 장기화되었다고 하는 경우에 이 견해는 그 구속이 위법이라고 본다.

이 견해에 의하면, 구속계속의 필요성을 구속의 요건으로 보기 때문에, 기소 전의 신체구속기간이 수사를 위한 기간인 이상 범죄의 상당한 혐의 및 도망이나 증거인멸의 우려가 있는 경우라

46) 김형준, 별건구속의 제문제, 중앙대법학논문집 제20집, 1995, 444면.

47) 김형준, 앞의 논문, 444면. 정웅석·백승민, 앞의 책, 545면은 위와 같은 기준을 별건과 본건의 구별기준으로 본다.

48) 이은모, 앞의 논문, 201면; 신양균, 앞의 책, 169면.

고 할지라도 이미 그 시점에서 구속의 이유로 된 피의사실에 대하여 수사가 완료되어 기소·불기소의 결정을 할 수 있는 상태에 이르렀다면, 기소 전의 구속을 계속할 필요성은 인정되지 않고 그 계속은 위법하고, 잔여기간을 본건 수사에 이용하는 경우는 위법하며, 별건에 대해 구속사유가 소멸한 이상 수사기관은 피의자를 석방하여야 한다고 본다. 또한 구속의 이유로 된 피의사실에 대한 수사가 행하여질 가능성이 없다든가 또는 그러한 수사의 필요성 자체가 존재하지 않는 경우에는 청구 자체를 각하해야 한다고 한다.[49]

다. 검 토

별건구속이 위법하기 위하여는 영장주의를 배제·잠탈할 정도에 이르러야 한다. 따라서 별건구속은 주관적으로 수사기관이 별건의 구속을 오로지 본건의 수사에 이용하려는 목적을 가지고 있고, 객관적으로 별건의 구속기간 중 주로 또는 전적으로 본건에 대한 수사가 이루어져서 별건은 명목일 뿐이며 실질적으로 본건 구속이라고 볼 수 있을 정도이어야 한다. 별건 체포·구속은 법령상의 개념이 아니라 탈법적이고 남용적인 체포·구속에 대한 비판적 개념이므로, ① 별건과 본건의 죄질·태양의 상위 및 법정형의 경중, ② 별건과 본건의 관련성 유무 및 정도, ③ 조사시 별건에 관한 신체구속의 필요성 정도, ④ 본건에 관한 조사시 상황(신체구속상황, 자백상황 등), 피의자의 태도 및 건강상태, ⑤ 별건에 관한 수사의 진행상황, ⑥ 본건에 관한 증거, 특히 객관적 증거의 수집정도, ⑦ 수사담당자의 주관적 의도 등의 위법성 판단요소를 종합하여 판단하여야 할 것이다.

그리고 구속기간 혹은 그 상태가 어떻게 이용되는가라고 하

49) 이은모, 앞의 논문, 202면.

는 것이 위법의 본질이라고 이해하는 견해는 구속 계속의 필요성을 구속의 요건을 보기 어렵다는 점에서 타당하지 아니하다. 피의자에 대한 구속의 경우에 수사가 완료되면 신체구속의 필요성이 상실된다고 볼 수는 없다. 구속이란 형사절차의 진행과 형벌 집행의 확보를 목적으로 인정되는 강제처분이다. 검사 또는 사법경찰관이 구속의 이유로 된 피의사실에 대하여 수사를 완료하더라도 피의자를 석방할 수는 없고, 수사가 완료되지 않은 것을 구속의 사유로 볼 수는 없다. 왜냐하면 도망이나 증거인멸의 우려가 있는 이상 사법경찰관은 피의자를 구속한 상태에서 사건을 검찰에 송치하여야 하고, 검사는 공소제기 이후에 구속의 목적인 공판 심리의 진행과 형벌의 집행을 확보하여야 하며, 현행 구속제도가 피의자에 대한 수사만을 목적으로 하는 구속을 인정하고 있지 않기 때문이다.

또한 실무상 구속영장이 청구되는 단계에서 범죄혐의에 대한 입증이 마무리되는 경우가 대부분이기 때문에 구속영장이 발부된 이후에 영장에 기재된 범죄사실에 대하여 실질적인 수사가 이루어지는 경우는 그리 많지 않다. 종전보다 구속영장의 기각률이 높아진 현행 실무상 범죄혐의에 대한 입증 정도가 낮아 구속 이후에 피의자에 대한 계속적인 수사가 실질적으로 필요한 경우라면 구속영장이 발부되기는 어렵다. 구속 계속의 필요성을 구속요건의 하나로 보는 견해에 의하면 범죄에 대한 혐의를 마무리한 이후에 구속영장을 발부받은 경우에는 구속영장 발부와 동시에 구속의 필요성이 없어져 피의자를 석방하여야 한다는 이상한 결론에 이르게 된다. 따라서 위 견해는 현행 구속영장 실무와 부합하지 않는 문제가 있다.

4. 여죄수사

가. 여죄의 의의

여죄라 함은 동일 피의자의 범죄사실 중 수사기관에 의하여 수사의 대상이 된 피의사건 이외의 사건으로 동시수사의 가능성이 있는 것을 말한다.50)

나. 여죄수사의 가부

다수설은 별건구속과는 달리 여죄수사는 허용된다고 보고 있고, 실무상으로도 여죄수사는 특별한 제한 없이 행하여지고 있다. 어떤 피의사실에 의하여 구속중인 피의자에 대하여 구속영장에 기재되지 아니한 다른 범죄사실에 대하여도 피의자신문 등의 조사를 하는 것이 일반적이다. 수사절차에 있어서 여죄수사의 문제는 주로 별건구속과의 관계에서 여죄수사의 한계, 여죄수사의 필요성을 이유로 하는 구속연장이나 접견금지처분의 가부 등의 문제를 야기한다.

이에 대하여는 구속영장이 미치는 효력범위와 체포·구속중인 피의자에게 불구속 피의자와 달리 조사수인의무를 인정할 것인지와 밀접한 관련을 가지고 있는데, 조사수인의무는 헌법상 진술거부권과 상충되어 인정되지 아니하고, 법원의 사법적 억제기능과 피의자의 방어권을 실질적으로 제한하지 않는 범위에서 수사의 필요성을 감안하여 임의수단으로 행하는 경우에 허용된다고 보는 견해가 있다.51) 이 견해에 따르면 여죄수사가 허용되는 경우로 피의자가 자진하여 여죄를 자백한 경우, 여죄가 영장

50) 오경식, 앞의 논문, 44면.

51) 강동욱, 별건구속과 여죄수사의 적법성에 관하여, 고시연구(2005. 6.), 120면; 오경식, 앞의 논문, 44면.

기재 사안보다 경미한 경우, 여죄가 영장기재사실과 동종사안이거나 밀접한 관련성이 있는 경우를 들고 있다.

별건구속 위법설에 의하면 객관적 기준과 관련하여 별건을 조사하지 않고 본건에 대한 수사만 진행한 경우뿐만 아니라 양자에 대한 수사를 동시에 진행하는 경우에도 별건구속이 문제될 수 있다.[52] 따라서 이 견해는 실무상 별건구속과 여죄수사를 구별하는 것이 쉽지 않다는 점을 인정하고 있다.[53]

그리고 실무상 법원의 구속요건에 대한 심사가 엄격해졌고, 특히 구속 전 피의자심문의 본안재판화라는 문제가 제기될 정도로 범죄혐의의 입증 정도가 높아진 점을 고려하여 수사기관은 구속영장이 청구된 피의사실에 대한 수사를 거의 마무리한 단계에서 구속영장을 청구하고 있고, 우리나라 다수설은 구속요건으로서 범죄혐의는 무죄추정의 원칙을 깨뜨릴 수 있을 만큼 강한 정도로 유죄판결에 대한 고도의 개연성을 의미한다고 본다. 따라서 구속영장이 청구되는 단계에서 범죄혐의에 대한 입증이 마무리되는 경우가 대부분이기 때문에 구속영장이 발부된 이후에 영장에 기재된 범죄사실에 대하여 실질적인 수사가 이루어지는 경우는 그리 많지 않다. 그러므로 구속기간 중에 구속영장이 발부된 피의사실 이외의 다른 피의사실에 대하여 주로 수사를 하는 경우를 별건구속이라고 하게 되면 실무상 거의 대부분의 여죄수사를 금지하게 되고, 그러한 경우 별건구속의 비난을 피하기 위하여 검찰송치 또는 공소제기 후에야 비로소 별개 범죄사실에 대한 수사를 개시할 수 있기 때문에 불필요한 구속기간의 연장이 초래되어 결과적으로 피의자에게 불이익이 될 수 있다.

한편 별건구속을 판단하기 위한 객관적 요소로서 두 가지 범

---

52) 신양균, 앞의 책, 169면.

53) 신양균, 앞의 책, 169면.

죄사실의 경중, 상호관련, 본건에 의해 피의자가 구속기간·장래의 양형 등과 관련하여 안게 되는 불이익 여부 등을 고려하여야 한다는 견해가 있다.[54] 경한 범죄사실로 구속한 이후에 중대한 범죄사실에 대한 수사를 하는 경우를 위법하다고 보게 되면 수사기관은 구속영장이 발부된 범죄사실보다 중대한 범죄사실에 대한 수사가 필요한 경우 그 수사를 공소제기 후로 미루게 될 것이다. 왜냐하면 기소 후의 구속기간은 기소된 공소사실에 대한 공판심리의 확보를 위해 인정되는 것이고, 헌법상 신분이 보장되고 직무의 독립성이 확보된 수소법원이 그 기간의 갱신 여부를 결정하기 때문에 그 기간이 여죄의 조사에 이용되더라도 그 구속을 위법하다고 보지는 않기 때문이다.[55] 별건에 대한 구속기간 중에 여죄에 대한 수사가 계속될 수 있었음에도 불구하고 별건구속이라는 비난을 피하기 위하여 공소제기 후에 별개 범죄사실에 대한 수사가 계속된다면 결국 피의자에 대한 구속기간이나 병합심리를 받을 이익과 배치될 수 있다. 따라서 정책적인 측면에서 이런 입장이 피의자의 방어권을 보장하여 이익을 준다고 일률적으로 말할 수는 없다.

그러므로 위에서 말한 위법성 판단요소들을 종합적으로 고려하여 여죄수사가 허용되지 아니하는 위법한 별건구속은 오로지 본건의 수사에 이용할 목적이 있을 것, 즉 수사기관의 영장주의 잠탈 의도가 명백히 나타나는 경우로 한정하여야 할 것이다.

5. 위법한 별건구속에 대한 구제방안

가. 본건에 대한 구속의 허용 여부

우리나라 다수설은 별건으로 구속 중인 피의자를 상대로 본

54) 신양균, 앞의 책, 169면.

55) 이은모, 앞의 논문, 207면.

건에 대한 수사를 진행하고 그에 대한 증거를 확보한 다음 그 증거를 근거로 본건에 대한 구속영장을 발부받는 경우 본건의 구속에 적용되는 구속기간의 제한을 탈법적으로 우회할 염려가 있다고 본다.[56] 따라서 별건구속이 위법하다고 인정되는 경우에 별건으로 구속 중인 피의자를 상대로 본건에 대한 수사를 진행하고, 그로 인하여 확보한 증거를 근거로 본건에 대한 구속은 허용되지 아니한다.

이에 대하여 본건기준설의 입장에서 별건구속이 실질적으로 본건에 대한 구속이라고 보는 것인데, 여죄수사와 별건구속의 주관적 · 객관적 구별기준이 모호한 이상 이를 인정하기 어렵고, 사건단위설에 의하면 영장에 기재된 범죄사실에 의하여 구속요건의 존부 및 그 필요성을 판단하여야 하며, 구속 중인 피의자를 상대로 하는 수사가 가능한 이상 그 수사로 인한 증거로 구속영장을 발부받더라도 그 자체로 이를 탈법이라고 하거나 위법하다고 할 수는 없고, 이를 탈법이라고 비난하는 경우 죄를 많이 저질러 범죄혐의가 많은 사람이 그렇지 않은 사람보다 이익을 누리게 되는 문제가 있다고 비판하는 견해가 있다.[57] 이 견해는 위법한 별건구속의 가능성을 전혀 인정하지 않는다는 점에서 타당하지 아니하다.

나. 별건구속 중의 자백 및 이에 기하여 수집된 증거의 증거능력

다수설은 위법한 별건구속의 경우에 별건구속 중의 자백 및 별건구속 중에 수집된 증거는 위법수집증거로서 증거능력이 없다

56) 배종대 · 이상돈 · 정승환, 앞의 책, 142면; 백형구, 앞의 책, 251면; 신동운, 앞의 책, 225면; 신양균, 앞의 책, 168면; 이재상, 앞의 책, 256면; 차용석 · 최용성, 앞의 책, 218면.

57) 안성수, 별건 체포 · 구속의 적법성, 법조(통권 609호, 2007. 6.), 361면.

고 본다.[58]

자백배제법칙의 이론적 근거와 관련하여 위법배제설, 허위배제설, 인권옹호설이 주장되고 있는데, 별건구속의 위법성으로 인하여 그 과정에서 취득한 자백과 이에 기하여 수집된 증거는 위법수집증거배제법칙에 의하여 증거능력이 배제된다고 보는 것이 타당하다.

Ⅴ. 결 론

이상에서 영장의 효력, 그 효력범위에 관한 학설, 이중구속과 별건구속의 문제에 대하여 살펴보았다.

영장의 효력으로는 신체의 자유를 제한하는 적극적 효력과 동일한 범죄사실에 대하여 일정한 범위 내에서 재체포와 재구속이 제한되는 소극적 효력이 있다. 통설은 사건단위설의 입장을 취하여 강제처분의 효력은 영장에 기재된 범죄사실에 대해서만 미치고, 그 이외의 사실에는 미치지 아니한다고 한다. 사건단위설에 의하면 이중구속과 관련하여 그 허용 여부에 대하여 학설이 대립하고 있으나, 재차 구속영장의 발부 가능성 및 후속 구속영장의 현실적 집행시기에 대하여 의견이 일치하고 있기 때문에 학설상 실질적인 차이가 없다.

그리고 별건구속은 별건 그 자체만을 놓고 보면 구속사유가 갖추어진 경우로서 일단 형식적 적법성이 인정된다. 그러나 실무상 탈법적이고 남용적인 구속을 방지하기 위하여 그 위법성을 인정할 필요성이 있으나, 합법적으로 인정되는 여죄수사와 구별하

58) 백형구, 알기 쉬운 형사소송법, 박영사, 2007, 69면; 신동운, 앞의 책, 225면; 정웅석 · 백승민, 앞의 책, 546면; 차용석 · 최용성, 앞의 책, 219면.

는 기준을 추상적이고 일반적으로 정립하는 것은 매우 어렵다. 특히 구속영장의 발부 여부에 대한 법원의 사법심사가 엄격하게 행하여지고 있는 현실에서는 중대한 본건 범죄의 수사를 위하여 경미한 별건을 이유로 구속영장을 발부받기는 쉽지 않고, 따라서 실무상 별건구속이 위법하다는 판단을 받을 만한 사례가 발생할 여지는 많지 않다.

그러나 자백 획득 및 수사 편의를 위한 구속영장의 청구 내지 발부의 문제가 논란이 되고 있다는 것은 사실이고, 자백 획득 및 수사 편의를 위한 신체 자유의 제한은 판사에 의한 엄격한 심사의 대상이 되는 구속보다는 수사기관이 독자적으로 신체의 자유를 제한할 수 있는 긴급체포 또는 현행범체포를 이용한 수사가 더욱 문제가 되었다.

앞으로 자백 강요나 수사 편의를 위한 수단으로 구속을 이용하는 위법한 행위가 용인되어서는 안 될 것이다. 수사 실무상 자백 강요나 수사 편의를 위한 구속이라는 비난이 제기되지 않도록 수사기관의 자의적인 구금을 방지하고 신체구속에 대한 사법적 통제가 효율적으로 이루어지도록 운용하여야 할 것이다.

내사의 법적 쟁점에 관한 연구[1)]

허 인 석
수원지방검찰청 여주지청 검사

Ⅰ. 서 설

1. 내사의 의의

내사란 보도·풍설·진정·익명의 신고 등을 통하여 범죄혐의가 있을 수 있는 정보를 입수한 경찰, 검찰 등 수사기관이 범죄혐의의 유무를 확인하기 위하여 입건 전의 단계에서 수행하는 조사활동을 말한다.[2)] 내사는 편의상 주체에 따라 검찰내사와 경찰내사, 내사의 목적에 따라 범죄내사와 진상내사, 피내사자를 직접 조사하는지 여부에 따라 직접내사와 간접내사, 기록상 근거를 남기는지 여부에 따라 일반내사와 특별내사로 구분하기도 한다.[3)]

---

1) 2008. 4. 발표.

2) 정성진, 내사론, 법조 제45권 3호(486호), 1997. 3. 7면.

3) 내사의 구별에 관한 자세한 설명에 대하여는 권오걸, 수사절차로서의 내사에 관한 고찰, 형사법연구 제15호, 2001, 242-244면 참조. 사법경찰관리사무규칙에 의하면 경찰내사의 경우에는 수사와 달리 경찰 독자적으로 내사에 착수하여 종결할 수 있기 때문에 인권침해 여부에 관한 사법적 통제시스템에 공백이 발생한다는 문제가 있다. 자세한 내용은 후술한다.

최근 언론을 통해 소위 BBK 특검 관계자가 대통령 당선인을 피내사자 신분으로 조사하였기 때문에 피의자신문조서를 작성하지 않았다는 보도가 난 적이 있듯이[4] '내사', '피내사자'라는 용어가 '수사', '피의자'와는 구별되는 개념이라는 사실은 이제 일반국민의 상식이 되고 있다. BBK 특검과 같이 내사는 일반적으로 공개하기 어려운 사건, 특히 정치적으로 민감한 사건이 그 대상이 되는 경우가 많기 때문에 극도의 은밀성과 비공개성을 그 특징으로 한다. 조사 대상자의 입장에서는 피의자로 인지되면 형사소송법상 피의자로서의 진술거부권, 변호인선임권, 접견교통권 등 방어권이 보장되는 데 반해 여론의 질타를 받거나 범죄자로서 낙인이 찍히는 불이익을 받을 수 있다. 한편 수사기관의 입장에서는 은밀하고 광범위한 조사활동을 통하여 피내사자의 범죄혐의를 명백히 하고, 증거인멸도 사전에 방지할 수 있다는 장점이 있겠지만, 지나치게 광범위하거나 장기간 내사를 진행함으로써 피내사자의 법률적 지위를 극히 불안정하게 하거나 사실상 수사를 진행하는 것과 다름이 없음에도 피의자로서의 권리를 보장하지 않는다는 문제점이 있을 수 있다. 종래 군사정권시절 수사기관이 입건 전이라는 이유로 피의자를 임의동행 형식으로 체포하고 피의자로서의 권리를 보장하지 아니한 채 자백을 강요한 관행 때문에 일부 학자들은 마치 '내사사건의 확대 = 기본권 침해'로 판단하는 경향까지 없지 않다.[5] 하지만 앞서 살펴 본 바와 같이 조사 대상자 및 수사기관 양자에게 극도의 비공개원칙이 지배하는 내사는 그 자체로서 효용성이 있기 때문에 내사를 수사실무에서 완전히 배제할 수는 없고, 범죄낙인 등에 따른 조사 대상자의 사회생활상 불이익을 감안하면 내사의 확대가 반드시 인권침해로 연결된다고

4) 2008. 2. 18. 연합뉴스.

5) 신동운, 내사종결처분의 법적 성질, 서울대학교 법학 제45권 3호, 319면.

단정할 수 없을 것이다. 따라서 수사실무상 필요성과 인권보장이라는 두 마리 토끼를 잡기 위해서는 내사의 한계와 불법내사에 대한 적절한 통제수단에 관한 고찰이 필요할 수밖에 없다. 결국 내사에 대한 통제가 얼마나 효율적으로 이루어지느냐에 따라 내사의 적법성과 정당성을 확인하고 아울러 피내사자의 인권보장을 실현할 수 있으므로 내사가 통상의 수사절차보다도 더욱 철저한 밀행주의의 지배를 받는다고 하더라도 수사상 요구되는 상당성 및 비례성 원칙의 지배를 받아야 할 뿐 아니라 형사소송의 기본이념에도 기속되어야 하는 것이다.[6]

2. 외국 법제에서의 내사

한국 이외의 다른 국가에서도 수사를 개시하기 전 범죄혐의의 유무 확인을 위한 수사기관의 활동을 인정하는지, 인정한다면 어느 범위에서 인정하는지 문제된다.

미국의 경우에는 수사를 의미하는 Investigation과 구별되는 개념으로 Inquiry라는 용어를 쓰는데, Investigation이 공개, 비공개, 임의, 강제수사를 포괄하는 개념임에 반해 Inquiry는 비공개, 이의수사에 중점이 있는 개념이므로 우리의 내사에 가장 유사하다고 할 수 있다.[7] Inquiry를 함에는 제한된 문의, 정보원 접촉, 관련서류 검토 등이 주로 행해지며 수사기관에서는 특히 대상자의 프라이버시와 사회적 평판이 침해되지 않도록 내부적 통제에 유의하여야 한다.[8] 이에 대하여 Inquiry가 비공개 조사를 의미하는 것은 맞지만 주로 영장을 발부하는 판사의 피의자 심문이나

6) 정웅석, 내사・진정사건에 대한 법적고찰, 2006년도 대검찰청 용역과제, 6면.

7) 정성진, 앞의 논문, 10면; 정웅석, 앞의 논문, 12면.

8) 정성진, 앞의 논문, 11면.

Grand Jury에서의 피의자 조사 등을 의미하므로 한국의 내사와 동일하게 해석할 수 없고, 다만 범죄혐의를 확신하지 못한 경찰이 Inquiry를 하는 경우를 내사라고 해석할 수도 있겠지만 미국의 연방법전이나 연방형사소송절차에는 이와 관련한 규정을 찾을 수 없다는 견해도 있다.[9] 그러나 용어의 정확성 여부를 떠나 미국에도 한국의 내사와 같은 수사기관의 활동이 있음을 부정할 수는 없을 것이다. 수사기관이 범죄혐의 유무를 확인하기 위한 활동에는 피해자 조사, 범죄현장에서의 목격자 조사, 다른 목격자 확인을 위한 탐문수사, 피의자 조사, 정보원을 통한 정보취득, 범죄현장에서의 물증확보, 함정수사 활동, 공모관계 확인 등을 위한 감시 등이 있다.[10] 위와 같은 수사기관의 활동 중 범죄혐의 유무 확인을 위한 피의자 조사, 탐문수사, 감시, 피해자 또는 정보원 조사 등은 우리의 내사와 유사한 활동으로 보아도 무방할 것이다.

일본의 경우에는 형사소송법 제197조가 우리 형사소송법 제199조와 유사하게 ① 수사에 있어서는 그 목적을 달성하기 위하여 필요한 조사를 할 수 있다. 단, 강제처분은 이 법률에 특별히 정한 경우가 아니면 이를 할 수 없다. ② 수사에 있어서는 공무소 또는 공사단체에 조회하여 필요한 사항의 보고를 구할 수 있다고 규정하고 있어 내사의 근거로 해석되고 있다.[11] 또한 사경단계에서는 내정(內偵)이라는 독특한 관념이 있는데, 내정이란 수사규범 제101조에 근거하여 직접 피의자나 참고인에 대한 조사를 행하기 전에 많은 수사자료를 수집하는 절차를 말하고, 내정의 방법인 탐문, 미행, 밀행, 잠복 등을 할 때에는 대상자의 프라이버시권을 침

9) 한국형사정책연구원, 수사단서 및 그에 따른 사건처리시스템 재정비 연구, 2006년도 대검찰청 용역과제, 70면.

10) Wayne R, LaFave 외 2인, *Criminal Procedure*, 4th.Ed, 8면.

11) 정성진, 앞의 논문, 10면.

해하지 않도록 탐문의 상대방이나 질문방법에 각별히 주의하여야 한다고 한다.[12] 피의자에 대한 직접조사 전 충분한 자료의 확보를 위해 탐문, 밀행 등의 기법을 활용하는 것은 우리의 내사와 유사한 개념이라 해석할 수 있다.

독일의 경우에는 형사소송법 제160조 제1항에서 고발이나 그 밖의 수단에 의하여 어떤 범죄행위의 혐의에 대하여 알게 되는 즉시 검사는 공소제기 여부를 결정하기 위하여 사실관계를 조사하여야 한다고 규정하고 있는데, 실무상 여기에서의 혐의는 시초혐의 또는 초기혐의라 부르고 있으므로 이를 밝히기 위한 초기 조사활동이 우리의 내사에 해당한다고 볼 수 있을 것이다.[13]

위와 같이 어느 국가이든 그 용어의 상이성은 별론으로 하더라도 수사기관이 수사개시 전 범죄혐의의 유무 확인을 위하여 실시하는 기초적 조사, 즉 한국의 내사와 유사한 활동을 인정한다는 점에서는 공통점이 있다.

3. 내사의 법적 근거

종래 내사의 법적 근거에 관하여 형사소송법에는 근거가 없고, 내부적 효력만 인정되는 법무부 훈령 등에 근거하고 있다고 비판이 제기되어 왔다. 즉, 검찰사건사무규칙 제141조 제1항은 검사는 수사의 단서로서 조사할 필요가 있는 사항, 상급검찰청에서 조사 또는 보고를 명한 사건을 내사사건으로 수리하여야 한다고 규정하고 있고, 사법경찰관리집무규칙 제20조는 ① 범죄에 관한 신문 기타 출판물의 기사, 익명의 신고 또는 풍설이 있을 때에는 특히 출처에 주의하여 그 진상을 내사한 후 범죄의 혐의가 있다

12) 한국형사정책연구원, 60면.

13) 정웅석, 앞의 논문, 13면.

고 인정할 때에는 즉시 수사에 착수하여야 한다. 다만, 내사를 빙자하여 막연히 관계인의 출석을 요구하거나 물건을 압수하는 일이 없도록 하여야 한다. ② 사법경찰관은 내사 결과 범죄의 혐의가 없다고 인정할 때에는 즉시 내사를 종결하여야 한다. ③ 익명 또는 허무인 명의의 진정, 탄원 및 투서에 대하여는 그 내용을 정확히 판단하여 수사단서로서의 가치가 없다고 인정될 때에는 내사하지 아니할 수 있다. ④ 실존인물의 진정, 탄원, 투서라도 내용이 형벌법규에 저촉되지 아니함이 명백하다고 인정될 때에는 진정, 탄원, 투서인에게 그 뜻을 통지하고 제3항에 준하여 처리할 수 있다고 규정하고 있는데, 정작 형사소송법상으로는 내사에 관한 명문규정이 없다는 것이다.[14] 그러나 형사소송법 제199조 제1항은 수사에 관하여는 그 목적을 달하기 위하여 필요한 조사를 할 수 있다고 규정하고 있는데, 여기서의 수사란 광의의 수사로서 내사를 포괄하는 개념으로 해석함이 상당하다.[15] 또한 제199조 제2항은 수사에 관하여는 공무소 기타 공사단체에 조회하여 필요한 사항의 보고를 요구할 수 있다고 규정하고 있는바, 이러한 사실조회는 내사의 전형적인 방법이기 때문에 내사의 근거규정으로 해석할 수 있는 것이다. 형사소송법이 강제처분법정주의를 천명하며 그 절차와 요건을 엄격히 규정하고 있음에 반해, 인권침해 가능성이 희박한 임의수사에 대하여는 제199조 제1항으로 포괄적으로 규정하고 있는 점, 사실상 임의수사의 상당부분이 내사의 영

---

14) 정웅석, 앞의 논문, 35면.

15) 수사를 내사를 포함한 광의의 수사와 내사를 제외한 협의의 수사로 구분하는 입장에 관하여는 한국형사정책연구원, 수사단서 및 그에 따른 사건처리시스템 재정비 연구, 2006년도 대검찰청 용역과제, 9면 이하. 입건 전의 단계가 범죄혐의를 확인하기 위하여 사건의 진상을 조사하는 수사과정이라면, 입건 후의 단계는 확인된 범죄혐의를 바탕으로 수사를 확대하여 범인과 증인 등을 확보하고 증거를 수집, 보전함으로써 기소를 준비하는 수사과정이 되어야 할 것이다. 전자를 '내사'로, 후자를 (내사를 제외한) '협의의 수사'로 표현하여도 무방하다.

역과 중첩되는 점에 비추어 형사소송법에 '내사'라는 명문이 없다 하여 현재의 수사실무가 법에 근거하지 않아 위법하다고 단정하기는 어려울 것이다. 결국 내사는 형사소송법 제199조, 검찰사건사무규칙 제141조, 사법경찰관리집무규칙 제20조에 근거하고 있다고 해석된다.

또한 개정 검찰사건사무규칙 제13조의2는 검사는 피의자 또는 피의자 외의 자를 조사하기에 앞서 조사 대상자에게 조사의 경위 및 이유를 설명하고 유리한 자료를 제출할 기회를 주거나 조사 대상자로부터 피의사실에 대한 의견 및 조사요구사항 등 조사에 참고할 사항을 들을 수 있다고 규정하고 있는데, 위 규칙도 내사의 근거규정으로 해석할 수 있을지 문제된다. 위 규칙에 의하면 수사기관이 수사절차로서의 피의자 신문 전이라도 필요한 경우 자료를 제출받거나 참고인 등 조사 대상자로부터 진술을 청취할 수 있는데, 수사기관 입장에서는 위 규정을 잘 활용하면 입건 전이라도 범죄혐의가 없는 조사 대상자를 선별해 냄으로써 사법비용의 불필요한 낭비를 줄일 수 있고, 조사 대상자 입장에서는 조사를 받기 전 수사기관의 의견청취절차를 적절히 활용하면 경우에 따라 수사기관에 출석해야 하는 불편을 감소하고, 억울하게 피의자로 입건될 필요가 없다는 장점이 있다. 자료제출이나 의견청취는 내사의 경우에도 인정되는 방법일 뿐 아니라, 여기서의 '피의자 이외의 자'는 참고인뿐 아니라 아직 피의자로 입건되지는 않았지만 피내사자 신분에 불과한 자도 포함할 수 있을 것이다. 따라서 규칙 제13조의2도 내사의 근거규정으로 적극적으로 해석할 필요가 있을 것이다.

위와 같이 내사는 형사소송법, 검찰사건사무규칙, 사법경찰관리집무규칙 등에 근거하고 있지만, 사경단계와 경찰단계의 내사사건 처리에는 몇 가지 차이가 있을 수 있다. 가장 큰 차이점은 사경단계에서는 내사사건이라는 개념이 있으나 진정사건은 명시되어 있지 아니하고 내사종결, 입건 이외에 다른 주문이 없음에 반해 검찰단계에서는 내사 이외에 진정이라는 개념을 인정하고 입건, 입건유예, 범죄혐의없음, 공소권없음 등 다양한 형태의 주문을 인정하고 있다. 또한 사경단계에서의 내사란 "범죄에 관한 신고나 풍설이 있을 때 범죄혐의가 있는가"를 확인하기 위하여 진상을 확인하는 활동이라고 정의할 수 있음에 반해 검찰단계에서의 내사란 "수사의 단서로서 조사할 필요가 있는 사항"을 조사하는 활동으로 정의되고, 수사의 단서란 수사기관이 범죄혐의가 있다고 사료하게 된 단초를 말하기 때문에 사경단계에서의 내사는 "범죄혐의가 있는가"를 규명하기 위한 활동임에 반해, 검찰단계에서의 내사는 "이미 범죄혐의가 있다"는 전제하에서 조사를 진행해 가는 활동이라고 단정하는 견해도 있다.[16] 그러나 수사의 단서를 조사한다는 의미가 곧바로 범죄혐의가 있음을 전제한 것이라고 단정하기는 어렵다고 생각한다. 예컨대 수사의 단서로 어떤 첩보가 제공된 경우 당연히 수사 개시 전 첩보의 출처나 내용의 진정성 판단을 위한 기초적 조사가 반드시 선행되어야 하는데, 이러한 경우 검찰이 범죄혐의를 전제하였기 때문에 내사를 진행하였다기보다는 범죄혐의가 있는지 확인하기 위하여 내사를 진행하였다고 해석해야 하기 때문이다. 위와 같은 구별론은 검찰의 모든 내사가 마치 범죄혐의를 전제한 것처럼 오인케 할 소지가 있다. 그동안 검찰이 정치적으로 민감한 중대 사안을 직접 내사한 경우가 많았기 때문에 위와 같은 구별론이 제시된 것으로 보이지만, 이러한 사안의 경우에도 사회적 파장이나 중대성 때문에 검찰이 내사를 진행한 것이지, 범죄혐의를 전제하였기 때문에 내사를 진행하였다고 단정할 수는 없을 것이다. 따라서 검찰의 내사를 피

16) 신동운, 앞의 논문, 312면.

내사자에 대한 범죄혐의 전제 여부로 경찰내사와 구별하는 것은 다소 문제의 소지가 있을 것이다.

4. 수사와의 구별

그렇다면 내사는 수사와 어떻게 구별되는 개념인지 문제된다. 내사와 수사의 구별실익은 검사의 수사지휘 여부와 기록보전 여부에 달려 있다.[17] 첫째, 사법경찰에 대한 검사의 수사지휘와 관련하여 경찰의 내사는 일반적으로 검사의 수사지휘를 받지 않는다. 그러나 경찰이 실질적으로 수사를 실행해 놓고 단지 입건절차를 취하지 않았다는 이유로 검사의 통제를 받지 않는다는 것은 국민의 권익구제 차원에서 바람직하지 못할 것이므로 입법적 보완이 필요하다. 둘째, 내사사건도 내사번호를 붙여 기록이 보존되기는 하지만 실무상 내사번호를 붙일 것인지 여부도 수사기관의 판단에 따르는 경우가 있으므로 아예 기록을 만들지 않는 경우도 있을 수 있다.[18] 그러나 아예 기록을 만들지 않는다는 것은 내사에 대한 법치국가적 통제를 유명무실하게 만드는 것이므로 바람직하지 않을 것이다. 검찰사건사무규칙 제142조는 내사, 사건의 수리절차에 관하여 규정하고 있지만, 사법경찰관리집무규칙은 아무런 규정을 두고 있지 않으므로 내사에 대한 법적 통제를 강화하기 위해서는 입법론적으로 사법경찰관리집무규칙에도 처리규정을 두는 것이 타당할 것이다.[19] 그 밖에 내사와 수사의 구별실익과 관련하여 내사의 경우에는 입건 전 단계이기 때문에 피의자로서의 진술거부권, 접견교통권 등 권리가 보장되지 않는다는 측

17) 정웅석, 앞의 논문, 42면; 이완규, 형사소송법 특강, 법문사, 2006, 93면.

18) 정웅석, 앞의 논문, 43면.

19) 정웅석, 앞의 논문, 43면.

면이 있으나, 후술하는 바와 같이 관련 자료 등을 통해 피내사자의 범죄혐의가 어느 정도 확인되었기 때문에 수사기관이 피내사자를 상대로 단순하게 사실관계를 확인하는 차원을 벗어나 실질적인 신문을 진행할 수 밖에 없다면 입건 여부를 불문하고, 피내사자에게 피의자와 동등한 권리를 인정하는 것이 타당할 것이다.

내사와 수사의 구별기준에 대하여 종래 학설이 대립되어 왔다. 형식설은 수사기관의 내부적 절차인 '입건'을 기준으로 내사와 수사를 구별하는 입장이고, 실질설은 '입건' 여부를 불문하고 수사기관이 실질적으로 수사를 진행하였다면 이미 내사단계를 넘어 수사의 영역에 해당한다는 입장이다.

가. 형 식 설

종래의 통설로서 내사는 주관적 혐의조차 인정되지 않는 단계의 입건 전의 조사로서, 입건 후의 수사와는 명백하게 구별되는 개념이라는 입장이다. 수사의 단서가 있다고 하여 바로 수사가 개시되는 것은 아니고 수사기관의 범죄인지에 의하여 비로소 수사가 개시되므로 그 이전에는 내사단계에 불과하고, 진정의 경우에도 피진정인은 내사단계를 거쳐 수사기관의 인지에 의하여 비로소 피의자가 된다. 범죄인지란 수사기관이 고소, 고발, 자수 이외의 수사단서가 있는 경우에 범죄의 혐의가 있다고 판단하여 수사를 개시하는 것을 말하고 입건이라고도 한다.[20] 현재 수사실무상 수사와 내사의 구별은 수사기관이 부여하는 '범죄인지(범죄입건)' 여부에 따르고 있다. 따라서 수사기관이 수사에 착수할 때에는 범죄인지보고서를 작성하여야 하며 범죄인지보고서가 작성되면 조사 대상자는 이때부터 피의자가 된다고 본다.

20) 이재상, 형사소송법, 2004, 180면.

나. 실 질 설

형사소송법 제195조는 수사의 개념을 간접적으로 정의하여 범죄의 혐의가 있다고 사료하는 때에는 범인, 범죄사실과 증거를 수사하여야 한다고 규정하고 있는바, 이 규정으로부터 내사의 한계와 수사의 개시 시점을 도출할 수 있다는 견해이다. 즉, 형사소송법 제195조에 의할 때 수사기관이 조사 대상자에 대하여 '범죄의 혐의'가 있다고 판단하였음을 외부적으로 표시하는 일련의 조치가 있다면 그때로부터 수사는 개시된다. 이 단계부터 조사 대상자는 피의자가 된다. 피의자의 시기를 입건 유무에 의하여 결정하는 견해를 형식설이라고 한다면 범죄혐의가 있다고 판단한 시점을 기준으로 피의자의 시기를 결정하는 견해를 가리켜 실질설이라 명명할 수 있다.[21]

다. 판례의 입장

종래 대법원은 "형사소송법 제184조에 의한 증거보전은 피고인 또는 피의자가 형사입건도 되기 전에는 청구할 수 없다"고 판시한 바 있다.[22] 또한 내사사건에 대한 종결처분에 대해서는 "고소 또는 고발사건에 대한 불기소처분이라 볼 수 없어 재정신청의 대상이 되지 않는다"는 입장을 취하였다.[23] 그러나 범죄인지 전 작성된 피의자신문조서의 증거능력과 관련하여 대법원은, "검찰사건사무규칙 제2조 내지 제4조에 의하면, 검사가 범죄를 인지하는 경우에는 범죄인지서를 작성하여 사건을 수리하는 절차를 거치도록 되어 있으므로 특별한 사정이 없는 한 수사기관이 그와 같은 절차를 거친 때에 범죄인지가 된 것으로 볼 것이나, 범죄의

21) 신동운, 앞의 논문, 323면.

22) 대법원, 1979. 6. 12. 선고 79도792 판결.

23) 대법원, 1991. 11. 5. 91모68 결정.

인지는 실질적인 개념이고, 이 규칙의 규정은 검찰행정의 편의를 위한 사무처리절차 규정이므로, 검사가 그와 같은 절차를 거치기 전에 범죄의 혐의가 있다고 보아 수사를 개시하는 행위를 한 때에는 이때에 범죄를 인지한 것으로 보아야 하고, 그 뒤 범죄인지서를 작성하여 사건수리절차를 밟은 때에 비로소 범죄를 인지하였다고 볼 것이 아니며, 이러한 인지절차를 밟기 전에 수사를 하였다 하더라도, 그 수사가 장차 인지의 가능성이 전혀 없는 상태하에서 행해졌다는 이유만으로 그 수사가 위법하다고 볼 수는 없고, 따라서 그 수사과정에서 작성된 피의자신문조서나 진술조서 등의 증거능력도 이를 부인할 수 없다”[24]고 판시하였는데, 범죄인지서를 작성하기 전이라도 수사가 가능하다는 입장이므로 실질설을 취하였다고 보아도 무리가 없을 것이다.[25] 최근 하급심 판례 중, “검사가 피의자를 참고인 자격으로 소환해 피고인 등 공범들과의 조직구성 및 활동 등에 관한 신문을 하면서 진술조서를 작성했는데, 비록 진술조서의 형식을 취했더라도 그 내용은 피의자의 진술을 기재한 것이라 피의자신문조서와 실질적으로 같다고 봐야 하고 검사가 피의자에게 미리 진술거부권이 있음을 고지하지 않고 진술조서를 작성하였으므로 증거능력이 없다”[26]고 판시한 것도 내사와 수사의 구별에 관하여 실질설을 취한 것으로 보인다.

라. 검 토

내사는 수사기관이 수사개시의 단서로서 고소, 고발이나 자수가 있는 경우에는 어쩔 수 없이 수사를 시작하게 되지만 진부를 확인할 수 없는 범죄관련 기사나 신고 또는 풍설이 있는 경우

24) 대법원, 2001. 10. 26. 선고 2000도2968 판결.

25) 정웅석, 앞의 논문, 39면.

26) 2007. 10. 18. 법률신문; 서울중앙지방법원 2007고합448 판결.

에 빠짐없이 그 대상자를 입건하여 바로 수사를 개시한다면 그 내용이 진실이 아니라고 판명될 경우 엄청난 수사력의 낭비가 될 뿐만 아니라, 당사자 본인에게 대하여도 인권침해의 결과가 되기 십상이므로 수사를 개시하기에 앞서 간접적이고 은밀한 방법으로 범죄혐의 유무를 확인하는 조사활동을 선행시켜 국가 수사력의 낭비와 국민에 대한 인권침해를 미연에 방지하고자 하는데 그 제도적 의의가 있다.[27] 반면 실질적으로 수사기관이 수사를 진행하여 마무리 단계까지 이르렀음에도 내부적 업무처리방식에 불과한 범죄인지서 또는 범죄인지보고서에 등재하지 않았다는 이유로 조사 대상자에 대하여 피의자로서의 진술거부권, 증거보전청구권 등 형사소송법상 보호규정의 적용을 배제할 수 있다는 문제가 있다.[28] 내사는 사전조사를 통하여 범죄혐의 없음이 명백한 조사대상자를 걸러 냄으로써 범죄낙인에 따른 사회적·경제적 피해를 방지할 수 있다는 순기능이 있지만 수사기관이 편의를 위하여 내사 명목으로 실질적인 수사를 진행하는 경우에는 조사 대상자의 인권이 침해될 수 있다는 역기능이 있으므로 내사와 수사의 구별은 중요하지 않을 수 없을 것이다. 결국 내사의 역기능은 수사기관의 의지, 내사의 한계문제와 가장 밀접하게 관련되어 있는 것이다. 따라서 내사의 순기능과 역기능을 조화하기 위해서는 사건관계인의 인권보호 차원에서 어느 정도 내사가 진행된 경우에는 수사의 범주에 포함시키는 것이 타당하다. 다만 내사를 수사개념에 포함시킬 경우에 우려되는 인권침해적 소지는 그동안 수사가 자백위주의 피내사자 내지 피의자신문에 의존한 데 있으므로 가능하면 이러한 수사방식은 지양되어야 할 것이다.[29] 따라서 첩보나

---

27) 정성진, 피내사자에 대한 변호인의 접견교통권, 판례월보 제325호(1997. 10.), 38면.

28) 정웅석, 앞의 논문, 40면.

소문 등 기초적 조사단계, 피해자나 관련 참고인 진술청취 등은 내사단계로 취급하되, 그동안 내사한 자료를 통해 구체적으로 피내사자의 범죄혐의가 확인되고 피내사자에 대한 조사가 실질적으로 피의자신문으로 진행될 가능성이 높거나 동일하게 취급될 수 밖에 없는 경우에는 이후의 절차는 실질적으로 수사의 범주에 포함된다고 해석하는 것이 타당하다. 따라서 관련 자료를 통해 이미 구체적 범죄혐의를 확인한 경우에는 피내사자 조사시 범죄인지서 작성 전이라도 진술거부권, 변호인 참여권 등을 고지하고 피의자신문을 실시하여야 할 것이다.

5. 진정과의 구별

진정이란 일정한 사실이나 사정에 관하여 모두 털어놓고 그 진상을 밝혀달라는 의사표시이므로 범죄혐의 유무와 밀접한 관련이 있는 내사와는 약간 다른 개념이다.[30] 검찰사건사무규칙 제143조 제2항은 내사와 구별하여 진정이라는 용어를 사용하고 있으나, 사법경찰관리집무규칙에는 내사에 대하여만 규정하고 있을 뿐, 진정에 관하여는 따로 규정하고 있지 아니한다. 수사기관의 내사는 신문, 기타 출판물의 기사나 익명의 신고, 풍설 또는 그 밖의 수사단서에 의하여 진행되는데, 여기서 그 밖의 수사단서 중 진정도 포함될 수 있기 때문에 진정은 내사이전의 단계라 할 수 있다. 즉, 진정은 내사의 단서로 내사를 통하여 수사로 진행될 수 있는 것이다. 하지만 검찰사건사무규칙 제143조 제2항 제6호는 진정사건을 내사사건에 준하여 처리하도록 규정하고 있기 때문에 내사와 진정은 질적인 차이가 있다고 보기 어렵다.

29) 정웅석, 앞의 논문, 41면.

30) 정웅석, 앞의 논문, 29면.

검찰사건사무규칙 제141조 제3항은 검사는 고소 또는 고발사건으로 제출된 서류가 ① 고소인 또는 고발인의 진술이나 고소장 또는 고발장에 의한 내용이 불분명하거나 구체적 사실이 적시되어 있지 아니한 경우, ② 고소인 또는 피고발인에 대한 처벌을 희망하는 의사표시가 없거나 처벌을 희망하는 의사표시가 취소된 경우, ③ 고소 또는 고발이 본인의 진의에 의한 것인지 확인되지 아니하는 경우, ④ 동일한 사실에 관하여 이중으로 고소 또는 고발이 있는 경우 진정사건으로 수리할 수 있다고 규정하고 있다. 이에 대하여 일부 견해는 검찰이 고소사건을 진정사건으로 수리함으로써 범죄피해자의 인권을 침해한다는 지적이 있지만,[31] 위와 같은 사항들은 고소로서의 기본적 요건[32]을 결여하였거나, 어차피 고소로 접수하더라도 고소각하 등으로 처분되는 사례이기 때문에 진정으로 접수한 사실만으로 고소인의 인권을 침해한다고 단정하기는 어렵다. 오히려 고소 또는 고발로서의 요건을 갖추지 못하였고 부당하게 반복된 고소, 고발임이 명백한 사건까지 고소로 접수하여 항고, 재정신청 절차를 밟게 하는 것은 사법비용을 낭비하고 다른 국민들의 사법서비스를 받을 권리를 침해하는 결과를 야기할 수 있을 것이다. 물론 고소, 고발로서의 요건을 갖추었음에도 수사기관 종사자가 부당하게 진정사건으로 접수하여 처

31) 신동운, 앞의 논문, 329면. 범죄피해자의 입장에서는 자신이 제기한 사건이 수사기관에 의하여 입건이 되지 않는 한 전혀 법적인 보호를 받지 못한다. 재정신청이나 헌법소원은 불가능하다. 헌법재판소의 입장은 피해자가 불만이 있다면 먼저 고소를 해서 형사사건으로 만든 후, 검사의 불기소처분을 기다려서 헌법소원을 제기하라는 것이다. 그러나 검사는 이러한 사정을 잘 알고 있으므로 설사 피해자가 '고소장'이라는 명칭을 붙여서 자신의 사건을 검찰청에 접수시키더라도 이를 진정사건으로 분류하여 내사사건으로 만들어 버린다.

32) 고소란 범죄의 피해자 또는 그와 일정한 관계가 있는 고소권자가 수사기관에 대하여 범죄사실을 신고하여 범인의 처벌을 구하는 의사표시이다. 여기서의 범죄사실은 구체적 범죄사실을 의미하고, 단순히 피해사실을 신고함에 그치고 범인의 처벌을 구하지 않는 경우는 고소가 아니다. 이재상, 앞의 책, 187면.

리하는 경우에는 불법·부당한 업무처리로서 경우에 따라 민형사상 책임을 져야 함은 당연하다. 일본 검찰실무의 경우 고소 이외에 진정, 내사사건으로 분류하는 제도는 없지만 고소·고발사실이 특정되지 아니한 경우, 관할권이 없는 경우, 정신병자에 의한 경우, 불기소 처분 등 법률적 판단을 이미 받은 경우, 고소목적이 부도회피, 채권회수 또는 민사사건을 유리하게 전개할 의도 등 명백히 민사사안에 불과한 경우 기타 명백히 범죄가 성립되지 않는 경우, 고소·고발장 접수 후 2주 이내에 불수리 결정을 할 수 있는데,[33] 고소로서의 기본적 요건을 갖추지 못하였거나 악성 민원성 고소까지 무조건 고소장으로 접수하게 하는 것이 국민의 인권보장과 직결된다고 보기는 어려울 것이다.

Ⅱ. 내사의 절차와 방법

1. 내사의 지도원리

내사도 수사와 연계되어 광의의 형사소송절차의 일부를 이루고 있다고 본다면 형사소송 전반에 적용되는 지도원리는 내사과정에서도 그대로 타당할 것이지만, 수사의 전 단계인 내사에서는 내사 비공개의 원칙, 내사의 필요성과 상당성이라는 비례의 원칙이 특히 중시되지 않을 수 없다.[34]

가. 내사의 필요성

내사도 광의의 수사에 포함되는 만큼 수사의 조건인 필요성

33) 법무부, 일본검찰실무, 2001. 5, 99면.

34) 정성진, 앞의 논문, 14면.

과 상당성의 요건을 충족하여야 한다. 따라서 임의적 방법에 의한 내사이든, 압수·수색이나 감청과 같은 강제적 방법을 사용하는 내사이든, 내사를 위한 조사는 내사의 목적에 적합하고 필요한 최소의 법익침해를 가져오고, 내사의 목적달성으로 얻는 이익과 내사활동으로 침해되는 이익 사이에 균형이 유지되어야 한다는 법치국가적 요청을 준수하여야 한다.[35]

우선 내사의 필요성은 수사기관의 주관적 범죄혐의와 수사의 단서로서 조사할 필요성, 상급 검찰청에서 조사보고를 명한 경우 등[36] 객관적 필요성을 구비하여야 한다. 여기서의 범죄혐의는 주관적 범죄혐의이므로 객관적 혐의일 것을 요구하지 않는다. 그러나 수사기관의 주관적 범죄혐의는 자의와는 명백하게 구별되므로 구체적 사실에 근거하고 있어야 한다는 차이가 있다. 또한 내사의 조건은 소송조건과는 구별되므로 공소제기 가능성이 없는 경우에도 내사의 필요성은 인정되겠지만 실무적으로 친고죄 등의 고소, 고발은 이미 수사의 개시요건으로 내사의 영역에 해당하지 아니하므로 논의의 실익은 거의 없을 것이다.

나. 내사의 상당성

내사의 상당성은 내사를 통한 효율적인 실체적 진실발견과 내사로 인한 조사 대상자의 인권침해를 비교 형량하여 수사기관으로 하여금 적절한 조사방법을 활용하도록 한다. 특히 내사는 수사에 비하여 밀행성과 비공개성이 더욱 요구되기 때문에 내사도중 그 내용을 언론에 공개할 경우 피내사자의 사회·경제적 활동에 막대한 악영향을 끼칠 우려가 있다. 따라서 내사비공개 내지 밀행의 원칙은 내사 자체의 목적달성을 위하여 엄격히 준수되어

---

35) 정웅석, 앞의 논문, 44면.

36) 검찰사건사무규칙 제141조 제1항.

야 할 지도원리라 할 것이고, 수사기관 종사자가 고의로 내사내용을 유포한 경우에는 국가배상책임뿐만 아니라 피의사실공표죄 등 형사상 책임도 면하기 어려울 것이다.

2. 내사의 단서와 개시

검찰사건사무규칙 제141조는 내사개시의 단서로서 진정·탄원, 투서를 예시하고, 사법경찰관리집무규칙 제20조는 신문 기타 출판물의 기사, 익명의 신고 또는 풍설·진정·탄원·투서 등을 예시하고 있다. 그 밖의 내사단서로는 범죄첩보, 타사건 내사 중의 범죄혐의 발견, 국회의원이나 지방의회의원의 공개적 발언, 시장동향 등에 따른 내사기관 자체의 기획, 타 기관에서 이첩된 첩보 등이 있을 수 있다.[37] 또한 최근에는 시민단체에 의한 범죄혐의 발표 등도 중요한 내사의 단서로 등장하고 있다.

3. 내사의 방법

내사의 방법으로 종래 학설은 주로 기초적 주변조사와 사실조회를 예시하고 있다.[38] 내사는 피내사자의 기본권 침해와 관련이 있어 압수수색영장 등이 필요한 경우를 제외하고는 임의적 방법을 활용하기 때문에 비정형적일 수밖에 없다. 형사소송법 제199조 제2항은 수사에 관하여는 공무소 기타 공사단체에 조회하여 필요한 사항의 보고를 요구할 수 있다고 규정함으로써 내사의 한 방법으로 사실조회를 예시하고 있다. 또한 개정 검찰사건사무규칙 제13조의2는 검사는 피의자 또는 피의자 외의 자를 조사하

37) 권오걸, 앞의 논문, 251면.

38) 권오걸, 앞의 논문, 252면.

기에 앞서 조사 대상자에게 조사의 경위 및 이유를 설명하고 유리한 자료를 제출할 기회를 주거나, 조사 대상자로부터 피의사실에 대한 의견 및 조사요구사항 등 조사에 참고할 사항을 들을 수 있다고 규정하고 있다. 그 밖의 내사 방법으로는 감시, 미행, 사진촬영, 참고인 조사, 전문가 감정 등이 있다. 다만 사진촬영과 관련하여서는 촬영당한 사람의 초상권을 침해한다는 문제가 있다. 판례는 "누구든지 자기의 얼굴 기타 모습을 함부로 촬영당하지 않을 자유를 가지나 이러한 자유도 국가권력의 행사로부터 무제한으로 보호되는 것은 아니고 국가의 안전보장, 질서유지, 공공복리를 위하여 필요한 경우에는 상당한 제한이 따르는 것이고, 수사기관이 범죄를 수사함에 있어 현재 범행이 행하여지고 있거나 행하여진 직후이고, 증거보전의 필요성 및 긴급성이 있으며, 일반적으로 허용되는 상당한 방법에 의하여 촬영을 한 경우라면 위 촬영이 영장 없이 이루어졌다 하여 이를 위법하다고 단정할 수 없다"고 판시하여 예외적으로 긴급성이 인정되는 경우에는 영장 없는 사진촬영을 허용하고 있다.[39]

과학기술의 발전에 따라 내사의 단서가 다양해지고 있기 때문에 그에 상응하여 내사방법도 좀더 다양하고 치밀해야 할 것이다. 최근에는 교통단속카메라, 지방자치단체가 설치한 범죄방지용 CCTV, UCC(User Created Contents), 인터넷 블로그에 올라온 글[40] 심지어 연예프로[41] 등도 중요한 내사단서로 등장하고 있는

---

39) 대법원 1999. 9. 3. 선고 99도2317 판결.

40) 예컨대 청소년성매매의 경우에는 수사기관이 성매매 상대방인 것처럼 가장하여 인터넷 채팅을 하거나, 물품구입을 가장한 인터넷 사기의 경우에는 수사기관이 물품을 구입하는 것처럼 가장하는 방법 등도 내사의 방법으로 볼 수 있을 것이다.

41) 2007. 9. 30. 세계일보, KBS "미녀들의 수다"에 출연한 사가와 준코가 대학강사로부터 성희롱을 당하였다고 고백한 사건을 비롯하여 대학교수의 제자에 대한 성폭력 문제를 다루고 있다.

데, 내사단서에 따른 효율적이고 구체적인 내사방법론도 연구되어야 할 것이다.

피내사자 본인을 조사하는 경우, 피의자신문과의 한계 문제가 발생한다. 관련 자료를 통하여 공소를 제기할 가능성이 희박한 경우에도 수시기관은 공무원에 대한 징계, 국민의 알권리 충족 등을 위해 진상확인 차원에서 피내사자를 조사할 필요가 있다. 이러한 경우에는 피내사자에 대한 조사가 피의자신문으로 진행될 개연성이 거의 없기 때문에 피내사자를 조사한다 하여 그의 인권이 부당하게 침해될 위험이 적은 편이다. 하지만 기초적 조사를 통해 범죄혐의가 어느 정도 확인되어 피내사자가 형사처벌을 받을 가능성이 일부라도 있는 경우에는 피내사자 조사를 아예 수사의 영역에 포함시켜 피내사자에게 피의자로서의 진술거부권, 변호인접견교통권, 변호인 신문참여권 등을 보장하고 입건 전이라도 피의자신문을 실시하는 것이 타당할 것이다. 자세한 내용은 내사의 한계에서 후술한다.

Ⅲ. 내사의 한계

1. 문 제 점

내사의 한계는 내사와 수사의 구별논의와 밀접한 관련이 있다. 수사기관이 내사라는 명목하에 수사를 진행하고 있음에도 범죄인지로서의 입건을 하지 않았다는 이유로 피내사자를 임의동행 형식으로 사실상 체포하거나, 변호인 접견교통권, 변호인신문참여권 등 피의자에게 인정되는 권리를 부정해 버리면 피내사자의 인권을 심대하게 침해하는 문제가 발생한다. 기초적 사실조사, 관련자 진술청취, 범죄혐의가 인정되지는 않지만 진상확인 차원에서 피내사자를 조사하는 경우 등에는 내사로서 문제가 없겠지만, 관련 자료 등을 통해 피내사자에 대한 범죄혐의가 이미 인정된 경우에는 입건 여부를 불문하고 이후 절차는 실질적으로 수사를 진행해야 하는 것으로 보아야 할 것이다. 내사의 한계로서 논의되는 것은 임의동행, 내사단계에서의 압수수색 등 대물적 강제처분, 피내사자에 대한 직접조사가 있다.

2. 임의동행

임의동행이란 수사기관이 조사 대상자의 동의를 얻어 수사기관까지 동행하는 것을 말한다. 임의동행에는 형사소송법 제199조 제1항에 의한 임의수사로서의 임의동행과 경찰관직무집행법에 의한 직무질문을 위한 임의동행의 두 가지가 있다. 임의동행은 강제수사이므로 항상 위법하다는 입장도 있지만 형사소송법은 출석요구방법을 제한하고 있지 않고 있으므로 주관적으로 조사 대상자의 명백하고 자발적인 승낙이 있고, 객관적으로 사회 통념상 신체적, 심리적 압박에 의한 자유의 구속이 없다는 상황이 인정될 때는 임의동행도 임의수사의 한 방법으로 허용된다.[42] 임의동행과 강제수사의 구별은 동행의 시간과 장소, 동행의 방법, 동행 후의 신문방법, 체포 또는 구속영장의 유무, 식사·휴식·용변의 감시, 퇴거희망이나 동행거부의사유무를 종합하여 판단하여야 하고, 임의성의 요건은 엄격하게 해석해야 할 것이다.[43] 수사실무상 주거지가 일정하지 아니하거나 전화나 우편 등으로 출석요구가 불가능한 조사 대상자의 경우에는 사실상 임의동행이 유일한 출석

42) 이재상, 앞의 책, 204면.

43) 이재상, 앞의 책, 205면.

요구 수단인 경우가 많을 것이다. 내사단계에 있는 피내사자의 경우 피내사자가 명백하게 동의의사를 표시하고 자발적으로 동행하는 경우에는 조사를 위한 임의동행이 허용되겠지만, 기초적 주변조사를 통해 피내사자의 범죄혐의가 어느 정도 확인되고 피내사자가 임의동행을 거부할 의사를 명시하거나 거부할 개연성이 높기 때문에 조사가 반드시 필요하다면 피의자로 입건하여 체포영장을 통한 체포 또는 긴급체포하여야 할 것이다.

3. 강제처분의 허용 여부

가. 대인적 강제처분

종래 피내사자에 대한 강제처분의 허용 여부는 대물적 강제처분에 국한하여 논의되어 왔다. 아직 피내사자를 형사입건도 하지 않고 단지 그 혐의유무를 확인하는 단계에서 피내사자에 대한 체포, 구속 등 대인적 강제처분을 한다는 것은 상정하기 어렵고, 만약 어느 정도 혐의가 나타난다면 수사기관으로서는 피내사자를 즉시 입건하여 피의자로 취급하는 것이 어려운 일도 아니기 때문이다.[44] 피내사자가 갑자기 국외로 도피하려는 징후를 발견하였으나 법관의 영장을 발부받을 여유가 없는 경우에는 이론상으로 입건절차를 취하기 전이라도 피내사자에 대한 긴급체포가 가능하지만, 이 경우 피내사자라도 긴급체포가 가능한 것으로 해석하여서는 안 되고[45] 실질적으로 수사가 진행될 필요가 있기 때문에 입건절차 여부에 불문하고 피내사자의 신분이 피의자로 변경되었

44) 정웅석, 앞의 논문, 69면.

45) 정성진, 앞의 논문, 69면; 권오걸, 앞의 논문 258면, 형식설을 취하는 경우에도 당연히 입건을 전제하기 때문에 입건 긴급체포가 가능하다는 것으로 형식설이든, 실질설이든 피내사자임에도 긴급체포가 허용된다고 해석해서는 안 된다는 점에는 차이가 없다.

기 때문에 긴급체포가 가능하다고 해석해야 한다.

한편, 현행 검찰사건사무규칙상 내사중지와 관련하여 논란이 있다. 검찰사건사무규칙 제143조 제1항 제4호는 피내사자 또는 참고인 등의 소재불명으로 내사가 불능인 경우 내사중지 결정을 할 수 있도록 규정하고 있다. 내사중지는 피의자의 경우 기소중지와 참고인중지에 해당하는 결정을 하나의 주문하에 두고 있다는 특징이 있다. 문제는 피내사자를 내사중지할 경우, 지명통보를 넘어 아예 체포영장을 발부받아 지명수배하는 경우에 발생한다. 앞서 살펴본 바와 같이 내사단계에서는 대인적 강제처분이 금지된다면 논리적으로 피내사자에 대한 체포영장 발부는 이러한 원칙을 어기는 것이기 때문이다. 이러한 실무에 대하여 법적 근거도 없이 피내사자를 지명수배하는 행위는 피내사자의 신체의 자유와 거주이전의 자유를 부당하게 침해하는 공권력의 작용이라는 비판이 제기되고 있다.46)

피내사자에 대한 대인적 강제처분이 허용되지 않는 점에 비추어 피내사자에게 내사중지 결정을 하면서 체포영장을 발부받아 지명수배하는 관행은 분명 문제가 있다. 하지만 앞서 살펴본 바와 같이 내사와 수사의 구별기준을 실질설로 파악하는 이상, 비록 조사 대상자가 형식상으로는 피내사자 신분으로 지명수배되어 있기는 하지만 검사가 체포영장을 청구하는 시점을 기준으로 피내사자는 이미 피의자로 신분이 전환되었다고 해석함이 타당하고, 피의자에 대한 지명수배 및 이에 수반된 체포행위 자체가 적법절차에 위배되었다고 단정할 수는 없다. 수사기관이 피내사자를 체포한 경우에는 입건 여부에 불문하고 체포한 자를 피의자로 취급하여, 미란다원칙 등 모든 절차를 준수하여야 하고, 피의자신문조서

46) 조광훈, 수사기관 내사의 효율적 통제와 피내사자의 인권보장에 관한 연구, 법학연구 제15권 제3호(2005. 9.), 연세대학교 법학연구소, 149면.

를 작성하여야 할 것이다. 이러한 원칙이 준수된다면 수사기관의 당해 체포행위 및 조사행위 자체는 적법절차에 위배되지 않는다. 이러한 해석론이 내사중지 결정을 통해 참고인과 유사한 신분에 있는 피내사자를 당연히 체포할 수 있다는 결론은 아님에 유의하여야 한다. 실질설에 따르면 피내사자, 피의자 명칭 여하에 불문하고 체포영장이 청구된 다음 지명수배된 사람은 이미 피의자로 전환되었기 때문에 피의자로서의 권리를 인정받는 것이 당연하다. 입법론적으로는 피내사자를 지명통보하는 경우가 아니라 지명수배할 경우에는 입건절차를 취하는 것이 바람직하겠지만 그렇다고 현재의 실무관행이 법에 근거하지 않았다거나 위법한 수사라고 단정하기는 곤란하다는 것이다.

나. 대물적 강제처분

피내사자에 대한 대인적 강제처분은 제한되지만, 실무상으로는 피내사자에 대한 압수·수색·검증 등 이른바 대물적 강제처분을 실시하는 사례가 있다. 피내사자에 대한 대물적 강제처분의 허용여부에 관하여는 압수·수색·검증의 요건으로서의 범죄의 혐의를 체포·구속 등에서 요구되는 범죄의 혐의와 동일한 것으로 보느냐 아니면 보다 낮은 정도의 혐의만으로도 대물적 강제처분이 가능하다고 볼 것이냐의 문제와 관련이 있다.[47]

이에 대하여는 강제처분인 압수·수색·검증은 대부분 체포·구속에 선행되고, 형사소송법이 체포·구속에 관하여는 죄를 범하였다고 의심할 만한 상당한 이유를 요구하면서 압수·수색·검증영장을 청구함에는 이를 명시하지 아니한 채 죄를 범하였다고 인정되는 자료를 제출하면 족하도록 규정하고 있음[48]을 이유

47) 정웅석, 앞의 논문, 69면.

48) 형사소송법 제215조, 검사는 범죄수사에 필요한 때에는 지방법원판사에게 청

로 대물적 강제처분에는 체포·구속보다 낮은 정도의 혐의만으로 충분하다는 입장[49]과, 대물적 강제처분도 피의자의 사생활의 보호권·재산권 등을 침해하고 헌법 제12조 제3항이 인신체포, 구속과 압수를 동일하게 법관의 영장에 의하도록 규정하고 있음을 이유로 대물적 강제처분에도 상당한 범죄혐의가 필요하다는 입장[50]이 대립한다. 압수·수색 또는 검증을 함에 있어 범죄의 혐의가 전혀 존재하지 않을 수는 없을 것이다. 실무상 수사기관 입장에서는 기초적 주변조사, 사실조회 등을 통해 최초 혐의가 인정되면 피내사자를 상대로 관련 자료를 임의로 제출하도록 요구할 수도 있겠지만 피내사자가 관련 자료를 인멸하거나 거부할 가능성이 농후한 경우에는 어쩔 수 없이 압수·수색·검증이라는 수단을 강구해야 한다. 대물적 강제처분도 기본권을 제한하기는 하지만 대인적 강제처분 정도까지는 이르지 아니한 점, 기초적 주변조사, 사실조회 등 임의수사만으로 상당한 범죄혐의를 밝혀내기에는 한계가 있는 점, 압수·수색·검증은 범죄혐의를 밝혀내기 위한 수단으로 체포·구속과 같이 사법질서에 응하지 않을 우려가 있는 피의자의 신병확보를 주 목적으로 한 제도와 구별되는 점 등에 비추어 압수·수색·검증에 필요한 범죄의 혐의는 상당한 혐의까지는 필요없다고 해석하는 것이 타당하다. 압수, 수색, 검증이 최초 혐의만으로 충분하다고 하더라도 수사기관의 자의적 압수·수색·검증까지 허용하는 것이 아님은 물론이다. 다만 수사기관은 최초 혐의 정도로도 피내사자에 대한 압수·수색·검증을 할 수 있기 때문에 그만큼 내사의 밀행성과 비공개성의 원칙을 철저히 준수해야 할 것이다.

구하여 발부받은 영장에 의하여 압수, 수색 또는 검증을 할 수 있다.

49) 이재상, 앞의 책, 273면; 정성진, 앞의 논문, 25면; 권오걸, 앞의 논문, 258면.

50) 신동운, 형사소송법 1, 법문사, 1997, 137면.

4. 피내사자 조사

기초적 주변조사, 사실조회, 대물적 강제처분 등을 통하여 내사사실에 관한 관련 자료를 확보한 후에는 사안에 따라 피내사자를 상대로 사실관계를 확인할 필요가 있을 것이다. 내사의 최종단계에 이르면 통상 피내사자를 임의동행하거나 출석을 요구하여 내사사실에 관하여 아는 바를 조사하고, 혐의사실이 인정되면 인지, 입건과 동시에 피의자신문의 단계로 이행하고, 혐의점을 찾지 못하면 계속 내사 또는 내사종결처분을 하는 것이 보통이다. 다만 피내사자는 아직 피의자가 아니기 때문에 진술거부권, 접견교통권 등을 보장받지 못하는 문제가 있다. 즉, 조사 대상자는 그 신분이 아직 입건 전의 피내사자이든 입건절차를 밟은 후의 피의자이든 일단 수사기관의 범죄혐의를 받고 있는 자이므로 수사기관 내부의 절차 여하에 따라 차별적 취급을 받을 이유는 없다.[51)]

이러한 문제의 해결을 위해 학계에서는 다음과 같은 입장을 취하고 있다. 첫번째 견해는 만약 수사기관이 피내사자에게 피의자로서의 권리를 인정하지 않는다면 피내사자는 방어권을 박탈된 상태에서 자백을 한 다음, 입건된 후 뒤늦게 진술거부권과 변호인선임권이 인정되기 때문에 헌법상의 권리보장 자체가 유명무실해질 위험이 있다고 한다. 따라서 입건 전의 조사활동인 내사도 광의의 수사의 일부로서 헌법과 형사소송법상의 제약을 받는 것이 당연하므로 수사기관이 피내사자 본인을 직접 조사하는 것은 바람직하지 아니하고, 조사를 하더라도 피의자로서의 방어권을 보장하는 것을 전제로 추궁과 신문을 행하여야 한다고 해석한다.[52)]

---

51) 정성진, 앞의 논문, 27면.

52) 정성진, 앞의 논문, 29면.

이 입장은 형식설을 견지하면서도 입건 전 피내사자에게도 피의자로서의 권리를 확대해야 할 당위성을 강조한 것으로 판단된다. 두 번째 견해는 실질상의 피의자를 수사기관이 입건하지 않았다는 이유로 헌법과 형사소송법상의 피의자의 권리를 보장하지 않는 것은 내사의 남용에 해당하므로 피내사자 본인을 신문하는 직접내사의 경우에는 피내사자를 피의자로 취급하는 것이 타당하다는 입장이다.[53] 위 입장은 피내사자가 형사절차상 피의자로 취급될 가능성이 높은 경우 또는 사실상 피의자로 취급되는 경우에는 당연히 피의자로서의 권리를 보장해 주어야 한다는 것으로 내사와 수사의 구별에 관한 실질설을 전제한 것으로 판단된다.

어느 입장을 취하든 수사기관이 사실상 피의자신문을 실시하면서도 피내사자 또는 참고인 조사라는 명목하에 피의자로서의 권리를 보장하지 않는 것을 금지한다는 결론에는 차이가 없다. 그러나 수사실무상으로 피내사자를 직접 조사한다 하여 항상 피의자신문과 동일하게 취급할 필요는 없을 것이다. 피내사자 조사라는 이유만으로 바로 입건절차를 취하여 피내사자를 피의자의 신분으로 변경시킨다면 거의 모든 피내사자를 일일이 입건해야 하고, 피의자의 지문을 채취하여 수사자료표를 작성해야 하며 피의자 측으로서는 전과사실 조회에 따른 사회적 낙인을 감수해야 하는 문제가 발생한다.[54] 따라서 피내사자 조사시 피의자로서의 권리를 보장하여 피의자신문을 실시하여야 할지 여부는 피내사자에 대한 범죄혐의의 명백성, 수사의 진행상황 정도에 따라 판단할 수

53) 정웅석, 앞의 논문, 59면.

54) 형의 실효에 관한 법률 제2조 제4호, 제5조에 의하면 사법경찰관은 수사자료표를 작성하여 경찰청에 송부하여야 하고, 예외적으로 1. 즉결심판대상자, 2. 사법경찰관이 수리한 고소 또는 고발사건 중 불기소처분사유에 해당하는 사건의 피의자에 대하여만 수사자료표 작성의무가 면제된다. 내사사건의 경우에는 고소 또는 고발사건이 아님이 명백하기 때문에 반대해석상 피의자로 입건하면 수사자료표를 작성해야 한다는 결과가 된다.

밖에 없다. 첫째, 기초적 주변조사, 사실조회, 압수수색 등에도 불구하고 피내사자의 범죄혐의가 확인되지 않았지만 국민의 알권리 충족, 내부징계 등을 위한 진상조사 차원에서 피내사자를 상대로 조사하는 경우에는 피내사자를 피의자로 취급할 필요까지는 없을 것이다.[55] 둘째, 그동안 내사가 상당히 진행되어 피내사자에 대한 범죄혐의가 어느 정도 확인되었기 때문에 범죄인지 직전 단계까지 이르렀다면 피내사자 조사는 사실상 피의자신문과 다를 바가 없기 때문에 피내사자에게 피의자로서의 모든 권리를 인정하고 피의자신문을 실시하여야 한다. 앞서 살펴본 바와 같이 대법원이 내사와 수사의 구별기준에 관하여 실질설을 취하여 범죄인지서 작성 전 피의자신문조서의 증거능력을 인정하는 점, 일부 하급심 판례가 당해 사례에서의 피내사자 조사를 피의자신문으로 파악하여 진술거부권을 고지하지 않은 진술조서의 증거능력을 배척한 점에 비추어 수사기관으로서는 범죄인지 직전 단계에서의 피내사자 조사시 아예 피의자신문을 실시하는 것이 바람직하다.

5. 기 타

그 밖에 내사의 한계로 논의되는 것으로 출국금지가 있다. 출국금지는 강제처분이 아니고 수명자에게 국외로의 출국이라는 일정한 행위를 하지 못하게 할 공법상 의무를 지우는 행정행위의 일종이다.[56] 출국금지의 절차는 출입국관리법에서 규정하고 있는데, 내사를 위한 출국금지도 허용된다. 다만 내사단계에서의 출국금지도 수사상의 일반원칙인 필요성과 상당성의 제한에 따라야

55) 예컨대, 내사사실이 친고죄로 고소가 취소되기는 하였지만 피내사자가 공무원이기 때문에 수사기관이 징계처분 등에 대비하여 진상조사를 하는 경우가 있을 수 있다.

56) 정웅석, 앞의 논문, 65면.

하고, 피내사자는 출국금지처분에 불복시 행정쟁송으로 다투어야 한다.[57]

Ⅳ. 불법내사의 통제수단 및 내사의 개선사항

1. 개 요

기존 실무관행은 내사와 수사를 범죄인지서의 작성, 즉 입건 유무에 의하여 좌우하여 왔다.[58] 수사기관의 입건 표지에 의하여 조사 대상자는 자신의 헌법 및 형사소송법상의 권리를 보장받지 못하는 경우가 있을 수 있고, 범죄 피해자 입장에서도 항고, 재정신청, 헌법소원을 통한 불복절차를 취할 수 없게 된다. 이러한 경우 피해자는 고소장을 작성하여 수사기관에 제출할 수 있겠지만 수사기관이 자의적으로 진정사건으로 접수하여 내사사건으로 처리한 경우에는 역시 불복절차를 취할 수 없다는 문제가 발생한다. 종래 헌법재판소는 내사종결처분에 대하여 공권력으로서의 외부적 처분성을 부인하였다.[59] 그렇다고 내사의 확대가 국민의 기본권 침해와 동의어는 아님에 유의하여야 한다. 위와 같은 문제는 내사 자체의 본질에 기인하기보다는 수사기관이 내사와 수사의 한계를 잘못 해석하여 실무적으로 운영한 데 원인이 있는 것이다.

---

57) 정웅석, 앞의 논문, 66면.

58) 정웅석, 앞의 논문, 72면.

59) 헌재결 1990. 12. 26. 89헌마277, 진정에 기하여 이루어진 내사사건의 종결처리라는 것은 구속력이 없는 진정사건에 대한 수사기관의 내부적 사건처리방식에 지나지 아니한 것이고, 따라서 처리결과에 대하여 불만이 있으면 진정인은 따로 고소나 고발을 할 수 있는 것으로 진정인의 권리행사에 아무런 영향을 미치지 아니하므로 이는 헌법소원심판의 대상이 되는 공권력의 행사라 볼 수 없다.

위와 같은 문제 상황은 주로 수사기관이 실질적으로 수사를 진행하였으면서 피내사자에게 피의자로서의 권리를 보장하지 않은 경우 또는 고소사건을 자의적으로 진정사건으로 수리하여 처분한 경우 등에서 발생하기 때문이다. 내사의 적절한 운영은 피내사자의 범죄낙인을 방지하고 사회적 명예를 보호하는 등 국민의 인권보장에 기여하는 순기능도 있다. 이하에서는 수사기관의 내사권 남용으로 발생한 불법내사의 통제수단을 살펴보고, 내사의 개선사항에 대하여 고찰해 보도록 한다.

2. 불법내사의 통제수단

학계에서는 수사기관의 내부적 행정적 통제, 형사소송법상 통제, 검사의 체포·구속장소 감찰을 내사의 통제수단으로 논의하고 있다.

가. 수사기관 내부의 행정적 통제

검찰 또는 경찰 내부적 보고와 결재과정을 통해 내사의 오류 가능성을 시정할 수 있을 것이다. 사법경찰관리집무규칙에 의하면 경찰내사의 경우 검사의 지휘를 받지 아니한 채 자체 종결할 수 있기 때문에 수사기관 내부감사를 통한 통제는 더욱 의미가 있다. 그러나 내사권의 남용을 수사기관 내부 통제로 견제함에는 본질적으로 한계가 있을 것이다.

나. 형사소송법상 통제

피내사자에 대하여 권리를 고지하지 아니한 채 체포·구속한 경우, 실질적으로 피의자신문을 실시하였음에도 피내사자라는 이유로 피의자로서의 권리를 보장하지 아니한 경우에는 당해 체포・구속은 부적법하고, 진술거부권 등을 고지하지 아니한 채 실시한 조사의 결과물인 조서, 영상녹화물은 증거능력을 인정받기 어려울 것이다. 통신비밀보호법 제5조의 의한 법원의 통신제한조치허가서 없이 전화감청을 하거나, 비밀 녹음, 비밀 촬영 등도 영장주의에 위반하였다는 이유로 증거능력을 인정받기 어려운 경우가 있다.

다. 검사의 체포・구속장소감찰

체포・구속장소감찰이란 검사가 매월 1회 이상 관할 수사관서의 체포・구속장소를 감찰하여 체포 또는 구속된 자를 심문하고 관련서류를 조사하며 적법한 절차에 의하지 아니하고 체포・구속된 것이라고 의심할 만한 상당한 이유가 있을 때에는 즉시 체포 또는 구속된 자를 석방하거나 사건을 검찰에 송치할 것을 명하는 제도를 말한다.[60] 형사소송법 제198조의2는 체포・구속장소감찰을 규정하고 있으나, 검찰사건사무규칙 제34조는 검사가 불법체포・구속의 유무뿐 아니라 수사사무의 적정여부 등까지 조사할 수 있도록 규정함으로써 검사에게 경찰의 내사종결처분의 적법성 여부까지 심사할 수 있는 권한을 부여하고 있다.[61] 물론

60) 정웅석, 앞의 논문, 77면.

61) 검찰사건사무규칙 제34조 ① 검사가 형사소송법 제198조의2 규정에 의하여 체포・구속장소를 감찰하는 경우에는 불법체포, 구속의 유무와 수사사무의 적정여부 등을 조사하고 필요하다고 인정될 때에는 사법경찰관리를 지도하거나 사법경찰관에게 시정을 명하고 별지 제54호 서식에 의한 체포・구속장소감찰보고서에 의하여 소속 검찰청의 장에게 보고하여야 한다. ② 검사가 제1항의 규정에 의한 조사 후 적법한 절차에 의하지 아니하고 체포・구속된 것이라고 인정되는 경우에는 별지 제55호 서식에 의한 피의자석방명령서에 의하여 체포・구속된 자의 석방을 명하거나 별지 제56호 서식에 의한 사건송치명령서에 의하여 사건을 송치할 것을 명하고, 피의자석방명령서 또는 사건송치명령서등본을 제1항의 규정에 의한 체포・구속장소감찰보고서에 첨부하여야 한다. ③ 사건사무담당직원은 제2항에 의한 피의자석방명령서 또는 사건송치명령서 등본을 송부받은 경우에는 별지 제57호 서식에 의한 피의자석방명령, 사건송치명령부에 소정의 사항

수사사무의 적정 여부에서의 '수사'란 입건 후의 협의의 수사뿐 아니라 내사를 포함한 광의의 수사로 해석하여야 할 것이다. 모든 입건된 형사사건은 경찰이 독자적으로 종결할 수 없고 검찰에 송치하여야 하는 것과는 달리, 내사사건의 경우에는 사법경찰관리 집무규칙 제20조 제2항 규정 등에 따라 경찰에서 독자적으로 내사에 착수하였다가 이를 종결할 수 있다고 본다면 검사의 체포·구속장소감찰은 사법경찰관의 자의적인 내사종결처분에 대하여 하나의 통제방법이 될 수 있다고 본다.[62]

그러나 사법경찰관이 독자적으로 내사를 종결하되 검찰의 통제를 받지 않는 것은 입법론상 문제가 있다. 실제로 수사기관의 수사권 남용으로 국민의 인권이 침해될 위험은 항고, 재정신청이 보장되는 고소, 고발사건보다는 내사사건에 더욱 크다고 볼 수 있다. 입법론적으로는 사법경찰관이 내사를 종결하기 전 검사의 지휘를 받거나 독자적으로 내사를 종결하였다면 최소한 검찰에 보고하는 절차를 마련하는 것이 법치국가 원리에 부합할 것이다.

라. 기 타

형사소송법 제417조에 의하면 검사 또는 사법경찰관의 구금, 압수 또는 압수물의 환부에 관한 처분에 대하여 불복이 있으면 그 직무집행지의 관할법원 또는 검사의 소속검찰청에 대응한 법원에 그 처분의 취소 또는 변경을 청구할 수 있다. 예컨대 수사기관이 피내사자를 임의동행하여 조사 중 변호인의 접견신청을 거부한다든가 임의제출 명목으로 개인 또는 법인의 회계장부를 유치하고 합리적 이유없이 그 반환을 거부한 경우에는 대상자는 준

을 기재하여야 한다.

62) 정웅석, 앞의 논문, 78면; 권오결, 앞의 논문, 268면.

항고를 통해 수사기관의 처분을 다투어야 할 것이다.[63] 이러한 측면에서 준항고도 내사의 통제수단 중 하나로 볼 수 있을 것이다.

3. 내사의 개선사항

내사의 개선사항과 관련하여서는 앞서 살펴본 바와 같이 내사의 법적 근거 문제, 피내사자에 대한 법적 권리보장, 입건유예, 내사중지 등 내사종결처분의 적법성 문제, 사법경찰관의 내사에 대한 사법적 통제 필요성 등이 주로 논의되고 있다.

가. 내사의 법적 근거 문제

앞서 살펴본 바와 같이 일부 학자들은 내사가 검찰사건사무규칙이나 사법경찰관리사무규칙 등 내부 훈령에 근거하고 있을 뿐, 형사소송법에 근거하고 있지 않는다고 비판하고 있다. 하지만 앞서 살펴본 바와 같이 형사소송법 제199조에서의 수사는 광의의 수사로 내사를 포함하는 개념으로 해석할 수 있기 때문에 임의수사의 원칙을 규정한 법 제199조를 내사의 근거규정으로 보아야 할 것이다.

나. 피내사자에 대한 법적 권리보장

수사와 내사의 구별기준에 대하여 형식설을 취하면 입건 전의 피내사자는 피의자로서의 권리를 보장받지 못한다는 문제가 있으므로 입법적인 조치가 필요하다는 비판이 있다.[64] 물론 앞서 살펴본 바와 같이 형식설을 취하더라도 내사를 광의의 수사에 포함되는 것으로 해석하면 적법절차원리가 내사에도 그대로 적용되

63) 정성진, 앞의 논문, 34면.

64) 권오걸, 앞의 논문, 270면.

기 때문에 피내사자 조사시 피의자로서의 법적 권리를 보장하여야 하고, 실질설을 취하면 피내사자 조사시 이미 실질적으로 수사가 진행된 것으로 해석하여 피의자로서의 법적 권리를 보장하기 때문에 어느 설을 취하든 그 결론에 있어서는 차이가 없다. 그러나 수사기관 종사자들이 내사권을 남용하여 피내사자를 피의자로 신문하면서 법적 권리를 보장해 주지 않는 잘못을 저지를 위험이 상존하고 있기 때문에 입법론적으로는 검찰사건사무규칙, 사법경찰관리집무규칙에 "범죄혐의가 인정되는 피내사자 조사시에는 형사소송법상 피의자신문에 관한 규정을 준용한다"는 내용을 추가할 필요가 있을 것이다.

피내사자의 법적 권리와 관련하여 내사기록의 열람, 등사가 문제된다. 불기소기록 및 재판확정 기록의 경우에는 검찰보존사무규칙에 의해 처리하면 족하지만, 내사 중인 사건기록의 경우에는 검찰보존사무규칙에는 명문 규정이 없다. 형사소송법 제47조는 "소송에 관한 서류는 공판의 개정 전에는 공익상 필요 기타 상당한 이유가 없으면 공개하지 못한다"고 규정함으로써 원칙적으로 내사・수사단계에서는 사건관계인이나 변호인의 열람・등사권은 부인된다고 해석함이 상당하다.[65] 사건기록 열람・등사에 관한 업무처리지침(대검 예규 기획 제427호, 2008. 1. 9.) 제3조는 피의자, 변호인, 피진정인, 피내사자, 고소인, 고발인, 피해자 등 사건관계인 또는 참고인은 수사 중인 기록, 진정, 내사중인 기록 중 본인의 진술이 기재된 서류 또는 본인이 제출한 서류의 전부 또는 일부에 대하여 열람・등사를 신청할 수 있고, 피고소인, 피고발인 또는 변호인[66]은 필요한 사유를 소명하고 고소, 고발장, 항고장, 재항고장의 열람・등사를 신청할 수 있으나, 열람・등사로

65) 대검찰청, 재판확정기록 열람, 등사업무, 2008, 4면.

66) 피내사자는 제외되어 있다.

인하여 사건관계인의 명예나 사생활의 비밀 등이 침해될 우려가 있는 경우 등에는 열람·등사를 제한할 수 있다고 규정하고 있다. 피내사자가 자신이 진술하거나 제출한 서류에 대하여 열람·등사를 신청할 수 있다는 점에 대하여는 이론이 없겠으나, 진정서, 탄원서, 첩보서류 등 내사의 근거가 된 서류 등에 대하여도 피고소인, 피고발인과 마찬가지로 필요한 사유를 소명하면 당해 기록의 열람·등사를 신청할 수 있을지 문제된다. 원칙적으로 피내사자에게 진정서, 탄원서 등에 대한 열람·등사권이 인정되지는 않겠지만 피내사자에 대하여 사실상 수사가 진행되고 있음에도 입건절차만 취하지 않은 상태이고, 진정인 등의 진정, 탄원 내용이 피내사자의 법적지위 내지 방어권에 중대한 영향을 미칠 수 있다면 피내사자에게도 피고소인, 피고발인과 마찬가지로 소명절차를 거쳐 열람·등사를 허용해 주는 것이 타당할 것이다. 다만 실무적으로는 진정인, 정보원 등이 익명을 전제로 내사의 근거를 제공하는 경우도 있기 때문에 진정인 등의 사생활 비밀과 피내사자의 형사적 방어권 간 비교형량이 문제되는 경우가 많을 것이다.

다. 내사종결처분의 적법성 문제

경찰내사의 경우에는 입건, 내사종결이라는 두 가지 결론만 내릴 수 있지만 검찰내사의 경우에는 입건, 입건유예, 혐의없음, 죄가안됨, 공소권없음, 내사중지, 이송이라는 주문을 내릴 수 있다는 차이가 있다.

내사중지에 대하여는 앞서 살펴본 바와 같이 지명통보는 가능하지만 지명수배의 경우에는 인적 강제처분이 수반되기 때문에 비록 입건 전이라도 체포·조사시 피의자로서의 권리를 보장해 주어야 할 것이다. 입법론적으로는 검찰사건사무규칙에 "내사중지 결정시에는 입건하여 지명수배하거나, 체포·조사시 형사소송법상 피의자에 대한 규정을 준용하여야 한다”는 내용을 추가함이 바람직할 것이다. 물론 현행 실무관행에 의하더라도 피내사자 체포시 형사소송법상의 권리를 고지해 주고, 피의자신문을 실시하면 되기 때문에 내사중지 결정 자체가 위법하지 않음은 앞서 살펴본 바와 같다.

입건유예란 범죄의 혐의는 있으나 입건할 필요가 없는 경우에 행하는 내사종결처분이다.[67] 이에 대하여 형사소송법 제195조는 검사는 범죄의 혐의가 있다고 사료하는 때에는 범인, 범죄사실과 증거를 수사하여야 한다고 규정하고 있기 때문에 우리 법이 수사법정주의를 채택하고 있다는 이유로 입건유예가 부당하다는 견해[68]가 있다. 위 입장에 의하면 우리 법이 기소편의주의와 달리 수사법정주의를 취하는 이상, 검사는 범죄의 혐의가 인정되면 반드시 수사하여야 하고, 내사사건의 경우에도 입건하여 수사한 후 기소유예가 가능할 뿐이다. 특히 입건유예의 처분은 정권의 핵심부나 유력한 정치인이 관련된 사건을 무마하는 편법으로 악용될 수 있다는 비판이 있으므로 공연히 이러한 비난을 감수하면서까지 구태여 제도를 유지할 이유가 없으므로 검사에게 입건유예처분을 가능하도록 규정한 검찰사건사무규칙 제143조 제1항 제2호는 형사소송법 제195조의 규정에 저촉되므로 삭제해야 한다는 것이다.[69]

그러나 어차피 객관적 정황을 참작하여 기소유예할 것이 명백하게 예정되어 있는 경우까지 입건하는 것은 사법비용의 낭비와 조사 대상자에게 범죄경력조회상 기소유예라는 불필요한 낙인을 초래한다는 문제도 간과할 수 없다. 인지에 관한 재량은 인지의 필요성 판단에 있어서 기소유예 정상을 참작할 수 있다는 것

67) 검찰사건사무규칙 제143조 제1항 제2호.

68) 형사정책연구원, 앞의 논문, 108면.

69) 신동운, 앞의 논문, 322면.

으로 의무합치적 재량을 의미하는 것으로 제한적으로 인정해야 한다.[70] 중요한 것은 검사가 입건유예나 기소유예를 결정할 모든 정황을 합리적으로 고려하여 객관적으로 판단한 것인가 아니면 합리적 사유가 없음에도 자의적 판단에 근거하여 재량을 일탈·남용하였는가에 있는 것이지, 단순히 입건절차를 거쳤느냐 거치지 않았느냐에 달려 있지는 아니할 것이다. 즉, 기소유예 처분시 검사가 고려하여야 할 합리적·객관적 판단기준은 입건유예에도 동일하게 적용될 것이기 때문에 입건유예의 문제는 검사의 소추재량 일탈, 남용에 대한 통제의 문제로 해결해야 하는 것이다. 국민과 언론의 관심을 받는 정치인, 유명인의 비리사건에 대하여는 국민의 여론과 언론이 훌륭한 감시자의 역할을 할 수 있을 것이고, 일반 내사사건의 경우에는 사무감사를 통해 부당 기소유예, 입건유예 사례를 적발할 수 있을 것이다. 또한 실무적으로 입건유예 대신 기소유예를 하였다 하여 검찰권 행사에 대한 사법적 통제가능성이 더 높아진다고 볼 수도 없다. 내사기록은 수사기록과 동일한 기간 동안 검찰청에 보존하여야 하고,[71] 내사사건을 입건하여 기소유예 처분하더라도 고소·고발 사건이 아니기 때문에 어차피 항고, 재정신청의 대상도 되지 아니한다. 기소유예가 명백한 사안까지 모두 입건한다는 것은 불필요한 절차의 반복과 범죄낙인이라는 문제만 유발할 수 있다. 검찰권의 자의적 행사에 의한 입건유예 또는 아예 기록을 남기지 않은 채 부당하게 내사를 종결해 버리는 행태는 철저히 통제해야 하지만, 이러한 부당한 입건

70) 이완규, 앞의 책, 102면.

71) 검찰보존사무규칙 제2조 제3호, '보존'이라 함은 완결된 사건기록(진정, 내사사건기록을 포함한다) 및 재판서를 이 규칙에 의한 보존기간에 따라 관리함을 말한다고 규정하고 있고, 제15조는 입건처리로 종결된 내사사건기록은 당해 형사사건기록에 합철한다고 규정하고 있으며, 제16조 제2항은 내사사건기록의 보존기간은 제10조(불기소사건기록의 보존기간)를 준용한다고 규정하고 있어 내사사건기록과 형사사건기록간 보존기간에 차이를 두고 있지 아니한다.

유예는 수사기관의 내사권 남용 문제이지 입건유예 자체에 기인한 것으로 보기 어렵다. 결국 형사소송법 제195조는 의무합치적 재량으로 해석하는 것이 타당할 것이다.

라. 경찰내사에 대한 사법적 통제

현행 사법경찰관리집무규칙에 의하면 사법경찰관은 내사에 착수하여 자체 종결할 수 있기 때문에 사법적 통제의 사각지대에 있다. 물론 체포·구속장소감찰을 통해 사법경찰관의 부당내사종결을 적발할 수도 있겠지만 이미 경찰의 내사권 남용으로 국민의 인권이 침해된 상태인데다 인력과 시간 한계상 검사가 부당 내사종결을 적발한다는 것은 생각만큼 쉬운 문제가 아니다. 입법론적으로는 사법경찰관이 내사종결 전 검사의 지휘를 받게 하거나, 최소한 검사에게 보고하는 규정을 신설함이 사법경찰관의 내사권 남용에 대한 통제시스템을 구축하는 지름길이라 할 것이다.

V. 결 론

내사는 형사소송법 제199조, 검찰사건사무규칙 제143조 등에 근거하고 있으나, 개정 검찰사건사무규칙 제13조의2도 새로운 근거로 해석할 수 있다. 내사는 수사 이전의 단계이지만 수사와 마찬가지로 내사의 필요성과 상당성이라는 조건을 충족하여야 개시될 수 있다. 내사는 강제처분 법정주의에 따라 기초적 주변조사, 사실조회 등 임의내사를 원칙으로 하여야 하고 대인적 강제처분은 금지되지만, 예외적으로 압수·수색·검증 등 대물적 강제처분이 허용된다. 내사와 수사의 구별기준에 대하여는 종래 입건시기를 기준으로 입건 이전 단계를 내사로 보는 형식설이 통설이었지만,

실질적으로 수사가 진행되어 범죄혐의가 어느 정도 확인되었다면 수사기관 내부절차에 불과한 입건 여부에 불문하고 수사의 영역에 포함되었다고 해석하는 실질설이 타당하다. 그러나 어느 설을 취하더라도 내사라는 명목으로 사실상 피의자신문을 실시하면서 피의자로서의 권리를 인정하지 아니하거나 임의동행 형식으로 피내사자를 체포하는 것을 금지한다는 결론에는 차이가 없다. 범죄혐의가 없음이 명백하지만 국민의 알권리 보장 등을 위한 진상조사 차원에서 피내사자를 조사하는 경우는 별론으로 하더라도 피내사자에 대한 범죄혐의가 확인되어 수사로 진행될 개연성이 높은 경우에는 입건 여부를 불문하고 피내사자에게 피의자와 동일한 권리를 보장해 주어야 것이다. 불법내사에 대한 통제수단으로는 수사기관 내부의 행정적 통제, 형사소송법상 통제, 검사의 체포·구속장소 감찰시 경찰내사기록에 대한 점검, 송치명령 등이 있다. 내사종결처분과 관련하여 내사중지시 지명수배를 하는 경우 그 자체가 불법은 아니지만, 피내사자 체포 또는 헌법 및 형사소송법상 피의자로서의 권리를 모두 보장해 주어야 할 것이다. 수사기관의 수사의무는 의무적 재량으로 제한해석함이 타당하기 때문에 검찰사건사무규칙에 따른 입건유예가 형사소송법에 위반되었다고 보기는 어렵다. 또한 경찰내사의 사법적 통제를 위해서는 입법적으로 사법경찰관으로 하여금 내사종결 전 검사의 지휘를 받거나 적어도 검사에게 내사종결처분결과를 보고하도록 하여야 할 것이다.

수사기관은 내사가 범죄를 인지하기 전이므로 법적 통제를 받지 않아도 된다는 안이한 생각을 가져서는 안 된다. 내사는 수사로 진행될 가능성이 높고 경우에 따라 피내사자의 인권을 침해할 가능성이 높기 때문에 수사와 마찬가지로 법치국가적 원리가 철저하게 적용되어야 한다.

참고문헌

대검찰청, 재판확정기록 열람, 등사업무, 2008.

법무부, 일본 검찰실무, 2001. 5.

사법연수원, 미국 형사법, 2007.

신동운, 형사소송법 1, 법문사, 1997.

이완규, 형사소송법 특강, 법문사, 2006.

이재상, 형사소송법, 박영사, 2004.

권오걸, 수사절차로서의 내사에 관한 고찰, 형사법연구 제15호, 2001, 한국형사법학회.

신동운, 내사종결처분의 법적성질, 서울대학교 법학 제45권, 제3호, 2004, 9. 서울대학교법학연구소.

이완규, 범죄인지서 작성 전에 행한 피의자신문조서의 증거능력, 형사판례연구 제11권, 형사판례연구회편.

정성진, 내사론, 법조 통권 제486호, 1997. 3, 법조협회.

피내사자에 대한 변호인의 접견교통권, 판례월보 325호, 1996. 6. 판례월보사.

정웅석, 내사, 진정사건에 대한 법적고찰, 2006년도 대검찰청 용역과제.

조광훈, 수사기관 내사의 효율적 통제와 피내사자의 인권보장에 관한 연구, 법학연구 제15권 제3호, 2005. 9. 연세대학교 법학연구소.

한국형사정책연구원, 수사단서 및 그에 따른 사건처리시스템 재정비 연구, 2006년도 대검찰청 용역과제.

Wayne R, LaFave 외 2인, *Criminal Procedure*, 4th.Ed. Thomson, 2004.

수사절차상 국민참여제도에 대한 비교법적 고찰[1]

- 미국의 대배심제도의 도입 여부를 중심으로 -

옥 선 기
광주지방검찰청 부장검사

Ⅰ. 서 론

1. 문제 제기

형사절차는 과거 규문주의를 타파하면서 수사절차와 공판절차로 구분되었고, 수사기관은 실체적 진실을 '발견하는 것'을 주된 목적으로 하고, 재판기관은 수사기관이 발견한 실체적 진실에 대하여 '판단하여 확정하는 것'을 목적으로 한다.[2] 우리나라는 개정 형사소송법 및 "국민의 형사재판 참여에 관한 법률"에 따라

1) 2008. 7. 발표.

2) 노정환, 수사절차독립성론- 수사의 개념 및 원칙을 중심으로-, 법조(2008. 3), 142-143면: 수사절차는 공판절차에 종속되어 있으며, 공판절차의 원리가 수사절차에도 그대로 투영되어야 한다는 수사절차종속설에 대하여 수사절차를 공판절차와는 독립된 별개의 형사절차로 이해함으로써 수사를 "범죄의 혐의가 있다고 사료되는 때 적법절차에 따라 증거를 발견·취득·보전하고 범인을 발견·확보함으로써 범죄행위와 관련된 진실을 규명하는 수사기관의 활동으로서 공판 전 절차"로 정의한다.

2008. 1. 1.부터 살인사건 등 특정 중대사건에 대한 형사재판에 한하여 일반 국민이 배심원이라는 명칭으로 사실인정 및 양형판단 과정에 참여하는 국민참여재판이 시행되고 있다. 국민참여재판의 경우 1심 법원이 배심원의 사실인정 및 양형판단에 기속되지 않으며, 항소심 재판은 배심원 없이 진행된다는 점에서 미국의 배심원재판(petit jury, trial jury)과는 구별된다. 한편, 고소사건에 있어서 재정신청을 전면확대하고, 고등법원에서 공소제기결정을 하면 검사가 공소제기 및 공소수행을 하도록 하여 일본식 재정신청제도(부심판제도)에서 독일식 재정신청제도(기소강제절차)로 전환하였다.[3] 국민참여재판 및 고소사건의 재정신청 전면확대 시행은 공판과정 뿐만 아니라 수사기관의 공판 전 절차인 수사절차 등 형사절차 전반에 커다란 변화를 가져올 것으로 예상된다. 이러한 의미에서 그동안 기소독점주의, 기소편의주의라는 대원칙하에 국민의 참여가 배제되었던 수사절차를 투명화하고, 국민주권주의를 실질적으로 발현시킨다는 의미에서 수사절차에 있어 국민이 참여하는 제도가 논의될 수 있다 할 것이다.

미국의 大陪審制度는 일반 시민으로 구성된 배심원단에 의해 검사의 기소장(bill of indictment)을 승인하도록 하는 제도[4]이며, 일찍이 시민에 의한 기소라는 '칼(sword)'로서의 역할과 부당한 기소로부터 시민을 보호하고자 하는 '방패(shield)'의 역할을 함께 가진 것으로 우리 법조계 일각에서는 검사의 기소권한이나 기소재량주의를 견제할 수 있는 것으로 이해되거나 검사의 무리한 기소로부터 인권을 보호하는 제도로서 이해되고 있는 측면이 있다.[5]

---

3) 이완규, 개정 형사소송법의 재정과 방향, 저스티스, 2007. 10, 156면.

4) 사법연수원, 미국 형사법, 2006, 164면.

5) 박상열, 미국의 배심제도에 관한 소고-기소배심을 중심으로, 사법행정 43권 12호, 한국사법행정학회, 2002. 12, 21면 및 정준영 변호인의 피의자신문참여에 대한 지정토론문, 2004. 12. 20, 형사실무연구회 심포지움에서의 발표자료, 7면 이

하지만 우리 법조계에서 논란이 되고 있는[6] 배심제(petit jury, trial jury, 審理陪審)가 영미법계에서 유래하여 영국과 미국 및 일부 유럽국가 등에서 유지되고 있는 것과는 달리 대배심(grand jury, 起訴陪審)제도는 영국에서 비롯되었으나 미국에서만 그 형태가 유지되고 있는 실정이다.[7]

따라서 미국에서 시행되고 있는 대배심제도의 기능과 역할을 살펴보고, 그 순기능과 역기능에 대한 논의를 검토해 봄으로써, 과연 우리나라에서 그 도입이 필요할 것인지, 도입이 된다면 어떤 형태로 도입하는 것이 타당한지를 논의하는 것은 의미가 있을 것이다. 아울러 수사절차에 있어 국민이 참여함으로써 그 절차가 투명화되는 방안들에 대한 검토도 필요한 단계로 보여진다.

2. 연구범위 및 방법

이러한 연유에서 먼저, 미국 연방 형사절차에서 시행되는 전형적인 형태의 대배심제도의 특징, 구성과 운영, 평가 등을 살펴보고, 둘째, 불기소 처분이 난 후 위 결정의 당부를 국민들이 참여하여 판단하는 일본의 검찰심사회제도, 일부 경죄에 대하여 사인이 소추할 수 있는 제도를 운영하는 독일의 사인소추제도를 살펴본 후, 우리나라에서 시범적으로 시행되고 있는 항고심사회, 구속심사위원회, 재정신청사건 공소심의위원회, 수사자문위원회 등에

하 참조.

6) 우리나라에서 형사사법절차에 대한 국민참여 수단으로 배심제 및 참심제가 본격적으로 논의되기 시작한 것은 2003. 10. 출범한 사법개혁위원회의 논의에서 비롯되었다고 할 수 있다. 이에 대한 상세한 내용은, 사법개혁위원회, 사법개혁위원회 자료집(Ⅱ), 2004, 375면 이하 참조.

7) 표성수, 영미형사사법의 구조-그 가치에 대한 새로운 이해, 2006. 402면: 1985년 범죄기소에 관한 법(The Prosecution of Offences Act)이 제정되어 왕좌 소추서비스(Crown Prosecution)라는 소추제도와 검사제를 도입하였다고 한다.

대하여 검토하면서 특별법에 의한 조직범죄 즉 마약사범, 주가조작 등 불공정거래 등 화이트칼라범죄에 있어 대배심제도에서 이루어지는 피의자 내지 중요 참고인의 면책조건부 증언제도 등에 대한 도입 가능성에 대하여 논의하고자 한다.

Ⅱ. 미국, 일본 및 독일의 수사 및 기소절차에 있어 국민참여제도

1. 미국의 대배심제도

가. 서

오늘날 미국에서 시행되는 대배심제도의 기원은 12세기 초 영국에서 유래된 것으로 알려지고 있으며, 초기에는 기소의 기능과 함께 부당한 기소로부터 시민을 보호하는 기능을 유지했으며 '權利章典(the Magna Carta)'에서 보장된 절차적 보호수단의 한 형태인 것으로 이해되었다.[8] 미국으로 유입된 대배심제도는 혁명기에 있어 영국 지배계급의 부당한 기소로부터 시민을 보호할 수 있는 '방패'로서의 기능이 강조되었다. 식민지시대의 경험을 토대로 1791년 채택된 미국의 제5차 수정헌법은 그 첫번째 조항으로 누구도 대배심의 고발이나 기소 없이는 주요한 혹은 기타 다른 범죄에 대한 형사책임을 물을 수 없다고 규정하였고, 많은 주의 헌법에서는 같은 취지의 규정이 명문화되기에 이르렀다.

그러나 19세기에 이르러 대배심에 의한 기소의 비효율성과

---

8) 영국에서의 대배심제도 발전과정은 Sara Sun Beale, William C. Bryson, James E. Felman, Michael J. Elston, *Grand Jury Law and Practice*, 2004(Westlaw.com Database 2d ed. 2004. 10.), Ch1. §1:2 참조.

고비용 그리고 절차의 번잡함과 지연 등에 대한 비판이 제기되기에 이르렀고, 1984년 미국 연방대법원은 제5차 연방 수정헌법상의 대배심 조항은 제14차 수정헌법에 따라 주를 기속하지 아니한다고 판단하였고,9) 그 결과 대배심의 역사적 전통이 취약했던 서부를 중심으로 주 대배심 절차를 검사의 선택에 따른 임의적 절차로 개정하는 등 변화가 확대되었으며,10) 현재에 있어서는 20개 주만이 중죄기소에 있어 대배심 절차를 요구하고 있고, 그 외 4개 주만이 사형 또는 무기징역에 해당하는 범죄의 기소에 있어서 대배심 절차를 요구하고 있을 뿐이다.

오늘날에 있어서 대배심 절차를 필요적인 것으로 유지하고 있는 지역에서나 가장 전형적인 대배심 절차를 시행중인 연방차원에서도 대배심 절차는 검사의 기소권한에 대한 통제수단으로서의 역할보다는 조직범죄나 부패범죄와 같은 중요 범죄에 있어서 강력한 수사기관으로서의 유용성과 중요성만이 부각되고 있다.11) 이하에서는 연방 대배심제도를 중심으로 그 특징, 절차 및 평가 등에 대하여 살펴보고자 한다.

나. 대배심제도의 특징

(1) 搜査節次로서의 특징

미국에서 대배심제도가 '방패'로서의 기능보다 '칼'로서의 기능이 강조되는 이유는 바로 대배심제도가 갖는 召喚令狀制度(subpoena

9) Hurtado v. California, 110 U. S. 516, 534-35(1884).

10) 반면에 전통적으로 심리배심과 기소배심의 역할이 중요시되었던 동부지역과 남부지역에서는 대배심의 가치도 존중되었으며 활발한 역할을 한 것으로 평가된다. 특히, 남부지역의 경우 남북전쟁 시기를 거치면서 'Ku Klux Klan' 단원에 대한 기소를 거부하거나 노예제 폐지 및 연방정책에 반대하였던 다수 지역주민에 대한 기소를 거부하는 등의 수단으로 대배심제도가 중요한 의미를 가졌던 것으로 평가된다. Sara Sun Beale 외, 앞의 논문, Ch1. §1:5 참조.

11) Sara Sun Beale 외, 앞의 논문, Ch1. §1:8.

power)와 起訴免責(immunity)을 통한 증언취득이라는 두 가지 축에서 비롯된다. 그러나 이러한 대배심 특유의 권한 이외에도, 대배심 절차는 기본적으로 수사절차라는 특징으로 인하여 공판절차와는 확연히 다른 모습을 나타낸다.[12] 형사재판이 當事者主義的·相互的·公開的인 특징을 갖는다면, 대배심 절차는 기본적으로 職權主義的(inquisitorial)·一方的(ex parte)·密行的(secret)인 특징을 갖는다. 흔히 대배심이 법원에 소속된 것으로 인식되고 있으나, 이는 그 구성에 있어서의 의미일 뿐 실질적인 운영은 검사에 의해 주도되고 있다. 또한 대배심 절차는 검사의 기소취지를 검토한 후 기소에 대한 승인을 해주는 절차이므로 근본적으로 수사 및 기소과정으로서의 특징을 갖게 되는 것이다.

이러한 절차적 특징으로 인하여, 기본적으로 공판절차에서 인정되는 전문법칙(hearsay rule) 등 다양한 증거법칙도 적용되지 않으며, 피의자는 증인으로 소환되지 않는 한 절차에 참여할 권리가 없으며, 원칙적으로 증인의 변호인도 절차에 참여할 수 없다. 대배심 절차는 공개되지 않을 뿐만 아니라 배심원의 평결에는 검사도 참석할 수 없으며, 절차의 적법성에 관한 법원의 사후적 통제 외에는 그 운영과정에서 법원이 관여할 여지도 없게 된다.[13]

일반적인 심리배심과 비교하면, 대배심은 통상 16명에서 23

12) Susan W. Brenner, 앞의 논문, 193aus. "대배심은 법원이 아니다. 대배심에서의 심리절차는 경찰에서의 조사절차와 유사한 것이지 법원의 심문과는 다른 것이다"라고 설명하고 있다.

13) 대배심 절차가 법원의 한 부속절차냐 아니면 이와 독립된 절차냐에 대해서는 지금도 논란이 없는 것은 아니나, 1992년 미국 연방대법원은 U. S. v. Williams 판결에서 "대배심 절차는 법원과 분리된 것이므로 그 절차에 관하여 법원은 관여할 권한이 없다"고 판시하였다. 이 판결은 특히 대배심 절차는 입법·행정·사법 어느 영역에도 속하지 않는 것이라고 판시하였는데, 이에 대하여는 비판적인 견해가 있다. Susan W. Brenner, 앞의 논문, 195aus.

명으로 구성되어 배심원의 수는 일반 심리배심보다 다수이나 기소 승인에는 만장일치를 요하지 않으며 연방 대배심의 경우 12명 이상의 다수결만 필요하다. 일반 심리배심에서는 배심원이 직접 증인을 신문할 수 없으나 대배심의 경우 통상 검사의 증인신문 후 배심원에 의한 직접 신문이 인정된다.

(2) 대상 사건

미국 수정헌법 제5조에서는 "누구든지 대배심에 의한 고발(presentment)이나 정식기소(indictment)에 의하지 아니하고는 사형에 처해질 범죄나 파렴치범(infamous crime)으로 처벌받지 아니한다"고 규정하고 있다. 여기서 '파렴치범'은 구금형으로 처벌할 수 있는 모든 범죄[14]를 의미하고, 모든 연방 重罪(felony)는 위와 같은 형으로 처벌할 수 있으므로, 결국 모든 연방 중죄에 대하여는 피고인이 포기하지 않는 한 대배심의 정식기소에 의하여 소추하여야 한다.[15]

미국 연방형사소송규칙[16]에 따르면, 사형에 처해질 수 있는 사건의 경우 대배심을 통한 기소가 필요적이며, 1년을 초과하는 구금형이나 노역형에 처해질 수 있는 사안일 경우 피의자가 포기하지 않는 한 대배심에 의한 기소가 필요한 것으로 규정하고 있다.

따라서 연방차원의 경우 1년을 초과하는 구금형에 처해질 수 있는 범죄로서 피의자가 달리 선택하지 않는 한 대배심을 통한 기소가 필요하다고 할 것이다. 다만, 미 연방대법원은 法廷侮辱罪

---

14) Sara Sun Beale 외, 앞의 논문, Ch8. §8:1. 미 연방대법원 판결에 의하면, 대배심의 대상이 되는 'infamous crime'이란 법정형에 의해 결정되며, 사형 및 구금형, 노역형에 처해질 수 있는 범죄는 이에 해당한다고 한다. Mackin v. U.S. 117 U.S. 348, 350-51 (1886).

15) 서창희, 앞의 논문, 11aus.

16) Federal Rules of Criminal Procedure(이하 FRCP로 약칭한다), Rule 7(a).

(Contempt)의 경우 그 특성으로 인하여 대배심에 의한 기소를 요하지 않는다고 판시하고 있다.[17] 또한, 처벌형이 벌금일 수밖에 없는 法人에 대한 기소는 대배심에 의한 기소를 요하지 않는 것으로 보고 있다.[18]

(3) 대배심의 권한

미국에서의 대배심은 전통적으로 검사의 起訴案(bill of indictment)에 대한 승인을 통하여 피의자에 대한 기소 여부를 결정하는 권한과 검사의 기소안과 무관하게 독자적으로 범죄혐의자를 기소할 수 있는 권한이 있다.

전자가 대배심의 전형적인 기능으로서 대배심은 이를 통하여 검사의 기소권한에 대한 적절한 통제를 가할 수 있는 것으로 평가되었으나, 실제의 운영에 있어서는 통제의 권한보다 검사의 수사 및 기소활동을 가장 효과적으로 뒷받침하는 제도로 변질되어 왔다. 즉, 증인에 대한 조사권을 가지고 있지 않은 미국의 검사[19]가 중요한 참고인에 대한 소환강제와 증언 확보, 금융거래 정보 및 각종 증거의 수집을 위하여 대배심 절차를 적극 활용함으로써 대배심의 기소통제 기능보다는 수사의 기능이 강조되고 있다고 한다.[20]

대배심 절차에서 대부분의 증거는 소환장 발부 권한에 의하

---

17) Green v. U.S. 356 U.S. 165 (1958).

18) U.S. v. Yellow Freight System, Inc., 637 F.2d 1248, 1253-55(9th Cir. 1980) 등.

19) 검사의 수사권한과 관련하여, 사법연수원, 앞의 책, 20면 이하에서는 "검사가 체포·피의자신문 등의 직접 수사행위를 할 경우 대립당사자구조(adversary system)의 공판과정에서 검사가 증인으로 수사의 정당성을 증언하여야 할 위치가 될 수 있기 때문에, 이러한 소송구조상의 특성을 고려하여 미국검찰은 대배심 절차를 활용하여 참고인 소환과 증거제출을 강제하고, 대배심의 기소승인 또는 고발형식으로 조직범죄, 공직자범죄, 경제범죄 등 특수범죄에 대하여 사실상 수사권을 행사하고 있다"고 설명하고 있다.

20) 표성수, 앞의 책, 135aus.

여 얻어지게 된다. 경찰관이나 피해자와 같이 자발적인 증인 이외에 대부분의 증인은 이러한 소환장에 의해 소환되고, 증언의무가 부과되며, 증거제출명령을 받은 자에게는 증거자료제출 의무가 부과된다. 이러한 소환장 발부 권한은 대배심의 수사기능의 가장 중요한 핵심을 이루게 되며, 오늘날 중요 범죄의 기소에 있어서 대배심의 역할이 증대되어 가는 중요한 이유가 된다.[21]

일반적으로 살인, 강간, 강도와 같은 이른바 'street crimes'에서는 피해자가 존재하거나 물적 증거가 존재하기 마련이므로 소환장의 발부가 중요한 역할을 하지 않지만 이른바 뇌물범죄, 기업회계부정과 같은 'white collar crimes'[22]에서는 피해자가 존재하지 않는 특성과 증인 자신이 그러한 범죄에 개입되어 있을 수밖에 없는 특성으로 인하여 소환장에 의한 증언강제와 증거제출이 중요한 역할을 하게 된다. 즉 이와 같은 범죄에 있어서 증인의 협력을 구할 수 있는 유일한 방법은 소환장에 의한 출석강제 및 증거제출과 기소면책을 조건으로 한 증언취득에 의존할 수밖에 없는 것이다.[23]

이러한 'white collar crime'에 있어서는 특히 수사 초기단계에서 혐의 입증이 어려워 증거 자체를 특정할 수 없거나, 특정할 수 있다 하더라도 법원에 의한 압수수색영장을 발부받을 수 있을 정도의 관련성도 입증하기 어려운 때가 많다. 이러한 경우에 효과적으로 증거를 취득할 수 있는 방법이 바로 대배심에서의 증거제출명령이라 할 수 있다.[24]

---

21) Sara Sun Beale 외, 앞의 논문, Ch6. §6:1.

22) 오택림, 미국 White Collar Crime에 관한 연구, 해외연수검사 연구논문, 2006., 4-16면 참조.

23) Sara Sun Beale 외, 앞의 논문, Ch6. §6:1.

24) 이와 같은 효용성에 입각하여 일부 주에서는 검사에 의한 독자적인 증거제출명령이 인정되기도 하는데, 이에 대한 상세한 내용은, 정석우, 미국의 검찰 벌칙

특히, 대배심에서의 소환장에 의한 증언취득은 일반 수사과정에서의 신문보다 여러 면에서 그 유용성이 인정되고 있다. 증인으로 하여금 출석의무를 강제할 수 있는데, 이는 아래에서 보는 바와 같이 이에 불응한 경우 법정모욕으로 처벌하거나 민사적인 제재를 부과함으로써 강제될 수 있다. 또한 증인이 自己負罪禁止特權 등을 이유로 증언을 거부하는 경우에도 기소면책을 부과함으로써 증언을 강제할 수 있으며, 이 또한 법정모욕 등의 제재수단으로 담보될 수 있다. 더군다나 대배심에서의 증언은 선서하에 행해지기 때문에 증언에 허위가 있는 경우 위증죄로도 처벌이 가능하다. 특히, 실무상으로는 대배심에서의 증언이 선서에 의해 이뤄지고 기록이 되기 때문에 향후 동일한 증인이 공판과정에서 증언을 하게 될 경우 대배심에서의 증언과 다른 증언을 할 수 없도록 하는 통제장치가 될 수 있다는 장점이 있다. 연방을 비롯한 많은 주에서는 공판과정에서 증인이 대배심에서의 증언과 다른 증언을 할 경우 대배심에서의 증언 자체가 공판과정에서 증거로 사용될 수 있도록 허용하고 있다.[25] 또한, 대배심에서 증언한 증인이 공판과정에서 증언을 할 수 없는 경우에는 대배심에서의 증언이 공판과정에서 증거로 사용될 수도 있다.[26]

대배심에서의 증거제출명령장에 의한 증거취득도 일반적인 任意提出要請에 의한 증거취득보다 유용한 경우가 있다. 임의제

부 소환영장제도, 해외연수검사연구논문집 제15집, 법무연수원, 1999. 참조.

25) Federal Rules of Evidence, Rule 801 (d)(1).

26) 공판과정에서 증인이 증언할 수 없는 경우에도 대배심의 증언은 반대신문의 보장과 전문법칙에 의해 제한을 받게 되나, 법원은 일정한 조건하에서 그 허용을 인정하고 있다. 다만, 최근에는 이를 보다 엄격하게 해석하고 있기도 하며 (U.S. v. Omar, 104 F.3d 519(1st Cir. 1997)), 특히 공범에 의한 대배심에서의 증언이 공판과정에서 증거로 사용될 수 있는지 여부에 관하여는 판례가 나뉘고 있다.(U.S. v. McHan, 101 F.3d 1027(4th Cir.1996), Lilly v. Virginia, 527 U.S. 116(1999)).

출요청에 의한 경우나 증거제출명령에 의한 경우나 모두 그 증거가 자신의 혐의와 관련된 경우에는 그 보유자에 대하여 제출을 거절하거나 또는 사전에 인멸하고 싶은 동기를 유발하게 되는 것은 마찬가지지만, 대배심의 증거제출명령에 의할 경우 증거제출 거부 자체로 司法妨害罪를 구성하여 처벌이 가능하게 된다는 장점이 있다. 또한 제3자, 특히 은행이나 기업체가 피의자의 혐의와 관련된 증거를 보유하고 있을 경우, 일반적인 임의제출요청보다 대배심의 증거제출명령은 제3자로 하여금 피의자에 대한 일종의 증거제출 불가피성에 대한 구실을 제공할 수 있어 유용한 것으로 평가되고 있다.[27)]

소환장 발부 권한과 함께 대배심의 수사기능을 뒷받침하고 있는 또 하나의 특징은 기소면책에 의한 증언취득(immunity and compelled testimony)이라고 할 수 있다.[28)] 면책특권은 기소 자체를 면제해 주는 경우(transactionnal immunity)와 당해 절차에서 강제로 얻은 증언내용을 그 증인에 대한 재판에서 직접·간접으로 사용하지 못하도록 하는 경우(use immunity) 등 두 가지가 있다. 미국 연방대법원은 증인이 직접사용면책만을 부여받은 경우 증언을 하도록 강제할 수 없다고 판결하였다.[29)]

이러한 면책특권제도는 검사의 입장에서 중요한 증거를 취득할 수 있는 가장 유용한 수단이 됨과 동시에 변호인의 입장에서도 수사의 초기단계에서 피의자의 역할과 운명을 좌우할 수 있는 중요한 수단이 된다.

우선 검사의 입장에서는 기소면책에 의한 증언강제는 수정헌

27) Sara Sun Beale 외, 앞의 논문, Ch6. §6:1.

28) 이에 대한 상세한 내용은 서창희, 앞의 논문, 34면 이하 참조.

29) 전승수, 미국의 면책조건부 증언제도 연구, 353-356면 참조; Kastigar v. United States, 406 U.S. 441, 453-454(1972).

법 제5조에 의해 증언을 거부하는 증인에 대해서 증언을 취득할 수 있는 유일한 수단이 되고 있다. 특히, 범죄의 共犯이나 내부 관여자의 증언에 의해서만 피의자의 죄책을 입증할 수 있는 범죄에 있어서는 기소면책에 의해 취득한 증언이 거의 유일한 증거가 될 경우도 많다.[30]

한편, 기소면책은 검사에게 있어서 양날의 칼로 작용할 수 있다. 수사 초기단계에 있어 정작 누가 주요 범인인지, 증인 이외에 다른 관여자가 실제로 관여한 것인지 여부가 불분명한 상태에서 섣불리 기소면책을 이용할 경우, 의도한 결과와는 달리 다른 공범자에 대한 기소를 하지 못하는 상태가 초래되면, 정작 처벌받아야 할 증인에 대해서만 면책을 부여하는 결과가 될 수 있는 것이다. 이러한 위험을 방지하기 위하여 검사는 기소면책 부여 전에 증인의 변호인과 증인의 혐의 정도나 증언의 내용을 미리 확인해 볼 수밖에 없는 상황에 처하게 되며, 이 과정에서 자연스럽게 검사와 변호인 간에 bargaining이 형성되게 된다. 따라서 변호인의 경우에 있어서도 기소면책의 적절한 활용에 의하여 대배심의 증인이 될 자신의 의뢰인에 대하여 가장 유효적절한 변호활동을 할 수 있게 되는 것이다. 즉, 다수의 혐의자가 관련된 범죄에 있어서는 검사가 가진 정보의 정도를 미리 파악하여 기소면책에 관한 협상을 먼저 주도할 수 있는 변호인의 능력 여부에 따라 어느 혐의자가 처벌받고 어느 혐의자가 기소면책될 수 있는지를 결정하게 된다. 결국 기소면책에 관한 변호인과 검사 간의 협상은 바로 plea bargaining 자체를 형성하게 되는 경우도 있게 된다.[31]

---

30) Sara Sun Beale 외, 앞의 논문, Ch7. §7:1 참조. 한편, 기소면책에 의해 증언을 취득한 경우에 있어서도 대배심 절차의 증언 이외에 다른 증거를 확보한 경우에는 그 증인에 대해서도 기소하는 것이 가능하기 때문에(이른바 use immunity) 조직범죄의 수사에 있어 유용하게 사용될 수 있다.

31) Sara Sun Beale 외, 앞의 논문, Ch7. §7:1.

다. 대배심의 運營方式

(1) 대배심의 구성

대배심의 배심원은 통상 두 가지 절차에 의해 선발되는데, 연방 대배심과 같이 선거인단명부 등에서의 無作爲 抽籤방식에 의하는 경우도 있고, 일부 주에서 인정되는 것과 같이 배심원선정위원회에서 위원들의 추천에 의해 선발되는 'keymen system'도 인정되다.[32] 배심원은 심리배심과 같은 일정한 자격요건이 요구되므로[33] 시민권 여부, 정신적·신체적 결함 여부, 일정 연령, 일정기간 이상 거주, 영어구사능력 등이 자격요건으로 규정되기도 한다.

대배심의 배심원 선발과정은 심리배심과 달리, 검사나 변호인에 의한 忌避權의 행사는 인정되지 않는다. 따라서 대배심의 구성에 있어서 변호인의 관여 여지는 극히 제한된다.[34] 법원은 대배심원이 자격을 갖추었는지에 관하여 간단한 신문을 할 수 있으나, 심리배심과 같은 검사와 변호인의 예비신문절차(voir dire)는 거치지 않으며,[35] 무조건적 기피(peremtory challenge)도 인정되지 않는다. 다만, 대배심원의 適格 여부는 사후에 公訴棄却(dismissal) 사유가 될 수 있으므로 그 범위에서 검사와 변호인은 대배심원의

---

32) Sara Sun Beale 외, 앞의 논문, Ch3. §3:1. Keymen System은 텍사스주 등 일부 지역에서 실시되고 있는데, 법원에서 지역 저명인사를 배심선정위원으로 선발하고 배심선정위원들이 3~4명씩의 친분이 있는 지역 저명인사를 대배심원으로 선정한다고 한다. 이와 같은 절차에 의해 대배심원이 구성될 경우 자연적으로 대배심원은 다소 고령의 은퇴한 저명인사들로 구성되고 상류층 백인의 고학력 시민들이 대배심원의 주류를 차지하게 된다고 한다. 이와 같은 Keymen System의 장점은 결정이 합리적이고 일관성을 유지할 수 있다는 점이 지적되며, 단점으로는 지역사회의 다양한 의견을 대배심 절차에 반영할 수 없다는 점이 지적된다. Roark M. Reed 외, 앞의 책, 159면.

33) FRCP, Rule 6. (a)(2).

34) Sara Sun Beale 외, 앞의 논문, Ch3. §3:1.

35) 주한일, 앞의 논문, 41면.

선정을 조사할 수 있다.36)

그러나 대배심 선정과정 및 대배심원의 적격 여부에 위법사유가 있다고 하더라도 그 자체만으로 공소기각 사유가 되는 것은 아니며, 부적격한 대배심원이 있었다 하더라도 대배심원의 최종적인 평결 결과에 영향을 미치지 않았다면 공소기각 사유가 되지는 않는다고 한다.37)

대배심원은 통상 18개월을 임기로 하며, 임기제로 구성된 대배심은 그 기간 동안 대배심에 회부된 사안을 모두 심의하게 되며,38) 이는 심리배심이 각 사안별로 구성되며 개별 사안의 종료와 함께 임기가 만료되는 것과 구별된다. 대배심원의 선정에 있어서 연방과 같이 예비 배심원을 선정해 두고 대배심원의 교체가 필요한 경우에 대비하기도 한다.39)

대배심원이 처음 구성되면 임기 시작과 함께 선서를 하게 되며, 통상 해당 법원에서는 대배심으로서의 의무와 책임에 대해 교육을 실시하고, 배심원 중에서 陪審員代表(foreman)를 선정하게 된다.40) 배심원대표은 배심원단을 대표하여 절차 진행, 평결 기록 등 행정적 임무를 수행하게 되며 기소를 승인하는 경우 배심원단을 대표하여 기소장(true bill)에 서명하게 된다.

연방 대배심은 16명에서 23명으로 구성된다.41) 참고적으로 대배심원의 수는 각 주마다 상이한데, 보통법의 전통에서는 12명

36) Sara Sun Beale 외, 앞의 논문, Ch3. §3:1.

37) Sara Sun Beale 외, 앞의 논문, Ch3. §3:9.

38) 대배심의 임기는 지역마다 10일에서부터 18개월까지 매우 다양하다. 임기 중에 심리를 시작한 사안에 대해 계속 심리가 필요한 경우는 임기를 연장하기도 한다. Sara Sun Beale 외, 앞의 논문, Ch4. §4:1.

39) FRCP Rule 6. (a)(2).

40) FRCP Rule 6. (c).

41) 18 U.S.C. §3321, FRCP Rule 6.(a)(1), (f).

에서 23명으로 대배심원을 구성하게 되어 있었으며, 연방 대배심뿐만 아니라 각 주에서도 기소결정에 있어서 만장일치를 요구하지는 않으며, 연방의 경우 12명 이상의 찬성으로 기소결정이 이뤄진다.

연방 대배심은 평결과 표결 과정을 제외한 모든 변론을 速記나 전자녹음기기로 기록하도록 하고 있다.[42] 이와 같이 기록된 결과물은 법원의 특별한 지시가 없는 한 공개될 수 없다.

평결에 있어서는 대배심원 전원이 평결에 참여하게 되나, 연방법원이나 일부 지역에서는 모든 대배심원이 반드시 심리기간 동안 계속 출석해야 평결에 참여할 수 있는 것은 아니라고 하고 있다.[43][44]

⑵ 대배심에서의 검사의 역할

대배심의 진행과정에서 판사나 법원직원이 참여하지 않고 또

---

42) FRCP Rule 6.(e).

43) Sara Sun Beale 외, 앞의 논문, Ch4. §4:1.

44) 대배심 절차가 실제로 어떻게 운영되는지를 이해하는 데 있어 실제 대배심원으로서 참여한 사람의 수기가 있어 그 주요 부분만을 소개하고자 한다. Karen A. Gray-Burriss, *Grand Jury Service: a personal account*, Judicature, March-April 1998. Vol.81. No.5, 192면.
"내가 받은 대배심 소집통지서(summons)에는 18개월의 임기로 대배심원이 되었다는 내용과 처음 5주간은 매일 출석해야 한다고 되어 있었다. 첫날 나는 심리배심에서의 경험을 상기하며 대배심도 비슷하리라 생각했지만 많은 차이가 있음을 알게 되었다. 우리(대배심원단)는 대배심 사무원으로부터 교육을 받고 대배심 소개 자료를 받았으며, 판사 앞에서 선서하였다. 우리가 심리할 사건은 90-100건 정도 될 것이라고 하였다. 우리는 심리내용을 기록할 수도 있고, 증인에게 직접 신문할 수도 있다고 하였다. 사건은 검사의 설명으로 시작되었는데, 어떤 날은 시간이 빨리 갔으나, 어떤 날은 끝날 것 같지 않게 지루한 때도 있었다. 내가 평소에 신문이나 TV에서만 접했던 범죄에 대해 증인과 피해자로부터 생생한 증언을 들으면서 때로는 슬프고, 두렵고, 때로는 범죄에 대해 분노하기도 하였다. 나는 검사와 판사, 법원직원 등에게 부과되는 업무의 양을 보고 다시 한 번 이들에 대한 존경심을 가질 수 있었다. 나는 우리 모두가 범죄의 피해자가 될 수 있다는 생각을 해보았으며, 자신의 인생에 대하여 통제능력을 상실한 범죄자들의 내면을 볼 수 있었다."

한 피고인과 그의 대리인 또한 참여하지 않기 때문에 재판절차에 있어서 검사의 역할과 본질적으로 상이하다. 이와 같은 검사의 역할로 인해, 대배심에서의 검사에게는 準司法官으로서의 기능(quasi-judicial functions)도 요구되며, 대부분의 주에서는 검사에게 증인이나 혐의자에 대해 공정할 것과 피의자의 이익과 관련하여 공평한 태도를 유지할 것을 요구하고 있으며,[45] 검사는 대배심의 일방적 절차(ex parte)를 이용하여 대배심의 표결에 영향을 미칠 수 있는 불공정하고 부당한 언행을 해서는 안 될 의무가 있는 것으로 이해되고 있다.[46]

⑶ 대배심 절차의 密行性

연방 및 대부분의 주에서는 대배심절차가 비공개로 진행되며 배심원, 검사, 속기사, 통역인 등은 대배심 자료에 대하여 누설할 수 없으며, 그 이외의 사람들은 법원의 허가를 받지 아니하면 대배심 자료에 접근할 수 없다.[47] 증인이나 피의자 및 그 변호인의 출석 또한 인정되지 않는다. 이러한 대배심 절차의 밀행성은 수사와 관련된 자들에 대한 위협 등을 방지하거나 잠재적 피고인에 대한 편견이 생길 수 있는 것을 방지하고, 평결 결과의 공정성을 확보하는 등 다양한 목적을 위해 필요한 것으로 인정되고 있다.[48]

대배심의 기본적인 특징으로 파악되는 이러한 非公開의 原

45) Sara Sun Beale 외, 앞의 논문, Ch4. §4:15. 특히, 뉴욕주 법원은 대배심에 있어서 검사는 공정성을 유지할 사법적 임무가 있다고 판시한 바 있다. People v. Huston, 88 N.Y. 2d 400, 406, 668 N.E. 2d 1362, 1366(1996).

46) 미국 변호사협회의 기소준칙(The American bar Association's Standard for the Prosecution Function)에서는 "대배심의 검사는 공판과정의 심리배심에서 허용되지 않는 방식으로 대배심원에게 영향을 미칠 수 있는 진술이나 주장을 해서는 안 된다"고 규정하고 있다. Sara Sun Beale 외, 앞의 논문, Ch4. §4:15.

47) FRCP Rule 6(e) 참조.

48) Sara Sun Beale 외, 앞의 논문, Ch5. §5:1 참조.

則은 한편으로 변호인이나 검사에게 있어 제약으로 작용하기도 한다. 변호인의 입장에서는 향후 공판과정에서 가장 유용하게 사용될 수 있는 변론자료에 대한 접근이 차단되며, 검사의 입장에서는 대배심의 대상이 된 피의자 외의 제3자에 대한 수사확대를 위하여 필수불가결한 자료를 사용하는 데 제약을 받게 되기 때문이다.

변호인들은 이러한 대배심 절차의 밀행성에 의한 제약을 극복하기 위하여, 대배심 절차 종료 후 대배심 증인들을 상대로 증언내용을 확인하기도 하며, 대배심 절차의 위법성을 문제 삼아 공소기각을 주장하며 대배심 기록의 공개를 요구하기도 한다. 검사들은 효율적인 공소유지를 위하여 대배심의 심리내용이 공개되지 않도록 노력하기도 하며, 다른 한편으론 다른 관련자에 대한 수사, 국가가 당사자가 된 소송에서의 증거획득을 위해 대배심의 심리내용을 이용하기도 한다. 이와 관련하여 일반 민사소송에서도 정부가 대배심 절차에서 얻은 자료를 부당하게 국가에게만 유리한 증거로 사용한다는 비판이 제기되기도 하며, 민사소송의 변호사들도 대배심을 통해 확인된 증거의 사용에 관하여 다양한 요청과 주장을 제기하기도 한다.

이와 같은 이유로 인하여, 대배심의 밀행성과 그로 인해 대배심에서 획득된 증거를 어떤 범위에서 이용할 수 있는지 여부에 관하여 많은 논란과 판결이 형성되고 있다고 한다.[49)]

⑷ 대배심의 구체적 진행절차

㈎ 사전준비

검사는 대배심의 심리 이전에 사건을 담당한 사법경찰관과 관련 증인을 확인하는 등 사전준비를 한다. 단순한 사건의 경우에

---

49) Sara Sun Beale 외, 앞의 논문, Ch4. §5:1 참조.

는 사법경찰관을 대배심에 소환하여 증언하게 하는 것만으로 충분하므로 별다른 준비가 필요하지 않으나, 복잡한 사건이나 장기간의 대배심 수사가 필요한 경우에는 소환 대상자를 선정하고 증인의 증언 순서 등을 정하여야 하며 증거물의 분류작업도 하여야 한다.

㈏ 제1회 기일

제1회 기일(initial session)에는 검사가 모두진술(opening statements)을 통하여 배심원들에게 사건의 내용, 출석한 증인의 성명과 증언할 내용의 요지 등을 설명한 다음 각 증인 신문 전에 배심원이 될 사람들에게 증인이나 피의자 등과 관련이 있는지 확인하여 관련이 있는 사람을 배제한다.

㈐ 증인신문

실무상 보통 최초의 증언은 사건을 담당한 사법경찰관이 한다. 그는 사건 전체의 윤곽을 배심원들에게 설명할 수 있기 때문이다. 대배심이 피의자의 유·무죄를 결정하는 것이 아니라 피의자를 기소할 만한 상당한 이유가 있는지 유무를 결정하기 위한 일방적인 절차이므로 이때는 검사의 유도신문이나 전문증거(hearsay evidence)에 따른 신문도 허용되고, 불법취득 증거(illegally obtained evidence)를 제출하거나 이를 이용한 신문도 인정된다. 미국 연방 수정헌법 제4조의 압수·수색절차 위반의 주장도 불허되는 경우가 많다고 한다.

배심원들도 증인에게 질문을 할 수 있으나 일반적으로는 검사가 증인을 퇴실시킨 상태에서 배심원들로부터 질문사항을 듣고 요약하여 증인에게 질문을 하는 데 필요한 경우 그 배심원으로 하여금 신문하게 하는 경우도 있다.

㈑ 최후진술과 증거의 요약

증거조사 후 판단의 단계가 되면 검사는 배심원들에게 입증의 문제, 즉 상당한 이유(probable cause)에 대하여 설명하고 그때까지의 증인의 증언과 증거를 요약하여 기소될 범죄내용과 그 증거의 관계를 설명한 다음 그로부터 추론되는 결론을 제시함으로써 사건에 대하여 배심원들이 충분히 이해하도록 한다.

㈒ **정식기소장안의 제출**

검사는 정식기소장안의 내용을 배심원들에게 읽어주고 원본과 부본을 배심원들에게 교부한다.

㈓ **정식기소장의 승인**(return of indictment)

심리가 종결되면 대배심이 정식기소를 승인할 것인지 여부를 배심원들만의 비밀 심의로써 평결한다. 연방 대배심의 평의는 12명 이상의 동의에 의하여 결정된다. 대배심이 피의자가 범행을 행하였다는 상당한 이유(probable cause)가 있다고 믿는 경우에는 기소장을 승인하며 이렇게 발부된 기소장을 'A True Bill'이라고 하고, 기소가 부적절하다고 결정하는 경우 'NO True Bill'이라고 기소장에 표시한다.

㈔ **대배심 결정의 효과**

대배심에서 정식기소 결정이 되면 검사가 작성한 정식기소장안에 배심원장과 검사가 서명한 다음 법원에 접수함으로써 정식기소가 이루어진다. 정식기소장이 완성되면 그 안을 작성한 검사도 내용을 임의로 바꿀 수 없다.

5. 대배심 절차의 강제수단

수사절차로서의 대배심 절차의 기능을 유지하기 위해서는 대배심 절차에서의 증인소환 및 증거제출, 증인신문 등을 강제할 수 있는 수단이 필요하며, 또한 대배심원이나 증인을 제3자로부터 보호할 수 있는 강제수단이 필요하게 된다. 즉, 대배심이 원래 예정한 기능을 수행하기 위해서는 증인이 허위증언하거나 출석을 거부하는 경우 또는 증거제출을 거부하는 경우에 이를 강제하여야 하며, 증거를 인멸하거나 증인 또는 배심원을 협박하는 경우에 처벌할 수 있는 수단이 갖춰져야 한다.

이를 위하여 연방 및 각 지역 차원에서는 세 가지의 형태로 대배심 절차의 강제수단을 두고 있는데, 증인에 대한 僞證罪의 처벌, 法廷侮辱의 제재, 司法妨害罪에 의한 처벌 등이 있다.

대배심 절차에서의 증인은 선서에 의한 증언에 임하게 되므로 허위진술이 확인된 경우 위증죄(perjury)로 처벌된다.[50] 특히, 피고인이 법정에서 허위진술할 경우에도 우리나라에서는 위증죄가 성립되지 않지만, 미국 대배심 절차에서는 미국의 공판절차와 같이 피의자이건 단순한 제3자적 참고인이건 법정에서 허위진술한 경우 위증죄로 처벌받게 된다.

또한, 대배심에서 발부한 소환장에 의한 소환을 거부하거나 출석하지 못한 경우와 소환장에 규정된 증거의 제출을 이행하지 아니한 경우, 기소면책(immunity)을 부여받은 증인이 진술을 거부할 경우 등에는 법정모욕(contempt)에 해당하여 刑事的·民事的 制裁[51]를 받을 수 있다.[52] 이 중 민사적 제재수단은 증인이 증언

50) 위증(perjury)죄는 18 U.S.C §1621-1623 참조.

51) 법정모욕은 제재수단에 따라 형사적 법정모욕(criminal contempt)과 민사적 법정모욕(civil contempt)으로 구별하기도 하는데, 전자는 18 U.S.C. §401에서, 후자는 28 U.S.C. §1826에서 규정하고 있다.

52) 미국에서의 법정모욕죄의 적용실태는, 서창희, 미국 대배심에서의 증언거부와 법정모욕, 사법연수원 논문집 제2집, 2005. 및 원재천, 미국법원은 법정모욕죄를 포괄적으로 적용한다, 시민과 변호사 제122호, 2004. 3, 53면 이하, 서창희, 첫번째 논문, 25면 이하 및 Sara Sun Beale 외, 앞의 논문, Ch11.§11:13-21 참조. 이에 관하여 흥미로운 사례가 있는데, 클린턴 전 대통령의 동업자였던 Susan McDougal은 화이트워터사건 대배심에 소환되었으나 이를 거부하여다는 이유로 법정모욕에 대한 민사제재의 형태로 구금되어 대배심의 임기가 거의 완료할 무렵까지 거의 2년간 구금되어 있었다고 한다. 한편, 일부 주에서는 대배심에서의 증언거부로 인하여 증인이 7년간 구금된 사례도 있다고 한다. Susan W.

할 때까지 구금하거나 손해배상을 명하는 형태로 이뤄지는데, 28 U.S.C. §1826에 규정된 강제구금의 경우, 증인이 대배심절차에서 정당한 이유 없이 증언이나 증거제출을 거부한 경우에는 그 증인이 이를 이행할 때까지 구금을 명함으로써 그 이행을 강제할 수 있다.[53)]

한편, 사법방해죄(obstruction of justice)에 해당할 수 있는 전형적인 경우로는, 배심원 또는 증인에 대해 부당한 영향력을 행사하거나 대배심의 심리대상이 되는 증거를 湮滅하려한 경우 등이 해당된다.[54)]

오늘날 대배심 절차가 여러 비판에도 불구하고 조직범죄나 기업비리 등의 수사에 있어서 그 유용성이 인정되고 있는 이유는 이와 같이 대배심 절차에서 증언과 증거제출을 강제할 수 있는 여러 제도적 장치가 갖춰져 있기 때문이라고 할 것이다. 이러한 대배심 절차의 강제수단은 특히 수사에 있어 별다른 강제수단을 보유하지 못한 미국의 경찰과 검찰의 수사절차와 비교할 때 대배심 절차가 갖는 수사기관으로서의 우월성으로 인정되고 있다.

라. 대배심 제도에 대한 평가

(1) 대배심 절차의 改革論

현재 미국에서 대배심 절차에 대한 논의는 대배심 절차가 갖는 수사기능으로서의 장점 이외에 검사에 의한 대배심 주도 현상에 대한 비판에 집중되고 있다. 대배심 절차가 검사의 기소 의지

Brenner, 앞의 논문, 191면.

53) 이에 관한 상세한 구성요건 및 적용례 등은 서창희, 두 번째 논문, 416면 이하 참조.

54) 사법방해죄는 18 U.S.C §1501-1518에 규정되어 있다. 이에 대한 상세한 내용은 Norman Abrams & Sara Sun Beale, *Federal Criminal Law and Its Enforcement*(3rd. ed), West Group, 2000, 613면 이하 참조.

에 따라 좌우되기 때문에 대배심 절차 고유의 독립성과 검사의 기소권한에 대한 견제수단으로서의 기능이 보장되기 위해서는 다른 절차적 보완수단이 필요하다는 것이다.[55]

그 예로서, 대배심 절차에서의 검사의 권한을 축소하거나 대배심이 검사로부터 독립하여 실질적으로 기소 여부를 결정할 수 있도록 운영을 개선하여야 한다거나, 특히 대배심 절차 후에도 예비심문(preliminary hearing)의 제도를 존치하여 소추의 타당성 여부를 점검하여야 한다는 견해도 제기되고 있다.[56] 대배심에서 제시되는 증거에 대하여도 공판과정에서와 같은 증거법칙이 적용되어야 한다거나 최소한 전문증거의 지나친 활용을 통제하여야 한다는 의견, 대배심의 증인신문에 대해서도 변호인의 참여를 허용하여야 한다는 의견[57] 등도 개혁론으로서 주장되고 있다.[58]

한편, 이와 같은 개혁론은 일응 대배심 절차의 의의를 인정하되 그 단점들에 대해서는 절차적 개혁으로 보완하자는 입장이나 대배심 절차 자체에 대해 반대하는 입장에서는 경제성과 효율성 그리고 통제수단으로서의 기능을 모두 고려할 때 대배심 절차보다 검사의 단독기소와 판사에 의한 예비심문절차(information / preliminary hearing system)가 훨씬 우수하다는 점을 들어 그 폐지를 주장하기도 한다.[59]

---

55) Susan W. Brenner, 앞의 논문, 198면 이하 참조.

56) 표성수, 앞의 책, 298면.

57) 1970년대 이후 미국 전반의 대배심 개혁절차를 통하여, 약 3분의 1에 해당하는 주에서 대배심 절차의 증인으로 하여금 변호인의 대동을 허용하는 것으로 입법화되었다. Sara Sun Beale 외, 앞의 논문, Ch1. §1:5.

58) Susan W. Brenner, 앞의 논문, 190면 이하 및 표성수, 앞의 책, 298면 참조.

59) Sara Sun Beale 외, 앞의 논문, Ch1. §1:9.

⑵ 대배심 절차의 장단점

위와 같은 대배심 절차의 개혁론에서 지적된 바와 같이 대배심 절차의 단점으로는 검사의 영향력에서 대배심이 자유로울 수 없다는 점이 가장 우선적으로 지적되고 있다.[60] 대배심 절차가 부당한 기소로부터 피의자를 보호할 수 있는 '방패'로서의 기능을 상실하게 되어 더 이상 검사의 기소권한에 대한 통제수단이 되지 못하고 있다는 것이다.[61] 특히, 대배심 절차가 효용성을 가장 크게 발휘하고 있는 조직범죄 등 '화이트칼라범죄'의 경우, 사안이 복잡하고 관련된 쟁점에 대해 일반 시민으로서 이해가 어렵기 때문에 이와 같은 단점이 더욱 두드러지게 된다고 지적된다.[62]

---

60) 대배심 절차의 장단점을 요약하면, 우선 단점으로 ① 대배심은 비능률적이고 불필요한 비용을 증가시키며 혐의자에 대한 기소를 지연시킨다. ② 대배심은 그 구성원의 법률지식 및 경험부족으로 실제 불기소하는 경우는 거의 없고, 검사의 '고무인' 역할밖에 하지 못한다. ③ 때때로 대배심제도는 검사의 재량권 행사에 대한 일반인의 정밀조사로부터 검사를 보호하는 기능을 하는 데 그친다. ④ 자의적이고 잘못된 소추로부터 시민을 보호하는 기능을 해야 할 대배심은 가끔 기소해야 할 사건을 기소하지 않거나 부당하게 기소함으로써 정의에 반하는 결정을 하는 경우가 있다. ⑤ 제도로서의 대배심은 회복할 수 없을 정도로 일반인의 존경과 신뢰를 상실하였다고 지적된다는 점이며, 장점으로는 ① 대배심은 민주적이고 지방적인 제도로서의 성격을 가지며 최소한 거대 정부와 국가주의를 거부하는 유효한 수단이 된다. ② 기소율이 높은 것은 검사가 사려 깊게 사건을 검토한 결과로 보아야 하며, 검사가 배심을 통제한다기보다 대배심의 결과를 예측한 결과라고 보아야 한다. ③ 대배심의 명성이 드러나는 것은 소수의 중요한 사건에 관해서이다. ④ 대배심의 심사는 검사와 판사의 심사와 중복되는 것은 아니며, 검사의 공소장으로부터 사람을 재판에 회부하는 것은 정치적·개인적 남용의 위험이 큰 힘을 한 개인에게 부여하는 것이다. ⑤ 대배심에 대한 일반인의 지지가 상실되었다는 것은 예컨대, 독자적인 수사에 의하여 공직자의 비리를 확인한 뉴욕주(1871년 시장 Tweed에 대한 기소 사건)의 경우나 Watergate 사건의 경우를 보면 근거가 없다는 점 등을 들 수 있다. 이는 미국 지방검사협의회(NDAA)의 기소기준(Prosecution Standards)에 요약된 것으로 표성수, 앞의 책, 296면 이하에서 재인용.

61) Gerald B. Lefcourt, *Curbing abuse of the grand jury*, Judicature, March-April 1998, Vol.81. No.5, 196면.

62) Susan W. Brenner, 앞의 논문, 195면 이하 참조. 특히, 검사와 배심원 간의 유대관계 형성, 검사의 법률전문가로서의 지위 등으로 인해 검사는 대배심을 지배

그러나 이와 같은 단점은 동시에 대배심 절차가 갖는 가장 큰 장점으로 지적되고 있다. 수사기관에서의 출석 강제나 진술 강제, 증거제출의 강제가 허용되지 않기 때문에 기소를 위하여 반드시 필요한 참고인의 증언이나 증거의 제출은 대배심을 통하지 않고는 얻을 수 없는 경우가 많다. 특히, 대배심은 이러한 강제수단을 통하여 혐의 여부가 불분명한 수사 초기단계에서 혐의자들의 혐의 내용을 명백히 판단할 수 있고, 향후 공판과정에서 정당한 형벌이 부과되도록 하는 기초가 될 수 있다.

대배심 절차가 갖는 절차적 특성, 즉 일방주의적·밀행주의적·직권주의적 성격으로 인하여 증거의 제약을 받지 않을 뿐만 아니라 법원이나 변호인에 의한 관여를 최소화할 수 있어 수사의 효율성과 기밀성을 보장받을 수 있게 되는 것이다. 이러한 특징은 연방차원에서 주요한 조직범죄, 뇌물범죄, 마약범죄 등에 유효하게 대처할 수 있는 수단이 될 뿐만 아니라, 특별검사에 의한 기소와 같이 정부 고위직이 관여된 범죄에 있어서도 독립적이고 능동적인 수사와 기소를 가능하게 하는 수단이 된다 할 것이다.

2. 일본의 檢察審査會제도

가. 서

일본의 검찰심사회는 1948년 제정된 檢察審査會法에 의해 지방재판소 및 재판소 지부에 총 201개가 설치되어 있다. 일본의 검찰심사회는 제2차 세계대전 후의 미 군정시기에 있어, 과거 잠시 시행되다가 중단되었던 배심제도의 부활과 대배심제도의 도입 논의[63]에 대한 타협안으로서 도입된 것으로 알려져 있다.[64]

하게 된다고 설명한다.

나. 구성 및 운영

당해 검찰심사회 관할구역 내 중의원 선거인 명부를 기초로 추첨으로 선출된 검찰심사회 위원 중 회장을 호선하며, 정원은 11명으로 구성되며, 임기는 6개월로 되어 있다. 실무를 담당하는 사무국장이나 사무관 등은 법원 사무관 중 최고재판소가 임명하며, 경비도 법원에서 부담한다. 검찰심사회는 그 명칭과는 달리 법원에 소속되어 법원에 의해 운영되는 조직체라 할 것이다.[65]

검찰심사회의 심의 대상은 고소·고발인 또는 범죄피해자의 신청이나 또는 직권에 의하여 심의에 회부된 사건으로 검찰관의 불기소처분의 당부에 대한 심사와 검찰사무의 개선에 관한 건의 등 두 가지를 대상으로 한다.

검찰관의 불기소처분에 대하여 고소·고발인이나 범죄피해자가 심사를 청구한 경우, 검찰심사회는 11인 중 8인 이상의 찬성으로 '기소상당' 결정을 하거나 과반수의 찬성으로 '불기소상당', '불기소부당'의 결정을 할 수 있다. 다만, 이러한 검찰심사회의 결정에 대하여 구속력은 인정되지 않으며, 다만 검사정(우리나라의 지방검찰청 검사장)은 그 의결을 참고하여 공소를 제기하여야 한다고 판단되는 경우에 기소절차를 밟도록 규정하고 있다.[66]

검찰심사회는 필요한 경우 검찰관에게 자료의 제출 또는 출석을 요구할 수 있으며,[67] 공무소 또는 공사단체에 조회하여 보고를 받을 수 있고, 신청인 또는 증인의 신문도 할 수 있다. 회의는

63) 일본의 과거 배심제의 운영 및 최근 사법제도개혁에 관한 논의는 심재돈, 일본의 사법제도개혁에 관한 연구, 법무연수원, 해외연수검사연구논문집 제19집, 2004 참조.

64) 법무부, 앞의 보고서, 6면.

65) 검찰심사회의 구성에 관한 상세한 내용은 일본 검찰심사회법 제2장 이하 참조.

66) 일본 검찰심사회법 제41조.

67) 다만, 검사가 직접 출석하는 사례는 거의 없고, 대부분 의견서의 제출로 갈음한다고 한다. 법무부, 앞의 보고서, 9면 참조.

매년 3월, 6월, 9월, 12월에 정기적으로 개최하며, 검찰심사회장이 필요하다고 인정하는 경우 임시회의의 소집도 가능하다.

검찰심사회의 의결 후에는 이유를 붙인 의결서를 작성하여 그 등본을 검사정에 송부하며, 등본을 송부받은 검사정은 주임검사를 지정하여 다시 수사하여 주문을 결정하게 된다.

그런데 2004. 5. 28. “형사소송법 등의 일부를 개정하는 법률”이 공포되면서 “검찰심사회법”을 일부 개정하였다. 그 주요 내용은 검찰심사회가 검사의 불기소처분을 심사하여 ① 기소상당하다는 의결, ② 불기소처분이 부당하다는 의결, ③ 불기소처분이 상당하다는 의결 중 어느 하나의 의결을 할 수 있고, 기소상당하다는 의결을 통보받은 검사가 재차 불기소처분하여 그 사실을 검찰심사회에 통보하거나, 의결통보 후 3개월 이내에 검사로부터 새로운 처분에 관한 통보가 없는 경우에는 검찰심사회에서 재차 심의를 하여 ‘기소의결’할 수 있으며, 이 경우 관할 지방재판소에 범죄사실을 특정한 의결서를 송부하여야 하고, 의결서를 송부받은 재판소는 공소제기 및 유지를 담당할 변호사를 지정하여야 하며, 지정변호사는 공소제기, 유지 등 검찰관의 직무를 수행하도록 되어 있다. 영미법계의 대배심제도와 유사한 권한을 사인들로 구성·운영되는 검찰심사회에 부여하는 내용으로 제도를 개혁하여 공소권 행사에 국민의 참여를 보장하였다.

다. 검　　토

우리나라와는 달리 검사의 불기소처분에 대하여 검찰 자체의 항고절차가 마련되어 있지 않은 일본에서는 검찰심사회에 의해 검찰관의 불기소처분에 대한 불복이 가능할 뿐만 아니라 검사의 기소권 행사에 민의를 반영시킬 수 있는 기능을 하고 있는 것으로 평가되고 있다. 특히, 시행 50여년이 경과하여 제도로서 안정

적으로 정착되었다고 평가되며 제도 자체에 대한 비판론은 특별히 제기되지 않고 있다고 한다.[68]

다만, 비록 검찰심사회의 심의내용에 대한 비밀준수의무가 부과되고 이를 위반한 경우 처벌이 가능하나,[69] 수사가 일단 종료된 사건에 있어서 그 수사결과가 일반인에게 공개되는 결과가 되어, 미국의 대배심제도보다 공개로 인한 위험성은 그만큼 크다고 할 수 있다. 또한, 심사회의 구성절차가 복잡하고 심사원 전원의 출석 확보에 어려움이 있으며, 제도운영에 비교적 다액의 비용이 소요되고 절차가 지연될 우려가 있는 등 절차상의 단점이 문제점으로 지적되고 있다.[70]

3. 독일의 사인소추제도

가. 서

독일 형사소송법은 제374조 내지 제397조, 제471조에서 일반공중에 대해 영향이 적은 경죄에 대하여 검사가 아닌 일반인이 형사법원에 스스로 소를 제기하여 자신이 경험한 불법에 대한 만족, 즉 형법의 선고를 소구할 수 있는 형사절차를 규정하고 있다. 사인소추절차는 '진정한 공법적 형사소송절차'이므로 민사소송절차와 구별되며, 국가형벌청구권의 실현에 있어 국가를 대표하는 것이 아니라, 단지 국가적 형벌청구권을 주장하는 것에 불과하다는 점에서 검사와 구별된다. 독일 형사소송법상의 사인소추제도는 검사의 기소독점과 기소강제주의의 예외를 허용하는 것이다.

---

68) 법무부, 앞의 보고서, 9면.

69) 일본 검찰심사회법 제26조, 제44조.

70) 법무부, 앞의 보고서, 9면.

사인소추를 하더라도 국가가 공소를 제기할 권한을 가지고 있으나, 사인소추 대상범죄에 대한 공소는 독일 형사소송법 제376조의 원칙에 따라 '공공의 이익'이 존재할 때만 제기할 수 있다.

나. 사인소추절차

(1) 대상범죄

사인소추는 일정한 경죄[71]의 경우 즉 주거침입, 모욕, 서신비밀침해, 상해 및 과실치상, 배임수재 및 증재, 협박, 재물손괴, 공정거래법위반, 특허권, 저작권, 상표, 실용신안 및 의장법위반 사건에 대해서만 허용되고, 사인소추 대상범죄와 비사인소추 대상범죄가 상상적 경합 또는 법조경합관계에 있는 경우 사인소추는 허용되지 아니하며, 오히려 사인소추 대상범죄는 검사가 직권으로 공소제기한다.

(2) 사인소추권자

사인소추권자는 피해자, 고소대리권자, 법정대리인, 단체 · 회사가 피해자인 경우 피해자의 민사상 대리인이 이에 해당한다. 복수의 피해자가 있는 경우 예컨대 하나의 의사표현으로 여러 사람이 모욕을 당한 경우, 각각의 피해자들은 개별적으로 사인소추권한이 있다 할 것인데, 하나의 행위로 인한 다수의 절차 및 유죄판결을 피하기 위하여 피해자들 중 한 사람이 이미 사소를 제기할 경우 나머지 피해자들은 단지 그 당시의 소송상태대로 참가만이 가능하고 독립적인 사소의 제기는 불가능하며, 소송참가는 절차가 기판력 있는 재판을 위해 종결될 때까지 허용될 뿐만 아니라 그 후에도 재심을 위해 허용된다.

---

71) 독일 형법 제12조는 법정형이 1년 이상의 자유형은 중죄, 법정형이 1년 미만의 자유형 또는 벌금형인 경우 경죄라고 규정하고 있다.

⑶ 사인소추의 특칙

화해전치주의를 채택하여 주거침입, 모욕, 서신비밀침해, 상해, 협박 및 재물손괴에 대한 형사소추를 하기 위해서는 주 사법행정부가 지정한 화해담당관청에서 화해시도가 이루어져야 하고, 이 화해절차가 실패하였을 경우에만 사소를 제기할 수 있다.

사인소추인은 피소추자에게 발생할 것이 예상되는 비용을 위한 담보제공의무를 부담하며, 현금 또는 유가증권을 공탁하고, 수수료 납부이전에는 재판상 행위는 불허된다.

⑷ 사인소추의 심리

법원은 피의자 의견진술 후 공판절차 개시 또는 기각 결정을 하고, 피의자의 책임이 경미한 경우 절차중지결정이 가능하며, 법원 결정에 대하여 소추인은 즉시항고로 불복이 가능하다. 사인소추인은 공판절차에 참가하여 의견을 진술하고, 기록을 열람할 수 있으며, 증인 및 감정인을 직접 소환할 수 있고, 상소 및 재심신청할 권리가 있으며, 소취하권이 있다. 소취하권의 경우 1심 사실심리 이후에는 피고인의 동의를 요한다. 사인소추인이 사망하면 절차는 정지되고, 상속인 등 권리자가 2개월 이내에 사소 계속의 의사를 밝힐 경우 절차는 계속 진행된다.

다. 검 토

화해절차를 필요적으로 거처야 하는 사인소추 대상범죄 예컨대 모욕죄, 상해죄 등에 있어 화해절차는 사인소추사건이 재판절차에 이르기 전에 평화적인 방법으로 종결되는 데 매우 유효하게 작용하고 있다. 다만 화해절차에 있어 피청구인의 출석의무가 없어 피청구인이 화해절차가 무용하다는 생각 내지 자신에게 잘못이 없다는 이유로 출석하지 않을 수 있다는 점이다. 또한, 법원이 공판절차가 개시되기 이전에 화해주선을 위해 노력하지만 실패할 경우 사안이 경미함을 이유로 사소를 각하함으로써 사인소추사건이 매년 급속히 감속하고 있다는 것이다.

이러한 이유로 사인소추절차는 폐지하되, 지금까지의 사인소추 대상범죄를 화해절차조건부 친고죄로 바꾸고, 이 화해절차에 당사자들의 출석의무를 부과하는 등 화해절차의 효율성을 제고하며, 이 화해절차가 실패한 때에만 고소를 허용하자는 견해가 있다.[72] 결국 일부 경죄에 대하여 사인소추제도를 허용하고 있으나, 위 제도가 형해화되는 상황에서 화해절차를 적극 활용하면서 사인제도를 폐지하자는 입장이다.

Ⅲ. 우리나라의 수사절차상 국민참여제도 및 이에 대한 비판적 검토

1. 서

형사사법절차에서의 시민참여라는 요청은 수사절차에 있어서도 예외는 아닐 것이다. 특히 주요 정치인에 대한 형사사건에서 무죄가 선고될 때마다 검사의 기소에 일정한 통제가 필요하다는 지적도 심심치 않게 제기되고 있다. 이와 관련하여 개정 형사소송법은 검사의 불기소처분에 대한 통제수단으로서의 항고·재항고 및 헌법소원 절차 대신 법원에 의한 재정신청 대상범죄를 전면 확대하였다.

---

72) 명점식, 독일사인소추제도, 대검찰청미래기획단 비상임연구관 발표자료, 2005, 26-32면 참조.

형사소송법상 인정되고 있는 검사의 전속적 기소권 행사에 대하여 어떤 형태로든 통제를 가하여야 한다는 논의가 지속되고 있는 상황에서, 검찰에서 법률에 의하지 아니한 채 시범적으로 시행하고 있는 항고심사회, 구속심사위원회, 재정신청사건공소심의위원회, 수사자문위원회 등을 살펴본 후, 검사의 기소결정에 있어 일반 시민의 심사를 거치도록 하는 대배심제도의 도입 가능성을 검토하면서 조직범죄, 화이트칼라크라임 수사와 관련하여 특별법 제정을 통한 법원의 영장에 의한 참고인 구인제도 및 면책조건부 증언제도의 도입과 이에 대한 절차의 투명성과 정당성을 확보하기 위하여 국민이 참여하는 가칭 '검찰수사위원회' 형태의 심의기구를 제도화하는 방안에 대해 살펴보고자 한다.

2. 현재 시행중인 국민참여제도

가. 抗告審査會 제도

(1) 서

우리나라에서는 종래 국가소추권의 검사 전속, 검사의 기소재량원칙 등에 의해 기소에 관한 검사의 권한행사에 있어서 검찰청법에 의한 항고·재항고 및 헌법재판소에 의한 헌법소원 절차 이외에는 외부의 관여가 존재하지 않았다.

다만, 2003년에 이르러 대검찰청의 검찰개혁자문위원회의 권고[73]와 검찰 자체의 내부적 검토 결과에 따라 검찰의 기소권한 행사에 있어 일반 시민의 참여를 확대한다는 취지하에 '항고심사회'를 신설하는 방안이 논의되었다. 이에 따라, 2003. 7. 1. 대구고

73) 대검찰청 검찰개혁자문위원회, 2003. 6. 21. 1차 회의 안건 항고심사회 설치·운영 참조.

등검찰청에 항고심사회가 시범적으로 설치되어 운영되기 시작하였으며, 확대 시행을 거듭하여 현재 전국 5개 고등검찰청 모두에 항고심사회가 설치되어 운영되고 있다.

현재 입법화되지는 못하였으나, 2003. 7. 대검찰청에서 마련한 '항고심사회 설치·운영 방안'에 따라 각 고등검찰청 단위로 운영지침을 마련하여 시행하고 있다.

⑵ 구성 및 운영

검사의 불기소처분에 대한 항고를 담당하고 있는 고등검찰청에서, 검사장에 의해 위촉된 외부 위원을 고등검찰청 검사별로 2명씩 지정하여 검사를 포함한 3인으로 항고심사회를 구성하고 있다. 항고심사위원은 각 고등검찰청 관할지역 변호사 또는 법학교수 가운데 변호사회, 대학학장 등의 추천을 받아 임기 1년으로 고등검찰청 검사장이 위촉한다.

심의대상 사건은 원칙적으로 모든 항고사건으로 하되, 항고기간 경과 사실이 명백하여 기각하는 사건, 각하 사유에 해당되는 사건 및 직접 재기수사하거나 재기수사명령 또는 공소제기명령을 하는 사건은 제외된다.[74]

항고심사회는 검사의 불기소처분의 당부에 대한 심사를 거쳐 의견을 제시하는 형식으로 운영되는데, 外部委員의 의견을 처분에 참고하기는 하나 그 결과에 기속되지는 않도록 하고 있다. 주임검사가 외부위원과 협의하여 매월 1회 이상 회의를 개최하고 있으며, 심의내용 및 심의과정에서 알게 된 비밀의 외부공개 금지를 규정하고 있기는 하나, 법규로서의 효력은 인정되지 않는다. 심사회 7일 이전에 불기소장 및 항고장 사본을 위원에게 교부하고, 위원의 요청이 있을 경우 항고기록을 열람할 수 있도록 허용하고 있

74) 법무부, 앞의 보고서 11면.

다. 2004년에는 5개 고등검찰청에서 총 309회의 항고심사회를 개최하여 총 4,228건을 심의하였으며, 그 중 보완수사 의견을 받아들여 보완수사한 예가 53건이 있는 것으로 확인되고 있다.

나. 구속심사위원회 제도

(1) 서

수사 및 기소절차에 있어 국민참여와 관련하여 구속취소 및 재구속영장청구시 시민의 의견을 반영하는 구속심사위원회 제도가 창원지방검찰청과 인천지방검찰청에 자체 운영지침에 따라 운영되고 있다.[75]

(2) 구성 및 운영

위원장 1인을 포함하여 총 9인의 위원으로 구성하고, 대상사건은 주임검사가 위원회에 회부한 사건으로 피의자나 그 대리인이 주임검사에게 심사를 신청한 경우 주임검사는 특별한 사정이 없는 한 사건을 위원회에게 회부한다. 심사절차는 주임검사가 위원회에 출석, 사건개요와 쟁점 등에 대하여 설명하고, 위원들 중 5명이 교대로 심사하여 각자가 구속취소 여부 등에 관한 구속취소, 구속유지, 의견불일치 등 의견을 제시한다. 위원회의 의견은 만장일치제로 하여 위원들 각자의 의견은 표시하지 않고 의견이 합치되지 않는 경우 의견불일치로 종결된다. 구속심사위원회의 의견은 권고적 효력으로 법적 기속력은 없다. 하지만 위원회의 최종 결론이 기재된 심사의견서를 사건기록에 첨부하여 법원에 송부함으로써 법원의 인신구속 결정에 중요한 참고자료로 활용할 수 있도록 하였다.

---

75) 창원지검에서 전국 최초로 시행하였으며, 시행당시에는 검사의 구속취소와 관련된 사항을 심사하였으며, 인천지검에서는 구속취소 뿐만 아니라 구속영장 재청구사건의 경우에도 심사대상 사건에 포함함.

다. 재정신청사건 공소심의위원회

(1) 서

재정신청 후 법원의 공소제기결정에 따라 공소제기된 사건의 공판절차에서 검사가 사실확정과 법률적용에 관한 의견을 진술함에 있어 그 의견 결정과정의 투명성과 신뢰성을 높이기 위하여 외부위원 2인 이상이 참석하도록 하였다. 외부위원은 전문수사자문위원, 변호사, 교수 및 사회적 덕망을 갖춘 자 중에서 위촉하도록 규정하고 있다.

(2) 구성 및 운영

위원회는 위원장, 검사인 위원 및 외부 위원을 포함하여 10인 이내로 구성하며, 공판에 관여하는 검사와 재정신청의 대상이 된 불기소처분을 한 수사검사는 당연직 위원이 된다. 주무검사는 사건개요, 심의하여야 할 사항, 검토내용(수사진행과, 재정신청절차 진행경과, 공소제기결정, 증거조사에 따른 유무죄 내지 형벌의 종류와 형량 등에 관한 주무검사의 의견 및 그 이유) 등을 작성한 검토보고서를 작성하여 위원장에게 제출하여야 한다. 위원회의 심사는 비공개로 진행하며, 위원 및 참석자는 심사과정 및 심사를 통하여 알게 된 비밀을 외부에 공개하여서는 아니 된다. 위원회는 위원 과반수의 출석으로 개의하고, 심의안건은 출석한 위원 과반수의 찬성으로 의결하되, 가부동수인 경우 위원장이 결정한다. 위원회 의결은 권고적 효력에 불과하여 검사를 기속하지 아니한다. 다만 검사는 공판절차에서 증거조와와 피고인신문이 종료한 때에 사실과 법률적용에 관한 의견을 진술함에 있어 위원회의 의결을 존중하여야 한다.

라. 수사자문위원회 제도

(1) 서

개정형사소송법 제245조 내지 245조의4로 신설된 제도로 첨단 산업분야, 지적재산권, 국제금융 기타 전문적인 지식이 필요한 사건에서 검사가 전문가의 조력을 받아 수사절차를 보다 충실하게 할 필요가 있어 도입되었다. 공소제기 여부와 관련된 사실관계를 분명하게 하기 위하여 직권이나 피의자 등의 신청에 의하여 전문수사위원을 수사절차에 참여하게 할 수 있다.

(2) 구성 및 운영

각급 검찰청의 장(지청의 장은 제외)은 전문적인 지식과 경험을 가진 사람 중에서 전문수사자문위원 후보자를 선정하여 그 명단을 관리한다. 각급 검찰청의 장은 전문수사자문위원 후보자를 선정하기 위하여 다른 국가기관, 공공단체, 교육기관, 연구기관 등에 후보자의 추천을 의뢰할 수 있다. 검사는 수사 진행, 구속영장 청구, 항고사건을 포함한 사건의 기소 등 수사절차의 모든 단계에서 공소제기 여부와 관련된 사실관계를 분명히 하기 위해 필요한 경우 직권이나 피의자 또는 변호인의 신청에 의하여 구두 또는 지정결정서로 전문수사위원을 지정하여 수사절차에 참여하게 하고 설명이나 의견을 들을 수 있으며, 전문수사자문위원은 관련 서류를 검토하거나 피의자, 피해자 또는 그 밖의 참고인의 진술을 듣는 자리에 동석하는 등 수사절차에 참여하여 설명하거나 의견을 진술할 수 있다. 검사는 전문수사위원의 지정 사실을 피의자 또는 변호인에게 구두 또는 통지서로 알려야 한다. 전문수사자문위원이 수사절차에 참여하여 전문적인 지식에 의한 설명 또는 의견을 진술하거나 이를 기재한 서면을 제출한 경우 검사는 공소 제기 여부를 결정하기 전에 피의자 또는

변호인에게 구두 또는 서면으로 의견을 진술할 기회를 주어야 한다.[76]

마. 각 제도에 대한 검토

먼저, 항고심사회는 그 시행 초기이며 법규에 근거가 없이 대검찰청의 지시와 고등검찰청별 운영지침의 형태로 운영되고 있어, 제도 자체의 장단점을 논의하기에는 아직 이른 면이 있다. 다만, 검사의 기소권 행사에 있어 변호사, 법학교수 등 법률전문가들을 외부위원으로 위촉함으로써 사건 처리의 객관성과 투명성을 제고할 수 있는 장점이 있다고 할 것이다.

또한, 외부 위원들의 검찰에 대한 이해증진의 역할도 기대할 수 있으며, 대배심제도나 일본의 검찰심사회에 비하여 구성절차가 단순하고 제도 운영비용도 저렴하다는 장점이 있다. 그리고 고소사건에 대한 재정신청 전면 확대 및 항고전치주의를 시행하더라도 항고심사회제도는 위 제도들과 상충되지 아니하고, 오히려 재정신청전에 항고심사회를 거치게 되므로 실제 재정신청에 의해 공소제기되는 사건을 감소시키는 효과를 거둘 수 있다 할 것이다.

그러나 심의 결과에 구속력이 없어 외부위원의 참여가 형식적일 수 있으며, 현실적 여건을 고려할 때 월 2회 개최도 어려운 실정으로 이에 따른 사건 처리 지연도 불가피할 뿐만 아니라 권고적 권한 밖에 인정되지 않아 검사의 결정에 별다른 통제수단으로 작용할 수 없다는 비판이 가능하다. 또한, 입법적 뒷받침이 되지 않아 제도로서의 정착이 어려울 수 있으며, 외부 위원들에 의한 기록 열람으로 사생활침해 및 수사기밀 누설에 관한 시비가 제기될 가능성도 있다고 할 것이다.[77]

---

76) 법무부령 제633호 전문수사자문위원 운영규칙 참조.

77) 법무부, 앞의 보고서, 13면.

구속심사위원회는 수사절차의 투명성 특히 인신구속에 있어 국민들을 참여케 함으로써 구속심사에 참여한 위원들이 상당한 자긍심을 갖고 검찰업무 중 인신구속에 대한 이해와 신뢰감을 부여케 하였다는 점에서 그 의의가 있으나, 위원회의 의견이 권고적 효력만을 갖고 입법적 뒷받침 없이 전국적으로 창원지방검찰청 및 인천지방검찰청만이 시범적으로 실시하는 등 제도 시행 초기로 장단점을 논의하기에는 이른감이 있다.

재정신청사건 공소심의위원회는 법원의 결정에 의하여 공소제기된 재정신청사건에 있어 증거조사 및 피고인신문을 통하여 주무검사가 무죄구형함이 상당한 경우 위와 같은 의견이 적정한지 여부에 대하여 판단함에 있어 검사 등 검찰 내부의 의견 외에 외부위원을 의견을 묻어 그 절차적 투명성과 정당성을 확보할 수 있다는 점에 그 의의가 있다할 것이다.

수사자문위원회의 경우 개정 형사소송법이 시행되기 전에도 이미 디지털 증거의 수집·분석과 관련해서 대검찰청에서 디지털수사자문위원회[78]를 운영하는 등 21세기 디지털기술혁명시대에 첨단산업분야, 지적재산권, 금융분야에서 대두되는 형사사범을 신속하고 엄정하게 처벌하기 위하여 전문성이 절실한 상황이었다. 이에 개정 형사소송법에서 위와 같이 전문수사자문위원의 수사절차 참여를 규정한 것으로 검찰수사에 있어 전문화할 의료사고, 지적재산권, 금융관련 범죄에 있어 그 활용이 무척 클 것으로 생각된다.

3. 새로운 국민참여수단의 모색

가. 미국의 대배심제도의 도입 여부

우리나라의 형사사법절차가 미국과 차이가 있으며, 특히 당

78) 대검예규 418호, 2007. 5. 23., "디지철수사자문위원회 운영규정" 참조.

사자주의적 소송구조를 대폭 도입한 공판절차와 비교할 때, 우리의 수사절차와 미국의 수사절차는 공판절차에서보다 더욱더 큰 차이를 보인다고 할 것이다.

종래 우리 수사절차에서 대배심 제도의 도입 여부에 대한 논의는 공판절차에서의 배심제 도입 논의보다는 미약하였다. 그러나 우리나라에 있어서 대배심 절차에 대한 도입 논의는 앞서 본 바와 같이 미국에서 논의되고 있는 대배심제도의 평가를 충분히 참고하여야 할 것으로 판단된다.

우선, 검사의 기소권한에 대한 통제수단으로서 대배심 도입을 고려할 경우에는, 미국에서 시행되고 있는 대배심제도가 과연 그러한 통제수단으로서 충분한 역할을 할 수 있을지에 대한 면밀한 사전검토가 필요하다고 할 것이다. 앞서 본 바와 같이 이미 전형적인 형태로서의 대배심 절차가 더 이상 기소의 정당성에 대한 통제장치가 되지 못한다는 반성이 미국에서 지배적이며, 이를 근거로 절차적 개혁에 관한 논의가 한창이라는 점에서 검사의 기소권한에 대한 통제수단으로서 대배심제도의 도입은 의미가 없다할 것이다. 더욱이 우리나라의 검찰은 법원에서 유·무죄를 치열하게 다툴 것이 예상되는 형사사건에 대하여 내부적으로 공소심의위원회를 활성화하여 스스로 기소권한에 대한 통제수단을 강구하고 있다. 이러한 이유에서 검사의 기소를 통제하는 수단으로서 미국에서와 마찬가지로 16명 내지 23명의 배심원으로 구성된 대배심을 상설화하겠다는 것은 공판과정에서의 시민참여와는 별개의 문제로 도입 여부에 신중을 기함이 상당하다 할 것이다.

한편, 2004년 법무부의 형사소송법 개정과정에서 참고인 구인제도나 허위진술죄의 처벌에 대한 논의가 찬반 양론의 팽팽한 대립 속에 결국 개정안에 반영되지 못하였고,[79] 최근 헌법재판소

79) 2004. 12. 15. 입법예고된 법무부 형사소송법 개정안 참조.

에서 'BBK 특검법'과 관련하여 "참고인은 수사의 협조자에 불과하므로 참고인에 대한 출석을 강제해 신체의 자유를 제한하는 것은 원칙적으로 허용돼서는 안 되고 예외적으로 강제출석이 요구되는 경우에도 신체의 자유제한은 필요 최소한으로 그쳐야 한다"고 하면서 "현행 형사소송법상, 입법론상 입법목적 달성을 위한 다른 수단이 있음에도 형사소송절차와 달리 동행명령제 규정을 둔 것은 피해최소성과 법익균형성을 결여, 과잉금지원칙에도 위반해 청구인들의 신체의 자유와 평등권을 침해한다"고 결정을 내렸다.

하지만 범죄단체의 조직, 이에 의한 범죄, 증권시장에서의 불공정거래, 공무원의 뇌물수수, 마약사범 등 범죄에 대한 국가적·조직적·효율적 대응으로 법질서를 확립한다는 차원에서 면책조건부 증언제도와 같은 제3자에 대한 소환 및 진술의무의 부과 등을 입법화하는 작업을 검토할 여건이 성숙하였다고 판단된다.

나. 이른바 '檢察搜查委員會'에 의한 면책조건부 증언제도 도입

(1) 서

우리나라 검찰은 기속독점주의, 기소편의주의에서 유래하는 실무상 불기소처분 내지 기소유예제도를 통하여 미국에서 법률상 내지 비공식적으로 허용하는 기소면책제도를 활용하고 있으며, 조직폭력, 조직절도, 부정부패사범 범죄신고자에 대하여 임의적 형면제 내지 감면사유를 규정하고 있다.[80]

그러나 위와 같은 검찰의 제도운영은 기소면책 결정과정에서 법률에 의한 구체적인 통제가 없어 결재제도를 통한 내부적·절차적 통제 또는 검사 개인의 직업적 양심이나 정의감에 의존하게

80) 특정범죄신고자등보호법 제16조, 부패방지법 제35조 제1항 참조.

되는 결과가 발생하기 때문에 검찰권 행사가 자의적, 거래적으로 이루어진다는 비판을 받을 우려가 있고, 재판과정에서도 증언의 신빙성에 대하여 의문이 제기된 사례가 많다.[81] 또한 검사의 기소유예 등 약속은 이를 담보할 법적 장치가 없고, 검사의 기소유예 내지 불입건 처분은 법원의 판결과 같은 확정력을 가지는 것이 아니어서 증인의 지위를 더욱 불확실하게 하며, 이러한 경우의 증언도 성질상 임의적인 것에 불과하기 때문에 증인이 증언을 거부하는 경우 이를 강제할 방법이 없다. 이러한 연유에서 미국에서 시행되고 있는 법률에 의한 기소면책제도[82]와 같이 특별법 제정에 의한 조직범죄 등 특정범죄에 대하여 면책의 요건, 절차 및 효과를 규정하면서 위와 같은 수사절차에 있어 절차적 투명성을 보장하기 위하여 일반 국민이 참여하는 '검찰수사위원회' 형태의 심의기구를 제도화하는 방안에 대해 살펴보고자 한다.

⑵ 대상 사건 및 수사단계에서의 진술강제절차

지방검찰청 단위에서 검사가 직접 범죄를 인지하거나 단속하는 조직폭력범죄, 내부자거래, 시세조정, 회계사기 등 증권범죄, 뇌물수수 등 부패사범 등에 대하여 한정하는 것이다. 사법경찰관에 의하여 수사가 개시되는 경우에는 검사에 의하여 수사절차의 적법성과 피의자의 협의 유무에 대한 충분한 검토가 이뤄지며, 면책특권의 부여는 증거관계와 형사정책적 고려 등이 반영된 일종의 불기소처분이므로 구속영장 등에서와 같이 경찰의 검찰에 대한 신청권을 인정하는 것은 적절치 못하기 때문이다.

수사기관에 대한 참고인의 진술의무를 도입하는 것에 대하여 참고인의 인권을 침해하는 것이며, 공판중심주의의 강화 추세에

81) 남기춘, 미국의 조직범죄수사를 위한 특별제도, 법무연수원해외연수검사논문집 제16집, 45면 이하 참조.

82) 18 .U.S.C.§ 6001-6005 참조.

역행한다는 반론이 예상되나, 수사절차의 궁극적 목적 즉 적법절차에 의한 실체적 진실발견을 위하여 준사법기관인 검사가 수사단계에서 주요 참고인 내지 공범의 진술을 확보하기 위하여 특별법에 정한 한정된 범죄에 한하여 검찰수사위원회의 검증을 받아 증언을 확보한다는 의미에서 수사절차에서의 진술강제절차는 충분히 허용될 수 있다고 판단된다.

수사단계에서의 진술강제절차는 미국의 벌칙부 소환영장제도를 참고하여 지방법원 판사로부터 소환영장을 받아 검찰수사위원회에 소환하여 신문하는 것이다. 면책특권이 부여된 상황에서도 참고인이 증언거부를 하는 경우에는 이를 제재하는 수단으로 과태료 부과 등이 있을 것이다.

소환영장이 발부되는 경우 영장의 효력은 긴급체포 내지 체포영장과 마찬가지로 48시간으로 할지 여부, 검찰이 먼저 참고인을 조사한 후 검찰수사위원회에 증언하도록 할지, 처음부터 참고인을 검찰수사위원회에 증언하도록 할지 여부 등은 특별법을 제정하면서 심도 있게 논의해야 할 것이다.

(3) 구성방식

가칭 검찰수사위원회의 구성방식은 일응 미국 일부 주에서 시행하고 있는 'Keymen System'을 활용하여 항고심사회의 경우와 같이 지역 변호인이나 법학교수 등 전문가집단을 활용함이 상당할 것이다. 특히, 법률에 전혀 문외한인 비전문가로 위원회를 구성하는 것은 검사의 결정에 의해 좌우될 수밖에 없다는 점을 고려할 필요가 있을 것이다.

검찰수사위원회는 일응 1년 정도의 任期制로 운영하여 그 전문성과 효율성을 높일 수 있도록 하고, 지방검찰청 단위로 5~7명 정도의 위원으로 구성함으로써 심도 깊은 논의와 절차 진행의 효율성을 높이는 방안을 고려할 수 있을 것이다.

⑷ 운영 및 권한

지방검찰청 단위로 구성된 검찰수사위원회는 심의대상사건의 발생에 따라 검사장에 의한 召集權限을 인정하여야 할 것이다. 각 지방검찰청 검사가 인지하여 수사를 진행하고자 하는 사건으로 검사장이 심의를 요청한 사건에 대하여 심의한 후, 만장일치에 의한 심의 결과를 검사장에게 제시하는 방안을 고려해 볼 수 있을 것이다. 우리나라에서는 기소단계에서 혐의 여부에 대한 엄격한 검토가 이미 이뤄지고 있는 점을 감안하여 5~7명 정도의 소수로 위원회를 구성할 경우에는 만장일치에 의한 결론 도출이 상당하다고 할 것이며, 특별법 제정에 의하여 면책특권을 부여하여 법원의 영장에 의하여 참고인을 소환하는 점을 고려하여 위원회의 심의결과는 일응 권고적 성격을 갖는 것으로 규정함이 타당하다고 생각된다.

종전에 참고인구인과 허위진술죄가 논의되는 과정에서 그 도입 필요성이 긍정되기는 하였으나 수사기관의 일방적인 결정에 의해 좌우될 수 있다는 문제점이 주된 비판의 대상이 되었던 점을 고려하면, 검찰수사위원회와 같이 심의기구에서는 이러한 제도를 도입하여 긍정적 효과를 살리는 방안도 충분한 고려의 대상이 된다고 할 것이다.

⑸ 향후 논의방향

이와 같은 검찰수사위원회 제도의 도입은 일응 미국의 대배심제도와 일본의 검찰심사회제도 그리고 우리나라에서 시범적으로 실시되고 있는 항고심사회제도를 절충한 형태라고 할 것이며, 수사과정에서 국민참여를 보다 확대할 수 있는 방안의 하나로 제안될 수 있을 것이다.

다만, 이러한 수사과정에서의 국민참여가 제도화되기 위해서는 그 전제로서 일반 형사재판과정에서 국민이 참여하는 국민참여재판이 충분히 정착되어 일반 국민 사이에 사회적 합의가 이루어진 상황에서 도입 여부를 논의하는 것이 적정할 것이다.

Ⅳ. 결 론

이상에서 수사절차에서의 일반 시민의 참여를 보장하기 위한 제도들에 대해 살펴보고, 우리나라에서의 도입방안에 대해 논의하였다.

수사절차는 다른 무엇보다도 그 대상이 된 피의자의 인권보호가 우선되어야 함은 물론이다. 이와 아울러 범죄행위에 대한 정당한 처벌의 실현을 통하여 사회를 방위하고 피해자를 보호할 수 있는 절차가 보장되어야 할 것이다.

이러한 성격상, 수사절차는 본질적으로 제3자의 개입에 친숙하지 않은 절차일 수 있다. 오늘날 배심재판의 폐해가 본고장인 영미법계에서도 끊임없이 제기되고, 특히 대배심제도의 경우 영국에서는 일찍이 폐지되고 미국에서도 상당수의 주에서 포기된 절차라는 점이 이를 반증하는 것일 수도 있다.

다만, 검사에게 전속적으로 부여된 기소권한에 대하여 법원의 사후적 통제만으로 부족하다고 인식될 수 있는 상황에서는 수사 및 기소절차 자체에 시민의 참여와 감시를 보장함으로써 검사의 기소권한에 대한 사전적 통제수단의 도입 가능성이 제기될 가능성이 충분하다.

하지만, 수사절차가 원칙적으로 직권주의적이며 일방주의적이라는 특성 또한 충분히 고려되어야 할 것이며, 일면으로는 검사의 기소로부터 무고한 시민을 보호하면서도 일면으로는 반드시 처벌되어야 할 범죄인을 효과적으로 기소할 수 있는 방안이 함께 고려되어야 할 것이다. 특히 수사절차는 무엇보다도 적법절차에 의한 실체적 진실발견을 위한 절차이므로, 피의자의 인권보호 못지않게 수사절차의 효율성을 보장할 수 있는 방안이 모색되어야 할 것이다. 우리나라의 수사절차에서 제3자적 지위에 있는 참고인에 대한 어떠한 강제적인 수사절차도 인정되지 않는 상황에서 우리나라의 형사사법절차에 잘 융화될 수 있는 새로운 형태의 시민참여 수단으로서 검찰수사위원회에 의한 면책조건부증언제도의 도입을 주장할 수 있기를 바란다.

참고문헌

곽규택, 대배심제도의 기능과 우리나라에서의 도입 방안.

도중진, 형사재판절차에 있어서 배심 및 참심제도의 도입 방안, 한국형사정책연구원, 2003.

배성범, 미국의 형사사법절차 모델론과 최근의 형사사법 흐름 개관, 2007.

법무부 정책기획단, 검찰 의사결정 과정에서의 국민참여 확대 방안, 2004. 7. 15.

사법개혁위원회, 사법개혁위원회 자료집(II), 2004. 375면 이하 참조.

사법연수원, 미국 형사법, 2006.

성선제, 미국의 형사배심제도, 미국헌법연구, 해암사, 2004.

주한일, 미국 배심제도의 특징 및 배심원의 선발에 관한 고찰, 재판자료 85집, 법원도서관, 1999.

창원지방검찰청, 부별사건 집중검토제, 구속심사위원회 제도, 2005.

표성수, 영미 형사사법의 구조, 비봉출판사, 2004.

남기춘, 미국의 조직범죄수사를 위한 특별제도, 법무연수원 해외연수검사연구논문집 제16집, 법무연수원, 2001.

대검찰청 검찰개혁자문위원회, 2003. 6. 21. 1차 회의 안건, 항고심사회 설치·운영.

명점식, 독일사인소추제도, 검찰미래기획단 비상임연구관 발표자료, 2005.

박상열, 미국의 배심제도에 관한 소고-기소배심을 중심으로, 사법행정 43권 12호, 한국사법행정학회, 2002. 12.

방기태, 미국 형사소송절차상 배심제도의 역할과 그 문제점, 해외연수검사 연구논문, 2006.

서창희, 미국 대배심에서의 증언거부와 법정모욕, 사법연수원 논문집 제2집, 2005.

서창희, Grand Jury 및 Immunity를 이용한 수사- 미국법상 비협조적 참고인에 대하여 진술을 강제하는 방법, 해외연수검사연구논문집 제11집, 법무연수원, 1995.

심재돈, 일본의 사법제도개혁에 관한 연구, 해외연수검사연구논문집 제19집, 법무연수원, 2004.

원재천, 미국법원은 법정모욕죄를 포괄적으로 적용한다, 시민과 변호사 제122호, 2004. 3.

이영상, 면책조건부 증언취득제도 도입 시론,검찰미래기획단 비상임연구관 발표자료, 2006.

임기엽, 배심재판제도의 역할과 문제점, 일감법학 3권, 건국대학교 법학연구소, 1998. 12.

임성기, 미국 배심제도의 운영실태와 그 문제점, 해외연수검사연구논문집 제17집, 법무연수원, 2001.

전승수, 미국의 면책조건부 증언제도 연구, 해외연수검사 연구논문, 2006.

정준영, 변호인의 피의자신문참여에 대한 지정토론문, 2004. 12. 20. 형사실무연구회 심포지움에서의 발표자료.

최준원, 미국의 형사배심제도, 해외연수검사연구논문집 제16집, 법무연수원, 2000.

Gerald B. Lefcourt, *Curbing abuse of the grand jury*, Judicature, March-April 1998. Vol. 81. No. 5.

Jerold H. Israel, Yale Kamisar, Wayne R. LaFave, *Criminal Procedure and The Constitution*, West Group, 2000.

Karen A. Gray-Burriss, *Grand Jury Service: a personal account*, Judicature, March-April 1998. Vol. 81. No. 5.

Norman Abrams & Sara Sun Beale, *Federal Criminal Law and Its Enforcement*(3rd. ed), West Group, 2000.

Sara Sun Beale, William C. Bryson, James E. Felman, Michael J. Elston, *Grand Jury Law and Practice*, 2004.(Westlaw.com Database 2d ed. 2004. 10.).

Susan W. Brenner, *Is the grand jury worth keeping?*, Judicature, March-April 1998, Vol.8 1. No. 5.

공범관계 피의자에 대한 경찰 피의자신문조서의 증거능력[1)]

이 완 규

청주지방검찰청 제천지청장

【대상판결】

대법원 2004. 7. 15. 선고 2003도7185 판결(전원합의체)

【사건의 경과】

［공소사실］

피고인은, A, B, C라는 상호로 신용카드 가맹점을 개설하고 양곡도매업 및 유통업에 종사하고 있었다. 피고인은 갑 및 을과 공모하여, 갑이 신용카드 소지자들로부터 신용카드를 이용하여 물품의 매출을 가장한 허위매출 전표를 작성하는 방법으로 자금을 융통하는 속칭 카드깡을 의뢰받으면 피고인이 자신이 운영하는 가게의 종업원인 을로 하여금 갑으로부터 신용카드를 건네받아 피고인이 개설한 각 신용카드 가맹점 명의의 허위매출전표를 작성한 후 그를 통하여 신용카드 소지자에게 자금을 융통하여 주게 하기로 하였다.

---

1) 2008. 11. 발표.

이에 따라 피고인은 2001. 10. 6.경 피고인 경영의 업소에서 을이 갑을 통하여 병녀로부터 신용카드로 현금을 융통하는 속칭 카드깡을 하여 달라는 의뢰를 받으면서 그 명의의 외환비자카드 1매와 국민카드 1매를 교부받은 다음, 그 신용카드를 이용하여 마치 병이 그 신용카드로 피고인의 가맹점인 A로부터 770,000원의 물품을 구입한 것처럼 허위의 매출전표를 작성한 후 수수료 12%를 공제한 667,000원을 병에게 교부하여 자금을 융통하여 준 것을 비롯하여 그 무렵부터 2002. 4. 8.경까지 49회에 걸쳐 32,820,800원 상당의 허위매출전표를 작성하는 방법으로 물품의 판매를 가장하여 신용카드에 의한 거래를 하고 합계 28,882,304원의 자금을 융통하였다.

〔1심, 2심의 경과〕

피고인은 수사단계에서부터 공판정에 이르기까지 범행을 부인하고 갑, 을과의 공모사실을 부인하였다. 이에 반해 갑, 을은 경찰에서 피고인과의 공모관계를 자백하였고, 검찰에서 갑을 다시 소환하여 조사하였는데 갑은 검찰에서도 공모관계를 자백하였다. 이에 따라 검사는 갑에 대한 검사작성 피의자신문조서와 갑, 을에 대한 경찰작성 피의자신문조서 및 기타 증거들을 제출하였다.

공판정에서 피고인은 갑과 을에 대한 경찰 피의자신문조서에 대해 내용을 부인하는 취지로 증거사용에 동의하지 않았고 이에 따라 갑과 을을 증인으로 채택하여 소환하였으나 수취인 불명으로 소환장이 송달불능되었다. 갑과 을에 대한 소재탐지의 결과 소재도 불명이었다. 이에 따라 1심 법원은 법 제314조에 따라 갑과 을에 대한 경찰 피의자신문조서의 증거능력을 인정하였고 피고인은 유죄판결을 받았다.

1심에 대하여 피고인이 항소하였는데 2심인 항소심에서도 1

심이 채택하여 조사한 증거들은 적법하다고 하였다.

〔대법원의 파기환송 판결: 대상판결〕

상고심에서 대법원은 형사소송법 제312조 제2항은 검사 이외의 수사기관이 작성한 당해 피고인에 대한 피의자신문조서를 유죄의 증거로 하는 경우뿐만 아니라 검사 이외의 수사기관이 작성한 당해 피고인과 공범관계에 있는 다른 피고인이나 피의자에 대한 피의자신문조서를 당해 피고인에 대한 유죄의 증거로 채택할 경우에도 적용된다고 종전의 판례를 다시 확인하고 나서 다시 이 논리와 제314조와의 관련성에 대하여 논하였다.

그리하여 당해 피고인과 공범관계가 있는 다른 피의자에 대한 검사 이외의 수사기관 작성의 피의자신문조서는 그 피의자의 법정진술에 의하여 그 성립의 진정이 인정되더라도 당해 피고인이 공판기일에서 그 조서의 내용을 부인하면 증거능력이 부정되므로 그 당연한 결과로서 그 피의자신문조서에 대하여는 사망 등 사유로 인하여 법정에서 진술할 수 없는 때에 예외적으로 증거능력을 인정하는 규정인 형사소송법 제314조가 적용되지 아니한다고 판시하였다. 따라서 이 사건 원심이 갑, 을을 증인으로 채택하여 소환하였으나 소환장이 수취인 불명 등으로 송달불능 되었고, 소재탐지도 불능으로 되었다는 이유로 형사소송법 제314조에 의하여 증거능력을 인정한 것은 법리를 오해한 위법이 있다고 하여 원심판결을 파기하고 환송하였다.

〔파기환송 후의 경과〕

사건을 파기환송 받은 항소심[2]에서는 파기환송한 대법원 판결의 판시 취지에 따라 원심에서 피고인의 유죄판결의 주요 근거인 갑과 을에 대한 경찰 피의자신문조서의 증거능력을 부정하였다. 그리하여 공모관계에 대한 증거는 갑에 대한 검사작성 피의자

2) 서울중앙지방법원 2005. 6. 21. 선고 2004노2783 판결.

신문조서가 남게 되었으나 갑은 카드깡을 의뢰받아 신용카드 소지자로부터 신용카드를 받아 을에게 넘겨 주었다가 일정액의 수수료를 공제하고 돈을 받은 일만 알 뿐 그 신용카드를 이용하여 매출전표를 작성하는 일 등에 대한 구체적인 행위는 중간에 있던 피고인의 종업원 을의 진술에 달려 있는 상황이었으므로 유죄 인정의 증거가 부족한 상황이 되었다. 을에 대한 경찰 피의자신문조서를 증거로 사용할 수 없게 되었기 때문이다.

그런데 이런 상황에서 더 나아가 환송심에서 소재불명이 되었던 피고인의 종업원 공범 을이 출석하여 증언을 하였는데 을은 경찰에서 진술했던 내용을 번복하면서 허위의 매출전표를 작성하였다고 진술한 경찰 피의자신문조서 기재와 다른 진술을 하였다. 즉, 을은 갑으로부터 카드깡 명목으로 신용카드를 교부받은 후 이를 이용하여 피고인이 운영하는 각 가맹점에서 이 사건 공소사실 상의 매출금액에 해당하는 쌀을 실제로 구입을 하고 그 대금에 대한 매출전표를 작성하였으며, 이와 같이 구입한 쌀을 을의 언니, 오빠가 운영하는 S공단에 위치한 식당으로 배달한 후 언니, 오빠로부터 그 쌀의 대금을 지급받아 그 대금에서 일정한 수수료를 공제한 금원을 갑에게 주었다고 진술하였다. 공소사실에 적용된 구여신전문금융업법 제70조 제2항 제3호는 실제로 신용카드거래가 없었음에도 불구하고 신용매출이 있었던 것으로 가장하거나 실제의 매출금액을 초과하여 신용카드에 의한 거래를 할 것을 요하고, 실제로 신용카드에 의한 물품거래가 있었을 뿐만 아니라 그 매출금액 그대로 매출전표를 작성한 경우는 위 법조에서 규정하는 처벌대상에 포함되지 아니하므로 박희영의 이 법정 진술대로라면 갑의 카드깡 부탁으로 갑에게 자금을 융통하여 준 사실을 피고인이 알았다고 하여도 제70조 제2항 제3호에서 규정하는 '물품의 판매를 가장한 행위'가 되지 않게 되는 것이었다.

이에 따라 파기환송심은 을의 법정 진술에 따라 실제 매출행위가 있었으므로 허위매출전표를 작성한 것이 아니었다고 사실인정을 하고 나서 달리 공소사실을 인정할 증거가 부족하다는 이유로 무죄판결을 하였다.

이 무죄판결에 대해 검사가 상고하였으나 대법원에서 항고를 기각하여 무죄판결이 확정되었다.[3]

【평 석】

Ⅰ. 서

이 판례는 공판정외에서 행해진 진술을 어떻게 증거로 사용할 것인가 하는 전문법칙과 관련된 판례로서, 경찰의 수사절차에서 행해진 진술의 증거능력에 대한 것인데 특히, 재판을 받는 피고인 자신이 아니라 공범관계에 있는 다른 사람이 피의자로서 조사받은 조서의 증거능력이 그 쟁점이다.

우리나라의 전문법칙에 관한 증거규정은 사법경찰관이 작성한 피의자신문조서에 대해 공판정에서 피고인 또는 변호인이 그 내용을 부인하면 증거능력 자체를 인정하지 않고 있어서 영미법상의 일반적인 전문법칙 이론과는 다른 독특한 규정을 두고 있다. 이 특칙규정은 일제 강점기에 조선총독부의 조선형사령에 따라 일제 경찰이 우리나라에서 예심판사와 같은 권한을 행사하여 영장없는 인신구금, 압수수색 등 강제처분 권한을 가지고 불법구금, 고문수사 등 갖은 악행을 자행하고, 나아가 그들이 작성한 조서에 판사의 조서와 같은 증거능력을 부여함으로써 경찰의 자의

3) 대법원 2006. 1. 27. 선고 2005도5148 판결.

에 따라 거의 피고인의 유무죄가 결정되어 버리는 소위 경찰사법의 시대를 겪은 경험에 따라 해방 후 이러한 경찰사법의 악폐 상황을 극복하고자 마련한 것으로 우리 민족의 경찰사법의 악폐에 대한 생생한 역사적 경험에 기반한 것이다. 이는 또한 해방 직후 대한민국의 경찰간부의 상당부분을 일제시대에 일본의 경찰로 근무하던 사람들이 차지하고 나아가 경찰의 관행이나 실무가 일제 경찰의 관행을 답습하고 있었던 시대상황도 반영되어 있다고 생각된다.

그런데 이 특칙규정이 기소되어 재판을 받는 피고인 자신에 대한 경찰 피의자신문조서에 적용되는 것은 법문상 명확하나 피고인 자신이 아닌 다른 사람에 대한 경찰 피의자신문조서에도 적용되는 것인지는 해석의 여지가 있다. 이에 대하여 판례는 1979. 4. 10. 선고 79도287 판결 이래로 공범관계에 있는 사람에 대한 경찰 피의자신문조서라면 해당 피고인 자신이 아니어도 이 특칙규정이 적용된다는 이론을 전개하여 왔다. 그리고 본 판례는 그 이론의 연장선상에서 문제되었던 쟁점인 공범관계에 있던 사람이 공판정에 출석하여 진술할 수 없는 경우에 제314조를 적용할 수 있는지에 대하여 엇갈리던 판례에 대하여 전원합의체로 적용할 수 없다고 정리하였다. 이로써 공범자의 경찰 피의자신문조서의 증거능력에 관한 판례이론은 최종적으로 완결된 체계를 갖추게 되었다고 할 수 있다.

이 글은 이와 같이 공범관계에 있는 사람의 경찰 피의자신문조서의 증거능력에 대해 약 30년간 구축되어온 판례이론이 타당한지에 대하여 문제점을 제기하면서 비판하여 보고자 한다.

Ⅱ. 판례이론의 변천

1. 공범에 대한 경찰 피의자신문조서가 문제되는 상황과 쟁점

가. 문제상황

피고인과 어떤 범죄에 대해 공모한 공범이 있고 그 공범들이 피고인과의 공범관계에 대해 경찰에서 자백을 하여 이에 대한 피의자신문조서가 작성되고 있는 경우에 공판정에서 그 증거능력이 문제되는 상황은 그 공범자가 공동피고인으로 재판을 받는지, 그 공범자가 법정에서도 공범관계에 대한 진술을 그대로 하는지에 따라 다섯 가지로 나누어 볼 수 있다.

	공범의 기소 상황	공범 법정 진술		공범 출석불능
		조서내용 인정	조서내용 부인	
1	공동피고인	○		
2	공동피고인		○	
3	별건재판 또는 불기소	○		
4	별건재판 또는 불기소		○	
5	별건재판 또는 불기소			○

이와 같은 다섯 가지의 상황 중에서 조서의 증거능력과 관련하여 문제되는 것은 공범이 법정에 출석하여 조서의 내용과 다른 진술을 하는 (2), (4)의 경우와 공범이 법정에 출석할 수 없는 상

황의 경우일 것이다. 공범이 법정에 출석하여 그 조서의 기재내용와 같은 취지의 진술을 하는 경우는 조서를 증거로 사용할 수 없다고 하여도 조서와 같은 취지의 법정증언이 증거가 될 것이어서 피고인의 공모관계에 관한 입증을 할 증거가 존재하게 되므로 조서의 증거능력 여부가 큰 문제는 아니다. 그러나 공범이 법정에 출석하여 조서의 기재내용과 다른 진술을 하는 경우는 공모관계에 관한 증거로는 공범의 수사단계에서의 진술만 존재하게 된다. 또한 공범이 법정에 출석할 수 없을 때에도 그 조서를 증거로 사용할 수 있어야 공모관계에 대한 증거가 존재할 것이다. 그러므로 이러한 경우에 조서의 증거능력을 부정한다면 증거가 아예 없는 경우가 되므로 문제가 되는 것이다. 즉, 그 조서의 기재내용을 믿을 수 있는가라는 증명력 판단의 단계가 아니라 아예 그 이전 단계에서 증거로 사용할 수 있는 자격 자체를 박탈하는 것이기 때문에 문제이다.

나. 쟁 점

이러한 문제상황에서 공범에 대한 경찰 피의자신문조서의 증거능력과 관련한 쟁점은 이를 경찰 피의자신문조서에 대한 특칙규정(구법상 제312조 제2항, 현행법상 제312조 제3항)을 적용할 것인지, 아니면 본인의 진술이 아니라 타인의 진술과 같으므로 참고인진술조서로 취급하여 증거능력을 인정할 것인가이다. 참고인진술조서로 취급한다면 내용부인 여부에도 불구하고 진정성립만 인정되면 증거능력을 인정할 수 있기 때문이다.

그런데 법문은 경찰 피의자신문조서의 내용인정여부의 주체를 '그 피의자였던 피고인'이라고 규정하고 있기 때문에 법문의 문리적 의미는 조서의 증거능력을 부정하는 진술을 할 수 있는 사람은 진술자 본인만을 의미하는 것처럼 보인다. 그렇다면 진술자 본인이 아니라면 참고인진술조서로 보고 증거능력을 판단하여야 하는 것이라는 해석이 가능한 것이다.

한편, 이를 다른 사람과의 관계에서는 이를 참고인진술조서로 본다면 증거능력 부정의 효력은 진술자 본인에게만 해당하게 될 것이다. 따라서 공범관계에 있는 피고인이 공판정에서 그 조서의 내용을 부인하는 경우 그 조서는 그 피고인에 대하여는 증거로 사용할 수 없게 되지만 그럼에도 불구하고 다른 피고인에 대하여는 증거가 될 수 있게 될 것이다.

2. 판례이론의 전개

공범에 대한 경찰 피의자신문조서의 증거능력이 문제되는 위 다섯 가지 상황에 있어서 현재 판례이론에 의하면 그 증거능력은 다음과 같이 모두 부정된다.

판례이론에 따른 증거능력 판단

	공범의 기소 상황	공범 법정 진술		공범 출석불능	증거능력
		조서 내용 인정	조서 내용 부인		
1	공동피고인	○			×
2	공동피고인		○		×
3	별건재판 또는 불기소	○			×
4	별건재판 또는 불기소		○		×
5	별건재판 또는 불기소			○	×

가. 1979. 4. 10. 선고 79도287 판결 - 공동피고인인 경우

공범관계에 있는 사람의 경찰 피의자신문조서의 증거능력에 대한 초기의 판례로 1979. 4. 10. 선고된 79도287호 판결을 들 수 있다. 이 판결은 피고인과 조서의 증거능력이 문제된 공범이 같이 기소되어 공동피고인으로 함께 재판을 받은 사건이었다. 이 사건에서는 해당 피고인뿐만 아니라 함께 기소된 공범들 모두가 법정에서 그들에 대해 작성된 경찰 피의자신문조서의 내용을 인정하지 않았다. 앞에서 제시한 표에 의하면 (2)번 상황에 해당된다.

당시 피고인들은 조서의 진정성립은 인정하고 있었으므로 만약 다른 피고인에 대하여는 경찰 피의자신문조서라고 하여도 참고인진술조서로서 증거능력을 판단한다면 이 경우 각 피의자신문조서는 각 해당 피고인에 대하여는 증거로 사용할 수 없을지라도 다른 피고인에 대하여는 증거로 사용할 수 있었을 것이다.

그런데 이에 대해 이 판결은 "각 피의자신문조서가 법정에서의 피고인들의 진술에 의하여 비록 그 진정성립은 인정되었다 하더라도 피고인들이나 변호인이 각각 그 내용을 인정하지 아니한 이상 이들 피의자신문조서는 증거능력이 없다고 할 것이고, 이러한 검사 이외의 수사기관 작성의 피의자신문조서에 대한 증거능력 제한 규정은 당해 피의자였던 피고인에 대하여서 뿐만 아니라, 공동피의자였던 다른 피고인에 대한 관계에서도 다같이 적용되는 것"이라고 판시하였다.[4)]

나. 1986. 11. 1. 선고 86도1783 판결 - 별건으로 재판된 경우

앞에서 본 판례와 같이 공동피고인들이 모두 함께 재판을 받고 있고 그 재판에서 공동피고인들이 모두 자신들의 경찰 피의자신문조서를 내용부인하여 그 조서들이 각각의 해당 피고인들에

---

4) 대법원 1979. 4. 10. 선고 79도287 판결.

대하여 증거로 사용할 수 없는 경우라면 이를 다른 사람에 대한 증거로 사용하지 못하는 점에 대하여 조금은 납득할 여지가 있다고 할 것이다. 왜냐하면 진술의 내용을 부인하는 주체가 그 조서의 기재된 진술을 한 사람 본인이기 때문이다.

그런데 진술을 한 사람은 그 진술내용을 인정하고 있는 경우에도 불구하고 다른 피고인이 그 진술이 자신에게 불리하다고 하여 이를 인정하지 않으면서 증거능력을 없앨 수가 있을까. 이렇게 되면 그 조서는 진술한 사람 자신에 대하여는 증거로 사용되는 데도 불구하고 그 조서의 내용을 부인하는 다른 피고인에 대해서는 증거로 사용할 수 없다는 결과가 된다. 이 상황은 피고인과 공범이 공동피고인으로 함께 재판을 받는 경우와 별건으로 따로 재판을 받는 경우에 모두 생길 수 있는데 별건으로 따로 재판을 받은 경우가 더 문제 상황을 명확히 인식하게 할 수 있을 것이다. 예컨대 피고인 갑과 을이 공범인 사건에서 을이 먼저 기소되어 재판을 받고, 갑이 나중에 기소된 경우 먼저 기소된 사건에서 을이 공모관계를 인정을 하여 그 조서가 을에 대해서는 유죄의 증거로 사용된 후에 갑의 재판에 증인으로 출석한 을이 마찬가지로 공모관계를 인정하고 조서의 내용도 인정하는 증언을 한 경우이다. 이 경우 현재 재판을 받고 있는 갑이 을의 경찰 피의자신문조서에 대해 내용부인을 하면 을의 법정 진술이 어떻든 간에 상관없이 증거능력이 부정된다면 을의 조서는 진술자 자신인 을에 대하여는 증거로 사용되는데 진술자가 아닌 갑에 대하여는 증거로 사용할 수 없게 되는 것이다.

이와 같이 공범이 피고인과 공동피고인으로 함께 재판을 받지 않고 별개의 사건으로 재판을 받고, 피고인의 재판에서는 증인으로 출석하여 공범 자신에 대한 경찰 피의자신문조서의 내용을 인정하는 진술을 한 경우에 피고인이 이 공범의 조서 내용이 사실이 아니라고 부인하는 때에 그 조서의 증거능력을 어떻게 판단할 것인가 하는 상황은 앞의 표에서 (3)에 해당하는데 이에 대하여 대법원이 1986. 11. 1. 선고 86도1783 판결로 답을 한다.

이 사건의 피고인은 갑, 을 등 8명의 공범들과 공모하여 일본으로부터 소련 및 중국산 녹용을 밀수하기로 공모하였다. 일본에서 공범들이 녹용을 구입하여 갑의 일본 이름 K로 일본국 P시에 탁송을 하고 갑에게 연락을 하면 갑이 일본에 있는 공범 병에게 연락을 하여 병이 그 녹용을 찾은 후 선박에 실어 전남 여천군에 있는 하백도 부근 해상으로 운송하고 그 도착일시를 피고인에게 연락하며, 피고인은 다시 을에게 연락하여 을이 다른 공범들과 함께 그 녹용을 해상에서 수령한 후에 서울의 피고인이 지정하는 장소로 운반하기로 하였다. 그리고 이와 같은 공모에 따라 피고인은 1981. 6.경부터 1982. 1.경까지 사이에 전남 여천군 하백도 부근 해상에서 소련 및 중국산 녹용을 밀수하면서 약 5억 8,300만원의 관세 등을 포탈한 사건이었다.

피고인은 범행을 부인하면서 공범들과의 공모관계를 부인하였다. 공범인 갑, 을은 피고인보다 먼저 별건으로 기소되어 재판이 종료되어 있었으므로 본건에 있어 피고인과 공범들은 공동피고인은 아니었다. 주요 공범이던 갑, 을은 증인으로 법정에 나와 피고인의 범행가담 내용 중 일부 공소사실에 부합하는 진술을 하였고, 수사단계에서 갑, 을이 피고인과의 공모사실을 진술한 검사작성 피의자신문조서에 대하여는 진정성립을 인정하고, 경찰작성 피의자신문조서에 대하여는 내용을 인정하였다. 그러나 피고인은 공모사실을 부인하면서 갑과 을에 대한 경찰작성 피의자신문조서에 대하여 그 내용이 사실이 아니라는 취지로 증거사용에 동의하지 아니하여 내용을 부인하는 취지의 주장을 하였다.

1심 법원은 갑, 을의 법정에서의 일부 증언, 갑, 을에 대한 검사작성 피의자신문조서 및 경찰작성 피의자신문조서와 기타 증거들을 근거로 피고인에게 유죄판결을 하였고 2심 법원도 1심 법원의 증거채택은 적법하다고 하여 피고인의 항소를 기각하였다.

그런데 이와 같은 원심판결에 대하여 대법원은 형사소송법 제312조 제2항의 규정은 "당해 피고인에 대한 검사 이외의 수사기관이 작성한 피의자신문조서를 유죄의 증거로 하는 경우뿐만 아니라 당해 피고인과 공범관계에 있는 다른 피고인 또는 피의자에 대한 검사 이외의 수사기관이 작성한 피의자신문조서를 피고인에 대한 유죄의 증거로 채택할 경우에 있어서도 다같이 적용된다고 보아야 할 것"이라고 하였다. 그리고 이 사건에서 "갑, 을에 대한 각 경찰 피의자신문조서는 피고인이나 그 변호인이 증거로 함에 동의하지 아니한 서류인 것이 분명한 바, 이는 그 내용을 인정하지 않는다는 취지와 같은 것이고, 그 피의자신문조서는 피고인과 공범관계에 있는 자들에 대한 것이므로 이를 유죄의 증거로 채택한 것은 위법하다"고 하였다.[5] 다만, 이 사건에서는 갑, 을에 대한 검사작성의 피의자신문조서와 법정에서의 갑, 을의 증언 등 다른 증거들에 의하여도 공소사실을 인정할 수 있으므로 이러한 위법이 판결의 결과에는 영향을 미치지 아니하였다고 하여 원심판결을 파기하지는 않았다.

어떻든 이 판결에 의하여 이제는 공범에 대한 경찰 피의자신문조서는 그 원진술자인 공범 자신이 그 조서에 기재된 내용을 인정하는 경우에도 재판을 받는 피고인이 그 내용을 부인하면 증거로 할 수 없게 되었다.

다. 2004. 7. 15. 선고 2003도7185 판결 - 공범이 공판정에 출석하여 진술할 수 없는 경우

그러면 별건으로 기소되거나 아예 기소되지 아니하여 증인으

5) 대법원 1986. 11. 1. 선고 86도1783 판결.

로 출석하여야 할 공범이 소재불명 등으로 출석할 수 없는 경우에 그 공범에 대한 경찰 피의자신문조서를 제314조에 따라 증거로 할 수 있는가. 앞의 표 (5)에 해당하는 상황이다. 이 때는 공범의 진술을 들을 수 없는 상황이므로 필요성의 원칙에 따라 증거로 할 수 있어야 한다는 입장과 이미 1986. 11. 1. 선고 86도1783 판결에 따라 그 공범이 공판정에 나와 그 조서의 내용을 인정하는 진술을 하더라도 이에 상관없이 그 조서를 증거로 사용할 수 없는 것이라면 조서의 증거능력에 관하여는 공범의 출석여부는 중요한 변수가 아니므로 공범이 출석할 수 없다고 하더라도 마찬가지로 증거로 할 수 없다는 입장이 있을 수 있다.

이에 대하여 대법원은 1987. 9. 8. 선고 87도1446 판결에서 "검사 이외의 수사기관 작성의 피의자신문조서는 공판준비 또는 공판기일에 그 피의자였던 피고인이나 변호인이 그 내용을 인정한 때에 한하여 증거로 할 수 있다고 규정하고 있으나, 형사소송법 제314조 규정에 의하여 예외적으로 공판준비 또는 공판기일에 진술을 요할 자가 사망, 질병 기타 사유로 인하여 진술할 수 없는 때에는 그 진술 또는 작성이 특히 신빙할 수 있는 상태하에서 행하여진 것으로 인정되면 그 조서 기타 서류를 증거로 할 수 있다"고 하면서, 이 사건에서 재일동포로 일본에 거주하고 있던 공범에 대한 소환이 불가능하여 공판기일에 진술할 수 없는 때에 해당하므로 그 공범에 대한 경찰 피의자신문조서도 제314조에 의해 증거능력이 있다고 판시하였다.[6]

그런데 대법원은 다시 2002. 2. 5. 선고 2001도4286 판결에서 "당해 피고인과 공범관계가 있는 다른 피의자에 대한 검사 이외의 수사기관 작성의 피의자신문조서는 그 피의자의 법정진술에 의하여 그 성립의 진정이 인정되더라도 당해 피고인이 공판기일

---

6) 대법원 1987. 9. 8. 선고 87도1446 판결.

에서 그 조서의 내용을 부인하면 증거능력이 부정되므로 그 당연한 결과로 그 피의자신문조서에 대하여는 사망 등 사유로 인하여 법정에서 진술할 수 없는 때에 예외적으로 증거능력을 인정하는 규정인 형사소송법 제314조가 적용되지 아니한다"고 판시하여[7] 앞의 87도1446 판결과 상반되는 판결을 하였다.

이와 같이 제314조 적용에 대하여 대법원의 상반된 판결이 있게 되고 이 쟁점이 다시 문제되자 대법원이 2004. 7. 15. 전원합의체로 제314조가 적용되지 않는다는 판시를 한 것이 이 글의 대상판결이다.[8] 이 판결로서 공범관계에 있는 자의 경찰 피의자신문조서의 증거능력에 대해 쟁점이 될 수 있는 마지막 상황에 대하여도 증거능력을 부정하는 결론이 내려졌다. 이에 따라 결과적으로 판례의 이론체계는 재판을 받고 있는 피고인이 다른 공범의 경찰 피의자신문조서도 그 내용을 부인하는 진술을 함으로써 어떠한 경우에도, 그 조서에 대한 그 공범의 진술내용과 상관없이, 자신에 대한 증거로 사용할 수 없도록 하는 체계를 갖추게 되었다.

Ⅲ. 판례이론에 대한 비판적 검토

1. 전문법칙의 일반론으로부터의 검토

가. 전문법칙

전문법칙이란 영미법계 증거법칙으로서 전문증거에 대한 증거제한의 법리이다. 여기서 전문증거란 ① 전문진술인 "공판정외 진술(out of court statement)을 ② 그 진술의 내용의 진실성을 입증

7) 대법원 2002. 2. 5. 선고 2001도4286 판결.

8) 대법원 2004. 7. 15. 선고 2003도7185 판결.

하기 위하여 사용하는 것이다.[9] 전문진술 자체를 전문증거라고 하기도 하고 전문진술을 전달하는 수단을 전문증거라고 하기도 한다. 실제로는 전문증거는 전문진술을 공판정에 현출하여야 하므로 전문진술을 공판정에 현출하는 전달수단이 주로 문제될 것이다. 따라서 전문진술을 현출하는 수단의 증거능력 여부가 전문법칙에서 주로 논의된다.

그런데 전문진술을 공판정에서 현출하는 수단은 여러 가지가 있을 수 있다. 즉 전문진술을 내용으로 하여 전달하는 제3자의 진술, 원진술자 자신이 전문진술을 내용으로 하여 그러한 진술이 있었음을 인정하는 진술,[10] 전문진술을 기록한 기록물, 즉 서면에 적은 조서 등 서류, 진술을 녹음한 녹음물, 진술과 함께 진술하는 장면을 담은 영상녹화물 등이 모두 전문진술을 공판정에서 현출할 수 있는 수단들이다. 이들은 모두 전문진술을 담은 것으로서 공판정에서 현출하는 수단이라는 점에서 성격이 동일하므로 모두 전문증거가 됨은 당연하다.

한편, 전문법칙의 일반원칙은 "전문증거는 증거로 할 수 없다"는 것이나 그것은 일반원칙에 불과할 뿐 많은 예외들을 인정하고 있어 사실상은 전문증거를 증거로 사용하기 위한 법칙이라

---

9) 미국 연방증거법 제801조의 전문증거 정의규정 참조. Best, Evidence, Wolter & Kluwer, 2006, 64면.

10) 예컨대 증인 갑이 검사 앞에서 "피고인이 신호위반하는 것을 보았다"고 진술을 하였다면 갑이 행한 "피고인이 신호위반하는 것을 보았다"는 진술이 바로 전문진술이고, 공판정에 갑이 출석하여 증언하면서 피고인이 신호위반하는 것을 보지 못하였다고 말하는 경우 검사가 갑에게 그런데 검사 앞에서 "피고인이 신호위반하는 것을 보았다"고 진술한 일이 있었지 않느냐고 묻고 이때 갑이 검사 앞에서 그런 말을 한 일이 있다고 진술을 하는 경우 갑의 이러한 진술에 의하여 갑이 검사 앞에서 "피고인이 신호위반하는 것을 보았다"는 진술을 하였다는 사실이 공판정에서 법원에게 전달되므로 이러한 진술도 전문진술을 공판정에 전달하는 수단 중 하나인 것이고 따라서 전문증거가 되는 것이다. 필자는 이러한 진술을 진술사실 인정진술이라는 용어로 표현하고 있다.

고도 할 수 있다. 이러한 예외들을 인정하는 이유는 공판정 외에서의 진술도 진실인 경우가 많으며 오히려 공판정에서의 진술이라고 하여도 거짓인 경우도 많기 때문이다. 따라서 공판정 외에서의 진술이라고 하여 이를 모두 증거로 하지 못하고 오로지 법정에서의 진술만을 증거로 하는 경우에는 많은 사건에서 진실을 파악하지 못할 것이다. 이는 '진실'에 근거하여야 할 형사사법의 근간을 상실할 수 있기 때문이다. 따라서 법정이 진실을 기반으로 재판하는 장소가 되기 위하여 공판정 외에서의 진술이라도 신용성이나 필요성 등의 일정한 요건하에서 이를 증거로 사용하고자 하는 것이 전문법칙이다.

나. 전문법칙과 공범의 진술

(1) 전문법칙과 피고인의 진술

앞에서 본 바와 같이 전문법칙은 전문증거의 증거사용을 허용하는 많은 예외들을 가지고 있는데 대표적인 것이 피고인의 진술이다. 피고인의 공판정 외 진술, 특히 피고인이 공판정 외에서 범죄사실을 인정한 진술은 보통법상으로도 전문법칙의 예외로서 증거능력이 인정되어 왔고, 미국의 연방증거법은 이를 아예 전문증거가 아니라고(not hearsay)하고 있다. 자기 자신에 불이익한 진술은 하지 않는 것이 인지상정인데 그럼에도 불구하고 피고인이 자신에게 불이익한 진술을 하였다면 신용성을 부여할 수 있다는 이유에서이다. 물론 그 진술이 임의성이 인정되고 강요 등의 불법에 기한 것이 아니라는 전제가 필요한데 여기서 임의성의 문제는 전문법칙과는 별개의 요건이다.

그런데 우리 형사소송법은 특히 사법경찰관 작성의 피의자신문조서에 대하여 피고인이 공판정에서 그 내용을 부인하면 이를 증거로 사용할 수 없도록 하고 있는데 이는 전문법칙의 관점에서 보면 전문법칙의 일반이론과는 다른 특별한 규정인 것이다. 이 규정이 일제시대의 경찰사법의 폐해를 경험한 우리 국민이 해방 후 경찰사법을 극복하기 위해 피의자수사에 있어서의 불법수사 관행의 폐해를 예방하고 그 관행을 근절할 목적으로 도입한 결단의 산물이라는 점은 앞에서도 논하였다.

(2) 전문법칙과 공범의 공판정 외 진술

그런데 공범 중 1인이 다른 공범과의 공범관계에 대해 행한 진술은 다른 공범의 행위의 측면에서 보면 타인의 행위에 대한 진술이면서도, 그것이 자신이 행한 공범행위의 일부가 된다는 점에서 보면 자신의 행위에 대한 진술인 면이 있다.

이에 대해 미국 연방증거법은 공범자의 진술에 대해 전문증거의 예외로서 특별한 규정을 두고 있다. 연방증거법 제801조의 (d)(2)(E)에 의하면 공모의 진행과정에서 피고인의 공범자가 행한 진술은 전문증거가 아니므로[11] 이는 공소사실 자체의 인정을 위한 증거로 사용된다.[12] 특히 그 공범이 공동피고인으로 함께 재판을 받거나 법정에 증인으로 출석하여 진술하는 경우에는 그 공범의 수사단계에서의 진술에 대하여 피고인의 변호인이 반대신문을 할 수 있기 때문에 반대신문권 보장도 문제가 되지 않는다.[13]

다시 말하면 공범이 수사단계에서 피고인과의 공범관계를 진

---

11) A statement is not hearsay if – (2) admission by party-opponent. The statement is offered against a party and is...(E) a statement by a coconspirator of a party during the course and in furtherance of the conspiracy. 그리고 이 조항에서는 주로 그 진술이 공모의 진행과정 중에 있었던 진술인가가 쟁점이 되는데, 이에 대한 해석으로는 Park/Leonard/Goldberg, Evidence Law, Thomson/West, 2004, 281-287면 참조.

12) Alaska주에서는 이러한 공모과정에 대한 공범자 진술의 경우도 신빙성이 있어야 증거로 사용할 수 있다는 판결도 있다(Arnold v. State, 751 P.2d 494, 504-05(Alaska App. 1988)). 그러나 연방대법원은 공모진술임이 인정되면 다른 요소를 요구하지 않는다. Park/Leonard/Goldberg, 앞의 책, 297면.

13) Park/Leonard/Goldberg, 앞의 책, 287면.

술한 일이 있는 경우 그 공범의 진술은 전문증거가 아니므로 공범자가 수사단계에서 행하였던 진술을 공판정에서 번복한다고 하여도 그 진술의 구체적 내용에 따라 검사는 얼마든지 수사단계에서의 진술을 공소사실을 입증하는 증거로 사용할 수 있는 것이다. 그리고 이와 같이 공범이 수사단계에서 행하였던 진술을 증거로 사용하는 방법으로서 그 진술을 기재한 서면이 있으면 그 서면을 제출할 수도 있고, 또는 그 진술을 들은 사람을 증인으로 세워서 그 진술내용을 증언하게 할 수도 있는 것이다.

2. 독일의 직접주의 이론으로부터의 검토

가. 직접주의

독일은 영미법계의 전문법칙을 적용하지 않으므로 공판정 외 진술이라도 증거로 할 수 있다.[14] 즉, 공판정 외 진술이라도 모두 증거로 사용하되 법원이 그 진술과 공판정에서의 진술을 비교하여 어느 쪽에 더 신빙성을 두어 이를 믿을 것인가 하는 증명력의 문제로 해결한다.

그러나 이와 같이 공판정 외 진술의 증거능력은 인정하나 다만, 그 공판정 외 진술을 공판정에서 확인하는 수단에 있어서는 수사기관의 조서나 진술기재서면 등은 그 진술내용을 법원이 원진술자 등을 공판정에서 직접 신문하는 방법으로 확인하지 않고 그 서류 자체만을 증거로 하여 증거조사(낭독 등의 방법)함으로써 사실판단을 할 수는 없는데 이것이 독일의 직접주의이다. 즉, 직접주의란 조서 등 진술기재서면으로 법원의 공판정에서의 직접적 확인을 대체하는 것을 금지하는 것이다.[15]

---

14) Diemer, *StPO-Karlsruher Kommentar*, C. H. Beck, 2004, §250 Rn. 10.

15) 독일 형사소송법 제250조 참조.

그런데 독일의 직접주의는 이와 같이 수사기관 등 타인이 행한 조사내용을 법원이 원진술자를 소환하여 물어보는 등으로 확인하지 않고 그대로 채용하는 것, 즉 사실심 법원 자신이 직접 조사하지 않고 이를 타인의 조사물로 대체하는 것을 금지할 뿐이다. 따라서 사실심 법원이 직접 조사하는 한 수사기관에서 조사되었던 내용도 법원이 공판정에서 직접 확인하여 수사단계 조서 기재내용과 같이 진술한 일이 있는 것만 확인되면 증거로 할 수 있는 것이다. 그러므로 독일의 직접주의를 말하면서 법원 면전에서 진술된 것만 증거가 되고 수사단계 진술은 공판정에서 진술번복하면 증거로 할 수 없는 것이라는 식으로 설명한다면 이는 오해이다.

그리고 독일의 직접주의의 중점은 "타인의 조사내용으로 법원의 조사를 대체"하는 것을 금지하므로 특히 타인의 진술을 듣고 제3자가 이를 기재한 진술기재서면이나 기록물을 원진술자를 소환하여 신문하지 않고 그것만으로 증거로 하는 것을 금지하는 것이고 또한 그 진술기재서면 등은 애초에 증거로 제출될 목적으로 작성된 것만을 대상으로 한다.[16] 따라서 본래 증거사용목적으로 작성되지 않은 개인적인 문서(persönliche Aufzeichnungen), 일기(Tagebücher), 편지내용 기타 서류는 직접주의에 의한 금지대상 서면이 아니므로 그 자체를 증거로 할 수 있다.[17]

나. 직접주의와 피고인의 공판정 외 진술

공판정 외 진술에 대한 이러한 직접주의의 원칙은 피고인의 진술이든 참고인의 진술이든 구별없이 적용된다. 그리하여 제3자

16) Diemer, *StPO-Karlsruher Kommentar*, C.H. Beck, 2004, §250 Rn. 8.(schriftliche Erklärungen i.S. v. S.2 sind solche schriftliche Äußerungen einer Person, die von vornherein zu Beweiszwecken abgefasst sind, …).

17) Diemer, *StPO-Karlsruher Kommentar*, C.H. Beck, 2004, §250 Rn. 8.

가 피고인의 진술을 듣고 기재한 서면인 경우는 직접주의에 의한 금지규정이 적용된다. 따라서 피고인이 그 서면에 기재된 진술을 한 사실을 인정하지 않으면 그 서면에 기재된 대로 피고인이 진술한 일이 있는지를 확인하기 위해 그 기재를 하거나 진술을 목격한 제3자를 증인으로 신문하여야 한다.[18)]

그러므로 수사기관에서 피고인이 자백하고 그 진술이 기재된 조서가 있는 경우 피고인이 그와 같은 진술을 한 사실을 부인하면 조서의 기재내용은 구두주의에 따라 제3자의 구두증언을 통해 법정에 현출된다. 그리고 법원은 이와 같은 증언을 통해 피고인이 그렇게 조서에 기재된 진술을 하였다는 사실을 인정할 수 있으면 그 진술을 사실판단의 근거자료로 할 수 있는 것이다. 그런데, 독일은 직권주의적 재판운영에 따라 검사가 공소제기시에 공소장과 함께 진술기재서면이 포함된 기록을 법원에 보내고 법원은 공판전에 미리 그 기록을 검토하고 공판에 임한다. 따라서 법원은 제3자의 구두증언을 듣기 이전에 이미 피고인의 진술을 기재한 조서 등 서면의 존재와 그 내용을 알고 있다. 따라서 조사자 등의 증언을 듣고 조서에 기재되어 있는 진술을 한 사실이 있는지 여부를 판단함에 있어 조서의 존재는 이미 사실상 증거로서의 기능을 충분히 발휘하고 있다고 할 수 있다. 그러므로 독일에서는 수사기관의 피의자신문조서는 증거능력이 없다고 말하는 것은 법해석의 규범적 측면만을 보자면 틀린 것은 아니나 사실적인 측면에서 보면 당사자주의적 재판운영에 있어 증거능력의 문제와는 그 차이를 이해할 필요가 있다. 당사자주의적 재판운영에서는 증거능력이 인정되지 않으면 그 조서를 법원에 제출할 수 없고, 따라서 법원은 그 조서의 내용을 알 수가 없지만 직권주의적 재판운영에 있어서는 증거능력 문제와는 상관없이 조서가 법원에 제출되고

18) Diemer, *StPO-Karlsruher Kommentar*, C.H. Beck, 2004, §250 Rn. 8.

그 조서를 법원이 보는 것이므로 큰 차이가 있다. 따라서 독일의 직권주의적 재판에서는 피의자신문조서가 피고인의 구두답변 또는 조사자 등의 구두증언을 통해 내용이 현출되면서 그 조서 자체는 그 존재와 내용을 알고 있는 법원에 의해 그러한 진술이 있었다는 사실을 인정할 수 있는 자료로 '사실상' 사용된다고 할 수 있는 것이다. 다만, 이러한 구두의 확인절차 없이 조서만을 그대로 증거로 사용할 수 없다는 제한이 있을 뿐이다.

그러나 피고인이 당해사건과 관련하여 스스로 진술을 기재한 서면은 피고인이 나중에 그 진술을 거부하더라도 그 자체를 서증으로서 증거로 사용하여 낭독할 수 있으며 이는 수사기관에 제출한 경우도 마찬가지다.[19] 이것은 앞에서 본 바와 같이 직접주의가 금지하는 범위가 아니기 때문이다.

다. 직접주의와 공범자의 공판정 외 진술

직접주의에서 수사단계의 진술을 증거로 사용하는 방법은 공범자의 진술이라고 하여 다를 것이 없다. 한편, 피고인신문제도를 두지 않고 있는 영미법계에서는 공범자는 항상 증인의 형태로 진술을 하게 되지만 피고인신문제도를 두고 있는 독일에서는 공범자가 공동피고인으로 함께 재판을 받는 경우는 공범자도 피고인으로서 피고인신문단계에서 진술을 하게 될 것이다. 물론 공동피고인으로 재판을 받지 않고 별개로 재판을 받는 경우는 증인으로 진술하게 될 것이다.

공범자가 공판정에서 자신이 수사단계에서 했던 진술과 다른 진술을 하더라도 피고인신문이나 증인신문에서 수사단계에서 일정한 진술을 한 사실을 인정하면 이를 증거로 할 수 있다. 그리고

19) Diemer, *StPO-Karlsruher Kommentar*, C.H. Beck, 2004, §250 Rn. 8; Eisenberg, Beweisrecht der StPO, C.H.Beck, 2002, 856면; BGHSt 39,305,306.

수사단계에서 일정한 진술을 했던 사실조차 부인하면 구두주의에 따라 조사자 등 제3자가 나와 그러한 진술을 했던 사실에 대해 증언을 하고,[20] 그 진술이 기재된 조서가 있는 경우 그러한 서면의 존재가 구두증언과 함께 서면에 기재된 진술의 존재를 입증하는 증거로 '사실상' 사용되는 것이다. 그러므로 공범자가 수사단계에서 행한 진술은 그 진술이 있었던 사실이 객관적으로 증명되면 증거로 할 수 있는 것이며 그 진술의 증거능력이 공범자의 진술에 따라 좌우되는 것이 아니다. 나아가 재판을 받는 피고인이 다른 공범자가 한 진술을 그 내용이 사실이 아니라고 말한다고 하여 그 진술을 증거로 사용할 수 없게 하는 상황은 발생할 수가 없다.

3. 판례의 논거 및 비판적 검토

가. 제312조 제3항의 입법취지에 대한 판례의 해석

공범자에 대한 경찰 피의자신문조서의 증거능력에 관해 논하려면 먼저 그 전제가 되어 있는 기본 조문인 제312조 제3항의 입법취지부터 논해야 한다. 2008. 1. 1. 시행된 개정법 이전에 경찰 피의자신문조서의 증거능력을 부인하고 있는 이 조문의 입법취지의 해석에 관하여는 두 가지의 견해가 나뉘었었다.

진술부정설은 이 조문이 경찰 피의자신문에 있어서의 위법행위를 방지하고, 위법행위의 위험에서 피의자를 보호하기 위한 것으로 보고 피고인이 그 조서에 대해 내용부인하면 조서뿐만 아니라 피의자신문 당시에 행해진 진술 자체의 증거능력이 부인된다고 해석한다. 따라서 조사한 경찰관이 그 조서에 기재되어 있는 내용인 진술을 법정에서 증언하는 방식으로 현출하여도 이를 증

20) Schäfer, *Die Praxis des Strafverfahrens* 6.Aufl.(2000), 326면.

거로 할 수 없다고 해석하게 되는데 이 견해가 종전의 통설이고[21] 판례였다.[22]

당시 판례는 "형사소송법 제312조 제2항(현행 제3항)은 검사 이외의 수사기관의 피의자신문은 신용성의 정황적 보장이 박약하다고 보아 설사 피의자신문에 있어 임의성이 인정된다고 하더라도 원진술자인 피고인이나 변호인이 그 내용을 인정하지 않는 한 그 증거능력을 부인하는 취지로 입법된 것이므로, 피고인이 경찰수사때의 진술을 내용으로 하는 증언에 증거능력이 있다고 한다면 피고인의 경찰진술은 증거능력이 없는 데 반하여 그 진술을 들었다는 전문증거는 증거능력이 있다는 불합리하고도 기이한 결과가 될 뿐 아니라 형사소송법 제312조 제2항의 규정이 결국 사문화될 것"이라는 논리를 전개하였다.[23]

이에 대해 조서부정설은 이 조문이 독일의 직접주의적 접근방법을 사용한 것으로서 조서만의 증거능력을 부인한 것일 뿐이고 피의자가 신문 당시에 행한 진술 그 자체의 내용은 조서 이외의 방법, 즉 예컨대 조사한 경찰관이 피의자신문 당시의 진술을 법정에서 증언하는 방식으로 증거로 사용할 수 있다고 해석하였다. 이 견해는 ① 형사소송법 제312조 제2항의 법문은 '조서'의 증거능력을 부인하고 있고, '조서'와 '진술 자체'는 명백히 구분되며 조서를 진술 자체로 해석하는 것은 '조서'라는 법규정상 문언의 가능한 의미를 벗어난다는 점, ② 본조의 입법취지는 경찰의 피의자신문조서가 일제시대와 같이 공판정에서의 구체적 확인과정을

---

21) 이재상, 형사소송법, 박영사, 2002, 535면, 배종대 · 이상돈, 형사소송법, 홍문사, 2002, 582면, 신현주, 형사소송법, 박영사, 2002, 610-611면, 신동운, 형사소송법, 법문사, 1993, 643면, 백형구, 형사소송법연습, 박영사, 1984, 334-340면.

22) 대법원 2001. 3. 27. 선고 2000도4383 판결.

23) 대법원 1983. 7. 26. 선고 82도385 판결; 대법원 1985. 2. 13. 선고 84도2897 판결.

거치지 않고 그대로 공판정에서 증거로 사용됨으로써 결국 재판이 경찰 조서의 확인에 불과하게 되어 사법적 절차의 중요한 부분이 경찰에 장악되게 되고, '경찰사법'화할 우려가 있었던 점을 배제하기 위한 것으로 보이고 경찰 피의자신문 당시의 진술이 그 어떤 방식으로든 증거로 사용되어서는 안 된다는 의미는 아니었던 것으로 보이는 점, ③ 신문조서의 증거능력을 부인하는 것과 신문당시의 진술을 조서 이외의 방법, 특히 구두진술의 방법으로 증거로 사용하는 것은 독일의 직접주의하에서도 행하고 있는 바이며 이것이 모순되고 불합리한 것은 아니라는 점 등을 근거로 주장되었다.[24]

공동피고인의 경찰 피의자신문조서의 증거능력에 관한 판례도 기본적으로 제312조 제3항의 입법취지에 대한 판례의 해석을 기초로 하고 있으므로 이하 공범자의 조서에 대한 검토에서는 이를 전제로 살펴보겠다.

나. 공범자 조서에 대한 판례의 논거

앞에서 본 바와 같이 영미법계의 전문법칙 이론에 의하든, 독일의 직접주의 이론에 의하든 피고인의 수사단계 진술은 증거능력이 있다. 그러나 이러한 일반론에 반해 사법경찰의 피의자신문에서의 진술을 기재한 피의자신문조서의 증거능력에 관하여 우리나라는 경찰사법의 폐해 극복을 위해 증거능력을 부인하는 입법적 결단을 하였고 이는 일제 강점기의 역사적 경험으로 인한 특별한 입법이다. 그런데 이러한 입법적 결단의 범위가 피고인이 자신의 진술을 기재한 조서에 대해 내용부인함으로써 증거로 사용하지 못하게 하는 점에 대하여는 명확하나 다른 공범의 진술을 기재한 경

24) 이완규, 피고인의 경찰 진술을 내용으로 하는 수사경찰관 증언의 증거능력, 저스티스, 2004. 4, 155-160면.

찰 피의자신문조서에 대하여 그 내용을 부인함으로써 증거능력을 부정하게 하는 것까지 포함되어야 하는지는 의문이 있다.

그런데 증거능력을 부정하는 판례 중에서 비교적 그 이유를 상세히 논한 것으로 대법원 1986. 11. 1. 선고 86도1783 판결이 있는데 다음과 같이 설명하고 있다.

먼저, 공범관계에 있는 다른 공동피고인 또는 피의자에 대한 조서는 그 내용이 당해 피고인에 대한 피의자신문조서의 내용과 다름없기 때문이므로 그 증거능력은 당해 피고인 또는 변호인이 그 내용을 인정하여야만 증거능력이 부여될 수 있다고 한다.

또한 만약 이와 같이 보지 아니하고 원진술자인 공범관계에 있는 피의자가 당해 피고인에 대한 형사 피고사건의 법정에 나와 그 내용을 인정하게 되면 증거능력이 부여된다고 보게 되면, ① 형사재판이 각각 별도로 이루어진 경우 자기에 대한 형사 피고사건에서는 법정에서 그 내용을 부인하여 유죄의 증거가 되지 아니한 피의자신문조서도 공범관계에 있는 다른 피고인에 대한 관계에 있어서는 유죄의 증거가 될 수 있는 불합리하고 불공평한 결과가 생길 수 있고, ② 또 공범관계에 있는 그 피의자에 대한 형사 피고사건에서 피고인이 되었던 그 피의자 또는 변호인이 내용을 인정한 바 있다고 하여 이를 다른 피고인에 대한 형사 피고사건의 증거로 할 수 있다고 본다면 당해 피고인의 반대신문기회도 없었던 진술만으로 증거능력을 인정하는 것이 될 뿐만 아니라, ③ 만일 공범관계에 있는 그 피의자에 대한 형사사건에서 유죄의 증거로 되었던 이유가 그의 변호인이 피의자신문조서의 내용을 인정하였기 때문인 경우라면 당해 피고인으로서는 자기의 변호인이 아닌 사람의 소송행위로 불이익을 받는 결과가 되어 부당하기 때문이라고 한다.[25)]

---

25) 대법원 1986. 11. 1. 선고 86도1783 판결.

다. 판례이론에 대한 비판적 검토

(1) 법문의 문언상 의미

그러나 판례의 이러한 논리는 부적절하다고 본다. 먼저 판례는 법문의 문리해석상 용어의 해석범위를 벗어나고 있다. 즉, 법 제312조 제3항(구법 제312조 제2항)은 증거능력을 배제하기 위해 내용부인을 할 수 있는 주체를 '그 피의자였던 피고인'이라고 규정하고 있다. 그러므로 검사 이외의 수사기관이 작성한 피의자신문조서에 기재된 진술을 한 그 피의자가 피고인이 되어 재판을 받게 된 경우에 그 피고인이 공판정에서 내용부인하면 증거능력을 부정하는 것이다.

이 조문 문구의 해석으로는 증거능력을 부정하는 진술을 할 수 있는 것은 원진술자 자신 이외에 다른 사람을 상정할 수 없다. 다만, 이와 같이 원진술자가 내용부인하는 진술을 하여 조서의 증거능력을 부정하게 될 때 그 증거능력 부정의 효력이 원진술자 자신에 한하여 미치는지 아니면 다른 공범자에 대하여도 미치는지는 문언상 명확하지 않으므로 해석의 여지가 있는 부분이라고 하겠다. 그리하여 증거능력 부정의 효력이 자신에 한하여 미친다고 해석하면 다른 공범자에 대하여는 그 조서는 참고인진술조서와 같으므로 공판정에서 내용부인하더라도 진정성립이 인정되면 다른 공범자에 대하여 증거로 사용할 수 있을 것이다. 반면에 다른 공범자에게도 효력이 미친다고 하면 원진술자인 공범자가 공판정에서 내용부인하면 다른 공범자에 대하여도 이를 증거로 할 수 없게 될 것이다.

법문의 문언상 해석의 범위는 여기까지 이며 따라서 원진술자가 아니면서도 다른 공범자에 대한 피의자신문조서에 대해 내용부인하는 것은 제312조 제3항의 적용범위를 벗어난다.

⑵ 내용이 같다는 이유에 대하여

위와 같이 다른 공범자에 대한 피의자신문조서에 대한 증거능력 여부는 제312조 제3항의 적용 문제가 아니라고 한다면 그 증거능력을 부정하기 위하여는 원진술자 자신에 대하여 제312조 제3항을 적용하는 것과 관련하여 공범자에 대해서는 증거능력을 인정할 때의 논리적 모순 등을 검토하여 논리적 연결문제로 풀어야 할 것이다.

이에 대해 판례가 먼저 내세운 논리가 "공범관계에 있는 다른 공동피고인 또는 피의자에 대한 조서는 그 내용이 당해 피고인에 대한 피의자신문조서의 내용과 다름없기 때문(밑줄은 필자)"이라는 것이다. 그런데 판례의 이런 논리는 납득하기 어렵다. 다른 공범자에 대한 조서의 내용이 피고인 자신에 대한 조서와 다름이 없다는 것이 무엇을 의미하는 것일까. 피고인과 다른 공범의 범행이 공범관계이기 때문에 다른 공범의 범행에 대한 진술도 공범관계에 대한 진술이고, 피고인의 범행에 대한 진술도 공범관계에 대한 진술일 것이므로 결과적으로 그 내용이 거의 같다는 것으로 생각되고 그 점은 이해가 된다.

그러나 이와 같이 진술내용이 거의 같다는 점 때문에 다른 공범자에 대한 피의자신문조서의 증거능력도 자신의 피의자신문조서의 증거능력과 마찬가지로 판단해야 한다는 식으로 논리 전개하는 것은 납득하기 어렵다. 왜냐하면 그것은 피고인 스스로의 진술이 아니고 다른 사람의 진술, 즉 다른 사람이 자신의 경험사실을 진술한 것이기 때문이다.

내용이 같다고 하여 다른 사람의 진술을 자신의 진술과 같이 취급한다면 참고인 진술조서에서도 마찬가지로 취급하여야 하는 경우가 발생할 것이다. 예컨대 피고인이 행하는 범행을 그대로 목격한 목격자가 목격내용을 진술한 경우 그 진술 내용이 범행과정이나 수법 등은 피고인이 범행과정이나 수법을 진술하는 것과 거의 내용이 같을 것이다. 그렇다면 이 경우에도 내용이 피의자신문조서와 거의 다름이 없다고 하여 피고인이 내용부인하면 증거능력을 부정할 것인가. 그럴 수는 없는 것이다. 마찬가지로 다른 공범자의 진술이 범행내용의 진술과 관련하여 많은 부분에서 해당 피고인의 진술과 같다고 하여 이를 피고인의 진술과 같은 취급을 하는 것은 부당하다고 할 것이다. 요컨대 판례는 공범자는 해당 피고인에 대하여 증인과 같은 성격을 갖는 점을 너무 무시하고 있다.

(3) 같은 조서가 상황에 따라 증거능력이 달라진다는 이유에 대하여

① 논의의 의의

한편, 판례가 전개한 이유 중에 검토할 의미가 있다고 할 만한 것으로서 같은 조서가 상황에 따라 증거능력이 달라진다는 논거가 있다. 즉, 형사재판이 각각 별도로 이루어진 경우 자기에 대한 형사 피고사건에서는 법정에서 그 내용을 부인하여 유죄의 증거가 되지 아니한 피의자신문조서도 공범관계에 있는 다른 피고인에 대한 관계에 있어서는 유죄의 증거가 될 수 있는 불합리하고 불공평한 결과가 생길 수 있다는 것이다.

어떤 진술을 기재한 조서가 내용이 동일함에도 불구하고 그 진술한 사람이 재판에서 어떠한 지위에 있는가에 따라 증거능력이 달라지는 것은 일견 불합리한 것으로 보일 수 있다. 그러므로 일단은 그러한 차별을 두지 않는 것이 타당할 것이다. 그러나 그러한 차별에 합리적인 근거가 있다면 그러한 차별을 두는 것도 가능할 것이다. 예컨대 전문법칙에서 공판정외에서 행한 동일한 진술이 그 사람이 피고인인 경우는 증거능력이 인정되는 데도 불구하고 그 사람이 증인인 경우는 증거능력을 원칙적으로 부정하는 것도 나름대로 근거를 가진 차별 중의 하나이다.

판례가 말하고 있는 차별, 즉 어떤 사람의 경찰 피의자신문조서가 그 사람 자신이 피고인이 된 재판에서 그 사람 자신에 대해서는 그가 그 내용을 부인하여 증거로 사용할 수 없음에도 다른 피고인과의 관계에서는 유죄의 증거가 될 수 있는 상황이 생기는 것은 우리 법이 경찰 피의자신문조서에 대하여만 특별히 원진술자인 피고인이 공판정에서 내용을 부인할 때 증거능력을 부정하도록 입법적 결단을 한 이유로 당연히 발생할 수 있는 것이다. 즉, 피고인 자신에 대해서 증거능력이 부정되는 것인 법문상 명백하나 다른 피고인과의 관계에서 증거능력이 인정되는 차별이 발생할 수 있는 것이며 이를 어디까지 인정할 것인가라는 문제가 생기는 것이다.

일단, 여기서 이러한 입법적 결단의 취지가 경찰 피의자신문단계에서의 인권침해상황을 방지하고 혹시라도 있을지 모르는 인권침해 상황에서의 진술의 증거능력을 부정함으로써 피고인을 보호하고자 함에 있는 것이므로 우리나라의 일제 강점기에 겪은 경찰의 혹독한 인권침해 상황의 특별한 역사적 경험상 그러한 입법을 할 만한 합리적인 근거가 있었다고 할 것이다. 그런데 여기서 이 입법의 취지를 당해 피고인의 보호라는 측면에서 더 나아가 경찰의 피의자신문단계의 인권침해상황 자체의 방지에 더욱 중점을 두게 된다면 증거능력을 부정하는 범위를 원진술자인 피고인 자신에 대해서 뿐만 아니라 다른 피고인에 대하여도 확장하려는 논리가 가능할 것이다.

여기서 이와 같이 다른 피고인에 대해 확장하려는 논리를 세우고자 할 때 고려해야 할 두 가지의 관점이 있는데, 첫째는 증거능력을 부인하는 상황에 대한 인정 여부, 즉 내용부인의 진술을 할 권한자를 피고인에 한정할 것인지, 아니면 다른 피고인도 내용부인이 진술을 할 권한을 부여할 지의 문제이고, 둘째는 증거능력이 부인되는 다른 피고인의 범위를 어디까지 확장할지, 즉 일반적으로 다른 피고인 모두에게 증거능력 부정의 효력을 인정할 것인지 아니면 공범관계와 같은 특별한 관계에 있는 사람에게만 인정할 것인지의 문제이다.

② 내용부인 진술을 할 권한자 문제

먼저, 내용부인의 진술을 할 권한자의 측면에서 볼 때 당해 피의자신문의 대상자였던 피고인이 내용부인의 진술을 할 수 있음은 법문상으로도 명백하다. 그러나 피의자신문의 대상자가 아니었던 다른 피고인이 별도로 행해진 피의자신문상의 진술에 대하여도 내용부인으로 증거능력을 부정할 수 있는지는 문제이다. 왜냐하면 제312조 제3항의 입법취지는 경찰 피의자신문과정에서 신문대상자에게 가해질 우려가 있는 인권침해상황을 방지하고자 신문을 받은 피고인으로 하여금 그 신문과정에서 행한 자신의 진술을 증거로 할 것인지에 대한 선택권을 부여한 것이기 때문이다. 그러므로 그 신문상황에 대하여 전혀 상관없는 다른 피고인이 타인에 대해 행해진 경찰 피의자신문상의 진술에 대해 증거능력을 선택할 수 있도록 하는 것은 입법취지에도 반할 뿐만 아니라 합리적인 근거도 없어 판례 스스로도 표현하고 있듯이 불합리하고 불공평한 상황을 초래할 것이다.

판례는 형사재판이 각각 별도로 이루어진 경우 자기에 대한 형사 피고사건에서는 법정에서 그 내용을 부인하여 유죄의 증거가 되지 아니한 피의자신문조서도 공범관계에 있는 다른 피고인에 대한 관계에 있어서는 유죄의 증거가 될 수 있는 상황을 언급하면서 이러한 상황이 불합리하고 불공평한 결과라고 한다. 그러나 제312조 제3항의 입법취지를 피의자신문의 대상자였던 피고인

자신을 보호하기 위한 것이라고 제한적으로 해석하는 경우 또는 신문대상자였던 피고인의 보호뿐만 아니라 신문과정 자체의 인권 침해우려를 방지하고자 하는 것이라는 점까지 고려하여 신문과정의 인권침해 상황에 대해 직접적 이해관계가 있고 그 상황에 대해 잘 아는 그 신문대상자가 내용부인을 한다면 다른 피고인에 대하여도 증거로 사용할 수 없도록 한 것이라고 해석을 하는 경우에는 이러한 상황이 납득하지 못할 정도로 불합리하다거나 불공평하다고 할 수는 없을 것이다.

오히려 판례와 같이 해석을 한다면 역으로 경찰 피의자신문조서에 대해 그 신문의 대상자였던 사람이 자기에 대한 사건에서 법정에서 그 내용을 인정하여, 즉 자신의 신문과정상 아무런 문제가 없었다는 진술을 하여 그 조서가 유죄의 증거로 사용되었던 경우에도 다른 피고인에 대한 관계에 있어서는 그 신문과는 상관없던 다른 피고인이 그 진술의 내용을 부인하다고 하여 증거로 사용할 수 없게 되는 상황이 발생하게 되는데 이러한 상황이야말로 납득할 수 없는 불합리하고 불공평한 결과라고 할 것이다. 그러므로 경찰 피의자신문조서에 대해 내용부인의 진술로서 증거능력 여부를 결정할 수 있는 사람은 신문대상자였던 사람에 한정하는 것으로 해석하여야 할 것이다.

③ 증거능력 부정의 범위

다음으로, 경찰 피의자신문에서 신문대상자였던 사람이 그 조서의 내용을 부인하면 조서를 증거로 사용할 수 없다고 할 때 그 증거능력 부정의 범위를 어디까지 확장할 것인가의 문제에 있어서는 이 조항의 입법취지가 경찰 피의자신문과정상의 어떤 인권침해행위를 방지하고자 하는 것이었던가를 생각해 볼 필요가 있다. 이 조항은 경찰 피의자신문과정에서 피의자로부터 혐의사실에 대한 자백을 얻기 위해 고문, 협박, 기망 등의 행위를 한다든가, 그 변명을 충분히 할 수 있는 기회를 주지 않는 등의 상황, 즉 신용성의 정황적 보장이 박약한 상황을 고려한 것이다. 그러므로 이 조항에 의해 증거능력이 부정되어야 하는 진술은 바로 피의자의 자신의 범행에 대한 자백진술이라 할 것이다.

그러므로 먼저, 피의자 자신의 범행과 전혀 상관이 없는 별개의 사실에 대한 진술은 이 조항에 의해 증거능력을 부정할 합리적인 근거가 없다. 그러한 진술은 자백과는 상관없으며 단순한 제3자, 즉 참고인으로서 진술한 것과 다름이 없기 때문이다. 다만, 공범관계에 있는 피고인과의 관계에 있어서는 피의자 자신의 범행에 대한 자백은 결과적으로 다른 공범과의 범행내용을 포함하고 있다는 점에서 그 자백을 얻기 위한 인권침해상황의 우려와 신용성의 정황적 보장의 박약성에 대한 고려에 의해 그 진술 자체의 증거능력을 부정한다면 공범관계에서도 증거능력을 부정하여야 한다는 논리가 타당할 것으로 보인다. 즉 신문대상자인 피고인이 그 조서에 대해 내용을 부인한다면 그 조서는 다른 공범자에 대하여도 증거로 사용할 수 없다고 보는 것이 입법취지를 달성할 수 있다고 할 것이다. 따라서 이러한 점에 있어서는 판례의 논리의 일부는 타당성이 있다.

(4) 반대신문의 기회 문제에 대하여

한편, 판례는 공범인 그 피의자에 대한 형사 피고사건에서 피고인이 되었던 그 피의자 또는 변호인이 내용을 인정한 바 있다고 하여 이를 다른 피고인에 대한 형사 피고사건에서 증거로 할 수 있다고 본다면 당해 피고인의 반대신문 기회도 없었던 진술만으로 증거능력을 인정하는 것이 되어 부당하다고 한다.

그러나 이 논리는 오류가 있다. 공범의 피의자신문조서에 증거능력을 인정한다고 하여 피고인의 반대신문 없이 이를 인정한다는 것은 아니기 때문이다. 즉, 판례가 전제하듯이 공범인 그 피의자에 대한 형사 피고사건에서 피고인이 되었던 그 피의자 또는 변호인이 내용을 인정한 바 있다고 하여 그 자체만으로 이를 다른 피고인에 대한 형사 피고사건에서 증거로 할 수 있는 것은 아니다. 그것인 그 피의자에 대한 형사 피고사건에서 증거로 되는 것에 불과할 뿐이다. 다른 피고인에 대한 형사 피고사건에서는 다시 그 공범인 피의자가 법정에서 그 조서의 내용이나 진정성립에 관한 진술을 하여야 하는 것이며 이에 대해 피고인은 반대신문을 할 수 있을 것이다.

먼저 공범이 공동피고인으로 함께 재판을 받는 경우는 공동피고인의 증인적격 여부에 따라 반대신문의 형태가 달라질 것이다. 공동피고인의 증인적격에 대하여는 증인적격이 없으므로 변론을 분리하지 않는 한 증인으로 신문할 수 없다는 부정설,[26] 공동피고인도 다른 피고인과의 관계에서는 제3자이므로 증인으로 신문할 수 있다는 긍정설,[27] 공범자인 공동피고인은 증인적격이 부정되나 자기사건과 실질적인 관련성이 없으면 증인으로 신문할 수 있다는 절충설[28]로 견해가 나뉜다.

여기서 부정설이나 절충설에 따르면 공범자인 공동피고인은 증인적격이 부정되어 함께 재판을 받는 한 그 공범자를 증인으로 하여 증언하게 하면서 반대신문을 할 수는 없다. 그러나 우리나라는 피고인에 대한 피고인신문절차가 있으므로 그 공범자에 대한 피고인신문절차에서 반대신문을 할 수 있다. 법상 다른 피고인 또는 그 변호인이 공범인 공동피고인에 대하여 반대신문을 할 수

---

26) 강구진, 형사소송법, 학연사, 1982, 446면; 정영석 · 이형국, 형사소송법, 법문사, 1996, 396면.

27) 신현주, 형사소송법, 박영사, 2002, 219면; 차용석 · 최용성, 형사소송법, 21세기사, 2008, 630면.

28) 배종대 · 이상돈 · 정승환, 신형사소송법, 2008, 462면; 신동운, 신형사소송법, 법문사, 2008, 731면; 이재상, 신형사소송법, 박영사, 2007, 450면.

있는지에 대해 명문의 규정은 없지만[29] 실무상으로도 공범인 공동피고인에 대하여 다른 피고인의 반대신문이 허용되고 있으므로 문제가 없다. 한편, 공동피고인의 경우도 변론을 분리하면 공동피고인의 지위를 벗어나게 되고 따라서 제3자로서 증인적격이 인정되므로 증인으로 신문하는 것이 적절하고 필요하다고 인정되는 때에는 변론을 분리하고 증인신문을 하면 당연히 반대신문을 할 수 있을 것이다. 이는 부정설이나 절충설에서도 인정하는 바이며, 판례도 공동피고인들에 관하여 변론을 분리하고 각각 증인으로 채택하여 신문한 것에 대하여 이는 서로의 공소사실에 대한 증인으로 채택한 취지이고 피고인들 자신의 공소사실에 대한 증인으로 채택한 것은 아니라고 하여 문제가 없다고 하고 있다.[30] 긍정설에 의하면 공동피고인도 증인적격이 인정되므로 변론을 분리하지 않고도 증인으로 신문할 수 있으므로 그때 반대신문이 이루어질 것이다.

그런데 실무상 공동피고인이 함께 재판을 받는 상황에서 변론을 분리하는 것은 법원이 변론분리결정에 따라 말로만 분리한다고 할 뿐 기일이나 법정에 서로 간에 달라지는 것은 아니다. 같은 기일에 동일한 법정에서 진행하면서 “피고인들 각각의 절차가 형식상 별개다”라고 취급하여 주는 것일 뿐이다. 즉 공판정의 실제상황은 같은 공판정에서 법원의 “변론을 분리한다”는 결정의 고지와 함께 한 피고인을 증인으로 채택하여 증언을 하게 한 후에 다시 “변론을 병합한다”는 결정을 함으로써 다시 증인의 지위에서 공동피고인의 지위로 전환하여 재판을 진행한다. 결국 증인적격 논란은 공동피고인을 피고인 자격으로 두고 신문을 하는지

29) 입법례상으로 일본 형사소송법은 제321조 제3항에서 공동피고인이 다른 공동피고인에 대해 질문을 할 수 있다는 명문규정을 두고 있다.

30) 대법원 1983. 10. 25. 83도2295 판결.

아니면 공동피고인을 증인의 자격으로 전환시킨 후에 증인 자격으로 하고 신문을 하는가의 차이에 있을 뿐이다. 그러므로 어떤 방식에 의하든 공범자인 피고인에 대하여 다른 공동피고인이 반대신문을 할 수 있는 것이다.

나아가 공범자가 별개로 재판을 받거나 이미 재판이 종료되는 등의 경우는 당연히 그 공범자를 증인으로 증언하게 할 것이다. 그러므로 그때 반대신문이 이루어질 것이며 그 공범자의 조서에 대한 의견도 그렇게 증언대에 섰을 때 진술을 하게 할 것이다. 그러므로 그 공범자가 자신의 사건의 재판에서 그 조서의 내용을 인정하여 그 조서가 그 자신의 사건에서 증거로 사용되었다고 하여 그것을 다른 공범자의 재판에서도 그대로 증거능력이 인정되는 것은 아니다. 재판을 받는 피고인이 그 조서에 대해 증거동의하지 않으면 당연히 원진술자인 공범자가 법정에 증인으로 나와서 그 조서의 내용인정이나 진정성립 여부에 대한 진술을 하여야 하는 것이다. 물론 그때 피고인이 그 공범자에 대하여 반대신문할 수 있다. 그러므로 판례가 피고인의 반대신문 기회도 없었던 진술만으로 증거능력을 인정하는 것이 되어 부당하다고 한 설시는 타당하지 않다.

(5) 자신의 변호인도 아닌 사람의 소송행위로 불이익을 받는다는 논거에 대하여

또한 판례는 그 피의자신문조서의 신문대상이었던 그 피의자에 대한 형사사건에서 유죄의 증거로 되었던 이유가 그의 변호인이 피의자신문조서의 내용을 인정하였기 때문인 경우라면 당해 피고인으로서는 자기의 변호인도 아닌 사람의 소송행위로 불이익을 받는 결과가 되어 부당하다는 이유를 제시하나 이 근거도 타당성이 없다.

왜냐하면 공범의 피의자신문조서가 그 자신의 형사사건에서 유죄의 증거로 사용되는 것과 다른 공범에 대한 형사사건에서 유죄의 증거로 사용되는 것은 별개의 문제이기 때문에 판례가 설시하는 바와 같이 자기의 형사사건에서 유죄의 증거로 사용되었다고 하여 곧바로 다른 공범에 대한 형사사건에서도 유죄의 증거로 사용되는 것은 아니기 때문이다.

즉, 공동피고인이 아니고 별개로 재판되는 경우에 피의자신문조서의 신문대상이었던 공범자의 변호인이 그 공범자의 형사사건에서 조서의 내용을 인정하여 유죄의 증거로 사용되었다고 하자. 그러나 그렇다고 하여도 다른 공범자의 사건에서 해당 피고인이 그 조서의 증거사용에 대해 동의하지 않는 한 그 공범자가 공판정에 증인으로 출석하여야 할 것이고 그 조서의 내용이나 진정성립 등에 대하여 진술을 하여야 할 것이다. 따라서 자기사건에서 변호인이 내용인정하여 유죄의 증거로 사용되었다고 하여 곧바로 다른 공범자에 대한 사건에서도 유죄의 증거로 사용되는 것은 아닌 것이다. 그리고 이러한 논리는 내용을 인정한 사람이 변호인이 아니라 신문대상인 공범자 자신이었던 경우라도 마찬가지이므로 굳이 자신의 변호인도 아닌 사람의 소송행위로 인하여 불이익을 받는 것은 아니다.

한편, 공범자가 공동피고인으로 같이 재판을 받는 상황이라면 공범자의 변호인이 공범자의 피의자신문조서에 대해 내용인정의 의견을 진술하더라도 이와 별도로 다른 피고인은 공범자를 상대로 조서의 내용에 대해 반대신문을 할 수 있고 그 반대신문에서의 공범자의 진술에 따라 조서의 증거능력이 판단될 것이므로 마찬가지로 자신의 변호인이 아닌 사람의 소송행위로 인하여 불이익을 받는 상황은 발생하지 않을 것이다.

라. 증거능력 차별상황의 재분석

(1) 판례의 논거에 대한 실무적 관점에서의 재분석

그런데 판례가 이와 같이 논리적으로 볼 때 납득하기 어려운 주장을 하면서까지 내용부인을 하는 주체를 신문대상자 자신이 아닌 다른 공범자에게까지 확대한 것은 재판을 하는 법원의 입장에서 실무상으로 사용할 수 있는 증거의 종류와 판결 가능성의 관점에서 발생하는 결과를 놓고 보면 원진술자가 피의자신문조서의 내용을 인정함에도 공범자인 피고인이 내용부인하는 경우 그 조서의 증거능력을 부인하여도 이로 인해 발생하는 논리적 불합리성을 실무적으로는 얼마간 해결할 수 있다는 판단이 있었던 것으로 보인다.

즉 공범자가 법정에 나와 증언을 하면서 피의자신문조서에 담겨 있는 내용과 동일한 진술을 하는 경우에는 공범인 피고인이 조서의 내용을 부인한다는 이유로 조서의 증거능력을 부정하여도 법정에 나온 공범자의 증언 자체는 증거로 할 수 있으므로 유죄의 증거를 확보하는 데는 문제가 없는 것이다. 즉 동일한 내용이지만 공범자의 증언은 증거로 되는데 그 내용이 기재된 조서는 증거로 할 수 없다는 논리적 불합리는 있을 수 있으나 그럼에도 불구하고 같은 내용을 적어도 증언을 통하여 증거로 사용할 수 있게 되기 때문에 실무상의 공백은 없게 된다는 것이다. 조서상의 공범자 자신에 대해서도 유죄판결을 할 수 있고 다른 공범자에 대하여도 공범자의 진술(증언을 증거로 하여)을 근거로 유죄판결을 할 수 있으므로 재판결과로서의 불균형은 없을 수 있다.

그런데 판례의 입장과 달리 만약 공범자가 증인으로 나와 조서의 내용을 부인하고 조서내용과 다른 진술을 하는 경우 그 조서를 다른 공범자에 대하여는 참고인 진술조서와 같이 취급하여 진정성립의 인정으로 증거로 할 수 있다고 한다면 이때에는 판례가 지적하는 불합리를 실무상 운영으로도 메울 수 없게 된다. 즉, 동일한 진술이 공범자 자신에 대하여는 유죄의 증거가 될 수 없는 데도 불구하고 다른 공범자에게는 유죄의 증거가 될 수 있어 논리적으로도 불합리하게 보일 뿐만 아니라 실제상의 재판결과로도 불합리한 상황이 벌어질 수 있다. 이 경우 공범자의 법정진술은 범행을 부인하는 진술이기 때문에 유죄의 증거로 사용할 수 없을 것이므로 결국 유죄의 증거로 될 수 있는 진술은 조서에 기재된 진술뿐인데, 자백이 담긴 피의자신문조서의 존재에도 불구하고 조서의 내용을 부인하는 공범자 자신에게는 무죄판결을 하게 되는 데 반하여 다른 공범자에 대하여는 그 조서를 유죄의 증거로 사용하여 유죄판결을 하여야 하는 상황이 발생할 수 있고 이러한 차별은 불합리하게 생각될 수 있는 것이다.

(2) 내용부인 주체한정설에 따른 해결방법

하지만 판례가 생각한 것으로 보이는 이러한 불합리한 상황의 문제점은 앞에서 논한 바와 같이 조서의 증거능력과 관련된 내용부인의 주체를 신문대상이었던 피의자에게 한정하면서도 그 내용부인 진술에 의한 증거능력배제의 효력을 공범자에게 확대하는 해석론으로도 해결할 수 있고 오히려 그것이 더 합리적인 것으로 보인다. 그렇게 해석하면 공범자가 증인으로 나와 조서와 같은 내용의 증언을 하고 그 조서의 내용에 대하여 인정하는 경우 증언과 조서가 모두 증거능력을 가지게 될 것이고, 공범자가 증인으로 나와 내용을 부인하면 그 내용부인의 효력이 공범자에게 미치므로 공범자와 다른 공범자가 다른 판결을 받게 되는 상황은 발생하지 않을 것이다.

그런데 문제는 공범자가 법정에 출석하지 않는 상황이 발생하여 그 조서의 내용에 대해 법정에서 확인하는 진술을 할 수 없는 때에 어떻게 할 것인지, 즉 제314조를 적용할 것인지에서 차이가 발생하는 점이다. 내용부인의 주체를 신문대상자로 한정하는 견해는 제314조를 적용하여 증거능력을 판단할 수 있겠으나, 판례와 같이 내용부인의 주체를 다른 공범자에게도 확장하면 공범자의 법정 출석 여부를 묻지 않고 조서의 증거능력을 인정할 수 없는 것이므로 제314조도 적용할 수 없다고 하는 것이 논리일관한 전개라 할 것이다. 또한 그 때문에 본 논문의 평석대상인 전원합의체 판결에서도 그러한 논리에 손을 들어준 것이라 할 수 있다.

그러나 전원합의체 판결에 따르면 불구속으로 기소된 공범자 중에서 수사단계에서 자백하였던 공범을 빼돌리거나 하여 법정에 출석하지 못하게만 하면 그 수사단계에서의 진술의 신빙성이나 진실에의 부합여부를 묻지 않고 증거로 할 수 없게 되므로 실무상 공백이 생긴다. 그러므로 이러한 실무상의 필요성이라는 관점에서 보면 제314조를 적용할 수 있도록 해석하는 것이 적절하여 보이고 내용부인의 주체를 한정하여 해석하면 이와 같은 문제도 해결될 것이다.

물론 여기에는 자기에게 불리한 진술을 한 사람에 대한 반대신문권의 보장을 중요시하는 관점에서 제314조 적용을 못하게 하는 쪽이 더 적절하다고 주장할 수도 있겠다. 그러나 법이 증거사용의 필요성이라는 면을 감안하여 증인의 법정진술이 곤란한 경우에 그 법정외 진술을 증거로 할 수 있다는 명문조항으로 제314조를 두고 있는 만큼 이 조항의 적용가능성을 아예 배제하려는 것은 우리나라의 법해석으로는 타당하지 않은 것으로 보인다.

이와 같이 공범자의 경찰 피의자신문조서의 증거능력을 앞에서 제시한 표에 따라 판례에 따른 결과와 본 논문에서 지금 전개한 바와 같이 내용부인 주체를 한정하여 해석할 때의 결과를 비교하여 보면 아래의 표와 같다.

주체한정설과 판례의 비교

	공범의 기소 상황	공범 법정 진술		공범 출석 불능	증거능력	
		조서 내용 인정	조서 내용 부인		판례	주체 한정설
1	공동피고인	○			×	○
2	공동피고인		○		×	×
3	별건재판 또는 불기소	○			×	○
4	별건재판 또는 불기소		○		×	×
5	별건재판 또는 불기소			○	×	○

이와 같이 내용부인의 주체를 원진술자인 공범자로 한정하면 판례에 따를 때 진술을 한 당사자 자신이 그 내용을 인정하고 있음에도 다른 사람이 그것을 사실이 아니라고 진술한다고 하야 증거로 할 수 없게 되는 논리적 비합리성도 해결될 수 있고, 또한 공범자 자신이 기소 후 도주하는 등으로 법정에서 진술할 수 없을 때 그 공범자의 진술이 담긴 조서를 증거로 할 필요성이 있는데 그러한 실무상의 필요성도 해결해 줄 수가 있다.

⑶ '진실발견'과 관련하여 남는 문제

그러나 주체한정설에 의하더라도 공범자가 조서의 내용을 부인하는 때에는 그 조서 내용의 진실성 여부를 묻지 않고 여전히 그 조서의 내용인 진술을 증거로 사용할 수 없다. 예컨대, 별개로 재판을 받은 공범자가 자신의 형사사건에서는 그 조서의 내용을 인정하여 이를 근거로 유죄판결을 받았는데 그 후에 행해진 다른 공범자의 재판에 증인으로 나와서는 진술을 번복하여 조서에 담긴 진술내용을 부인하고 다른 공범자의 범행에 대해서는 부인하여 주는 진술을 한다면 다른 공범자에 대해 그 조서를 증거로 할 수 없다. 이때 '진실'은 공범자가 피의자신문시에 진술했던 바와 같이 다른 공범자도 같이 범행을 한 것이라면, 그 진실에도 불구하고 다른 공범자에 대하여 증거능력을 부인하는 것이 타당한가라는 문제는 여전히 남는다.

이 글의 대상 판례의 경과과정은 이러한 의문을 제기해볼 만한 예라 할 수 있다. 이 사건의 원심에서 소재불명이 되었던 피고인의 종업원인 공범 을이 대법원의 파기환송 후 환송심에 출석하여 증언을 하였는데 을은 경찰에서 진술했던 내용을 번복하면서 허위의 매출전표를 작성하였다고 진술한 경찰 피의자신문조서 기재와 다른 진술을 하였다.

그런데 이 사건에서는 속칭 카드깡으로 자금을 융통받았던 공범 갑과 중간에서 갑으로부터 카드를 받아 피고인의 업소 명의의 매출전표를 작성하는 등의 행위를 하고 융통되는 자금을 갑에게 전달한 을, 그리고 매출전표 명의인 업주인 피고인이 공범자로 수사되었고, 갑과 을이 공범관계를 자백하고 있었다. 이 사건에서는 카드깡 알선을 업으로 하였던 사채업자 갑의 범행이 가장 중하여 갑은 구속되어 수사를 받았으며 검사는 갑을 구공판하고, 매출전표 명의 업소의 업주인 피고인과 피고인의 종업원인 을은 구약식을 하였는데, 그 시기가 2002. 4. 24.이었다.

갑은 공판정에서 자백을 하였고 2002. 5. 21. 1심에서 유죄판결이 선고되었으며 갑이 항소를 제기하지 않아 2002. 5. 29. 확정되었다. 당시 을과 피고인에 대한 경찰 피의자신문조서도 갑의 유죄판결에 대한 증거로 사용되었다. 피고인와 을에 대하여는 2002. 5. 9. 약식명령이 고지되었고 을에 대하여는 2002. 5. 29. 약식명령이 확정되었다. 그런데 피고인은 그 약식명령에 대해 정식재판을 청구하여 정식의 재판이 진행되게 되었는데 그 재판에서 을이 증인으로 출석하지 않고 소재불명이 되었던 것이다.

그리하여 1심에서는 을의 소재불명으로 인해 제314조를 적용하여 을의 경찰 피의자신문조서를 증거로 하여 2003. 7. 15. 피고인에 대해 유죄판결을 하였고, 그 항소심에서 2003. 10. 31. 피고인의 항소가 기각되었다. 그리고 2004. 7. 15. 대법원에서 그 판결을 파기하여 환송하였고, 파기환송심에서 2005. 6. 21. 대법원의 판결취지대로 을의 경찰 피의자신문조서의 증거능력을 부정하고 피고인에 대해 무죄판결을 하였다.

이 과정에서 보면 파기환송심에서 소재불명되었던 을이 증인으로 출석하여 경찰 피의자신문조서의 내용을 부인하고 진술을 번복하면서 매출전표를 작성하여 갑에게 돈을 융통하여 준 것은 피고인 몰래 종업원인 자신이 해준 것이라고 진술을 한다. 그리고 피고인의 업소로부터는 실제로 쌀을 가지고 가서 그 쌀을 언니, 오빠가 운영하는 S공단에 위치한 식당으로 배달한 후 언니, 오빠로부터 그 쌀의 대금을 지급받아 그 대금에서 일정한 수수료를 공제한 금원을 갑에게 주었다고 진술하였다.

그런데 을의 이러한 진술이 사실이라면 왜 을은 2002. 4.경에 수사될 당시는 이러한 진술을 하지 않고 자신이 갑으로부터 카드를 받아 피고인에게 전달하여 피고인이 업소에서 허위의 매출전표를 작성하고 자금을 융통하여 주었다고 진술을 하였을까. 그리고 이와 같이 사건 당시로부터 3년도 넘은 시점에서 나타나 3년 전의 진술을 완전히 번복하고 전혀 새로운 진술을 하는 것에 신빙성을 부여할 수 있을까. 나아가 그 변명 내용을 보더라도 당시 피고인의 업소에서 쌀 매출과 관련하여 갑에게 카드깡으로 자금을 융통하여 주면서 매출전표가 작성된 것이 공소사실에 기재된 것만 하여도 2001. 10. 6.부터 2002. 4. 8.경까지 49회에 걸쳐 3,280만원 상당이었고, 주로 2002. 1.부터 2002. 4. 초까지 4개월간 행해지는데 특히 예컨대 2002. 3.에는 17회에 걸쳐 1,614만원 상당의 매출전표가 작성되었다. 개인이 운영하는 식당에서 한달에 1,614만원 상당의 쌀을 소비한다는 것은 납득하기 어렵고, 그렇다고 하여 을의 언니, 오빠가 을이 가져다주는 쌀을 다른 사람들에게 판매하여 그 대금을 을에게 주는 역할을 하였다는 상황을 상정하기도 어렵다. 왜냐하면 갑에게 자금을 융통하여 주면서 받는 수수료(매출전표 액면의 10%) 정도를 위해 언니, 오빠까지 나서서 쌀 판매를 한다는 것을 상정하기 어렵고(운반비 등 비용도 감안하여야 할 것이다), 그런 식으로 쌀을 판매하려면 시가보다 좀 더 싸게 판매하여야 할 것인데 그렇게 되면 수수료 부분에서 할인하여 주어야 할 것이므로 그런 행위를 할 만한 동기도 크지 않을 것이다.

그러므로 이 사건에서 을이 파기환송심에서 행한 진술이 허위이고 경찰에서의 진술이 진실일 가능성도 충분히 있다. 만약 이 사건에서 파기환송심 법원의 판사들이 재판의 심리 결과 을의 경찰 진술이 '진실'이라는 심증을 가졌다고 할 때 그럼에도 불구하고 경찰진술을 증거로 하지 못하고 피고인에 대해 무죄의 판결을 하게 하는 것이 타당할까. 물론 공판정 진술이 진실이고 경찰 진술이 허위자백일 수도 있다. 그러나 그것은 법원이 가리면 될 것이다. 즉 을의 경찰 피의자신문조서의 증거능력을 인정하더라도 을이 법정에서 진술한 내용을 들어 보고 경찰에서의 자백 경위에 대하여 심리를 한 법원이 경찰에서의 자백을 믿을 수 없고 을의 법정에서의 진술이 더 신빙성이 있다고 판단한다면 경찰 피의자신문조서의 신빙성을 배척하고 무죄판결을 할 수 있을 것이다. 그러나 이는 피의자신문조서의 증거능력을 부정하는 것과는 다르다. 증거능력을 부정하는 경우는 판사들이 을의 조서에 담긴 내용이 진실이라고 믿음에도 불구하고 이를 증거로 할 수 없어 무죄판결을 하여야 하는 상황, 즉 판사들이 자신들의 믿음에 반하는 판결을 해야 하는 상황이 되기 때문에 그 타당성에 의문이 생기는 것이다.

이러한 의문에도 불구하고 구법 시대의 판례이론과 같이 경찰의 피의자신문조서의 증거능력에 관한 규정을 경찰의 피의자신문과정에서 행해진 진술 자체의 증거능력과 같이 생각하여 피의자가 공판정에서 내용부인하면 조서의 증거능력이 부정될 뿐만 아니라 그 조서의 내용인 진술을 조사 경찰관이 법정에서 증언하는 등 다른 방법으로 현출하는 경우에도 일체 증거능력을 부정하던 상황에서는 '진실' 여부에도 불구하고 증거로 할 수 없다는 결론을 내렸어야 하였다. 그러나 개정법은 이제 경찰의 피의자신문조서 자체는 내용부인으로 증거능력이 부정되나 그 조서의 내용을 조사 경찰관이 법정에서 증언을 하면 그 내용인 진술 자체는 증거로 할 수 있도록 하였다. 그러므로 개정법하에서는 구법에서의 판례와는 다른 논리로 이 문제에 접근하여야 할 필요가 있다. 그러나 그럼에도 불구하고 대법원은 신법의 시행 후에도 여전히 종전과 같은 판례를 내고 있다.[31] 그러므로 개정법 하에서의 변화된 법구조에 따른 새로운 해석방법을 검토하고 판례의 변경이 요원하다면 입법적인 개선방법을 논할 필요가 있는 것이다.

---

31) 대법원 2008. 2. 14. 선고 2005도4202 판결.

Ⅳ. 신법하의 경찰 피의자신문시 진술의 증거능력 구조에 따른 해석론

1. 신법의 변화

가. 조사경찰관 증언의 증거능력에 대한 판례해석의 입법적 수정

2008. 1. 1.부터 시행되는 개정법에 의하면 경찰 피의자신문조서는 피고인 또는 변호인이 공판정에서 그 내용을 부인하면 증거로 할 수 없지만 조사한 경찰관이 그 조서의 내용을 공판정에서 증언하면 그 증언은 증거능력이 있다. 이는 구법하에서 판례가 조사 경찰관 증언의 증거능력을 제316조 제1항에 의하여 판단할 것이 아니고 제312조 제3항(구법에서는 제2항)에 따라 판단하여야 한다고 하여 증거능력을 부정하였던 것을 입법적으로 수정한 것이다. 구법 하에서도 이러한 판례이론을 비판하면서 판례변경을 촉구하는 견해도 있었으나[32] 판례 변경을 바라기 난망한 상황이었으므로 결국 입법적으로 시정할 수밖에 없었다. 즉, 신법은 제316조 제1항에 있어 피고인의 진술을 내용으로 하는 증언을 하는 주체에 명문으로 공소제기 전에 피고인을 피의자로 조사하였거나 그 조사에 참여하였던 자를 포함한다는 보충문구를 괄호 안에 두어 구법하의 판례와 같이 해석할 수 없도록 명백히 하였다.

나. 구조변화의 의미

앞에서 본 바와 같이 구법하에서는 경찰 피의자신문조서의 증거능력에 관한 제312조 제2항의 취지에 대한 해석과 관련하여 피의자신문시의 진술 자체의 증거능력을 부정하는 것이므로 그

---

32) 이완규, 앞의 논문, 155-160면.

진술을 현출하는 것이라면 조서뿐만 아니라 조사자 증언 등 어떠한 방법이라도 증거능력을 인정할 수 없다는 진술부정설[33]과 직접주의적 관점에서 조서의 증거능력만을 부정할 뿐 피의자신문시에 행해진 진술 자체의 증거능력을 부정하는 것은 아니므로 조서에 담겨진 진술을 조사자 증언 등 구두주의적 방식에 의해 전달한다면 이는 증거능력을 인정하여야 한다는 조서부정설[34]이 나뉘었었다. 판례도 진술부정설이었다.[35]

그러나 신법은 제312조 제3항으로 경찰 피의자신문조서의 증거능력에 관하여는 구법 규정을 그대로 유지하면서 제316조 제1항에서 조사경찰관 증언의 증거능력이 인정된다는 명문의 규정을 둠으로써 조서는 증거능력이 부정될지라도 조서에 기재된 진술 자체의 증거능력까지 부정되는 것은 아니고 조사자가 이를 증언하는 방법으로는 증거로 할 수 있도록 하였다. 따라서 구법시대의 진술부정설과 같은 해석은 신법에서는 불가능하다.

이 조항에 의한 증거능력 인정의 폭과 관련하여 신법하에서는 구두주의적 방법이면 조사자 증언뿐만 아니라 법정에서 피고인에게 조서에 기재된 진술 내용을 물어서 그러한 진술을 하였었던 점은 인정을 하면 그러한 피고인의 인정진술도 증거능력을 인정하는 데까지 넓게 해석할 것인지, 아니면 조사자 증언만으로 한정하는 것으로 해석할 것인지의 논란이 있을 수 있다. 법이 이러한 명문을 둔 것은 구법시대의 판례해석을 전제로 하여 그 중에서 조사자 증언만을 증거능력으로 인정하는 것으로 하겠다는 취

---

33) 통설, 판례였다. 이재상, 형사소송법, 박영사, 2002, 535면; 배종대·이상돈, 형사소송법, 홍문사, 2002, 582면; 신현주, 형사소송법, 박영사, 2002, 610-611면; 신동운, 형사소송법, 법문사, 1993, 643면; 백형구, 형사소송법연습, 박영사, 1984, 334-340면.

34) 이완규, 앞의 논문, 155-160면.

35) 대법원 2001. 3. 27. 선고 2000도4383 판결.

지라고 할 것이다. 그런 의미에서 구법시대의 해석론 중 조서부정설도 신법에 있어서는 조서의 증거능력은 부정하되, 진술을 증거로 현출하는 방법은 조사자 증언에 한정하는 것으로 해석하여야 하는 상황이 되었다.[36]

그런데 이러한 구조변화가 판례의 이론체계와 관련하여 어떠한 의미를 가질까. 이 구조변화는 경찰 피의자신문시의 진술에 관한 판례의 이론체계, 즉 피의자 자신의 진술과 공범자의 진술에까지 이르는 이론체계에 대한 근본적인 수정을 요구하는 것이다.

먼저 구법 하의 판례가 형사소송법 제312조 제2항(현행 제3항)의 취지에 대하여 "피고인이 경찰 수사 때의 진술을 내용으로 하는 증언에 증거능력이 있다고 한다면 피고인의 경찰진술은 증거능력이 없는 데 반하여 그 진술을 들었다는 전문증거는 증거능력이 있다는 불합리하고도 기이한 결과가 될 뿐 아니라 형사소송법 제312조 제2항의 규정이 결국 사문화될 것"이라는 논리를 기반으로 하고 있었는데 이 논리는 더 이상 유지될 수 없다. 입법자는 구법하의 판례가 불합리하고도 기이한 결과가 될 것이라고 설시한 그 결과를 입법자가 결코 불합리한 것이 아니라고 입법적으로 규정하고 있기 때문이다. 또한 공범자의 경찰 피의자신문조서에 관한 본 평석의 대상 판례는 이와 같이 경찰 피의자신문시의 진술은 조서뿐만 아니라 조사자 증언 등 어떠한 방법으로도 증거능력이 인정될 수 없는 판례이론을 전제로 하여 전개된 것인데 이와 같이 신법하에서는 그 전제된 판례이론, 즉 진술부정설이 유지될 수 없으므로 공범자의 조서에 대한 판례도 변경될 필요가 있는 것이다.

2. 공범자의 경찰 피의자신문조서에 관한 판례이

36) 조서부정설의 입장에서 이러한 해석론에 관하여는 이완규, 개정 형사소송법의 쟁점, 탐구사, 2007, 124-125면.

론의 변화 필요

가. 신법하에서의 종전 판례 논거의 근거상실

앞에서 살펴본 바와 같이 종전 판례에서 공범자의 경찰 피의자신문조서에 대해 다른 공범자가 내용부인하면 증거로 할 수 없게 하는 근거 중에서 고려할 의미가 있는 것으로 같은 조서가 상황에 따라 증거능력에 차별이 생기고 이에 따라 유무죄가 달라지는 결과가 생긴다는 지적이 있다. 즉, 형사재판이 각각 별도로 이루어진 경우 자기에 대한 형사 피고사건에서는 법정에서 그 내용을 부인하여 유죄의 증거가 되지 아니한 피의자신문조서도 공범관계에 있는 다른 피고인에 대한 관계에 있어서는 유죄의 증거가 될 수 있는 불합리하고 불공평한 결과가 생길 수 있다는 것이다.

그런데 이러한 논리는 구법시대와 같이 경찰 피의자신문조서에 대해 내용부인하면 조서의 증거능력이 부정될 뿐만 아니라 조사자 증언 등의 다른 방법으로 피의자신문 당시의 진술, 즉 조서에 기재되어 있는 진술을 현출하더라도 증거능력을 부정하는 경우는 일부라도 타당성을 인정할 수 있을지 모르나 신법하에서는 그 근거를 잃게 되었다. 왜냐하면 신법에서는 조사자 증언의 방법으로 그 진술을 증거로 할 수 있게 되었기 때문이다.

즉 판례가 논한 바와 같은 사례에서 공범자들에 대한 재판이 각각 별도로 이루어진 경우 공범자 중 1인이 자기에 대한 형사 피고사건에서 법정에서 내용을 부인하여 그 조서가 유죄의 증거로 사용할 수 없게 되어도 그 조서의 내용을 조사자가 법정에서 증언하면 그 조서의 내용인 진술이 유죄의 증거로 사용될 수 있으므로 그 공범자가 경찰 피의자신문시에 행한 진술은 유죄의 증거로 엄연히 사용될 수 있다. 그러므로 판례가 설시했던 것처럼 "자기 사건에서는 유죄의 증거로 될 수 없는데 다른 공범자의 사건에서는 유죄의 증거가 될 수 있는 불합리하고 불공평한 결과"는 이제 생기지 않게 되었다는 것이다. 오히려 구법시대의 판례이론을 계속 유지한다면 진술을 한 공범자 자신은 유죄의 판결을 받게 되는데 다른 공범자의 관계에서는 그 진술을 증거로 할 수 없어 다른 공범자가 무죄의 판결을 받게 되는 불합리한 결과가 생길 수 있게 된 것이다.

따라서 이제 신법하에서 경찰 피의자신문조서는 증거능력이 부정되나 조사자 증언은 증거능력이 인정되는 상황을 공범자에 대해서는 어떤 식으로 적용할 것인지 새로운 해석론을 모색할 필요가 있게 된 것이다.

나. 새로운 해석의 모색

(1) 조사자 증언 증거능력의 확장방법

먼저, 조서의 증거능력은 부정되나 조사자 증언의 증거능력은 인정한다는 구조를 그대로 공범자에게도 적용하는 방법을 생각할 수 있다. 이렇게 해석한다면 종전 판례에 따라 피고인이 다른 공범자의 경찰 피의자신문조서에 대해 내용부인하면 그 경찰 피의자신문조서는 증거로 할 수 없게 되지만, 조사 경찰관이 법정에 나와 그 조서에 기재된 진술내용에 대해 증언을 하면 그 증언의 증거능력은 인정되어 결국 공범자의 진술을 유죄의 증거로 할 수 있게 될 것이다. 본건 평석 대상의 판례에서 이를 적용하여 본다면, 피고인이 을의 경찰 피의자신문조서에 대해 내용을 부인하여 을의 조서는 증거로 할 수 없게 되었지만 이때 을을 조사하였던 경찰관이 그 조서의 내용에 대해 증언을 하면 을이 피고인과의 공범관계를 자백하였던 내용이 증거로 될 수 있을 것이다.

이렇게 논리를 구성하면 공범자들이 함께 재판을 받는 경우도 마찬가지로 적용할 것이다. 공동피고인으로 함께 재판을 받는 중에 한 공범자가 자신의 조서에 대해 내용부인을 하였다고 하자. 이 경우 그 조사자가 법정에 나와 증언을 하면 그 증언은 내용부인을 한 그 공범자에 대하여도 증거능력을 가지게 될 뿐만 아니라 다른 공범자에 대하여도 증거능력을 인정하게 된다. 또한 공범자가 자신의 조서에 대해 내용을 인정하는데 다른 공범자가 그 조서에 대해 내용을 부인하는 경우도 있을 수 있다. 이 경우도 그 다른 공범자에 대해서 그 조서를 증거로 할 수는 없으나 조사자가 법정에 나와 그 조서 내용에 대해 증언을 하면 그 다른 공범자에 대해서 이를 증거로 할 수 있게 될 것이다.

이러한 논리에 따르면 공범자가 경찰 피의자신문 중에 행한 진술이 조사자 증언이라는 형태로 그 공범자 자신에게 뿐만 아니라 다른 공범자에게도 증거가 될 수 있으므로 같은 진술이 상황에 따라 증거능력에 차별이 생기는 불합리는 해결될 수 있다. 그러나 반면에 다른 공범자의 진술은 '타인의 진술'이라는 성격에 무게를 두는 입장에서 보면 공범자가 아닌 타인의 경우는 조사자 증언 방식의 증거사용이 불가능한데 공범자인 경우는 조사자 증언 방식의 증거사용이 가능하게 되므로 같은 타인이면서도 공범자인 경우와 공범자가 아닌 경우가 차별되는 결과가 생겨 이에 대한 설명이 필요할 것이다. 왜냐하면 제316조 제2항은 타인의 진술을 내용으로 하는 증언의 경우는(조사자 증언 포함) 원진술자가 사망 등 사유로 법정에서 진술할 수 없는 경우만 증거로 할 수 있다고 하므로 공범자가 아닌 타인의 경우는 그 원진술자가 법정에 나와 증언할 수 있는 한, 조사자 증언 방식으로 증거로 할 수는 없기 때문이다.

종래의 판례는 공범자의 진술을 '타인의 진술'로 취급하지 않고 공범성을 강조하여 '피의자성' 진술로 취급하였는데 이는 공범자의 피의자신문조서를 참고인진술조서처럼 취급하면 증거능력이 인정될 수 있으므로 증거능력을 인정하지 않도록 하기 위해서 그런 논리를 전개하였던 것이다. 그런데 여기서 제시된 해석론에 의하면, 조사자 증언이라는 증거에 대하여는 '타인의 진술'로 취급하면 증거로 할 수 없는데 공범성과 피의자성의 강조로 인하여 증거로 할 수 있게 되는 결과가 되어 종전 판례의 의도와는 정 반대의 결과가 발생한다.

한편, 법 제316조는 '피고인의 진술'을 내용으로 하는 증언의 증거능력을 인정하고 있으므로 이 '피고인의 진술'이라는 문언의 해석범위도 문제된다. 공범자들이 공동피고인으로 함께 재판을 받는 상황이라면 다른 공동피고인도 여기서의 '피고인'에 포함된다고 해석을 해볼 여지가 있겠다. 그러나 공범자들이 각각 별개로 재판을 받는 경우는 한 공범자의 재판에서 다른 공범자는 피고인이 아니며 증인의 지위에 있을 뿐인데 이 경우까지 제316조 제1항을 적용하여 증인의 지위에 있는 사람의 진술을 내용으로 하는 조사자 증언의 증거능력을 인정하는 것은 문언의 의미범위를 벗어나는 것이라 하겠다. 그렇다고 하여 별개로 재판받는 경우만 조사자증언 방식의 증거사용을 할 수 없다고 하면, 공동피고인으로 함께 재판받는지 아니면 별개로 재판을 받는지라는 외부적 상황에 따라 동일한 진술의 증거능력에 차별이 생기므로 이것 또한 불합리한 결과가 될 것이다.

따라서 조사자 증언 증거능력의 확장방법은 공범자들 간의 증거사용의 결과론적 면에서는 불합리를 제거할 수 있으나 다른 타인의 관계나 제316조 제1항의 문언의 해석상 타당하다고 할 수 없을 것이다.

(2) 참고인진술조서로 해석하는 방법

① **신법하에서의 공범자에 대한 피의자신문조서의 적용법조 문제**

다음으로 생각할 수 있는 것은 다른 공범자에 대한 피의자신문조서는 참고인진술조서로 취급하는 방법이다.

먼저, 신법에서는 구법과 달리 조서를 분류하는 문구를 변경하였다는 점에 주목할 필요가 있다. 즉, 종래에는 '피의자의 진술을 기재한 조서'와 '피의자 아닌 자의 진술을 기재한 조서'로 분류하여 수사 당시의 진술자의 지위 및 조서의 형식에 따라 적용조항을 달리하였다. 따라서 다른 공범자에 대한 피의자신문조서도 그 형식이 피의자신문조서이기 때문에 '피의자의 진술을 기재한 조서'의 문헌 해석상 피의자신문조서의 규정을 적용할 여지가 있었다.

그런데 신법에서는 '피고인이 된 피의자의 진술을 기재한 조서'(제312조 제1항)와 '피고인이 아닌 자의 진술을 기재한 조서'(제312조 제4항)로 조서를 분류하여 구법과 분류방법을 달리하고 있다. 즉, 조서의 분류시점이 수사시점이 아니라 공판시점이 되었다. 그러므로 공범자라고 하더라도 적어도 각각 별개로 재판이 진행되어 다른 피고인의 재판에서 증인의 지위에 있는 사람에 대한 피의자신문조서를 '피고인이 된 피의자의 진술을 기재한 조서'에 포함시킬 여지는 없게 되었다.

다만, 공동피고인이 된 공범자의 피의자신문조서는 다른 공범자에 대해서도 '피고인이 된 피의자의 진술을 기재한 조서'로 취급할 수 있는지는 문언상의 '피고인'의 범위를 어디까지로 할 것인지의 해석상 논란의 여지는 있다. 신법하에서의 이에 대한 견해로서 공범자에 대한 검사작성의 피의자신문조서에 관하여는 제312조 제1항, 제2항의 피의자신문조서로 취급하여야 한다는 견해[37]와 제314조 제4항의 참고인진술조서로 취급하여야 한다는 견해[38]나 대립되고 있다. 제312조 제1항, 제2항과 제312조

제4항은 진정성립, 특신상태 등의 요건에 있어 차이가 없으나 제312조 제4항은 반대신문의 기회부여를 요건으로 하는 점에 차이가 있다.

실무상 공판정에서 발생하는 상황을 그려보면, 제312조 제1항, 제2항으로 취급하면 진술을 한 공범자가 자신의 조서에 대한 증거의견을 진술하면서 성립의 진정을 인정한다는 진술을 하면 이는 공판정에서 성립의 진정을 인정하였다는 요건을 충족하므로 증거능력이 인정된다. 반면에 제312조 제4항으로 취급하면 반대신문의 기회를 부여하여야 하는데 이때 반대신문의 기회를 부여하는 방법으로는 공범자를 증인으로 하여 반대신문하게 하는 방법과 공범자에 대한 피고인신문시에 다른 공범자로 하여금 반대신문을 할 수 있는 기회를 부여하는 방법이 있을 수 있다.

그런데 이와 같은 반대신문상의 차이로 인하여 제312조 제1항, 제2항설을 취하는 견해에서도 반대신문권이 사실상 충분히 행사되거나 그 기회가 부여된 때에 증거능력이 인정되어야 한다고 주장한다.[39] 이렇게 되면 결국 제312조 제1항, 제2항의 견해와 제312조 제4항의 견해는 반대신문의 기회를 어떻게 부여할지에 대한 차이에 불과하게 된다. 만약 여기서 제312조 제4항의 견해를 취하면서도 반대신문의 기회라는 요건은 피고인신문시에 행해지는 것으로도 족하다고 해석한다면 사실상 제312조 제1항, 제2항의 견해와 제312조 제4항의 견해는 차이가 없게 된다. 왜냐하면 제312조 제1항, 제2항의 견해는 공범자에 대한 반대신문의 기회를 부여하기 위해 증인으로 신문할 필요가 없도록 하기 위해 이

37) 정웅석 · 백승민, 형사소송법 전정2판, 대명출판사, 2008, 266면; 정웅석, 개정법상 공범자의 법정 외 진술의 증거능력, 저스티스 2008. 10, 151면.

38) 신동운, 신형사소송법, 법문사, 2008, 912면; 이재상, 신형사소송법, 박영사, 2007, 556면.

39) 정웅석 · 백승민, 앞의 책, 268면; 정웅석, 앞의 논문, 153면.

견해를 취하는 것이기 때문이다.

사견으로는 신법상의 법조항의 문언의 변화와 공범자가 별개의 사건으로 재판되는 경우와 공동피고인으로 재판되는 경우에 통일적으로 법조항이 적용되는 것이 타당하다는 점에서 적용법조는 제312조 제4항으로 취급하는 견해가 타당한 것으로 보인다. 제312조 제1항, 제2항설은 공동피고인으로 함께 재판되는 경우는 제312조 제1항, 제2항을 적용하면서도 별개사건으로 재판받는 경우는 제312조 제4항을 적용하여 상황에 따라 적용법조를 달리 하나 이는 동의하기 어렵다. 다만, 우리나라는 영미법계와 달리 피고인신문제도를 두고 있으므로 공동피고인인 다른 공범자에 대한 반대신문은 피고인신문시에 다른 공범자가 반대신문을 할 기회를 부여하는 것으로도 족하다고 해석하는 것이 적절할 것이다.

그런데 공판절차에 있어 실무상 주목할 만한 변화가 있다. 구법에서는 피고인신문이 증거조사 이전에 행해지고 있었으므로 조서의 제출 여부를 결정하기 전에 피고인신문단계에서 다른 공범자에 의한 반대신문의 기회가 자연스럽게 부여될 수 있었다. 그런데 신법에서는 원칙적으로 조서 등 증거조사를 마친 후에 피고인신문이 이루어지므로 공범자의 피의자신문조서를 증거로 제출하여 그 증거능력 여부에 대해 결정하여야 하는 단계에서 반대신문을 위해 피고인신문을 행해야 하는 문제가 있다. 신법상으로도 필요한 때에는 증거조사 완료 전이라도 피고인신문을 할 수 있으므로(제296조의2 제1항) 이 경우 검사는 공범자에 대한 피고인신문을 하겠다고 한 후에 조서의 진정성립 등에 대한 신문을 하고, 다른 피고인이 반대신문을 하는 절차를 이행하면 될 것이다.

이 문제는 공범자인 공동피고인의 증인적격 문제, 즉 공범자인 공동피고인을 증인으로 신문할 수 있는지와도 연관되고 이에 대하여 견해가 나뉘고 있어서, 실무에서는 통상 이러한 복잡한 견해다툼을 피하기 위해 공동피고인인 경우에 변론을 분리하여 각각의 별개사건으로 만든 후에 공범자를 증인으로 세워서 신문을 하고, 신문 후 다시 변론을 병합하여 공동피고인으로 만들어 재판을 계속 진행하는 방식으로 행한다.

② 공범자의 경찰 피의자신문조서의 적용법조 문제

그런데 공범자에 대한 피의자신문조서를 제312조 제4항에 따라 의율해야 한다면 공범자에 대한 경찰 피의자신문조서도 제312조 제4항에 따라 증거능력을 인정할 것인지가 문제된다. 종래 판례는 공범자에 대한 경찰 피의자신문조서는 제312조 제3항에 따라 의율하였고, 그것도 내용부인의 주체를 다른 공범자에게까지 확장하였다.

이 문제에 대하여는 신법하에서도 종래의 판례와 같이 공범자에 대한 경찰 피의자신문조서는 제312조 제3항에 의하며 나아가 내용부인의 주제도 진술자인 공범이 아니라 재판을 받는 다른 공범자에까지 확장된다고 해석하는 것이 다수설이다.[40] 그리고 신법하에서는 공범자에 대한 피의자신문조서에 대해서는 제312조 제4항을 적용하여야 한다는 견해를 취하는 학자들도 경찰 피의자신문조서에 대해서만은 제312조 제3항을 적용하여야 한다고 주장하는 것이 눈에 띈다.[41] 그리고 신법 시행 후에도 종전의 판례와 같이 해석하는 판례가 나와 종전 판례가 유지되고 있다.[42]

그러나 신법하에서는 공범자에 대한 피의자신문조서에 대해 제312조 제4항에 따라 의율하여야 하고 나아가 공범자에 대한 경찰 피의자신문조서도 마찬가지로 제312조 제4항에 증거능력을 판단하여야 타당하다고 할 것이다. 왜냐하면 신법하에서의 경찰의

40) 신동운, 앞의 책, 934면; 이재상, 앞의 책, 571면; 정웅석, 앞의 논문, 155면.

41) 신동운, 앞의 책, 934면; 이재상, 앞의 책, 571면.

42) 대법원 2008. 2. 14. 선고 2005도4202 판결.

피의자신문조서의 증거능력과 관련된 문제는 신법에서 제316조 제1항에 따라 조사경찰관 증언의 증거능력이 인정됨으로써 구조가 달라졌기 때문이다. 신법하에서도 제312조 제3항에 따라야 한다는 다수설과 판례는 신법에서의 변화를 간과한 채 종래의 견해를 답습한 것이라고 할 것이다.

종래의 판례이론에서 공범자의 경찰 피의자신문조서를 제312조 제3항에 따라 판단한 논거를 보면, 공범자에 대한 피의자신문조서를 참고인진술조서로 취급하는 경우 그 조서가 진술자 자신에 대해서는 증거가 되지 않으면서도 다른 공범자에 대해서는 증거가 될 수 있는 상황을 상정하여 이것이 불합리하므로 그렇게 취급할 수 없다고 하였다. 그러나 앞에서 본 바와 같이 신법에서는 참고인진술조서로 취급하여도 그러한 불합리는 발생하지 않는다. 즉, 진술자 자신에 대해서는 피의자신문조서로 취급하여 그 조서는 증거로 사용될 수 없을지라도 그 조서에 기재된 진술내용은 조사자 증언의 방식으로 증거로 사용될 수 있다. 그러므로 진술자에 대해 자신이 행하였던 진술이 전혀 증거로 사용될 수 없던 구법시대와는 전혀 상황이 달라진 것이다. 즉 동일한 조서를 두고 한 사람은 무죄판결을 받고 다른 사람은 유죄판결을 받을 수 있는 상황이 없어졌다는 것이다.

또한 제312조 제3항을 주장하는 견해에서 드는 불합리한 사례의 한 유형으로 만약 제312조 제4항을 의율하면 갑, 을이 공판정에서 경찰피의자신문조서의 성립은 인정하나 내용을 부인하는 경우 각각의 조서가 자신에 대해서는 유죄의 증거로 사용될 수 없는데 다른 공범에 대하여는 유죄의 증거로 사용될 수 있어 불합리하다는 예를 살펴보자.[43] 이런 예를 드는 이유는 제312조 제3항으로 가면 갑, 을은 각각 자신에 대한 조서도 증거로 할 수 없

43) 정웅석, 앞의 논문, 154면.

고, 다른 공범의 조서도 증거로 할 수 없어 무죄판결을 받을 것인데 제312조 제4항으로 가면 유죄판결을 받아 불리하다는 생각이 포함된 듯하다. 그러나 신법하에서는 이런 일은 발생하지 않는다. 신법하에서는 갑, 을이 조서의 내용을 부인하면 조사경찰관의 증언의 방식으로 갑, 을의 경찰 진술을 증거로 할 수 있다. 그러므로 증거능력이 있는 증거가 없어져서 무죄판결을 받을 수 있는 상황은 발생하지 않는다. 따라서 신법하에서 제312조 제3항을 주장하는데 제312조 제4항을 주장하는가의 차이는 경찰관이 증인으로 반드시 나와야 하는가의 차이에 있다고 할 수 있다.

만약 제312조 제4항을 적용하면, 위 사례에서 갑, 을이 모두 자신의 경찰 피의자신문조서의 내용을 부인하는 경우 갑, 을의 피고인신문에서 또는 갑, 을을 각각 상대방에 대한 증인으로 신문하여 반대신문을 할 수 있게 하면 될 것이다. 그러나 제312조 제3항을 적용하는 경우는 갑, 을을 조사한 경찰관이 나와 조사자 증언으로 조서의 내용을 증거로 사용하여야 할 것이다. 그리고 갑, 을 중에서 갑은 조서의 내용을 인정하나, 을이 갑의 조서에 대해 내용부인하는 경우 제312조 제4항을 적용하면 갑에 대한 피고인신문에서 또는 갑을 을에 대한 증인으로 신문하여 반대신문의 기회를 부여하면 될 것이나, 제312조 제3항을 적용하면 갑을 조사한 경찰관이 증인으로 나가 증언하여야 할 것이다.

어떤 방식이 합리적인가. 전문법칙이라는 것이 기본적으로 원진술자에게 확인할 수 있는 기회를 갖고자 하는 문제의식 때문에 발생한 것인 점을 감안하면, 조서에 기재된 진술을 한 원진술자인 공범자로부터 그 조서에 관한 진술을 듣고, 그 원진술자에 대해 반대신문을 하는 것이 더 합리적일 것이다. 입법정책적으로도 그 피고인이 내용부인하면 조서를 증거로 하지 못하게 한 것이기 때문에 그 부분에 대하여는 조사자 경찰관이 증언을 할 수밖에 없을 것이나, 자신이 진술한 내용이 아닌 다른 공범자에 대한 진술부분에 대하여 피고인이 내용부인한다고 하여 그 때마저도 그 다른 공범자 스스로가 공판정에서 진술할 수 있음에도 그 진술내용을 확인하기 위해 경찰관을 법정에 세운다는 것은 불필요한 과잉이라 할 것이다. 그렇지 않아도 인력이 모자라 업무가 과중한 경찰관들을 이런 일까지 법정에 나와 증언을 하게 하는 것은 수사인력을 너무 비효율적으로 사용하는 것이 될 것이다.

그러므로 신법하에서는 공범자에 대한 경찰 피의자신문조서도 다른 공범자에 대하여는 참고인진술조서를 규율하는 제312조 제4항에 따라 증거능력을 판단하여야 할 것이다. 따라서 피고인이 다른 공범자의 경찰 피의자신문조서에 대해 내용부인하는 경우에도 다른 공범자가 성립의 진정을 인정하거나 다른 방법으로 성립의 진정이 증명되고, 피고인에게 그 다른 공범자를 반대신문할 수 있는 기회가 부여된다면 특신정황의 요건하에서 증거능력을 인정할 수 있을 것이다. 그리고 이때의 반대신문은 다른 공범자에 대한 피고인신문시에 행해져도 되고, 다른 공범자를 증인으로 신문하는 중에 행해져고 된다고 할 것이다.

다. 제314조의 적용문제

이와 같은 신법하의 경찰 피의자신문조서의 성격변화에 따라 공범자가 사망, 소재불명 등 사유로 공판정에 출석하여 진술할 수 없는 상황이 되었을 때 그 공범자에 대한 경찰 피의자신문조서의 증거능력을 제314조에 의해 인정할 수 있는가라는 문제에 있어서도 판례이론은 변경되어야 할 것이다.

즉, 신법하에서는 공범자에 대한 경찰 피의자신문조서의 증거능력을 제312조 제4항의 참고인 진술조서 규정에 따라 판단하는 것이 타당하므로, 원진술자가 공판정에 출석하여 진정성립에 관한 증언을 하고, 특신상황이 인정되면 증거능력이 인정되는 상황이 되었다고 해석해야 한다면, 그 원진술자가 공판정에 출석할 수 없는 사유가 있다면 제314조에 의해 판단하여야 할 것이다. 구법하에서의 판례는 공범자의 경찰 피의자신문조서를 제312조 제3항(구법에서는 제2항)에 따라 판단하고, 나아가 그 내용인정의 주체도 원진술자인 공범자 자신이 아니라 재판을 받는 피고인으로까지 확대하였기 때문에 피고인이 다른 공범자의 경찰 피의자신문조서에 대해 내용부인하면 그 자체로 증거능력이 없어지게 되므로 원진술자인 공범자가 공판정에 나와 진술하는가 여부는 조서의 증거능력에 대해서는 아무런 영향을 미칠 수 없다는 논리가 가능하여 이 경우는 제314조가 적용될 여지가 없다고 하는 판례까지 나오게 된 것이었다.

그러나 신법하에서는 이와 같이 제314조의 적용을 부정하는 판례의 전제이론으로서 공범자의 경찰 피의자신문조서에 대해 제312조 제3항을 적용하고, 나아가 그 내용부인의 주체를 원진술자인 공범에만 한정하지 않고 재판을 받는 다른 피고인에게도 확장한 판례이론은 근거를 잃게 되었으므로 제314조 적용 여부에 관한 판례도 변경되어야 할 것이다. 사견과 같이 공범자의 경찰 피의자신문조서를 다른 공범자에 대해서는 제312조 제4항을 적용한다면 앞에서 논한 여러 경우의 표는 다음과 같이 될 것이다. 그리하여 원진술자가 그 조서에 담겨진 진술을 행한 사실이 인정된다면 증거능력은 인정받게 될 것이고, 다만 그 진술이 신빙성이 있어 믿을만한가는 증명력의 문제로 판단하면 될 것이다.

신법하의 제312조 제4항 해석론에 따른 증거능력

<table>
<tr><th rowspan="2"></th><th rowspan="2">공범의 기소 상황</th><th colspan="2">공범 법정 진술</th><th rowspan="2">공범 출석 불능</th><th colspan="2">증거능력</th></tr>
<tr><th>내용 인정, 진정성립인정</th><th>내용 부인, 진정성립인정</th><th>판례</th><th>312조 4항설</th></tr>
<tr><td>1</td><td>공동피고인</td><td>○</td><td></td><td></td><td>×</td><td>○</td></tr>
<tr><td>2</td><td>공동피고인</td><td></td><td>○</td><td></td><td>×</td><td>○</td></tr>
<tr><td>3</td><td>별건재판 또는 불기소</td><td>○</td><td></td><td></td><td>×</td><td>○</td></tr>
<tr><td>4</td><td>별건재판 또는 불기소</td><td></td><td>○</td><td></td><td>×</td><td>○</td></tr>
<tr><td>5</td><td>별건재판 또는 불기소</td><td></td><td></td><td>○</td><td>×</td><td>○</td></tr>
</table>

Ⅴ. 결 론

경찰 피의자신문조서의 증거능력에 관한 제312조 제3항이 경찰의 피의자신문에 있어서의 위법행위를 방지하고, 위법행위의 위험에서 피의자를 보호하기 위한 것으로서의 의미는 입법과정에서의 논의로부터도 잘 알려져 있다. 즉, 일제 강점기에 일제 경찰이 구금, 압수수색 등 강제처분을 스스로의 권한으로 행하고 나아가 구금 상태하에서의 신문권한까지 가지는 데다가 그 경찰이 작성한 조서가 그대로 법정에서 증거로 사용됨에 따른 경찰사법의 폐해를 경험한 우리 국민들이 해방 후 형사소송법을 제정하면서 경찰사법의 폐해를 방지하기 위해 행한 여러 가지 노력 중의 하나였다.

즉, 영장주의를 도입하여 경찰의 고유권한에 의한 강제처분 권한은 없애고 법원의 사법적 통제를 받게 하였고, 나아가 그 영장의 청구도 검사를 통해서만 하도록 하여 경찰의 강제처분에 관한 2중의 통제장치를 만들었으며 경찰 수사에 대한 검사의 수사지휘체제를 유지함으로써 새로 만들어진 우리의 국가에서는 또 다시 경찰사법의 폐해가 발생하지 않도록 구조적 장치를 만들었다. 다만, 경찰의 권한을 법치국가적 범위내로 축소하는 문제, 특히 경찰의 구금기간 10일을 축소하는 문제에 있어서만은 당시의 새로 국가를 설립하는 혼란의 와중에서의 어려운 상황하에서 행하지 못하고 경찰 구금기간을 그대로 인정하되, 구금상태하에서의 피의자신문시의 인권침해의 폐해를 방지하기 위해 경찰 피의자신문조서의 증거능력을 제한하는 보완조치를 입법화하게 되었다.

이와 같은 경찰 피의자신문조서의 증거능력을 제한하는 조문의 해석에 있어서 그간 판례와 통설은 조서뿐만 아니라 피의자신문시의 진술 그 자체의 증거능력을 부정하고 어떠한 방법으로도 그 진술을 현출하는 수단은 모두 증거능력을 부정하였다. 그리고 나아가 자신의 피의자신문조서뿐만 아니라 다른 공범자의 피의자신문조서 마저도 내용부인으로 증거능력을 부정할 수 있게 하는 해석론을 전개하여 가능한 한 경찰 피의자신문시의 진술은 공판정에 증거로 진입하지 못하도록 하려고 하였다. 이러한 통설과 판례이론은 해방 후와 전쟁의 와중 그리고 1970년대와 1980년대의 권위주의 시대를 거치면서 경찰 피의자신문 과정에 대한 불신이 더욱 심화되는 시대적 상황이 계속되었던 데 기인하였고 그러한 해석론의 법정책적 배경도 이해 못할 바는 아니다.

그러나 어떤 수사기관의 면전에서 행해진 진술의 증거능력을 그 진술 당시의 정황상의 신용성이나 진술의 신빙성 여부를 따져보지 않고 절대적으로 부정하는 것은 실제상황에서 그 진술이 진실일 수 있는 가능성도 많이 있다는 점에서 형사소송이 추구하는 중요한 가치 중의 하나인 '진실' 추구의 상당부분을 포기하는 극단적인 선택이라고 할 수 있다. 그러므로 입법자가 그러한 극단적인 선택을 할 수밖에 없던 시대적 상황이 변화하였다면 법해석이나 입법으로 적절한 방향으로 다시 조절해 줄 필요가 있다고 할 것이다.

2000년대에 이르면 우리나라도 경제적으로 선진국의 대열에 가까이 설 만큼 국가의 기초를 닦았고, 정치적으로도 상당부분 민주화를 이루었으며, 형사사법에 있어서도 변호사 등 법조 인력의 증대, 국민들의 인권의식 개선, 경찰의 수사환경 개선을 위한 노력 등으로 경찰 피의자신문시의 진술의 증거사용과 관련된 관점 변경을 검토할 시기에 이르렀다고 할 수 있다. 따라서 경찰 수사의 법치국가적 통제, 수사의 사법적 성격의 유지 등을 위한 다른 통제방법을 강구하면서 증거능력 배제의 극단적 선택은 완화할 필요가 있다. 그리하여 경찰 수사에 대한 법치국가적 통제를 위해 검사의 수사지휘체제를 실질적으로 강화하고, 경찰의 피의자신문과정, 특히 적어도 구금상태하에서의 피의자신문과정에 대한 필요적 영상녹화 그리고 형사소송법 제정 당시부터도 문제가 되었던 경찰의 10일간의 장기간 구금기간의 축소 등으로 경찰 수사과정에서 있을 수 있는 문제점을 보완하면서 경찰 피의자신문과정의 진술에 대한 증거사용금지를 서서히 풀어주는 방향으로의 움직임이 필요하다고 본다.

이러한 점에서 2007년의 형사소송법 개정에서 제316조 제1항을 개정하여 경찰 피의자신문에서의 진술의 증거사용과 관련하여 조서는 부정되더라도 조사한 경찰관이 법정에서 증언하는 형태로 피의자신문시의 진술을 증거로 사용할 수 있도록 한 것은 바람직한 방향이라고 할 것이다. 그리고 이 조항에 따른 경찰 피의자신문시 진술의 증거사용에 관한 구조변화의 의미에 대하여 아직 적절한 평가와 인식이 부족하다고 할 수 있는데 앞에서 살펴본 바와 같이 그 변화의 폭은 매우 큰 것이다. 그러므로 그러한 변화에 따른 적절한 법해석을 해야 할 것이며, 판례의 변경이 어려운 경우는 변화된 구조와 모순되는 법해석의 여지가 없도록 입법적으로 명확한 해결을 하여야 할 것이다. 그리고 이러한 입법적 해결과 향후의 운영방향과 관련하여서도 적절한 실무의 형성을 위해서는 증거능력의 문을 열어주는 대신에 다른 방식의 통제방법을 병행하여 강구하고, 입법화하여야 한다는 점을 다시 한 번 강조하고 싶다.

영국의 면책조건부 증언취득제도[1]

김 남 순
서울중앙지방검찰청 검사

Ⅰ. 서 론

면책조건부 증언취득 제도를 넓게 정의하면 범죄에 가담한 자가 자신과 관련된 공범 등 타인의 범죄행위에 대하여 진술이나 증언을 하고, 그 대가로 스스로에 대한 형사처벌을 면하거나 감경을 받는 제도를 말한다. 이러한 '면책조건부 증언취득제도'는 우리나라에서는 아직 명문화하여 실시하고 있지 않지만, 외국에서는 이를 명문화하여 실시하고 있는 사례가 많이 있고, 면책의 대상·범위·방법 등에 따라 그 내용도 다양하다. 최근 우리나라에서도 '공범증인면책제도', '형벌감면부 진술제도', '면책조건부 증언취득제도', '수사협조자에 대한 양형과 형사면책' 등의 제목으로 공범이나 수사협조자에 대하여 형벌을 면제하거나 감경하는 제도를 도입하고자 하는 논의가 활발히 이루어지고 있다. 검찰은 2004. 7. 대검찰청 산하 "인권존중을 위한 수사제도·관행개선위원회"에서 면책조건부 증언취득제도를 정식 안건으로 채택하여

1) 2009. 4. 발표

도입 여부를 논의하겠다고 발표[2)]하였고, 2009. 4. 형법 및 형사소송법 개정안을 마련하여 '사법협조자의 면책' 및 '형벌감면제도'를 입법화하기 위한 노력을 하고 있다.

각국에서 면책조건부 증언취득제도가 발전해 온 과정을 살펴보면 대체적으로 두 가지의 필요에 의한 것으로 보인다. 첫째는, 재판과정에서 自己負罪拒否特權(Privilege against self-incrimination)[3)]에 근거하여 증언을 거부하는 자에 대하여 증언의 대가로 증언과 관련된 증인의 범죄에 대한 소추를 면제하거나 증언 그 자체나 증언으로부터 파생된 증거까지를 증인에게 불리하게 사용하는 것을 금지하고 증인으로부터 증언을 취득하여 실체적 진실발견을 위한 필요에서였고, 둘째는 범죄수사나 기소과정에서 수사기관에 협조하는 범죄관련자에게 그와 관련된 범죄의 소추를 면제하거나 형벌을 감면해 줌으로써 특히 중대범죄나 조직범죄에 대응하기 위한 필요에서 발전해 온 것이다.

따라서, 면책조건부 증언취득제도와 관련된 이론은 주로 ① 증언거부로 인한 법정모욕죄사건과 ② 증언에 따른 후속 형사사건을 통해 정립되어 왔다. 대개 전자에 해당하는 사건은 증언거부를 이유로 기소된 피고인이 면책의 유효성을 다투면서 자기부죄거부특권을 주장하는 양상으로 전개되고, 후자에 해당하는 사건은 면책을 기대하고 증언하였던 피고인이 기소의 적법성과 증언 및 이를 단서로 획득한 다른 증거의 증거능력을 다투는 양상으로 전개되는 것이 전형적이다.[4)]

면책적 증인취득제도는 작은 범죄를 저지른 자에 대한 처벌

2) 이영상, 면책조건부 증언취득제도 도입 시론, 대검찰청 미래기획단(2006).

3) 증인은 재판정에서 증언을 할 때 진실을 증언할 의무가 있기 때문에 자신의 증언으로 인하여 형사처벌을 당할 위험이 있는 경우 증언을 거부할 수 있는 자기부죄거부특권이 인정된다.

4) 이영상, 앞의 논문, 4면.

을 포기하고서라도 그의 증언을 통해 사회적 피해가 큰 범죄자를 처벌함으로써 범죄를 예방하고 사회를 보호하겠다는 합목적적 사고 내지 실용주의적 사고가 반영된 제도라고 할 수 있다.[5] 특히 조직폭력, 마약, 테러 등 강력범죄와 기업비리, 공직비리 등 이른바 화이트칼라범죄는 범죄의 은밀성 때문에 수사의 단서를 발견하기 어렵고 이와 같은 범죄체계 내의 핵심수뇌부는 자신을 범죄수사와 단절시키기 위하여 다른 가담자들을 통하여 범죄를 실행하도록 지시하는 것이 일반적인 현상이다. 한편 이러한 범죄는 사회적 폐해와 공공이익의 측면에서 처벌의 필요성이 매우 높은 범죄들이므로 내부 관련자의 진술을 확보할 수 있는 장치가 필요하다. 그러나 내부 관련자는 그 과정에서 자기 자신의 범죄를 진술하여야 하는 위험을 부담할 수 있기 때문에 내부 관련자의 자발적인 진술이나 증언을 기대하기가 현실적으로 불가능하다. 이러한 내부관련자의 진술을 다른 공범의 범죄에 대해서는 증언으로서의 성격을 지닐 수 있지만, 자신의 범죄에 대해서는 자백으로서의 성격을 지니기 때문이다.[6] 개인의 기본적 인권보장과 함께 범죄에 대한 실체적 진실 규명을 통하여 적정한 국가형벌권을 실현함으로써 범죄로부터 사회일반인을 보호하는 것이 수사기관의 기본적인 책무라 할 것이다.

이 글에서는 중대조직범죄에 대응하기 위한 전략[7]으로 오랫동안 보통법으로 인정되어 오던 면책조건부 증언취득제도를 성문법으로 제정한[8] 영국의 2005년 중대조직범죄 및 경찰법(Serious

5) 오영근, 면책조건부 증언취득제도에 관한 연구, 대검찰청 연구보고서(2005), 1면.

6) 전승수, 미국의 면책조건부 증언취득제도, 해외연수검사 연구논문(2006), 1면 이하.

7) “One Step Ahead: A 21st Century Strategy to Defeat Organised crime – The Serious Organised Crime,” 2004. March.

8) The Serious Organised Crime and Police Act 2005(이하 ‘2005년 중대조직범

Organised Crime and Police)의 입법 배경 및 목적, 그 내용을 살펴보기로 한다.

Ⅱ. 영국의 면책적 증언취득제도

1. 개 관

가. 면책적 증언취득제도의 입법화 배경

영국은 보통법상 자백하거나 다른 범죄자의 기소에 협조하는 피고인에게 형을 감면하는 형사면책을 인정해 왔다. 2005년 중대조직범죄 및 경찰법 제71조부터 제75조의 규정은 보통법상 인정되어 오던 '여왕의 증거(Queen's Evidence)', 즉 면책조건부 증언취득제도를 명문화하였다. 이는 보통법 및 판례법상 인정되어 실무관행상 통용되는 제도를 성문법으로 제정하여 공식화하고 면책합의에 구속력을 부여함으로써 면책합의절차를 좀더 투명하게 하여 범죄자들이 수사 및 재판에 더 잘 협조할 수 있게 함으로써 조직범죄 등 중대범죄에 대응하고자 한 것이다.[9]

영국 정부는 2004년 3월에 "One Step Ahead: A 21st Century Strategy to Defeat Organised Crime"라는 보고서(White Paper)를 발간하였다. 이 보고서는 중대조직범죄에 대처하기 위한 전담 수사기관의 설립(The Serious Organised Crime Agency)과 중요 조직범죄의 수사 및 기소를 위해 수사기관에 좀더 강력한 수사권한을 부여하여야 한다는 내용을 주로 담고 있다. 2005년 중대

죄 및 경찰법'이라고 함).

9) 2004. 11. 24. 영국 하원의 the Organised Crime and Police Bills Explanary note 참조.

조직범죄 및 경찰법은 위 White paper에 근거하여 제정되었고 2005년 4월 7일 국왕의 재가(Royal Assent)를 얻어 2006. 4. 1.부터 시행되었다. 2005년 중대조직범죄 및 경찰법 제71조부터 제75조를 제정하여 면책적 증언취득제도를 입법화한 주요 목적은 범죄자가 범죄수사와 기소에 협조하도록 고무시키는 데 있었다.

이러한 성문입법은 기소할 때, 경찰이 형을 선고하는 판사에게 비밀스럽게(in confidence) 피고인이 현재 사건과 관련되거나 다른 사건과 관련된 증거나 정보를 주어 수사기관에 협조하였음을 알리는 비공식적인 절차인 'texts'에 대하여는 침묵을 지킴으로써 검찰이 비공식적이고 전략적인 방법으로 잠재적 공동피고인의 협조를 확보하기 위하여 재량을 행사하는 기존 보통법의 관행을 배제하지 아니하였다. 최근 형사항소법원은 성문입법에 규정된 공식적인 절차를 꺼리는 수사협조자의 경우는 기존의 합의(the pre-existing text arrangement) 방식을 계속하여 사용할 수 있음을 암시적으로 판시한 바 있다.[10)]

나. 면책의 유형

2005년 중대조직범죄 및 경찰법상의 면책적 증언취득제도는 면책장의 내용에 따라 네 가지로 구분된다. 즉, 동법 제71조의 전면적 기소면책(immunity from prosecution), 제72조의 제한적 증거사용 면책(undertakings as to use of evidence), 제73조의 형의 감경(reduction in sentence), 제74조의 양형의 재심사(review of sentence)가 그것이다.

전면적 기소면책은 검찰이 일정한 조건하에서 범죄인을 기소하지 않거나 기소를 전면적 혹은 부분적으로 취소하는 것을 서면

10) R v P and Blackburn [2007] EWCA Crim 2290; [2008] 2 Cr. App. R. (S.) 5 H10.

으로 합의하는 것이며, 제한적 증거사용 면책은 형사절차에서 범죄인이 제공한 정보나 서류 등 증거를 그에게 불리하게 사용하지 않는 것을 서면으로 합의하는 것이며, 형의 감경은 수사나 기소에 협조한 피고인에게 형을 감경해 주는 서면합의이고, 형의 재심사는 이미 형을 선고받은 피고인에게 수사나 기소에 협조를 조건으로 다시 심사하여 형을 감경해 주는 서면합의를 말한다.

2. 기소면책과 제한적 증거사용면책

가. 개 요

영국 내무부(Home Office)에 따르면, 2005년 중대조직범죄 및 경찰법 제71조와 제72조는 범죄자들로 하여금 수사기관의 범죄수사와 기소를 도와주는 것을 고무시키는 것과 관련되어진 기존의 보통법 조항들을 명백하게 하고 강화하기 위한 방안으로 마련된 것이라고 발표하였다.11)

두 조항 모두 2006년 4월 1일부터 시행되었는데, 동법 시행 이전에도 보통법(common law)상 실무관행으로 범죄자가 공범들에 대하여 증언할 것을 동의하는 것에 대한 대가로 검사가 피고인에 대한 기소면책을 할 수 있었다. 그러나 면책합의를 하려면 법무장관(Attorney General)의 승낙(consent)이 필요하였다. 보통법상 증거를 제공하는 범죄자를 면책하는 것은 소위 'turning Queen's Evidence'라고 불리는 절차의 일부이었다.12) 'Turning Queen's Evidence'는 공범자가 자신의 형량을 가볍게 하기 위해 검찰측 증인이 되어 다른 공범자에게 불리한 증언을 하는 것을 말한다.

11) One step Ahead. TSO, 2004. Cm. 6167, para.6.3.2.

12) 사기죄의 기소사건에 있어서, turning Queen's Evidence의 가장 대표적인 사례는 1991년 Ernest Saunders and others의 Guinness 재판에서 중대사기수사청(the Serious Fraud Office, SFO)의 증인 Olivier Roux였다.

원칙적으로 범죄를 저지른 사람은 그가 증인으로 소환되어지는지 여부에 관계없이 수사 및 기소되어야 한다. 따라서, 명백하게 공익(the public interest)에 의한 필요가 있는 경우에만 예외적으로 면책제도를 활용하되, 대부분 제한적 증거사용면책을 하고 전면적 기소면책은 극히 예외적으로만 활용되어져야 한다.

나. 명문규정

(1) 2005년 중대조직범죄 및 경찰법 제71조(immunity notice)[13)]

---

13) 제71조의 원문은 다음과 같다: Sec. 71. Assistance by offender: immunity from prosecution

(1) If a specified prosecutor thinks that for the purposes of the investigation or prosecution of any offence it is appropriate to offer any person immunity from prosecution he may give the person a written notice under this subsection (an "immunity notice").

(2) If a person is given an immunity notice, no proceedings for an offence of a description specified in the notice may be brought against that person in England and Wales or Northern Ireland except in circumstances specified in the notice.

(3) An immunity notice ceases to have effect in relation to the person to whom it is given if the person fails to comply with any conditions specified in the notice.

(4) Each of the following is a specified prosecutor--

(a) the Director of Public Prosecutions;

(b) the Director of Revenue and Customs Prosecutions;

(c) the Director of the Serious Fraud Office;

(d) the Director of Public Prosecutions for Northern Ireland;

(e) a prosecutor designated for the purposes of this section by a prosecutor mentioned in paragraphs (a) to (d).

(5) The Director of Public Prosecutions or a person designated by him under subsection (4)(e) may not give an immunity notice in relation to proceedings in Northern Ireland.

(6) The Director of Public Prosecutions for Northern Ireland or a person designated by him under subsection (4)(e) may not give an immunity notice in relation to proceedings in England and Wales.

(7) An immunity notice must not be given in relation to an offence under section 188 of the Enterprise Act 2002 (c. 40) (cartel offences).

2005년 중대조직범죄 및 경찰법 제71조는 검사가 범죄의 수사 및 소추를 위하여 범죄인의 소추를 면제해 주는 것이 필요하다고 판단하는 때는 그 사람에게 서면으로 면책장(immunity notice)을 교부할 수 있고, 면책장을 교부받은 사람에 대하여는 면책장에 기재된 범죄에 관한 형사절차를 진행할 수 없고, 만약 면책장을 교부받은 사람이 면책장에 기재된 조건을 따르지 않는 경우 면책장의 효력을 상실하는 전면적 기소면책 규정을 두고 있다.

(2) 2005년 중대조직범죄 및 경찰법 제72조(restricted use undertakings)[14]

2005년 중대조직범죄 및 경찰법 제72조는 검사가 범죄의 수

14) 제72조 원문은 다음과 같다: Sec. 72. Assistance by offender: undertakings as to use of evidence

(1) If a specified prosecutor thinks that for the purposes of theinvestigation or prosecution of any offence it is appropriate to offer any person an undertaking that information of any description will not be used against the person in any proceedings to which this section applies he may give the person a written notice under this subsection (a "restricted use undertaking").

(2) This section applies to--

(a) criminal proceedings;

(b) proceedings under Part 5 of the Proceeds of Crime Act 2002 (c. 29).

(3) If a person is given a restricted use undertaking the information described in the undertaking must not be used against that person in any proceedings to which this section applies brought in England and Wales or Northern Ireland except in the circumstances specified in the undertaking.

(4) A restricted use undertaking ceases to have effect in relation to the person to whom it is given if the person fails to comply with any conditions specified in the undertaking.

(5) The Director of Public Prosecutions for Northern Ireland or a person designated by him under section 71(4)(e) may not give a restricted use undertaking in relation to proceedings in England and Wales.

(6) The Director of Public Prosecutions or a person designated by him under section 71(4)(e) may not give a restricted use undertaking in relation to proceedings in Northern Ireland.

(7) Specified prosecutor must be construed in accordance with section 71(4).

사 및 소추를 위하여 형사절차(criminal proceedings)나 2002년 범죄수익법상 불법수익의 회복절차(proceedings under Part 5 of the Proceeds of Crime Act 2002)에서 범죄인에게 증거로 사용하지 않겠다는 약속을 할 필요가 있다고 판단하는 때는 그 사람에게 서면통지서인 증거사용 면책장(restricted use undertakings)을 교부할 수 있고, 증거사용 면책장을 교부받은 사람에 대하여는 증거사용 면책장에서 특별히 정한 경우를 제외하고는 면책장에 기재된 증거 및 그와 관련되어 확보된 증거를 그에게 불리한 증거로 사용할 수 없다는 규정이다.

다. 면책 요건 및 절차

(1) 면책조항 적용 대상범죄

2005년 중대조직범죄 및 경찰법상 면책조항의 적용대상 범죄는 동법 제71조 제7항에 규정된 기업법(Enterprise Act 2002) 제188조 카르텔 범죄를 제외하고는 특별한 제한이 없다. 따라서 이러한 예외사항에 해당되지 않는다면 면책장은 어떤 범죄에 대해서라도 발부될 수 있다.

기존의 보통법은 장래에 발생할 범죄에 대하여 면책장을 부여할 권한은 인정하지 아니하였다. 성문법상에서도 보통법에서와 마찬가지로 장래범죄에 대한 면책부여는 인정되지 않는 것으로 해석된다.

(2) 면책장 발부권자

2005년 중대조직범죄 및 경찰법은 면책 여부를 결정할 수 있는 사람을 ‘특정 검사(specified prosecutor)’로 한정하고, 동법 제71조 제4항은 검찰총장(the Director of Public Prosecutions), 국세 및 관세 소추장(the Director of Revenue and Customs Prosecutions), 중대사기

수사청장(the Director of the Serious Fraud Office), 북아일랜드검찰총장(the Director of Public Prosecutions for Northern Ireland), 앞에 언급된 4명의 검사로부터 위임받은 검사(a prosecutor designated for the purposes of this section by a prosecutor mentioned in paragraphs (a) to (d).)를 특정검사로 규정하고 있다. 경찰은 면책장 발부권한이 없다.[15][16]

면책 또는 증거제한의 약정 여부는 검사의 재량에 달려 있다. 다만, 종전 실무관행을 고려하여 기소면책을 함에 있어는 법무장관(Attorney General)으로부터 자문을 받도록 하고 있다.

⑶ 서면통지서 발부

공범(accomplice)혹은 잠재적인 공동피고인(co-defendant)이 면책을 조건으로 수사에 협조하고자 하는 경우에 면책장은 서면(written notice)으로 교부하여야 한다(제71조 제1항, 제72조 제1항, 제2항). 면책장에는 일정한 조건하에 면책장을 교부한다는 취지를 기재한다.

⑷ 수사협조자의 의무

수사협조자가 전면적 기소면책이나 제한적 증거사용 면책을 받기 위해서는 ① 자신의 범행에 대하여 완전히 인정하고('cleansing'), ② 수사중인 범죄 및 관련 사실에 대한 모든 사실, 진술, 서류, 증거 등 모든 정보를 제공하고, ③ 수사 및 공판절차까지 지속적이고 완벽한 협조를 약정하여야 한다.

---

15) R v Turner and Others 61 Cr. App. R. 67 ("..... Undertakings of immunity from prosecution may have to be given in the public interest to accused turning Queen's evidence. They should never be given by the police. the Directior of Public Prosecutions should give them most sparingly.....").

16) 2009. 1. 14. 영국정부는 the Coroners and Justice Bill을 하원에 도입하였는데 그에 의하면 2005년 중대범죄 및 경찰법상 면책권한을 the Financial Service Authority에 부여하였다.

비록 법률에 명문화된 요건은 아니지만 일반 실무관행상 수사에 협조함으로써 면책의 이익을 얻고자 하는 범죄자는 그들의 죄를 완전히 인정하는 것이 요구된다. 이러한 절차는 'Cleansing'이라고 불리는데, 보통 수사에 협조하는 범죄자들로부터 증거를 획득하는 과정에서 조사관들이 수행하는 수사과정(the de-briefing)에서 이루어진다. 이러한 'Cleansing' 절차는 제보된 다른 범죄자들에 대한 증거를 확보하기 위해 범죄자와 검찰 사이에 '의심스러운 거래'('shady deal')가 있을 것이라는 추측을 불식시키고 정보제공자 시스템의 순결성을 유지하게 한다. 또한 향후 다른 공범자가 수사에 조력한 범죄자의 범죄활동에 대한 반대신문으로 수사협조자의 증언이나 그가 제공한 정보의 신빙성을 떨어뜨릴 수 있는 위험을 감소시킬 수 있다.

(5) 변호인의 참여 여부

검사는 수사관이나 범죄자의 법적 대리인으로부터 범죄자가 공범 등 다른 범죄자에 대한 수사에 협조하는 것을 조건으로 면책장을 부여해 줄 것을 요구받을 수 있다.

검사가 면책장을 부여하는 결정을 할 때, 수사에 협조하려는 범죄자에게 법적 변호인이 있어야 하는 것이 필수조건은 아니지만 합의하기 이전에 면책의 조건과 효과에 대해서 법적으로 조언을 구할 수 있는 권리가 있음을 고지해 주는 것이 바람직하다.

라. 면책의 고려사항

공익상 필요한 경우에 한해서만(in the public interest) 공식적인 증인면책의 합의를 할 수 있다. 특히, 전면적 증인면책(witness immunity)은 지극히 예외적인 경우에만 하는 것이 바람직하다.

증인면책에 대한 합의를 할 때 고려해야 할 것으로서 1981년 11월 9일 영국하원(House of Commons)에 제출한 서면답변에서 검찰총장이 예시한 사항들은 다음과 같다.

즉, i) 제시한 죄를 범하였다고 의심되는 사람을 피고인으로 하기보다는 증인으로 하는 것이 정의의 관점에서 좀더 가치가 있는지, ii) 개인을 처벌하는 것보다는 좀더 중대한 범죄들에 대한 정보를 얻어내는 것이 공공의 안전과 안녕이라는 관점에 부합하는지, iii) 증인면책의 제공이 없이는 증인으로부터 정보를 얻어내는 것이 거의 불가능하고 증인면책을 제공받는 사람에 대한 기소 역시 불가능한지 등을 고려해야 한다.

이것 이외에 다음과 같은 요인들도 공식적인 증인면책에 합의할 것인가를 결정할 때에 중요하게 고려해야 할 사항들이다.

즉, (a) 증인이 제공할 증거, 정보, 협조, 도움 또는 다른 이익이 관련되어 있는 범죄의 중대성[17](the seriousness of any offence(s) concerning which the evidence, information, co-operation, assistance or other benefit would be provided), (b) 위 (a)와 같은 범죄의 중대성과 비교하였을 때, 잠재적 증인이 다른 사람을 문제된 범죄에 가담하도록 선동하거나 강요한 정도를 포함하여 증인이 범하였을 범죄의 중대성(the seriousness of any offence(s) which the potential witness might have committed, in comparison with (a) above, including the extent to which the potential witness had coerced or incited another person to take part in the offence(s) under investigation), (c) 증인이 제공할 증거, 정보, 협조, 도움 또는 기타 공헌의 중요성이나 가치(the importance and value of the evidence, information, co-operation, assistance or other benefit to be provided), (d) 증인이 제공할 증거, 정보, 협조, 도움 또는 기타 공헌 등을 다른 증인으로부터 얻거나 다른 방법으로 얻을 수 있는지의 여부

17) as a rule non-prosecution agreements should only be considered in serious cases.

(whether it is possible to obtain the evidence, information, co-operation, assistance or other benefit from another witness, or in another manner), (e) 증인이 제공하리라고 기대되는 증거가 없이도 공소의 제기·유지가 가능한 정도; 만약 증인의 증거 없이도 피고인에 대해 다른 범죄로 공소제기가 가능하다면 이를 통해 밝혀낼 수 있는 피고인의 죄책의 범위(the strength of the prosecution case without the evidence that it is expected that the witness can give; and, if some other charge could be established against the defendant without the witness's evidence, the extent to which that other charge would reflect the defendant's criminality), (f) 증인이 제공할 증거가 장차 피고인의 범죄 전반을 유죄로 인정하는 데에 미칠 영향(the impact of the evidence that it is expected that the witness can give on the prospects of conviction in the case taken as a whole),[18] (g) 증인의 신빙성을 측정하기 위한 증인의 범죄경력과 경찰에 입건된 범죄경력(the criminal history of the witness and full details of his or her contacts with the police in order to assess credibility), (h) 증인이 제공하는 증거나 정보가 진실하다는 것을 확증할 수 있는 또 다른 요소들의 존재 여부(whether there are other indicators tending to confirm that the evidence or information that the witness might give is true), (i) 과거 공식적으로 증인면책의 합의가 이루어진 적이 있다면 그 내용과 당시의 주변상황(the number of occasions and the circumstances in which any agreement has been made with the witness in the past), (j) 제시된 증거, 정보, 협조, 도움 기타 공헌 등을 받아들이거나 공범에 대해 유죄가 인정됨 등으로 인해 정의의 요구-공익의 보호와 피해자의 이익을 포함한다-가 좀

18) 장차 피고인이 유죄를 인정받을 가능성은 증거의 원천(the source of the evidence)이 무엇인가에 따라 감소될 수도 있다.

더 잘 충족될 수 있는지의 여부(whether the interests of justice including the protection of the public and the interests of the victim would be better served by obtaining the proposed evidence, information, co-operation, assistance or other benefit; or by the conviction of the person with whom it is proposed to make an agreement) 등도 증인면책의 합의 여부 결정시에 고려해야 할 사항들이다.[19]

현재의 실무에서는 면책조건부로 증언을 한 사람의 자백을 그 사람에게 불리하게 사용하지 않는다는 제한적 증인면책을 사용하는 것이 보통이다.

마. 면책의 효과

(1) 조건부면책[20]

기소면책의 경우, 범죄 수사 및 기소를 위해 면책이 필요하다고 판단되면 검사가 면책장을 교부하고 면책장을 교부받은 자에 대한 형사절차는 그대로 종료한다. 제한적 증거사용 면책은 면책장을 교부받은 자에 대하여 그로부터 획득한 일정한 증거는 그에 대하여 불리한 증거로 사용할 수 없다. 면책장을 교부받은 자가 부여된 조건을 이행하지 않으면 면책의 효력은 상실된다(제71조 제3항, 제72조 제4항).

(2) 위증죄와 사법방해죄 등

면책장을 받은 자가 공식서면합의(the formal agreement)에 따라 법원에서 증언을 하였는데 허위의 정보를 제공하고 합의를 한

19) 오영근, 앞의 논문, 34-36면; http://www.cps.gov.uk/legal/v_to_z/victims_and_witnesses_-_witness_immunities_and_undertakings/index.html. 2008. 7. 1. 버전 참고.

20) 조건부로 면책장을 교부하는 것은 한번 면책이 주어지면 절대적 효력이 있었던 종전 보통법상 면책합의와 구별되는 점이다.

것이어서 허위증언을 하는 경우 위증(perjury)이나 사법방해(pervert the course of public justice)죄로 처벌될 수 있다.

기소면책이나 증거의 제한적 사용면책이 주어졌다는 사실만으로 면책통지의 수령자에 대하여 사적으로 소추하는 것까지 금지되는 것은 아니다. 그러나 공익적 관점에서 면책 혹은 증거사용제한 약정이 있는 경우 사인에 의한 소추를 제한하는 것이 일반적이다.

또한 제한적 증거사용 면책의 경우, 수사협조자의 조력에 의해 획득한 증거나 그 증거로 인해 파생적으로 획득한 증거가 아닌 다른 증거에 의하여 면책수령자를 기소하는 것까지 금지되는 것은 아니다.

(3) 범죄수익몰수와 관계

기소면책장과 제한적 증거사용 면책장의 교부는 유죄에 따르는 범죄로 획득한 재산을 몰수할 기회 혹은 2002년 범죄수익법 제5장(Part 5 of the Proceeds of Crime Act 2002) 이하의 환수(recovery)의 기회를 잃게 되는 결과가 야기될 수 있다. 따라서 면책장은 수사협조(co-operation)를 통해 범죄수익 몰수를 피하려는 범죄자에 대하여는 강력한 인센티브가 될 수 있다. 그러나 이러한 동기는 본질적으로 그들의 증언의 대가로 상당한 이익을 제공함으로써 증인으로서 그들의 증언의 신빙성을 떨어뜨릴 수 있다. 만약 범죄자들이 기계적으로 기소와 함께 협조의 대가로 범죄활동의 수익을 유지하도록 허락되어진다면 형사사법체계는 공적 신뢰를 손상당할 것이다. 그러므로 검사는 면책장 부여를 결정할 때 이러한 점을 충분히 고려하여야할 것이다.

바. 면책의 철회

종전 보통법상의 면책의 효력은 절대적이었다. 그러나 2005

년 중대조직범죄 및 경찰법상 면책의 효력은 절대적이 아니라 조건적이다. 면책장에 기재된 구체적인 조건을 이행하지 않을 경우 면책의 효력을 상실하게 되고, 면책서면합의서에 그러한 결과가 언급되어져야 한다. 이러한 경우 불명확성을 피하기 위해 공식적인 면책철회절차가 진행되어야한다.

모든 면책적 증언취득에 있어서 범죄수사 및 기소에 조력하는 자의 서면합의는 조력자의 지식과 신념에 최선을 다해서 진실한 정보를 제공한다는 것을 필요조건으로 한다. 따라서, 이후에 수사협조를 이유로 면책장을 받은 자가 제공하였던 증거나 정보가 거짓이라는 사실이 증명된 경우 합의조건의 이행위반으로 서면합의는 철회되거나 효력을 잃게 된다.

또한, 서면합의와 달리 법원에서 허위증언을 할 경우 위증죄나 사법방해죄로 처벌될 수 있다.

3. 형의 감면

가. 개 요

2005년 중대조직범죄 및 경찰법 제73조부터 제75조까지는 앞서 언급한 전면적 면책이나 제한적 증거사용면책을 받지 않았음에도 재판과정에서 공범에 대한 수사나 기소에 있어 조력하는 피고인에 대하여 형을 감경해 주는 규정이다. R v P and Blackburn [2007] EWCA Crim 2290 사건은 2005년 중대조직범죄 및 경찰법 제71조 내지 제75조에 대하여 전반적으로 해석을 한 최초 사례로 특히, 동법 제73조 내지 75조 규정의 적용에 대한 구체적인 가이드라인을 언급되었다.

영국 법원은 법률 제정 이전에도 오랫동안 자신과 가족에 대한 위험을 무릅쓰고 검찰의 수사나 기소에 조력하는 피고인에게 형을 감경하거나 면제하는 보통법상 관행을 인정하여 왔다. 특히, R v A & B [1999] 1 Cr App R (S) 52 사건에서 공동피고인(co-accused)에게 불리한 증거를 제출한 공범(accomplices)에게 형의 감면에 대한 보통법을 검토하였고, R v A [2006] EWCA Crim 1803에서는 유죄답변을 하지 않은 공범이 조력한 경우까지 확장하여 형의 감면을 적용한 바 있다. 2005년 중대조직범죄 및 경찰법 제73조부터 75조까지 조항은 이러한 종전의 실무 관행을 입법화한 것이다.

나. 수사협조자에 대한 형의 감경(reduction in sentence)

(1) 2005년 중대조직범죄 및 경찰법 제73조[21]

---

21) 제73조 원문은 다음과 같다: Sec. 73 Assistance by defendant: reduction in sentence

(1) This section applies if a defendant--

(a) following a plea of guilty is either convicted of an offence in proceedings in the Crown Court or is committed to the Crown Court for sentence, and

(b) has, pursuant to a written agreement made with a specified prosecutor, assisted or offered to assist the investigator or prosecutor in relation to that or any other offence.

(2) In determining what sentence to pass on the defendant the court may take into account the extent and nature of the assistance given or offered.

(3) If the court passes a sentence which is less than it would have passed but for the assistance given or offered, it must state in open court--

(a) that it has passed a lesser sentence than it would otherwise have passed, and

(b) what the greater sentence would have been.

(4) Subsection (3) does not apply if the court thinks that it would not be in the public interest to disclose that the sentence has been discounted; but in such a case the court must give written notice of the matters specified in paragraphs (a) and (b) of subsection (3) to both the prosecutor and the defendant.

(5) Nothing in any enactment which--

(a) requires that a minimum sentence is passed in respect of any offence or an offence of any description or by reference to the circumstances of

본조는 유죄인정 답변(plea of guilty)에 따라 형사법원(Crown Court)에서 유죄판결을 받거나 양형절차에 회부된 피고인이 검사와의 서면합의에 따라 수사관이나 검사에게 조력하거나 조력을 제안한 경우 법원이 조력의 정도와 내용을 고려하여 임의적으로 형을 감경할 수 있음을 규정하고 있다.

---

any offender (whether or not the enactment also permits the court to pass a lesser sentence in particular circumstances), or
(b) in the case of a sentence which is fixed by law, requires the court to take into account certain matters for the purposes of making an order which determines or has the effect of determining the minimum period of imprisonment which the offender must serve (whether or not the enactment also permits the court to fix a lesser period in particular circumstances),
affects the power of a court to act under subsection (2).
(6) If, in determining what sentence to pass on the defendant, the court takes into account the extent and nature of the assistance given or offered as mentioned in subsection (2), that does not prevent the court from also taking account of any other matter which it is entitled by virtue of any other enactment to take account of for the purposes of determining--
(a) the sentence, or
(b) in the case of a sentence which is fixed by law, any minimum period of imprisonment which an offender must serve.
(7) If subsection (3) above does not apply by virtue of subsection (4) above, sections 174(1)(a) and 270 of the Criminal Justice Act 2003 (c. 44) (requirement to explain reasons for sentence or other order) do not apply to the extent that the explanation will disclose that a sentence has been discounted in pursuance of this section.
(8) In this section--
(a) a reference to a sentence includes, in the case of a sentence which is fixed by law, a reference to the minimum period an offender is required to serve, and a reference to a lesser sentence must be construed accordingly;
(b) a reference to imprisonment includes a reference to any other custodial sentence within the meaning of section 76 of the Powers of Criminal Courts (Sentencing) Act 2000 (c. 6) or Article 2 of the Criminal Justice (Northern Ireland) Order 1996 (S.I. 1996/3160).
(9) An agreement with a specified prosecutor may provide for assistance to be given to that prosecutor or to any other prosecutor.
(10) References to a specified prosecutor must be construed in accordance with section 71.

⑵ 감경요건 및 절차

(가) 피고인의 의무

피고인은 자신의 범행을 완전히 인정(plea of guilty)하여야 하고, 범죄 및 관련 사실에 대한 모든 정보를 제공하여야 하며, 수사 및 공판절차까지 지속적이고 완벽하게 협조할 것을 약속하여야 한다.

(나) 보고서 작성

수사관(Senior Investigating Officer)은 법원이 선고형을 정함에 있어 참고를 할 수 있도록 하기 위해 피고인 조력의 양과 질, 그로부터 발생한 결과(예컨대 수사에 협조한 범죄자의 정보가 직접적으로 범인의 체포나 기소에 기여하였는지 여부), 수사협조의 결과로 협조자와 그의 가족들이 직면하게 될 위험의 정도 등에 대한 보고서를 작성할 필요가 있다.

(다) 형감경 면책합의 허가권자

수사협조자와 서면합의를 할 권한이 있는 특정검사(specified prosecutor)는 앞에서 언급한 기소면책의 허가권자 부분에서 설명한 바와 같다.

(라) 서면합의

감경된 형의 선고에 있어서도, 피고인과 검사 사이에 서면합의(written agreement)가 있어야 한다. 서면합의를 하는 데 있어 시간이 정해진 것은 아니기 때문에 피고인이 서면합의를 하기 이전에 유죄인정을 해야 할 필요가 있는 것은 아니다. 그러나 서면합의는 가능한 초기에 이루어지는 것이 바람직하다. 실무적으로는 보통 the scoping interview와 the full debriefing procedure 사이 기간 동안 이루어진다.

⑶ 고려사항

형의 감경은 임의적인 것으로 법원이 의무적으로 형을 감경해야할 필요는 없다. 법원은 형을 감경함에 있어 피고인이 제공하거나 제공할 것을 제안한 조력의 정도와 내용을 고려하도록 되어 있다.(제73조 제2항)

(4) 효 과

서면합의에 의한 형 감경 요건이 충족되어지면 법원은 감경된 형을 선고하게 된다. 판사는 피고인의 조력이나 조력의 제안 때문에 경한 형을 선고하게 되는 경우 공개법원에서 피고인이 조력을 하여 더 경한 형을 선고한다는 사실과 조력이 없었을 경우 선고하였을 더 중한 형을 진술하여야 한다(제73조 제3항). 이것은 향후 형의 재심사의 가능성을 위한 것이다. 그러나 만약 법원이 감경된 형을 공개하는 것이 공익적 관점에서 적절하지 않다고 판단하는 경우에는 이를 공개법정에서 진술하지 아니하나, 그러한 경우라도 법원은 검사와 피고인에게는 위 제73조 제3항에 규정된 구체적인 사항들에 대한 서면통지를 교부하여야한다(제73조 제4항).

다. 형의 재심(review of sentences)

(1) 2005년 중대조직범죄 및 경찰법 제74조[22] 및 제75조

---

22) 제74조 원문은 다음과 같다. sec. 74 Assistance by defendant: review of sentence

(1) This section applies if--

(a) the Crown Court has passed a sentence on a person in respect of an offence, and

(b) the person falls within subsection (2).

(2) A person falls within this subsection if--

(a) he receives a discounted sentence in consequence of his having offered in pursuance of a written agreement to give assistance to the prosecutor or investigator of an offence but he knowingly fails to any extent to give assistance in accordance with the agreement;

(b) he receives a discounted sentence in consequence of his having offered in pursuance of a written agreement to give assistance to the prosecutor or investigator of an offence and, having given the assistance in accordance with the agreement, in pursuance of another written agreement gives or offers to give further assistance;

(c) he receives a sentence which is not discounted but in pursuance of a written agreement he subsequently gives or offers to give assistance to the prosecutor or investigator of an offence.

(3) A specified prosecutor may at any time refer the case back to the court by which the sentence was passed if--

(a) the person is still serving his sentence, and

(b) the specified prosecutor thinks it is in the interests of justice to do so.

(4) A case so referred must, if possible, be heard by the judge who passed the sentence to which the referral relates.

(5) If the court is satisfied that a person who falls within subsection (2)(a) knowingly failed to give the assistance it may substitute for the sentence to which the referral relates such greater sentence (not exceeding that which it would have passed butfor the agreement to give assistance) as it thinks appropriate.

(6) In a case of a person who falls within subsection (2)(b) or (c) the court may--

(a) take into account the extent and nature of the assistance given or offered;

(b) substitute for the sentence to which the referral relates such lesser sentence as it thinks appropriate.

(7) Any part of the sentence to which the referral relates which the person has already served must be taken into account in determining when a greater or lesser sentence imposed by subsection (5) or (6) has been served.

(8) A person in respect of whom a reference is made under this section and the specified prosecutor may with the leave of the Court of Appeal appeal to the Court of Appeal against the decision of the Crown Court.

(9) Section 33(3) of the Criminal Appeal Act 1968 (c. 19) (limitation on appeal from the criminal division of the Court of Appeal) does not prevent an appeal to the Supreme Court under this section.

(10) A discounted sentence is a sentence passed in pursuance of section 73 or subsection (6) above.

(11) References--

(a) to a written agreement are to an agreement made in writing with a specified prosecutor;

(b) to a specified prosecutor must be construed in accordance with section 71.

(12) In relation to any proceedings under this section, the Secretary of

2005년 중대조직범죄 및 경찰법 중 가장 획기적인 내용 중 하나가 바로 형의 재심사 규정이다. 형의 재심제도는 피고인이 이미 형을 선고받고 난 이후에도 수사나 기소에 협력하기 위해 증거나 정보를 제공한다면 이미 선고된 형을 감경받을 수 있다는 것을 내용으로 한다.

형의 재심사로 이미 선고받은 형을 감경하는 이러한 권한은 형을 선고받은 사람에게 다른 공범 기타 다른 범죄자에 대한 수사 및 기소를 위해 수사관이나 검찰에 협조할 것이지에 대해 재고하게 하는 강력한 유인이 될 수 있다.

⑵ 형의 재심 요건

형사법원(Crown Court)이 피고인에게 어떠한 범죄에 대하여 이미 형을 선고하였는데 제74조 제2항에서 규정하는 세 가지 경우에 해당하는 경우(제74조 제1항), 형을 선고받은 자에 대한 형이 아직 집행 중이고, 정의 관점에서 필요가 있다고 판단한다면 검사는 법원에 형의 재심을 청구할 수 있다(제74조 제3항).

State may make an order containing provision corresponding to any provision in--

(a) the Criminal Appeal Act 1968 (subject to any specified modifications), or

(b) the Criminal Appeal (Northern Ireland) Act 1980 (c. 47) (subject to any specified modifications).

(13) A person does not fall within subsection (2) if--

(a) he was convicted of an offence for which the sentence is fixed by law, and

(b) he did not plead guilty to the offence for which he was sentenced.

(14) Section 174(1)(a) or 270 of the Criminal Justice Act 2003 (c. 44) (as the case may be) applies to a sentence substituted under subsection (5) above unless the court thinks that it is not in the public interest to disclose that the person falls within subsection (2)(a) above.

(15) Subsections (3) to (9) of section 73 apply for the purposes of this section as they apply for the purposes of that section and any reference in those subsections to subsection (2) of that section must be construed as a reference to subsection (6) of this section.

제74조 제2항은 (a) 피고인이 서면 합의에 의해 범죄의 수사 또는 소추에 조력을 제공할 것을 제안하여 감경된 형을 선고받았으나, 고의로 합의에 따라 조력을 제공하지 않은 경우, (b) 피고인이 서면 합의에 의해 범죄의 수사 또는 소추에 조력을 제공할 것을 제안하고 실제로 조력을 제공하여 감경된 형을 선고받고, 또 다른 서면합의에 의해 추가의 조력을 제공 또는 제안한 경우, (c) 피고인이 감경되지 않은 형을 선고받았으나, 추후에 서면합의에 따라 범죄의 수사 또는 소추에 조력을 제공하거나 제안한 경우 등 세 가지 상황에 있어서 형의 재심을 청구할 수 있음을 규정하고 있다.

⑶ 형의 재심절차

형의 재심사는 이미 선고되어진 형에 대해 형이 집행 중인 경우 언제라도 가능하고, 이미 선고된 형이 2005년 중대조직범죄 및 경찰법의 시행 이전에 선고된 형이든 이후에 선고된 형이든 관계없다.[23]

형의 재심을 위해 회부된 사건은 가능한 한 종전의 형을 선고했던 판사가 심리해야 한다.(제74조 제4항)

법 제75조는 일정한 경우 비공개로 심리하는 절차를 규정하고 있다(제75조).

⑷ 효 과

법원은 본조 (2)(a)에 해당하는 자가 고의로 조력을 제공하지 않은 경우 이미 선고한 형을 중한 형으로 대체할 수 있다. 단 조력 제공의 합의가 없었다면 선고하였을 형량을 초과할 수 없다.(제5항)

법원은 본조 (2)(b) 또는 (c)에 해당하는 경우 제공 또는 제안

---

23) R v P and Blackburn [2007] EWCA Crim 2290; [2008] 2 Cr. App. R. (S.) 5 H8.

된 조력의 정도와 내용을 고려하여, 이미 선고된 형을 경한 형으로 대체할 수 있다.(제6항)

⑸ 항 소

본조에 따라 형선고 법원으로 회부된 사건의 피고인과 검사는 법원의 결정에 대하여 항소법원의 허가를 받아 항소할 수 있다(제8항). 형사항소법률(Criminal Appeal Act 1968) 제33(3)(항소법원 형사부로부터의 상고 제한)은 본조에 의해 대법원(Supreme Court)에 상고하는 것을 금지하지 못한다(제9항).

Ⅲ. 결 론

최근 경제가 발전하고 기술이 진보함에 따라 범죄의 형태도 더욱 지능화·조직화·다양화되고 범죄로 인한 피해의 규모 및 위험도 높아지고 사회적 비용도 증가하고 있다. 따라서 이러한 범죄를 효과적으로 수사하고 처벌하기 위한 새로운 수사기법 및 증거확보 방안이 절실하게 필요하게 되었다.

현행법상 면책조건부 증언취득 유사제도로는 자수감면(형법 제52조), 기소유예(형사소송법 제247조 제1항), 양형면책(형법 제52조, 제152조, 제157조), 신고감면(특정범죄신고자 등 보호법 제16조, 정치자금법 제53조, 부패방지 및 국민권익위원회의 설치와 운영에 관한 법률 제66조) 등이 있다. 그러나, 자수에 관한 형면제 권한은 법원의 권한이고 수사기관의 권한이 아니어서 수사기관이 이 규정을 근거로 공범의 범행에 대한 진술을 유도하기는 곤란하다. 또한 기소독점주의 및 기소편의주의에 의해 불기소처분을 약속하고 그 대가로 필요한 진술이나 증언을 확보하는 방법은 불확실성 때문에 피의자나 참고인의 진술 또는 증언을 유인하는 충분한 수단이 될 것을 기대하기 어려울 뿐 아니라 진술의 임의성을 인정할 수 있는가의 문제가 있다. 특정범죄신고자등보호법 제16조 및 정치자금법 제53조 등의 형감면제도는 원칙적으로 신고자 등을 보호하는 데 있지 공범에 대한 신고자 등의 진술을 확보함으로써 공범을 발견하고 처벌하는 데 목적이 있는 것이 아니며, 문언상 신고자나 친족 등의 보복당할 우려가 있는 경우에만 형감면이 가능하다고 해석할 수밖에 없는 등 그 요건이 제한되어 있어 피의자나 참고인이 수사기관에 협조하여 진술이나 증거를 제공하도록 하기에는 부족하다. 따라서 현행법상 제도로서는 면책조건부로 증언을 취득할 수 있는 명문근거가 없는 한 면책조건부 증언취득제도의 효과를 기대하기 어려운 것으로 보인다.

오랫동안 보통법상 면책적 증언취득제도를 운영해 오던 영국이 21세기 조직범죄에 능동적으로 대처하기 위한 전략으로 수사기관에 수사협조자에 대한 조건부 면책장 및 형을 감경해 줄 수 있는 권한을 부여하고, 더 나아가 이미 형을 선고받은 자에게도 수사에 협조하는 것을 조건으로 이미 선고받은 형을 다시 감면해 주기까지 하는 제도를 입법화한 것은 시사하는 바가 크다.

면책조건부 증언취득제도가 활용되는 과정에서 수사기관의 유혹이나 약속 혹은 권한남용 등이 수반될 가능성, 범인들에 의해서 악용될 위험 등 제도 운영상 문제점이 발생할 여지가 없는 것은 아니다. 그러나 이러한 문제점은 적절한 통제 절차를 마련해서 해결할 수 있을 것이다. 영국의 입법례와 같이 일정한 조건하에서 전면적 소추면책을 부여하는 것부터 선고된 형의 재심사까지 수사협조의 실효성을 거둘 수 있는 면책제도를 도입함으로써 부패·조직범죄에 대처할 필요가 있다고 본다.

참고문헌

이영상, 면책조건부 증언취득제도 도입 시론, 대검찰청 미래기획단, 2006.

오영근, 면책조건부 증언취득제도에 관한 연구, 대검찰청 연구보고서, 2005.

전승수, 매국의 면책조건부 증언취득제도, 해외연수검사 연구논문, 2006.

탁희성, 공범증인면책제도에 관한 연구, 한국형사정책연구원, 연구총서 4. 21, 2004.

김석우, 독일의 형벌감면부 진술제도에 대한 고찰, 법무연수원 해외연수검사논문, 2006.

Home Office, "One Step Ahead: A 21st Century Strategy to Defeat Organised crime - The Serious Organised Crime," 2004.

CPS, http://www.cps.gov.uk/legal/v_to_z/victims_and_witnesses_-_witness_ immunities_and_undertakings/index.html. 2008. 7. 1. 버전 참고.

국민참여재판의 문제점과 개선방안[1)]

허 정 수
서울남부지방검찰청 검사

Ⅰ. 들어가는 글

1. 우리나라에서 최초의 국민참여재판이 시행된 지 벌써 1년 8개월이 지났다. 지금의 국민참여재판제도는 국민이 형사사법에 참여한 경험이 없는 우리나라에서 어떤 형태의 제도가 가장 적합한지에 대한 의견이 분분한 상태에서 실험적 형태로 도입된 것이다. 그래서 우선 1단계로 지금의 형태로 국민참여재판을 진행해 보고 그에 대한 경험을 많이 쌓아 실증적 분석과 연구를 거쳐 다음 단계에서는 완성된 국민참여재판제도를 만들 것을 목표로 삼고 있다. 그러므로 지금은 이론적 논의보다는 그동안의 국민참여재판의 경험을 정리하고 그에 대한 실증적 분석을 하는 작업이 아주 중요하다.

2. 필자는 2008년 하반기에 부산지방검찰청 공판검사로서 2건의 국민참여재판을 담당하였고, 2009년 현재까지 서울남부지방

1) 2009. 9. 발표.

검찰청 공판검사로서 3건의 국민참여재판을 담당한 경험이 있다. 그 사건 수는 충분한 경험이 있다고 할 수 없을 정도로 적으나[2] 다른 검사들에 비해 비교적 많은 경험을 하였기 때문에 다른 검사들의 경험도 반영하면서 실무과정에서 느꼈던 성과를 간단히 정리한 다음 주로 문제점과 개선방안을 제시해 보고자 한다.

3. 국민참여재판의 문제점과 개선방안을 고민하는 기본 태도는 국민참여재판 제도의 출발과정에서의 문제점과 제도 자체의 문제점 여부에도 불구하고 사법참여에 대한 국민의 뜨거운 열망을 담아내고자 우리나라 사법 역사에서 최초로 탄생한 국민참여재판 제도를 훌륭한 모습으로 키워내겠다는 것이다.

Ⅱ. 국민참여재판 시행의 성과

1. 국민참여재판의 목적은 '사법의 민주적 정당성'과 '국민의 신뢰'를 높이는 것이다. '사법의 민주적 정당성'은 주권자인 국민이 직접 또는 간접적으로 사법절차에 참여하여 상식과 경험칙으로 표현되는 국민의 의사를 반영시킴으로써 이루어지고, '국민의 신뢰'는 사법 절차의 공정성과 투명성을 확보함으로써 달성될 것이다. 이런 관점에서 그동안의 국민참여재판제도 성과를 평가해 보면 시대의 거스를 수 없는 대세인 국민참여재판제도를 시행했다는 것 자체가 의미가 있으며 시행의 결과도 충분히 만족스럽지는 않지만 정착할 토대가 마련되면서 긍정적인 평가를 받고 있다고 할 수 있다.

---

2) 뒤에서 지적하듯이 국민참여재판 전담검사가 1년여 동안 5건의 국민참여재판밖에 경험해 보지 못했다는 것은 국민참여재판이 활성화되지 않고 있다는 것을 보여준다.

2. 배심원으로서 국민참여재판에 참여했던 국민들은 법조인들의 전유물로만 알았던 형사재판에 직접 참여하여 평결을 내린 경험에 대해 대부분 긍정적인 평가를 하고 있다.[3] 비록 형사사건에 국한되고 그 중 극히 일부분의 사건이 국민참여재판으로 진행되고 있지만 국민들이 직접 형사재판에 참여하여 평결과 양형의견 제시라는 형태로 자신들의 의사를 반영시킴으로써[4] 민주적 정당성은 이전보다 더 높아졌음은 분명하다. 한편 배심원 참여 경험이 없는 일반 국민들도 국민참여재판이 지금까지와는 다르게 국민들을 재판에 참여시키는 획기적인 제도이기 때문에 서서히 관심을 가지고 지켜보고 있다. 이제 국민참여재판 제도의 시행으로 국민들이 사법참여의 요구를 점진적으로 실현하면서 사법 분야에서 주권 의식을 높이는 계기가 되고 있다고 할 수 있다.

3. 국민참여재판에서는 배심원들이 형사재판의 모든 절차를 직접 보면서 판사들이 판결하는 과정을 지켜볼 수 있기 때문에 공정성과 투명성이 보장되어 전체 형사재판에 대한 국민의 신뢰가 높아지는 데 기여하고 있다.

4. 국민참여재판을 통해 일반 국민들에게 직접 또는 간접적

---

3) 2009. 7. 14. 서울남부지방법원에서 실시된 국민참여재판(2009고합197)이 끝나고 법원에서 한 배심원 설문조사에서 배심원들 10명(예비 배심원 포함) 모두가 배심원 직무에 대해 이전보다 더 좋게 생각하거나 이전과 마찬가지로 좋게 생각하였다고 답변하였고, 필자가 참여했던 다른 사건들에서도 배심원들은 마찬가지의 답변을 하였다.

4) 배심원 평결이 권고적 효력에 그치고 실제 재판부가 배심원의 평결과 달리 선고한 경우들이 있어 배심원들의 의사가 반영된다고 보기 어렵다는 의견도 있을 수 있는데, 배심원들이 독자적으로 평결을 내리고 판결문에도 그 결과가 기재될 뿐만 아니라 실제 국민참여재판 담당 재판부가 대부분 배심원 평결을 존중하는 방향으로 선고를 내리고 있으므로, 배심원들의 의사가 어느 정도는 반영되고 있다고 할 수 있다.

으로 사법에 참여하는 경험을 쌓게 함으로써 법치주의와 민주의 의가 고양되고 있다. 이는 국민참여재판이 가져오는 중요한 효과 중의 하나이다. 우리는 국민참여재판제도를 평가할 때 그 시행에 따라 국민들의 법의식이 어떻게 변화되고 있는지도 유심히 관찰하여 완성된 제도를 만드는 데 반영해야 할 것이다.

5. 법조인들의 의식과 업무 형태에서도 조금씩 국민을 중심에 놓는 방향으로 변화하는 조짐을 보이고 있다. 지금까지 법조인들은 국민들을 사법의 대상으로만 생각하였다고 해도 과언이 아니다. 그러나 국민참여재판이 시행되면서 검사들은 수사단계에서부터 공판단계에 이르기까지 법률전문가가 아닌 일반 국민들로부터 유죄 평결을 이끌어 낼 수 있는 수사와 공소유지를 해야 하고 변호사들은 지금까지와는 다른 방법으로 배심원들을 설득하기 위한 변론을 해야 한다. 그리고 판사들도 배심원들이 이해할 수 있게 법리와 사건의 쟁점, 증거관계 등을 설명하고 재판절차를 이끌어가야 하며 필요시 평의과정에서 적절한 설명도 해야 한다. 이런 일들은 기존의 방식에 젖어있는 법조인들에게는 매우 부담되고 쉽지 않은 일이겠지만 주권자인 국민들이 궁극적인 사법의 주인이라는 점을 진정으로 인정한다면 국민참여재판제도의 가치를 실현할 수 있도록 노력해야 할 것이다.

Ⅲ. 국민참여재판의 저조한 실시와 그 개선방안

1. 위에서 살펴본 국민참여재판의 의미 있는 성과에도 불구하고 시행 후 1년 8월이 지난 현재까지의 모습을 분석해 보면 많은 문제점도 나타나고 있다. 그 중 국민참여재판의 저조한 실시가

가장 핵심적인 문제로 나타나고 있으므로 이하에서는 그 실태와 원인 및 개선방안을 제시하고자 한다.

2. 국민참여재판의 실태

가. 국민참여재판의 저조한 실시는 매우 심각한 문제이다. 국민참여재판이 시행되기 전 대법원은 시행 첫해의 적정 사건 수를 100~200건 정도로 예상하고 그에 맞춰 준비를 하였으나, 2008년에 국민참여재판으로 진행된 사건은 총 60건에 불과하다. 2008년에 국민참여재판 대상 사건은 총 3,460건이었는데 그 가운데 225건에 대해 피고인의 신청이 있었으나 그 중 77건을 피고인이 철회하였고 69건에 대해서 법원이 배제결정하여 결국 실제 60건만 실시되었다. 이는 전체대상 사건 중 1.7%에 해당한다. 2009년에도 사정은 별로 나아지지 않고 있다. 2009년 7월 31일까지 현황을 보면, 100건에 대해 피고인의 신청이 있었는데 그 중 24건을 피고인이 철회하였고 20건은 법원이 배제 결정하여 56건이 실시되었다. 2009년에 들어 피고인의 신청 건수는 오히려 줄어들었는데, 대법원은 그 원인 중 하나가 대상사건의 범위가 좁은 것에 있다고 판단하여 대법원 규칙 개정으로 2009. 7. 1.부터 대상사건의 범위를 확대하였다.[5] 그 효과가 어느 정도 나타나고 있는지 파악하기에는 아직 시기적으로 이르나 대법원도 작년 기준에 비추어 연간 36건 정도가 확대될 것이라고 예상할 뿐이고 살인죄(살인미수죄 포함), 강도상해죄, 성폭법위반죄가 국민참여재판의 3대 범죄로서

5) 확대된 범죄는 특정범죄가중처벌 등에 관한 법률 제2조 제1항 제2호, 제3호(수뢰액 3,000만원 이상), 제5조의4 제2항, 제3항, 제6항(상습 강·절도죄 등의 가중처벌), 제5조의10 제2항(운행 중인 자동차 운전자에 대한 치사상), 형법 제297조(강간), 제299조(준강간), 제333조(강도), 제334조(특수강도), 제335조(준강도), 제336조(인질강도)이다.

전체 사건의 약 90%를 차지한 이유는 이들 범죄의 경우 유죄가 인정되면 중한 실형의 선고가 예상되기 때문이라는 점을 감안하면 대상사건 범위의 일부 확대만으로는 국민참여재판의 활성화와 정착화를 기대하기는 어려울 것이다.6)

나. 국민참여재판의 저조한 실시로 인해 아직 국민참여재판제도가 충분히 정착되었다고 할 수 없고 이는 국민참여재판제도의 목표들을 달성하는 데 어려움으로 다가올 것이다. 이대로 간다면 거창한 기치를 내걸고 출발한 국민참여재판제도가 자칫 가끔씩 열리는 이벤트가 될 수도 있다. 배심원으로서 참여했던 사람들이나 그 주변사람들은 극히 일부에 불과해서 대부분의 국민들은 국민참여재판제도가 있다는 것은 어렴풋이 알고 있지만 실감하지 못하고 있어 참여의식이 너무 더디게 발전하고 있다. 법조 내부를 살펴보면, 국민참여재판으로 진행되는 사건은 전체 형사사건 중에 극히 적은 부분이기 때문에 법조인들에게 국민참여재판 사건 관련 업무가 평상시 업무의 일부로 받아들여지지 않고 있다. 그리고 지금의 국민참여재판은 불완전한 형태로 실험적으로 실시되는 것으로서 앞으로 우리에게 가장 적합한 국민참여재판제도를 만들 수 있기 위해서는 수년간 많은 경험을 쌓아 실증적인 분석과 연구가 필수적인데, 지금의 추세로는 과연 그것이 충분히 가능할지 의문스럽다.

3. 원인과 개선방안

국민참여재판 실시가 저조한 원인으로는 피고인들의 낮은 신

6) 서울남부지방법원의 경우 2009. 7. 1. 이후에 피고인이 신청한 사건은 현재까지 총 6건인데 그 중 추가 대상사건에 해당하는 것은 딱 1건에 불과하다.

청률과 법조의 인적·물적 준비 부족, 홍보 부족 등을 주요하게 지적할 수 있다. 아래에서 자세히 살펴본다.

가. 피고인 신청주의의 개정 필요성

(1) 국민의 형사재판 참여에 관한 법률(이하 '법'이라 한다)은 피고인의 신청에 의해 국민참여재판이 실시되도록 하고 있다. 그런데 위에서 살펴보았듯이 피고인들의 신청이 낮은 편인데 철회율(2008년 34%, 2009년 7월까지 23%)도 높아 국민참여재판 실시가 저조하다.

(2) 피고인들의 신청이 적은 이유

국민참여재판이 자신에게 유리하다는 판단을 하는 피고인들이 많지 않기 때문일 것이다. 담당 재판부의 성향이 자신에게 유리하다고 판단하거나 전관 변호사를 선임해서 재판받는 것을 선호할 수도 있고 사건 내용과 성격상 배심원들의 비난을 받을 가능성이 높다고 판단되는 경우도 있을 수 있으며 자신의 주거지 관할 법원 내에 거주하는 일반 국민들로 구성된 배심원들 앞에서 공개적으로 재판받는 것을 꺼려하는 경우도 있을 수 있다. 그런데 필자의 경험과 지금까지의 국민참여재판 결과를 분석해 보면 국민참여재판은 사실인정과 양형에서 모두 대체로 피고인에게 유리한 것으로 보인다.[7] 그런데 이런 점이 피고인들에게 충분히 알려지지 않고 있는 것으로 보인다. 한편으로는 피고인들을 직접 만나 설명을 해주는 역할을 맡아야 할 변호사들의 소극적인 태도도 영

---

7) 이에 대해서는 각각의 사건에서 드러난 배심원들의 성향을 철저히 분석하고 이를 종합하는 연구가 필요할 것이다. 그리고 2009. 6. 12. 국선전담변호사 워크숍에서 서울서부지방법원 국선전담변호사 김형국은 몇 차례의 국민참여재판 경험을 통해 국민참여재판이 일반재판에 비해 피고인에게 유리하다고 생각한다고 하면서 그 근거로 직업법관과 다른 배심원들의 성향으로서 증거재판주의의 엄격한 적용, 타인에게 가혹하지 못한 정서와 피고인에게 방어권이 충분히 보장되는 점 등을 들었다.

향을 미치는 것으로 보인다.

(3) 그러므로 피고인들의 신청률을 높이기 위해서는 피고인들에게 국민참여재판제도의 내용과 유리한 측면에 대해 충분히 전달되어야 한다. 법원은 서면으로 피고인의 국민참여재판 신청의사를 확인할 때 의사만 묻는 것이 아니라 국민참여재판에 대한 충분한 설명과 안내의 내용을 포함시켜야 하고 변호사는 피고인을 직접 접견하면서 국민참여재판의 유리한 점을 적극적으로 설명해 줘야 할 것이다. 검사도 수사단계에서 피고인에게 기소되면 국민참여재판을 받을 기회가 있음을 충분히 알려줘야 한다. 그런데 현재 시점에서 이런 노력들이 필요한 것은 사실이나 아래에서 보는 것과 같이 피고인 신청주의의 문제점으로 인해 피고인들의 신청률을 높이는 방법만으로는 문제해결에 한계가 있다.

(4) 피고인 신청주의의 문제점

피고인은 순전히 재판의 유·불리를 예상하여 신청 여부를 결정한다. 담당 재판부가 국민참여재판 전담인 경우 재판부의 성향이 자신에게 불리하다고 판단되면 국민참여재판을 신청하고 담당 재판부가 국민참여재판 전담이 아닌 경우 그 성향이 전담 재판부보다 자신에게 불리하다고 판단되면 이부되기 위한 방편으로 신청을 활용하기도 한다. 피고인들의 신청 추세에 따라 국민참여재판 실시의 정도가 좌우되는 것인데 어떤 이유에서건 신청을 많이 하지 않으면 국민참여재판은 활성화될 수 없는 상황에 봉착한다. 그리고 피고인의 신청 여부는 예측불허이다.[8] 국민참여재판은 통상의 재판에 비해 많은 사람들이 참여하고 비용도 증가하므로 예측 가능성이 있어야 그에 맞는 준비가 이루어질 수 있다. 피

8) 서울남부지방법원의 경우 2008년에는 9건의 신청이 들어왔다가 7건이 철회되어 2건의 국민참여재판이 진행되었고, 2009년에는 7월까지 5건의 신청이 들어왔다가 2건이 철회되어 3건의 국민참여재판이 진행되었고, 이후 10건의 신청이 들어와 3건은 철회되었고 1건은 실시 예정이고 6건은 준비기일이 예정되어 있다.

고인 신청주의의 문제점 중에 하나는 국민들이 관심이 많은 사건, 피고인이 화이트칼라나 고위신분자인 사건, 사회적 파급효과가 큰 사건, 선례가 될 수 있는 사건(Leading case) 등 국민참여재판의 가치가 큰 경우에도 피고인의 신청이 없으면 실시할 수 없다는 점이다.[9] 한편 만일 피고인이 전관 변호사를 선임해서 통상 재판을 받기를 선호한다면 사법불신의 큰 원인 중 하나인 전관예우의 문제는 여전히 남게 된다.

(5) 외국의 경우

참심제를 시행하고 있는 독일의 경우 원칙적으로 지방법원의 관할 사건에 대하여는 참심재판의 대상이 되고 피고인에게 선택권은 부여되지 않으며, 참심제를 근간으로 하는 일본의 재판원 제도에서는 대상사건은 원칙적으로 재판원재판을 거치도록 하되 일정한 경우만 검사, 피고인이나 변호인의 청구 또는 법원 직권으로 제외 결정을 할 수 있도록 정하고 있다{각주 9) 참조}. 배심제도를 운영하는 미국 연방의 경우 모든 범죄에 대해 원칙적으로 배심재판이 적용되는데 헌법상 배심재판을 받을 권리가 있는 피고인이 배심재판을 포기하기 위해서는 첫째, 피고인이 서면으로 포기의 의사를 표시해야 하고, 둘째, 검사가 동의해야 하며, 셋째, 법원이 승인해야 한다.

(6) 개선방안

이런 문제점들도 해결하면서 국민참여재판의 활성화를 도모하기 위해서는 법 개정을 통하여 대상사건은 원칙적으로 국민참여재판으로 진행하는 방안을 적극적으로 검토하여야 한다고 생각한다.[10] 다만 피고인이 자백하여 양형 문제만 남는 사건은 국민참

9) 현재까지 국민참여재판으로 진행된 뇌물사건은 단 한 건도 없었다.

10) 비슷한 취지의 의견으로는 한상훈 교수, 국민참여재판제도의 정착방안, 저스티스 제106호, 2008. 9, 501면 이하; 김태명 교수, 국민참여재판제도의 개선과제,

여재판의 필요성이 적고 비용에 비해 효율성도 떨어지므로 국민참여재판에서 제외하면 되고 그에 의해 국민참여재판 사건 수가 감당할 수 없을 만큼 많아지는 것을 막을 수 있을 것이다. 그리고 법원은 법 제9조 제1항 제1호[11] 사유나 국민참여재판으로 진행할 경우 공정한 재판을 기대하기 어려운 현저한 사유가 있는 경우 등에는 그에 따라 배제결정을 하면 되고 객관적인 사유는 법에서 열거적으로 규정하면 될 것이다. 그리고 미국의 방식을 참조하여 피고인이 국민참여재판으로 진행할 경우 자신의 명예가 심히 손상된다거나 공정한 재판을 받을 수 없다고 우려하면서 거부의사를 밝힌 경우 검사의 의견을 거쳐 법원이 배제 결정할 수 있는 방법도 긍정적으로 검토해 볼 수 있다.

(7) 법을 만들 때 피고인 신청주의를 선택한 이유에 대해서는 대상사건을 피고인의 의사와 관계없이 국민참여재판으로 실시한다면 피고인의 헌법 제27조의 법관에 의한 재판을 받을 권리를 침해할 수 있다는 논란을 피하고 한편으로는 시행 초기에 대상사건이 너무 많으면 법원과 검찰의 급격한 업무 증가가 우려되어 대상사건의 수를 적절하게 조정하기 위한 하나의 방편이 필요했다고 설명하기도 한다. 그러나 지금의 국민참여재판제도는 헌법 제27조에 위배될 소지를 없앤 형태로서 직업법관에 의한 재판이 유지되는 것이고, 현재 실태는 오히려 국민참여재판의 저조한 실시가 심각한 문제로 나타나고 있고 법원과 검찰은 시행 2년을 앞두면서 앞으로 인적·물적 준비를 충분히 할 수 있기 때문에 문

인권과 정의 제379호, 33면 이하 등 참조.

11) 법원은 "배심원·예비배심원·배심원후보자 또는 그 친족의 생명·신체·재산에 대한 침해 또는 침해의 우려가 있어서 출석의 어려움이 있거나 이 법에 따른 직무를 공정하게 수행하지 못할 염려가 있다고 인정되는 경우" 배제결정을 할 수 있다. 이것은 일본의 재판원 제도에서 대상사건은 원칙적으로 재판원재판을 받도록 하면서 법원의 결정으로 제외할 수 있는 사유를 규정한 일본의 '재판원이 참가하는 형사재판에 관한 법률' 제3조 제1항과 거의 같다.

제가 되지 않는다고 생각한다. 그리고 국민참여재판제도를 도입한 주된 취지는 피고인에게 권리를 부여하는 측면보다는 형사재판에 국민의 의사를 반영시키고 공정하고 투명한 재판이 이루어지도록 주권자인 국민이 참여하는 것을 보장하기 위한 것이므로 이를 살리기 위해서도 대상사건은 원칙적으로 국민참여재판으로 진행하는 것이 바람직하다.

나. 법조의 충분한 인적 · 물적 준비와 의식변화 필요

(1) 국민참여재판 제도가 성공적으로 정착되기 위한 요건 중 하나는 법조 내부의 충분한 인적 · 물적 준비와 법조인들의 의식 변화이다. 그러나 법조 내부를 들여다보면 시대의 요청인 국민참여재판제도를 앞장서 이끌어가기에는 많이 미흡하다고 생각한다.

(2) 법원은 현재 각 지방법원별로 1개 또는 2개의 합의부 재판부가 국민참여재판을 전담하고 있고 국민참여재판 법정도 한 곳에 불과하다. 전담 재판부라 하더라도 평상시에는 수많은 사건의 통상재판을 진행하다가 한두 달에 한 건 정도의 국민참여재판을 실시하고 있을 뿐이다. 2008년의 경우 법원의 배제 결정률은 30%를 넘었고 2009년의 경우 20%를 차지했는데 이렇게 비율이 높은 것은 법원의 실정도 큰 이유였을 것이다. 결국 이런 점도 국민참여재판이 저조한 원인 중 하나로 작용하였다고 할 수 있다.

(3) 법원의 인적 · 물적 자원 중 많은 부분을 갑자기 국민참여재판에 투여할 수는 없겠지만 현재 상태의 자원과 준비로는 국민참여재판의 활성화를 담보하지 못함은 분명하다. 각 지방법원의 합의부는 모두 전담 재판부로 하고 나아가 지원의 합의부도 전담 재판부로 만드는 방안을 검토해야 할 것이다. 이는 지원에 사건이

있는 피고인과 잠재적인 배심원인 지역주민들의 권리보장과 편익 증진을 위한 사법서비스이기도 하다. 이런 방안이 현실화되기 위해서는 예산 확보 등 여러 가지 실무적인 문제들도 해결되어야 할 것이다.

(4) 그런데 현재 형사사법체계를 그대로 고수한 채 많은 사람이 관여하고 비용이 많이 드는 국민참여재판을 형사재판의 주요한 한 축으로 활성화시키는 것은 매우 어려울 것이다. 인적·물적 자원은 한정되어 있으므로 그 효율적 분배를 꾀해야 한다. 여기서 우리는 경미한 사건과 자백 사건은 과감하게 간이한 절차로 처리하고, 중하고 다툼이 있는 사건에 집중하는 형사사법체계의 개편 또는 플리바게닝 제도의 제한적 도입 등의 문제를 진지하게 검토해야만 한다.

(5) 피고인들이 국민참여재판을 신청할 것인지를 판단하는데 변호사들의 영향이 클 것으로 보이는데, 변호사 입장에서는 배심원들을 상대로 변론과 설득을 해야 하는 부담과 준비비용 증가 등의 문제로 인해 소극적일 수 있다. 그래서 대부분 합의부의 국선전담 변호사들이 국민참여재판을 담당하고 있는 실태이다.[12] 변호사들의 적극적인 참여는 국민참여재판의 정착화에 중요한 조건이므로 국민참여재판 전담 국선변호인단을 만들어 국가 차원에서 지원하고 국민참여재판에 참여한 국선변호사들의 수당을 높이는 등의 대책을 시급히 마련해야 한다고 생각한다.

(6) 검찰을 보면 각 지방검찰청의 국민참여재판 전담 공판검사 1명 또는 2명 외에 다른 검사들은 자신이 기소한 사건이 국민참여재판에 회부되어 공판에 참여해야 하는 경우가 생기면

12) 서울남부지방법원에서 작년부터 현재까지 총 5건의 국민참여재판이 실시되었는데 모두 국선변호사가 변론을 맡았고, 대구지방법원에서 올해 8월 10일까지 실시된 총 7건의 국민참여재판에서도 역시 모두 국선변호사가 변론을 맡았다. 다른 지역의 경우도 사선변호사가 맡은 사건은 10%를 넘지 못하고 있다.

아주 부담스러워 하고 평소 국민참여재판 대상사건에 대한 수사 과정에서 기존의 모습과는 다르게 배심원들에 대한 설득을 염두에 둔 증거수집과 사실판단을 충분히 하고 있다고 보기는 어렵다. 이런 모습은 검찰이 국민참여재판제도에 부정적이거나 소극적이라는 인상을 줄 수 있다. 검사들의 의식과 수사형태의 변화를 이끌어내기 위한 노력이 필요하다고 생각한다. 그리고 국민참여재판이 증가되는 경우 그에 발맞출 수 있도록 언제든지 전담 검사를 늘리고 필요한 준비를 갖출 수 있는 대책을 세워야 할 것이다.

⑺ 법조인들의 의식 변화의 중요성

법조인들은 국민참여재판에 직접 관여하지 않더라도 국민참여재판의 역사적 의의를 깨닫고 그 제도의 정착과 발전에 책임의식을 가져야 하며 국민들에게 제도를 홍보하는 전도사 역할을 해야 한다.

(8) 그런데 지금과 같은 추세로 국민참여재판이 실시되면 법조 각 직역의 준비상태나 법조인들의 마음가짐은 별로 달라지지 않을 것이다. 국민참여재판이 상당히 증가하여 어느 누구도 그 영향에서 벗어날 수 없을 정도로 되어야만 업무태도와 방식이 바뀔 것이다.

다. 활발한 홍보와 교육의 필요

(1) 피고인들에게 국민참여재판을 충실하게 안내한 것뿐만 아니라 일반 국민들을 상대로 활발하게 홍보와 교육을 하는 것은 국민들의 국민참여재판제도에 대한 관심을 불러일으켜 참여의식을 드높이고 평소에 법률적 소양을 길러줌으로써 배심원으로 참여했을 때 그 역할을 훌륭히 수행할 수 있는 바탕을 제공할 것이다. 이는 단기적으로 봤을 때 국민참여재판의 정착을 앞당기는 효

과가 있을 것이고 중장기적으로 봤을 때에는 국민참여재판의 안정적인 성공을 위한 조건이 될 것이다.

(2) 그러나 국민참여재판의 시행 전부터 시행 후 1년 8개월이 지난 지금까지 국민들을 위한 홍보와 교육은 너무나 부족하다는 느낌이다. 일반 국민들은 국민참여재판이 있다는 정도만 알고 있는 상태에서 호기심을 가질 뿐 구체적인 내용도 모르고 간접적이나 여러 통로로 국민참여재판을 접할 수 있는 기회도 제공받지 못하고 있다. 일본이 우리나라보다 더 일찍 재판원재판 제도를 만들어 놓고 5년이라는 충분한 준비기간을 정해 범정부 차원에서 그리고 시민사회와 기업체 등 각 영역에서 대대적인 홍보와 교육을 한 후 제도를 시행하는 모습은 우리에게 시사하는 바가 크다.

라. 권고적 효력 문제[13)]

(1) 배심원의 평결에 권고적 효력만 인정한 것이 국민참여재판의 실시가 저조한 원인으로 작용하고 있는지가 검토되어야 한다. 배심원으로 참석한 국민 입장에서는 만장일치나 다수결로 정해진 자신들의 평결과 달리 재판부가 다른 주문으로 선고한다면 자신들의 의사가 완전히 반영되지 못하고 있다고 생각할 것이고, 피고인 입장에서는 배심원들의 무죄 평결에도 불구하고 재판부가 유죄를 선고한다면 국민참여재판제도를 불신하고 다른 재소자들의 국민참여재판 신청을 막을 것이다. 실제 몇 건의 경우 이런 사례들이 있었으므로 조금이라도 부정적 효과를 미쳤을 것으로 여겨진다.

(2) 그러나 이 문제가 국민참여재판의 실시가 저조한 결정적인 원인으로 작용하고 있다고 보이지는 않는다. 대부분의 재판부

---

13) 배심원 평결의 효력 문제에 대해서는 뒤에서 다시 언급한다.

의 경우 유·무죄 인정이나 양형에 있어서 배심원들의 의사를 최대한 존중하는 방향으로 선고하는 모습을 보이고 있고 권고적 효력에도 불구하고 배심원들은 국민참여재판 참여 경험을 대체로 긍정적으로 평가하고 있기 때문이다. 권고적 효력의 문제 때문에 피고인들의 신청이 낮은 것으로 보이지도 않는다. 피고인들은 담당 재판부의 성향과 최근 국민참여재판 결과를 파악하고 국민참여재판이 자신에게 유리한지 불리한지를 따져 신청을 하는 것이 보통이기 때문에 권고적 효력의 문제와 관계없이 신청률이 들쭉날쭉하고 있다.

마. 대상사건 확대 문제

(1) 첫 시행을 앞두고 대상사건을 합의부 관할 중 일부 범죄에 대해 한정했는데 위에서 언급했듯이 대법원은 국민참여재판이 저조한 원인 중 하나가 대상사건의 범위가 좁다고 판단하여 2009. 7. 1.부터 대상사건을 추가하였다. 이제 대상사건의 추가로 합의부 관할사건 중 재산범죄사건, 선거사건, 공안사건을 제외하면 대부분 사건이 포함되었다고 할 수 있다.

(2) 사회적 관심이 있는 고위신분자 사건 중에 재산범죄사건이 많으므로 대상사건에 포함시켜야 한다는 의견도 제시되는데 그 방향은 타당하다고 생각한다. 다만, 아직 국민참여재판이 충분히 정착되지 못한 초기 상태여서 법리적 판단이 필요하고 쟁점이 복잡한 경우가 많은 재산범죄를 본격적으로 대상사건에 포함시키는 것은 시기상조로 보인다. 그리고 선거사건이나 공안사건도 주권자인 국민의 의사를 반영할 가치가 높은 경우들인데 아직은 국민참여재판의 경험이 미미한 상황에서 자칫 배심원들을 내세운 정쟁의 장소로 변질될 우려가 높아 역시 시기상조로 보인다.

(3) 대상사건 확대가 어느 정도 효과가 있을 것으로 예상은 되나 그 정도가 크지는 않을 것이고 피고인 신청주의를 고수하는 한 근본적인 해결책은 될 수 없을 것이다. 그렇다고 현재 대상사건을 더 추가하는 것도 근본적인 방법이 될 수 없다. 위에서 제시한 것처럼 대상사건은 원칙적으로 국민참여재판으로 진행하는 방안이 해결책이 될 수 있다고 생각한다.

Ⅳ. 운영상 문제점과 개선방안

1. 배심원의 대표성 확보와 참여율 제고 방안

가. 주권자인 국민들의 의사가 제대로 반영되는 국민참여재판이 되려면 각계각층의 배심원들이 선정되어 대표성도 있고 다양한 의견의 수렴도 가능해야 한다. 그런데 실제 국민참여재판에서 배심원으로 선정되는 사람들의 구성을 보면 과연 충분한 대표성을 획득하고 있는지 의문이 들 때가 있다. 법원은 출석 통지를 받은 배심원후보자들이 바쁘다는 것 외에 정당한 사유가 없이 불출석해도 과태료를 부과하고 있지 않다. 이런 실무에 대해 여러 가지 면을 고려하면 충분히 이해는 되지만 이런 실무태도로 인해 실제 출석하는 배심원후보자들은 주로 주부, 학생, 자영업자, 일반 회사원들이 많고 사회 지도층이나 전문가, 식자층, 회사에서 의사결정 경험이 많은 고위층들의 참여는 찾아보기 어렵다.

나. 그러나 법에서는 국민은 배심원으로서 국민참여재판에 참여할 권리와 동시에 의무가 있다고 규정하고 있고, 국민들의 책임의식을 끌어올리기 위해서는 시행 2년이 다가오는 현 시점

에서는 과태료 부과 처분을 적극적으로 할 필요도 있다고 생각한다.[14] 다만 배심원후보자들이 경제적·시간적 손해를 감수하고도 법정에 출석할 수 있도록 현실적인 대책을 강구해야 할 것이다.[15]

2. 배심원 선정절차

가. 배심원 질문범위와 사생활 보호

(1) 배심원 선정절차에서 질문을 하고 답변을 듣는 것은 우선 공정한 배심원을 선정하기 위한 것이지만 그 과정에서 배심원들과 친밀감을 형성하고 법리와 사건의 쟁점 등을 교육시키기 위한 목적도 있다. 그러므로 과연 어느 범위까지 질문이 허용되는지가 문제될 수 있다. 우리나라에서는 재판부의 재량에 맡겨두고 있는 실정이고 이 부분은 많은 연구가 필요한데, 일응의 기준을 생각해 보면 사건의 쟁점에 대한 판단을 직접 물어보는 것은 안 되고 그에 관련된 질문을 하더라도 공정성을 판단하기 위한 관점에서 이루어져야 할 것이다.

(2) 배심원후보자나 배심원에 대한 사생활 보호는 국민참여재판에서 결코 소홀히 할 수 없는 부분이다. 질문내용이 사생활 침해의 우려가 있으면 법대 옆에서 비공개적으로 질문하고 답변이 이루어지는 절차를 시행할 필요가 있다.[16]

---

14) 같은 취지의 의견으로는 전정호 변호사, 국민참여재판제도 정착 방안, 형평과 정의 제23집, 2008년, 343면 참조.

15) 하태훈 교수는 배심원 수당의 현실화, 보육시설의 확충, 배심원 참여를 봉사활동으로 인정, 취업이나 승진에서 혜택 부여 등의 방안을 예로 제시하고 있다. 하태훈 교수, 국민참여재판제도 정착방안 지정토론, 저스티스 통권 제106호, 2008. 9, 565면 참조.

16) 이 점을 지적한 한상훈 교수의 주장에 공감한다. 한상훈, 국민참여재판제도의 정착방안, 저스티스 제106호, 2008. 9, 507면 이하 참조.

나. 배심원 기피 방법

실제 국민참여재판에서 배심원후보자에 대한 이유부기피는 결격 등의 사유 외에는 누가 보더라도 불공평한 판단을 할 우려가 명백한 경우에만 인용되고 있고 대부분 무이유부기피를 통해 배심원들을 기피하고 있다. 그런데 기피를 당한 배심원후보자는 스스로 의도하지 않는 한 당연히 기분이 나쁘고 기피를 한 측에 대해 악감정을 가질 가능성이 있다. 필자의 경험에 의하면 배심원 선정절차에서 가장 걱정되는 부분이다. 그러므로 배심원후보자들에 대한 질문 후 그들이 방청석으로 돌아가 기다리는 동안 비공개적인 기피절차를 거쳐 배심원이 결정되면 선정된 배심원 후보자들만 호명하여 배심원석에 앉게 하는 '최종호명방식'을 적극적으로 활용할 필요가 있다.[17]

3. 1회 공판기일의 문제점

가. 지금까지 진행된 국민참여재판 대부분은 배심원 선정기일과 같은 날인 1회 공판기일에 증거조사와 평결까지 모든 절차를 마치고 즉일 선고하는 형태로 진행되었다. 이틀 걸린 사건은 지금까지 몇 건이 안 된다. 이는 우선 배심원들이 이틀에 걸쳐 국민참여재판을 참여하는 것이 현실적으로 어려운 사정을 배려한 것이고 배심원들의 신변보호의 문제, 다음 기일에 배심원이 불출석하는 경우가 생길 수 있는 점 등을 고려하고 여기에다 법원의 실정도 감안되었을 것이다.

나. 그런데 법원에서 가급적 1회 공판기일로 진행하는 것을 고수한다면 다음과 같은 문제점들이 드러난다. 우선 쟁점이 많고

---

17) 이 부분에 대한 한상훈 교수의 주장에 공감한다. 한상훈, 국민참여재판제도의 정착방안, 저스티스 제106호, 2008. 9, 509면 이하 참조.

증거가 많아 여러 날에 걸쳐 진행되어야 할 복잡한 사건은 국민참여재판의 가치가 있다 하더라도 법원은 배제결정을 할 수밖에 없다. 다음으로는 공판기일에 증인이 불출석하는 경우 신청자는 증인신청을 철회할 수밖에 없는 상황에 봉착할 것이다.[18] 물론 준비기일 후 공판기일까지 한 달간의 시간이 있기 때문에 신청자는 증인을 사전 면담하고 출석을 약속받아야 하겠지만 증인은 자신의 일정과 전혀 관계없이 정해진 공판기일에 불가피한 사정으로 불출석할 수도 있고 갑자기 일이 생겨 공판기일에 불출석하는 경우도 발생할 수 있다. 그리고 하루에 모든 절차를 끝내려면 아무래도 절차 진행을 서두르게 되면서 배심원 선정이나 심리가 충실하지 못할 가능성도 있다. 필자가 참여한 사건 중에 증인이 한 명에 불과한 사건에서도 배심원들은 아침 9시까지 법원에 출석하여 선고 후 설문조사 작성할 때인 저녁 9시까지 법원에 있었다. 그러므로 배심원들은 매우 지쳐 있었고 설문조사에서도 장시간의 재판을 가장 힘들었던 점으로 꼽았는데, 이런 상태에서 평의가 얼마나 충실히 이루어졌는지 의문이 든다. 그리고 필수적인 준비기일절차와 증거개시제도가 있으므로 1회 공판기일에 모든 증거조사가 끝나도록 해야 하는 것이 원칙이나 증거조사 결과 예상치 못하게 새로운 증인 등 추가로 증거를 신청할 필요가 있는 경우도 생길 수 있다. 또한 사실심리와 양형심리를 분리하여 진행되는 사건에서는 보통 1회 공판기일만으로는 절차 진행이 안 될 것이다. 2회 이상 공판기일로 절차를 진행할 경우 여러

18) 필자가 참여했던 서울남부지방법원 국민참여재판 사건(2009고합52)에서 검찰측 증인 4명 중 1명이 어렵게 소환되었는데 그가 법정 밖에서 다른 증인들의 증언을 기다리다가 지쳐서 귀가하는 바람에 어쩔 수 없이 증인신청을 철회한 적이 있다. 필자는 그의 증언이 없어도 공소유지에 지장이 없을 것이라고 판단하였는데 결과는 무죄가 선고되었다. 만일 그의 증언이 필수적이라고 판단되었으면 다음 날로 속행을 구해봤을 것이다.

문제점들이 발생될까봐 우려도 되겠지만 막상 실시해 보면 기우에 불과한 경우도 있을 수 있고 다양한 실시 경험을 해야 어떤 문제점이 발생하고 그 대책은 어떻게 세워야 하는지를 알 수 있을 것이다.

4. 증거조사 방법 등

가. 증거조사 방법

(1) 국민참여재판 실무에서 검사와 변호인은 주장과 입증활동에 있어 배심원들을 설득하는 데 초점을 맞추고 있다. 배심원들의 평결이 비록 권고적 효력에 그치지만 재판부에 상당한 힘으로 작용하는 것이 사실이고 배심원들을 상대로 알기 쉽게 설명하면서 설득하다 보면 판사에 대한 설득은 자연스럽게 이루어지는데 그 역은 성립하지 않기 때문이다. 그런데 직업 법관과 달리 일반 국민들로 구성된 배심원들은 증거능력, 증명력과 전문증거 등 증거법에 관한 지식이 없고 심증 형성에 대한 전문적인 훈련도 받지 못한 상태이기 때문에 배심원들이 감정적 호소에 영향을 받으면서 부당하게 심증을 형성하지 않도록 증거조사과정이 정해진 규칙에 따라 공정하고 엄격하게 진행되어야 한다.

(2) 증인신문 방법과 관련하여 형사소송규칙 제74조 내지 제78조에서 위협적이거나 모욕적인 신문, 중복신문, 의견을 묻거나 의논에 해당하는 신문, 전문진술에 관한 신문, 유도신문과 반대신문의 허용 범위를 규정하고 있다. 국민참여재판 실무를 보면 아직 이런 방법이 철저히 지켜지고 있지는 않는 실정이다. 그리고 이 외에도 인정되지 않은 사실을 추정하는 신문, 애매한 신문, 복합신문의 경우 등도 문제가 되므로 이에 대한 규정 마련이 필요하다. 부당한 증거 현출을 막기 위한 것으로서 형사소송규칙 제82조

와 제83조는 증인에 대하여 서류·물건을 제시하여 신문할 경우 증거조사를 마치지 않은 서류 등일 경우 상대방에게 이를 열람할 기회를 주어야 한다고 규정하고 있고, 증인의 기억을 환기하기 위한 서류는 재판장의 허가를 얻어 제시하여야 하고 증인에게 부당한 영향을 주어서는 안 되도록 하여야 한다고 규정되어 있으나 실무에서는 엄격히 준수되고 있지는 않다. 또한 피고인 측의 기습적인 주장이나 증거제출을 방지할 수 있는 근거로서 형사소송법 제266조의11은 피고인 또는 변호인이 공판기일 또는 공판준비절차에서 현장부재·심신상실 또는 심신미약 등 법률상·사실상의 주장을 한 경우 검사가 피고인 또는 변호인에게 증거로 신청할 서류, 증인으로 신청할 사람의 인적사항, 기타 관련 서류 등의 교부를 요구할 수 있다고 규정하고 있다. 그리고 형사소송법 제266조의13은 공판준비기일에서 신청하지 못한 증거는 그 신청으로 인하여 소송을 현저히 지연시키지 않거나 중대한 과실 없이 공판준비기일에 제출하지 못하는 등 부득이한 사유를 소명한 경우에 한하여 공판기일에 신청할 수 있다고 규정하고 있다. 형사소송규칙 제66조는 재판장이 증인의 신문을 청구한 자에 대하여 사전에 신문사항을 기재한 서면의 제출을 명할 수 있도록 규정하고 있고 제67조는 이에 불응할 경우 증거결정을 취소할 수 있도록 규정하고 있다.

(3) 국민참여재판 실무에서는 위와 같은 규칙들을 철저히 지키려는 노력들이 필요하고 상대방의 부적절한 행태에 대한 적극적인 이의신청, 재판부의 적절하고 신속한 소송지휘권 행사가 요구된다. 나아가 형사소송법과 형사소송규칙의 규정만으로는 불완전하므로 법에서 별도로 증거조사 방식을 자세히 규정할 필요가 있다.[19]

---

19) 이에 대한 자세한 논의로는 안성수 검사, 국민참여재판 제도하에서의 올바른

나. 수사기관 조서의 증거채택 문제 및 현출 방법

(1) 국민참여재판에서 배심원들은 증인들과 피고인의 법정 진술 및 증거 중 시각화된 자료에 의해 주로 심증을 형성한다. 여기서 법정 진술이 이루어진 자의 수사기관에서의 진술이 기재된 조서를 중복적으로 증거로 채택할 필요가 있느냐 하는 문제가 제기되고 있다. 만일 그 진술 내용이 일관되면 신빙성이 높아지겠지만 진술 내용이 완전히 일치하지 않는 것이 보통이고 최초의 진술 내용이 기억이 생생한 상태에서 사실에 부합할 가능성이 높다는 점을 감안하면 수사기관에서의 진술 내용을 조서 형태로 증거기록에 남겨놔야 하고, 만일 진술 내용이 다르면 수사기관에서의 진술과 법정에서의 진술 중 어느 것이 더 신빙성이 있는지를 다른 증거들과 종합하여 검토해야 하므로 그 근거를 증거기록에 남겨놔야 한다. 이는 항소심 재판을 위해서도 필요한 것이다.

(2) 조서를 현출하는 방법은 전담 재판부와 전담 검사에 따라 아주 다양한데, 조서 자체를 실물화상기로 배심원들에게 보여주는 방식이 가장 형사소송법의 취지에 맞다. 수사기관에서의 진술이 법정 진술과 일치하면 핵심 요지를 간단히 고지하면 되고 다를 경우에는 법정 진술과 다른 수사기관에서의 진술 부분만 낭독하면서 해당 부분을 실물화상기로 보여주면 될 것이다.

다. 증인 사전면담 문제[20)]

국민참여재판 사건에서 신청자가 증인을 사전에 면담하는 것은 실체적 진실의 발견과 증인 출석 담보로 절차의 신속하고 원

증인신문; 권기대 검사, 국민참여재판 증거조사방법 개선방안, 국민참여재판제도 정착방안 연구보고서, 검찰미래기획단 16면 이하 참조.

20) 자세한 내용은 이금규 검사, 증인사전면담의 제도화 방안, 국민참여재판제도 정착방안 연구보고서, 검찰미래기획단 115면 이하 참조.

활한 진행을 위해서 필수적이다. 증인 사전면담이 문제가 된 경우는 지금까지 특별히 없는 것으로 알고 있다. 그러나 그 내용과 한계에 대해 논란이 있을 수 있고 상대방 측에서 증언의 신빙성을 흔들기 위하여 문제 삼을 가능성이 있으므로 법에 근거규정을 신설할 필요가 있을 것이다.

5. 사실심리와 양형심리의 분리 문제

가. 영미의 배심제도에서 배심원들은 양형에 관여하지 않고 직업법관들이 양형기준을 적용하여 형을 선고하는 형태가 보통이다.[21] 우리나라 국민참여재판제도에서 배심원들에게 양형 의견을 제시할 권한을 준 것에 대해 비판적인 의견도 있을 수 있다. 2009. 7. 1.부터 시행된 양형기준제가 만일 바람직한 내용으로 개정·보완되면서 성공적으로 정착되고 기준이 적용되는 범위가 모든 범죄로 넓어진다면 양형의 예측성과 투명성은 확보되므로 그 시점에서는 일반 국민들에게 양형 권한을 부여할 필요는 없을 것이다. 그러나 무죄율이 극히 낮은 우리나라 형사사법에 있어서 양형의 문제는 비중이 매우 크고 국민들도 양형이 공정하고 투명한 절차에 의해 형평성 있게 이루어지는지에 대한 관심이 아주 높다. 그러므로 바람직한 양형기준제가 정착되기 전까지는 배심원들의 양형 의견제시 권한을 유지하여 국민의 형사재판에서의 양형에 대한 참여를 보장할 필요가 있다. 다만 앞에서 언급했듯이 공소사실을 완전히 자백하여 양형의 문제만 남는 사건인 경우 국민참여재판에서 배제해야 할 것이다.[22]

---

21) 미국의 경우 사형선고 외에 양형에 배심원들이 관여하는 경우는 6개 주에 불과하다.

22) 같은 취지의 의견으로는 오준근 판사, 지정토론 요지, 저스티스 제106호, 2008. 9, 541면; 김태규 판사, 국민참여재판의 개선방안에 관한 연구, 형사정책연구 통

나. 유・무죄를 다투는 사건인 경우 배심원들에게 사실인정에 대한 평결뿐만 아니라 당분간 양형 의견을 제시할 권한을 유지시킨다고 했을 때 지금의 사실심리와 양형심리가 분리되지 않고 진행되는 재판절차에 대해 이론적・실무적으로 많은 문제제기가 있다.[23] 공판절차 이분론은 예전부터 일각에서 사실인정 절차를 순화하고 피고인의 방어권을 보장하는 등의 근거를 내세우며 주장되었는데 대부분의 법관들이 사실심리 대상과 양형심리 대상의 구분이 쉽지 않고 절차의 번잡과 중복으로 인해 재판의 신속성과 효율성이 떨어진다는 등의 반대 논거를 제시하여 도입되지 못하였다.

다. 그러나 비법률전문가로서 사실인정과 양형을 위한 판단력과 분별력이 부족한 배심원들이 참여하는 국민참여재판이 시행되는 과정에서 기존의 심리절차는 여러 가지 문제점을 낳고 있다. 첫째, 배심원들은 증거조사 과정에서 사실인정 요소와 양형 요소가 혼재되어 현출되는 상황에서 사실인정 심리에 집중할 수가 없다. 둘째, 피고인의 유・무죄가 결정되기 전에 피고인의 전과가 노출됨으로써 배심원들에게 유죄의 선입견을 심어줄 가능성이 있다. 이 점은 주로 변호사들에 의해 문제제기가 이루어지고 있다. 셋째, 피고인 측 양형증인의 증언과 양형자료 제출, 피고인신문 과정에서 피고인이 배심원들의 동정심을 불러일으키는 언행 등은 배심원들에게 유죄를 평결하는 데 큰 부담감을 안겨준다. 그리고 국민참여재판으로 진행되는 사건들은 대부분 법정형이 높아 구형이 최소 5~7년인 경우가 많은데 배심원들은 검사의 중형 구형에 놀라면서 유죄 평결을 주저하게 한다. 넷째, 무죄가 선고될 경우 결과적으로

권 제76호, 2008. 겨울, 133면 참조.

23) 한상훈, 국민참여재판제도의 정착방안, 저스티스 제106호, 2008. 9, 516면 이하; 김수현 검사, 국민참여재판 제도의 제문제, 국민의 사법참여연구회 발표자료, 2008. 6.; 황금천 검사, 국민참여재판 문제점 및 개선방향, 국민의 사법참여연구회 발표자료, 2009. 12. 참조.

양형심리는 불필요한 절차였다는 것으로 된다.

라. 이런 문제점을 해결하기 위해서는 사실심리 절차와 양형심리 절차를 분리하고 유죄가 선고된 경우에만 양형심리와 토의를 진행하는 방식을 실시할 필요가 있다. 심리절차를 이분하는 방식은 모든 사건에 대해 적용하는 것이 아니라 준비절차를 통해 사건의 쟁점을 파악한 후 사실 요소와 양형 요소가 구분이 가능하고 분리의 필요성이 큰 사건에 대해서만 적용하고 사실 요소와 양형 요소가 구분이 어려운 사건이나 심신장애 여부 등 주로 양형 요소가 쟁점인 사건에서는 하나의 심리절차로 진행하되 재판부가 증거조사 과정에서 양형 요소 현출이 마지막에 이루어지도록 소송지휘를 하면서 배심원들에게 사실 요소와 양형 요소를 분리하여 판단할 것을 적절히 설명하면 될 것이다. 심리절차를 이분하는 경우 무죄 선고가 나는 경우 불필요하게 양형 조사를 할 필요가 없어 절차가 줄어드는 효과가 있다. 유죄 선고가 난 경우에는 2주 내지 3주 동안 양형 조사와 양형자료 수집 기간을 부여한 후 배심원들이 다시 모여 양형심리를 하고 재판부와 함께 양형을 토의하는 방식도 긍정적으로 검토할 필요가 있다. 배심원들의 2회 출석에 따른 부담감과 그에 따른 불출석 문제 발생 등이 염려되지만 국민참여재판제도의 실험기이니만큼 적극적으로 시행해 봄으로써 그 성과와 문제점을 확인할 필요가 있다.

6. 검사의 반박변론 허용 여부[24)]

가. 국민참여재판에서 검사와 변호사의 최후 진술은 배심원

---

24) 자세한 내용은 윤정섭 검사, 국민참여재판에 있어서 검사의 최종변론권 인정 여부에 관한 소론, 국민참여재판제도 정착방안 연구보고서, 검찰미래기획단 참조.

들을 설득하는 데 아주 중요한 절차이다. 그런데 기존의 통상 형사재판에서는 형사소송법 제302조와 제303조의 규정에 따라 검사가 의견 진술을 먼저 하고 변호인과 피고인 순으로 최후 진술의 기회를 주고 있다. 국민참여재판 실무에서도 법원은 위 법 규정에 따라 기존 방식을 고수하고 있다.

나. 그러나 국민참여재판에서는 검사는 법률전문가가 아닌 배심원들을 설득해야 하는데, 검사의 의견 진술 후 변호인이 부적절한 변론을 하면 합리적 의심을 배제할 만큼의 고도의 입증책임을 지고 있는 검사가 이를 바로잡을 기회를 가져야 한다.[25] 미국의 경우에도 연방과 대부분의 주에서 검사에게 입증책임이 있다는 근거 아래 검사에게 반박변론권을 아무런 조건 없이 인정하고 있다. 이런 점에서 법에 검사의 반박진술권을 보장하는 규정을 신설하면 좋겠지만 그 전에라도 법원이 운영의 묘를 살려 검사에게 짧게 반박진술권을 준 후 변호인에게도 짧게 재반박의 기회를 주면 될 것이다.[26] 부적절한 변론에 대해서는 상대방이 이의제기를 하여 재판부가 타당하다고 판단되면 변론 내용을 정정하도록 소송지휘권을 행사하는 방안을 주장하는 의견들도 있으나 이는 실제 유효한 방법이 되지 못할 것이다.

25) 필자가 최근에 참여한 국민참여재판 사건에서 변호인은 합리적 의심 운운하면서 범행 당시 객관적인 상황을 합리적으로 보면 가능성이 없는 경우의 수들을 나열하는 최후 변론을 하였는데 배심원들에게 설득되지 못하고 있다고 판단되어 이의제기나 반박진술의 기회를 줄 것을 신청하지는 않았다. 그러나 치열하게 다투는 사건에서 부적절한 변론이 이루어지는 경우에는 배심원들에게 영향을 끼치지 않도록 반드시 반박이 이루어져야 한다는 생각이 들었다.

26) 같은 취지의 의견으로는 김태규 판사, 국민참여재판의 개선방안에 관한 연구, 형사정책연구 통권 제76호, 2008년 겨울호, 143면 참조.

7. 배심원 설명 문제

가. 국민참여재판에서는 배심원들에게 사건 내용뿐만 아니라 일반 법리와 해당 사건과 관련된 법리에 대해 그들의 눈높이에 맞춰 알기 쉽게 설명해 줘야 한다. 현재 실태를 보면 법원은 무죄추정과 합리적 의심 배제하는 입증책임의 원칙, 증거재판주의 등의 일반 법리에 대한 설명과 사건의 쟁점 및 그에 관련된 판례들을 정리한 자료를 배심원들에게 제공해 주고 있는데,[27] 그 내용은 좀 추상적이고 어려운 편이다. 변호사는 배심원 선정 절차에서부터 최후 진술 절차에 이르기까지 줄기차게 피고인에게 유리한 방향으로 위의 법리들을 강조한다. 검사도 변호사가 조금의 의심이라도 있으면 무죄라는 식으로 설명하는 것은 잘못이라며 법리 설명을 한다. 이렇게 각자 중복적으로 이루어지는 법리 설명이 필요 이상으로 과도한 것 같고 비효율적이라고 느껴진다. 미국의 *Jury Instuction* 책자처럼 법원, 검찰, 변호사협회, 법학교수 등이 모여서 배심원 설명 자료집을 만들어 그 자료집에 따라 재판부가 법리 설명을 하는 방향으로 개선되는 것이 바람직하다.

나. 그리고 재판부가 배심원들에게 나눠준 설명 자료뿐만 아니라 변론 종결 후 법정에서 이루어진 재판부의 설명[28]도 그 내용이 완전히 조서에 기재되어야 한다. 왜냐하면 재판부의 설명 내용은 배심원들에 대한 영향력이 크므로 그 내용이 공개되어 통제의 대상이 되어야 하기 때문이다.

---

27) 서울남부지방법원은 공판기일 하루 전에 검사와 변호사에게 재판부의 배심원 설명 자료를 제공하면서 정정이나 추가를 요구할 것이 있는지 등에 대해 검토하도록 하고 있는데, 매우 바람직한 모습이다.

28) 법 제46조 제1항 “재판장은 변론이 종결된 후 법정에서 배심원에게 공소사실의 요지와 적용법조, 피고인과 변호인의 주장의 요지, 증거능력 그 밖의 유의할 사항에 관하여 설명하여야 한다. 이때 필요한 경우에는 증거의 요지에 관하여 설명할 수 있다”.

V. 배심원 평결의 효력과 국민참여재판제도 형태의 문제

1. 배심원 평결의 효력에 관한 논의들

가. 영미식 배심제와 독일식 참심제가 우리 헌법상 위헌인지에 대하여 모두 위헌이라는 입장, 모두 합헌이라는 입장, 참심제만 위헌이라는 입장 등 다양한 의견들이 있다. 우리나라의 첫 국민참여재판제도의 근간을 영미식의 배심제도를 선택하는 과정에서 직업 법관이 아닌 배심원들의 평결에 기속력을 인정하는 것은 헌법 제27조 위반이라는 의견을 의식하여 위헌 논란을 피하고 한편으로는 배심원들에게 바로 독자적인 사실인정 권한을 부여하는 것에 대한 확신이 부족한 상태에서 실험적인 형태로 제도를 운영하기로 한 과도기에는 배심원 평결에 권고적 효력만 인정하되 재판부가 평결과 다른 선고를 할 경우에는 판결문에 그 이유를 기재하도록 하여 강한 권고적 효력을 부여하였다. 그런데 권고적 효력에 의해 참여시민의 평결을 직업 법관의 의사의 하위에 놓는 현행의 국민참여재판제도가 헌법 제1조 제2항의 국민주권주의에 반하는 것으로서 오히려 위헌이라는 의견도 제시되었다.[29] 필자는 헌법의 최고 이념인 주권주의 원리에 의하여 헌법 제27조 제1항, 제105조, 제106조를 종합적으로 해석하면 영미식의 배심제나 독일식의 참심제 그리고 현재의 국민참여재판 모두 합헌으로 해석할 수 있다고 생각한다. 이에 대해서는 깊은 이론적 논의가 필요한 부분이므로 여기서는 생략한다.

나. 현재의 국민참여재판제도에서 배심원의 평결에 권고적

---

29) 이완규 검사, 국민참여재판제도 정착 방안 지정토론, 저스티스 통권 제106호, 553면 참조.

효력만 인정한 것에 대해 비판하면서 영미식 배심제의 본질인 평결의 기속력을 인정해야 한다는 의견들이 많다.[30] 배심제의 본질은 배심원들이 직업 법관의 관여 없이 독자적으로 평결을 내리고 그 평결은 기속력이 있다는 것이고, 주권자인 국민의 의사가 형사재판에 직접 반영되고 그 과정에서 사법의 민주화를 이루어지려면 평결은 당연히 기속력이 있어야 한다는 것을 주요 논거로 내세우고 있다. 필자도 이런 근본 취지에는 동의한다.

2. 실증적 연구를 통한 바람직한 국민참여재판 형태 마련 필요

그런데 우리나라 현실에 적합한 국민의 형사사법참여 제도가 배심제라고 못박을 필요는 없다고 생각한다. 배심제와 참심제는 각각 그 탄생의 역사적 배경이 있고 각 나라마다 시행에 따른 장단점이 있는데 그 제도가 우리나라 사법 역사와 현실에 그대로 들어맞을 수는 없는 것이다. 그리고 배심제는 권력과 대립 구도에 있는 국민들이 사법권을 쟁취하는 진보적인 형태이고 참심제는 국민들이 권력의 관료인 직업법관과 함께 재판부를 구성하는 것이므로 개혁적이지 못하다는 평가도 전혀 현실과 동떨어진 것이다. 배심제를 근간으로 참심제 요소를 혼합한 1단계 국민참여재판제도를 충분히 실시해 보고 우선 그 경험에 대한 실증적인 분석과 연구를 철저히 한 후 그 결과를 토대로 통해 배심제와 참심제 또는 제3의 형태 중 어떤 제도가 우리나라에 가장 바람직한지

30) 이완규 검사, 위 지정토론 요지; 안성수 검사, 국민참여 재판제도 시행과 인권옹호 지정토론, 저스티스 통권 제102호 37면 이하; 위 김태규 판사의 글; 위 김태명 교수의 글; 위 전정호 변호사의 글 등; 위 한상훈 교수는 사개추위가 2012년부터 완성된 국민참여재판제도를 예정하면서 그 단계에서는 배심원의 평결에 기속력을 부여하는 것이 예정되어 있다고 한다.

결정해야 할 것이다. 필자는 우리나라 사법체계와 비슷하면서 배심제에 대한 실패의 경험을 가지고 있는 일본이 참심제를 근간으로 하는 재판원 제도를 택한 이유를 고민해 보고 그 시행과정과 결과를 잘 지켜볼 필요가 있다고 생각한다.

3. 배심원 성향에 대한 분석 필요성

실증적 연구에서 가중 중요한 부분은 국민참여재판에서 드러나는 배심원들의 행태와 성향을 철저히 분석하는 것이다. 그 결과에 따라 어떤 형태의 국민참여재판제도를 만들 것인지가 결정된다고 해도 과언이 아닐 것이다. 그런 실증적 연구가 뒷받침되지 않은 상태에서 배심제를 선택하고 제한 없이 배심원들에게 최종적인 사실인정권을 부여하는 것에 대해서는 형사재판의 주요한 이념인 실체적 진실의 발견이라는 관점에서 보면 무조건 찬성할 수 없다. 현재까지 법원의 선고 현황을 살펴보면 대체로 배심원의 평결을 존중하여 명백히 결론이 다르다고 판단하는 경우 외에는 평결 결과에 따라 선고를 하고 있는 것으로 보이는데, 그럼에도 불구하고 법원은 결코 적다고 할 수 없는 사건에서 배심원의 평결과 다른 선고를 하고 있다.[31] 이에 대한 원인분석 등 국민참여재판 시행 결과에 대한 실증적인 연구들이 활발히 이루어져야 할 것이다.

---

31) 시행 첫해인 2008년에 전체 선고 사건 60건 중에 배심원들이 무죄를 평결하였는데 재판부가 유죄를 선고한 경우가 6건, 배심원들이 유죄를 평결하였는데 재판부가 이유무죄를 선고한 경우가 1건이 있었고, 2009년에도 비슷한 수준으로 나타나고 있다. 결국 약 10% 정도 사건에서 배심원 평결과 재판부의 선고의 불일치가 발생하고 있다.

Ⅵ. 마치는 글

1. 지금까지 국민참여재판 시행 1년 8개월간의 성과와 함께 문제점을 짚어봤고, 앞으로 국민참여재판이 더 활성화되기를 바라면서 나름대로 개선방안도 제시해 봤다. 시행 2년이 다가오는 지금 시점에서는 그동안의 경험을 실증적으로 분석하고 연구하는 작업이 무엇보다 중요하다.

2. 국민참여재판은 주권자인 국민들의 사법참여 의지와 열망에 따라 만들어진 것으로서 우리나라 사법제도로서 성공적으로 정착되어야 하고 법조인들은 그 일에 앞장서야 할 역사적 책임이 있다.

형사법연구회 발표 논문 색인

※ 제1기 : 2007. 1. ~ 2008. 1. 총 9회 발표

순번	일 자	주 제	발표자 (당시소속)	기 발표 문헌
1	2007년 1월	일본에서의 체포·구류와 관련된 몇 가지 쟁점	노명선 (성균관대)	구속제도와 영장항고 (법문사, 2007)
2	2월	독일의 구속요건 심사기준과 우리나라 실무에의 시사점	이완규 (대검찰청)	〃
3	3월	영·미의 체포·구속제도에 비추어 본 우리 제도의 문제점과 보완 방안	안성수 (대검찰청)	〃
4	4월	판사의 영장결정에 대한 불복제도 연구	김태우 (전주지검)	〃
5	5월	긴급체포제도의 운용에 대한 검토	이상민 (수원지검)	미공간
6	6월	체포와 구인의 비교	김한수 (대검찰청)	〃
7	7월	구속영장의 법적 성질	노정환 (대검찰청)	〃
8	11월	체포·구속영장의 효력범위	전승수 (대검찰청)	〃
9	2008년 1월	내사의 법적 쟁점에 관한 연구	허인석 (여주지청)	〃

※ 제2기 : 2008. 5. ~ 2009. 1. 총 9회 발표

순번	일 자	주 제	발표자 (당시소속)	기 발표 문헌
1	5월	당사자의 동의에 의한 압수수색	안성수 (대검찰청)	비교형사법연구 10권 1호(2008)
2	6월	독립적 긴급압수수색제도의 도입 필요성에 대한 고찰	김기준 (산자부파견)	형사법의 신동향 (대검찰청, 2008. 8)
3	7월	국민참여형 수사구조제도	옥선기 (서부지검)	미공간
4	8월	수사단계의 압수수색절차규정에 대한 몇 가지 고찰	김기준 (산자부파견)	형사법의 신동향 (대검찰청, 2009. 2)
5	9월	전자적 증거의 수집과 증거능력에 관한 검토	노명선 (성균관대)	형사법의 신동향 (대검찰청, 2008. 10)
6	10월	수사 초기단계에서의 증거획득 방법	정웅석 (서경대)	연세대 법학연구(2009)
7	11월	공동피고인에 대한 사경피신의 증거능력	이완규 (중앙지검)	미공간
8	12월	디지털증거 압수수색과 법제	박종근 (대검찰청)	형사법의 신동향 (대검찰청, 2009. 2)
9	2009년 1월	프랑스의 구속제도와 그 시사점	김영기 (남부지검)	형사법의 신동향 (대검찰청, 2009. 4)

※ 제3기 : 2009. 3. ~ 2010. 1. 총 10회 발표

순번	일 자	주 제	발표자 (당시소속)	기 발표 문헌
1	2009년 3월	참고인진술 확보방안	정웅석 (서경대)	저스티스 (한국법학원, 2009)
2	4월	영국의 면책조건부 증언취득제도	김남순 (중앙지검)	미공간
3	5월	독일 형소법상 참고인의 출석·진술의무제도 및 그 도입방안	최기식 (대검찰청)	형사법의 신동향 (대검찰청, 2009. 6)
4	6월	최초 양형기준에 대한 비판적 고찰	이주형 (대검찰청)	형사법의 신동향 (대검찰청, 2009. 8)
5	7월	심급구조의 개선방안	안성수 (대검찰청)	형사법의 신동향 (대검찰청, 2009. 6)
6	9월	국민참여재판의 문제점과 개선방안	허정수 (남부지검)	미공간
7	10월	공판정에서의 피해자진술 강화방안	이승호 (건국대)	대검찰청 정책용역과제(2008) 요약
8	11월	유죄인정심사(플리바기닝)제도의 도입방안	류전철 (전남대)	비교형사법연구 7권 1호(2005) 요약
9	12월	구속영장재판에 대한 불복 가부 및 구소제도 개선방안	강동범 (이화여대)	형사법의 신동향 (대검찰청, 2009. 12)
10	2010년 1월	전문수사관제도에 관한 몇 가지 쟁점연구	노명선 (성균관대)	형사법의 신동향 (대검찰청, 2009. 12)

형사법연구회 회원 명단

2010. 1. 20. 기준

연번	이 름	직 위	이메일	연락처
1	국민수	대검 기획조정부장 (회장)	mskook@spo.go.kr	02-3480-2003
2	강남일	스위스 제네바 법무협력관	kni365@spo.go.kr	-
3	강동범	이화여대 교수	dbkang@ewha.ac.kr	02-3277-4480
4	강백신	인천지검 검사	kbsang10@spo.go.kr	032-861-5137
5	강찬우	수원지검 1차장검사	cwkang@spo.go.kr	031-210-4302
6	고 석	국방부(서울대 박사)	skk7971@hanmail.net	010-5071-3050
7	고승식	대검 검찰미래기획단 수사관	kss0129@spo.go.kr	02-532-3635
8	곽규택	부산지검 동부지청 형사3부장검사	lawking@spo.go.kr	051-780-4312
9	권순철	대전지검 서산지청 부장검사	georgist@spo.go.kr	041-660-4328
10	권익환	법무부 형사기획과장	kwonikh@spo.go.kr	02-2110-3270
11	권정훈	대구지검 특수부장	kjhoon1@spo.go.kr	053-740-4315
12	금태섭	변호사	tsk@lawkh.com	02-598-0300 011-282-1105
13	김 신	대검 검찰연구관	skm87@spo.go.kr	02-3480-2740
14	김경찬	고려대 석사과정수료	kyoungchan@empal.com	011-548-6851
15	김관정	서울중앙지검 검사	gwanjeong@spo.go.kr	02-3477-0474
16	김근모	서울남부지검 수사관	winwin@spo.go.kr	02-3219-4375
17	김기준	춘천지검 형사1부장검사	kijoonkim@spo.go.kr	033-255-4308
18	김남순	서울중앙지검 검사	knsbh@spo.go.kr	02-530-4460
19	김동주	서울중앙지검 검사	kdj2@spo.go.kr	02-530-4352
20	김동철	대전지검 형사2부장검사	kdc1961@spo.go.kr	042-472-9004
21	김명진	변호사	wkco89@dreamwiz.com	02-592-9607

연번	이 름	직 위	이메일	연락처
22	김석우	대구지검 검사(법무부 파견)	nicole@spo.go.kr	053-740-3756
23	김수창	부산지검 2차장검사	ksc419@spo.go.kr	051-606-4303
24	김슬기	연세대 박사과정	yeppypet@hanmail.net	016-218-9722
25	김영기	대검 검찰연구관 (검찰미래기획단, 총무간사)	kangga1970@spo.go.kr	02-532-3564
26	김영문	수원지검 강력부장검사	kymoon@spo.go.kr	031-210-3212
27	김영종	대검 첨단범죄수사과장	songgyul@spo.go.kr	02-3480-2580
28	김영철	건국대 교수	kimych53@hanmail.net	02-2049-6047
29	김용승	인천지검 형사4부장검사	kcdon@spo.go.kr	032-860-4313
30	김용준	고려대 박사과정	paulkim0602@hanmail.net	019-262-8315
31	김유근	한양대 강사 (스위스 바젤대 박사)	kimyookeun@hotmail.com	010-3653-5365
32	김윤상	청주지검 영동지청장	jukam@spo.go.kr	043-743-1261
33	김윤선	인천지검 검사	urizen@spo.go.kr	032-860-4350
34	김정태	대검찰청 검찰주사	21cjt@spo.go.kr	02-3480-2132
35	김정태	서울지방변호사회 사무총장	kimjt007@hanmail.net	010-8703-1616
36	김종률	대검 정책기획과 전략과제 연구관	jr4743@spo.go.kr	02-3480-2588
37	김주현	서울중앙지검 3차장검사	etna2000@spo.go.kr	02-536-5304
38	김철수	서울북부지검 검사	happycm7@hotmail.com	02-3399-4277
39	김태우	법무부 형사법제과 검사	kimpros@spo.go.kr	02-2110-3559
40	김학근	변호사 (소비자분쟁조정위원회 위원장)	hkun@hanafos.com	02-592-5700
41	김한수	대구지검 상주지청장	khs1228@spo.go.kr	054-530-4500
42	김형욱	대구지검 검사	hwkim@spo.go.kr	053-753-2785
43	김호경	제주지검 형사2부장검사	hk8957@spo.go.kr	064-729-4309
44	김호삼	서울남부지검 검사	kkosam@spo.go.kr	02-3219-4496
45	김호철	춘천지검 강릉지청장	hk85@spo.go.kr	033-649-5000

연번	이 름	직 위	이메일	연락처
46	김후곤	부산지검 검사(방통위 파견)	kimpro25@spo.go.kr	02-750-1530
47	김희준	법무부 국가송무과장	kheejun@spo.go.kr	02-2110-3520
48	노만석	서울중앙지검 검사	nms@spo.go.kr	02-530-4978
49	노명선	성균관대 교수	rohms2004@yahoo.co.kr	016-9480-5252
50	노정환	수원지검 부부장검사	lawfire200@spo.go.kr	031-210-4534
51	류명혜	교육과학기술연수원 교수	mhu@mest.go.kr	02-3019-5405
52	류지영	창원지검 통영지청 수사관	jeeyeong@spo.go.kr	055-640-4543
53	명재권	서울동부지검 검사	mjksun@scourt.go.kr	02-711-4414
54	민기호	대검 검찰연구관	minkki21@spo.go.kr	02-3480-2424
55	박경춘	대구지검 부장검사 (금융정보분석원 파견)	gcpark@spo.go.kr	011-602-8680
56	박계현	사법연수원 교수	k40320@spo.go.kr	031-920-3114
57	박광민	성균관대 교수	kmpark@skku.edu	02-760-0359
58	박균택	서울중앙지검 형사5부장검사	l16211@spo.go.kr	02-536-5312
59	박근범	사법연수원 교수	kbpark@spo.go.kr	031-920-3114
60	박병규	서울서부지검 검사	id29 @ spo.go.kr	02-706-4765
61	박선욱	서울서부지검 수사관	psu1003@spo.go.kr	02-706-4563
62	박성재	서울중앙지검 검사	dream1st@spo.go.kr	02-530-4418
63	박수종	변호사	sjpcool@yahoo.com	02-3478-6111
64	박재권	인천지검 검사	fristick@hanmail.net	02-720-4308
65	박종근	서울동부지검 검사	gkrlli@spo.go.kr	02-2204-4454
66	박종민	제주지검 검사	jmdoors@spo.go.kr	064-729-4390
67	박종선	대학강사	sun4271@naver.com	043-848-4271 016-9577-4271
68	박창욱	광주지검 수사관	1973pcw@spo.go.kr	062-231-4396
69	박형관	법무연수원 교수	hkwan66@spo.go.kr	031-288-2300
70	방희선	동국대 교수	huisson@hanmail.net	02-2260-8931

연번	이 름	직 위	이메일	연락처
71	백승민	연세대 교수	prowhite@yonsei.ac.kr	011-738-5321
72	백찬하	서울고검 검사	baekch@spo.go.kr	02-530-3594
73	변철형	인천지검 검사	byun2236@spo.go.kr	032-860-4381
74	변필건	법무부 국제법무과 검사	byun200@spo.go.kr	02-2110-3669
75	봉 욱	대검 공안기획관	wkbong@spo.go.kr	02-535-0150
76	서정민	대구지검 포항지청 검사	virtus1@spo.go.kr	054-250-4404
77	석동현	법무부 출입국외국인정책본부장	seok0710@spo.go.kr	02-2110-3433
78	송길룡	대전지검 형사2부장검사	sko@spo.go.kr	042-470-3000
79	신경식	서울중앙지검 1차장검사	ksshin@spo.go.kr	02-530-4302
80	신호철	광주지검 부부장검사	shc3030@spo.go.kr	062-231-3114
81	심영주	한양대 박사과정	shimyoungjoo@naver.com	019-425-6030
82	심우정	대전지검 검사	shimpro@spo.go.kr	042-470-4514
83	안경옥	경희대 교수	koahn@khu.ac.kr	02-961-0517
84	안권섭	수원지검 검사	ank123@spo.go.kr	031-210-4200
85	안미영	광주지검 부부장검사 (헌법재판소 파견)	amygreen@spo.go.kr	02-708-3456
86	안성수	인천지검 외사부장검사	anssso@spo.go.kr	032-861-5031
87	안성조	서울대 법학연구소	lawyks@hanmail.net	-
88	안종오	수원지검 검사	joan33@spo.go.kr	031-210-4762
89	양석조	법무부 기획조정실 검사	lowlaw29@spo.go.kr	02-2110-3114
90	예세민	대검 검찰연구관	yesemin@spo.go.kr	02-3480-2590
91	오택림	서울남부지검 검사	terry5@spo.go.kr	02-3219-4537
92	우병득	부산지검 수사관	wbdfx@spo.go.kr	051-606-3300
93	원재천	한동대 교수	jwon@handong.edu	010-4401-1938
94	원혜욱	인하대 교수	hwwon@inha.ac.kr	-
95	위재민	서울고검 검사	weepro@spo.go.kr	02-594-2803

연번	이 름	직 위	이메일	연락처
96	유남규	서울지방변호사회 법제팀장	ryunk@seoulbar.or.kr	010-3262-1844
97	유천열	수원지검 검사	feathery@spo.go.kr	031-210-4494
98	윤대진	대전지검 홍성지청 부장검사	ydjpros@spo.go.kr	041-640-4302
99	윤대해	법무부 통일법무과 검사	daehaeyun@spo.go.kr	02-2110-3223
100	윤장석	부산지검 통영지청 부장검사	yoonpro@spo.go.kr	055-640-4640
101	이건리	광주고검 차장검사	gllee@spo.go.kr	062-224-0600
102	이경렬	숙명여대 교수	klee04@sm.ac.kr	02-710-9806
103	이근수	대검 검찰연구관	matheus@spo.go.kr	02-535-0730
104	이남석	수원지검 여주지청 검사	namseoklee@spo.go.kr	031-883-2303
105	이명신	법무부 형사기획과 검사	mshinlee@spo.go.kr	02-2110-3227
106	이문한	서울동부지검 검사(대검 파견)	lawtree@spo.go.kr	02-535-0965
107	이상문	서울대학교 박사	amor-fati@hanmail.net	011-483-6501
108	이상민	전주지검 검사	scarlatti@spo.go.kr	063-259-4394
109	이석수	전주지검 차장검사	gh10@spo.go.kr	063-259-4302
110	이선욱	형사사법 통합정보체계 추진단 파견	2sunwook@spo.go.kr	010-9981-1897
111	이성윤	서울서부지검 형사5부장검사	leesy@spo.go.kr	02-3270-4315
112	이성희	대전지검 검사	shlee25@spo.go.kr	042-470-3000
113	이승현	한국형사정책연구원 연구원	saldana@kic.er.kr	02-3460-5193 010-5049-7209
114	이영기	춘천지검 원주지청 부장검사	leepros@hanmail.net	033-742-4308
115	이영상	법무부 국제형사과 검사	ysl73@spo.go.kr	02-2110-3293
116	이영주	대검 형사2과장	lyj1@spo.go.kr	02-535-5748
117	이완규	청주지검 제천지청장	leewkyu@spo.go.kr	043-643-5002
118	이원곤	대구지검 영덕지청장	ywkorn@spo.go.kr	054-733-1515
119	이은중	수원지검 안양지청장	eunjoong@spo.go.kr	031-470-4200
120	이재경	중앙대 박사과정	ljk5485@hanmail.net	010-8321-9889

연번	이 름	직 위	이메일	연락처
121	이재승	서울중앙지검 검사	fran2000@spo.go.kr	02-532-6214
122	이재웅	LG전자 법무팀	ljw0916@lge.com	02-3777-3450 010-7742-3450
123	이정민	고려대 박사	jonnminn@hotmail.com	017-223-0619
124	이정봉	서울중앙지검 검사	thejurist@spo.go.kr	02-530-4979
125	이종철	부산지검 밀양지청장	ljcgo1@spo.go.kr	055-354-4311
126	이주형	대검 검찰연구관	ja12122@spo.go.kr	02-535-0815
127	이준식	검사	junsiklee@spo.go.kr	02-2110-3167
128	이중재	부장검사(인천광역시 파견)	lwjj519@spo.go.kr?	032-440-3022
129	이창수	대검 검찰연구관	chslee@spo.go.kr	02-535-0940
130	이창연	서울중앙지검 수사관	xsky98@spo.go.kr	02-530-4539
131	이태엽	변호사	tyl@leeko.com	02-772-4000
132	이흥락	법무부 국제형사과장	heunglak1@spo.go.kr	02-2110-3291
133	임무영	부장검사(동북아역사재단 파견)	swordman@spo.go.kr	02-2012-6114
134	장상귀	서울남부지검 검사	11091109@spo.go.kr	02-3219-4200
135	전승수	서울남부지검 검사 (서울고검 파견)	mpa1004@spo.go.kr	02-530-3417
136	정병대	대전고검 검사	projbd@spo.go.kr	042-470-3000
137	정상환	서울중앙지검 검사 (주미법무협력관 파견)	ho211@spo.go.kr	-
138	정순신	인천지검 검사	lanais@hanmail.net	032-861-5048
139	정웅석	서경대 교수	lawjos@skuniv.ac.kr	02-940-7182 016-283-8254
140	정종욱	삼성전자 상무	jeongpro@dreamwiz.com jeongpro@yahoo.co.kr	02-528-5200
141	조규홍	충남대 교수	jgh3316@snu.ac.kr	042-821-5805
142	조근호	부산고검장	chogh59@spo.go.kr	051-606-3300
143	조상제	아주대 교수	sjcho@ajou.ac.kr	031-219-2759

연번	이 름	직 위	이메일	연락처
144	조상준	검사	chogumsa@spo.go.kr	010-5242-1988
145	조상철	춘천지검 속초지청장	procho21@spo.go.kr	033-632-4301
146	조주연	울산지검 검사	jykonan@spo.go.kr	052-228-4200
147	조준형	고려대 석사수료	takiis@empal.com	011-820-4300
148	진경준	서울중앙지검 금융조세조사제2부장검사	kjin@spo.go.kr	02-530-4606
149	차경환	대검 정책기획과장	hwan6917@spo.go.kr	02-535-5890
150	차동언	대검 국제협력단장	chadoor@spo.go.kr	02-594-7400
151	최교일	법무부 검찰국장	ggichoi@spo.go.kr	02-503-7007
152	최길수	인천지검 형사5부장검사	cks0905@spo.go.kr	032-861-5008
153	최은정	수원지검 검사	damechoi@spo.go.kr	031-210-4727
154	최인호	인천지검 검사	choeinho@spo.go.kr	032-860-4836
155	최임열	대구지검 서부지청 검사	choiiy@spo.go.kr	053-573-2590
156	최재순	서울북부지검 검사	jschoi3070@spo.go.kr	02-713-4509
157	최창민	수원지검 검사	e725@spo.go.kr	031-210-4410
158	최창호	서울남부지검 형사3부장검사	hi-chang@spo.go.kr	02-3219-4308
159	표성수	국민대 교수	pyo403@hanmail.net	02-587-8090
160	하태영	동아대 교수	hatyoung@dau.ac.kr	017-590-5971
161	한명관	대전지검장	hmk2525@spo.go.kr	042-470-4301
162	한상돈	영산대학교 법률학부	sdhan21@ysu.ac.kr	010-6394-1998
163	한생일	대검 사무관 (법무부장관실 파견)	birth1@spo.go.kr	02-2110-3001
164	한승철	대검 감찰부장	schan@spo.go.kr	02-535-7003
165	한제희	서울남부지검 검사	jehee@spo.go.kr	02-3219-4336
166	한찬식	서울중앙지검 첨단범죄수사제1부장검사	chan1@spo.go.kr	02-530-4977
167	허인석	수원지검 여주지청 검사	paxfox@spo.go.kr	031-883-2182

연번	이 름	직 위	이메일	연락처
168	허정수	서울남부지검 검사	hallahis@spo.go.kr	02-3219-4200
169	홍만표	서울고검 송무부장	hmp123@spo.go.kr	02-536-3212
170	황철규	대검 검찰미래기획단장	hckslj93@spo.go.kr	02-3482-7102
171	황태정	경기대 교수	magnius@kyonggi.ac.kr	02-3460-5175

집 필 진

이상민
전주지방검찰청 검사

김한수
인천지방검찰청 부부장검사

노정환
수원지방검찰청 부부장검사

전승수
서울남부지방검찰청 부부장검사

허인석
수원지방검찰청 여주지청 검사

옥선기
광주지방검찰청 부장검사

이완규
청주지방검찰청 제천지청장

김남순
서울중앙지방검찰청 검사

허정수
서울남부지방검찰청 검사

형사법 쟁점 연구 [Ⅱ]

2010年 1月 20日 初版印刷
2010年 1月 30日 初版發行

著 者 대검찰청 형사법연구회
發行人 安 鍾 萬
發行處 (株) 博 英 社
서울特別市 鍾路區 平洞 13-31番地
電話 (733) 6771 FAX (736) 4818
登錄 1959. 3. 11. 제300-1959-1호(倫)

저자와 협의하에 인지첩부를 생략함

www.pakyoungsa.co.kr e-mail: pys@pakyoungsa.co.kr

定 價 30,000원 ISBN 978-89-6454-520-1